百问百答系列丛书

防范
电信网络诈骗
100招

兰台律师事务所刑事团队　编

法律出版社
LAW PRESS·CHINA
北京

图书在版编目（CIP）数据

防范电信网络诈骗100招／兰台律师事务所刑事团队编. -- 北京 ：法律出版社，2025. -- ISBN 978 –7 –5244 –0138 –4

Ⅰ. D924.334

中国国家版本馆 CIP 数据核字第 2025561LE4 号

防范电信网络诈骗 100 招
FANGFAN DIANXIN WANGLUO ZHAPIAN 100 ZHAO

兰台律师事务所
刑事团队　编

策划编辑　邢艳萍
责任编辑　石蒙蒙
装帧设计　贾丹丹

出版发行　法律出版社
编辑统筹　法律应用出版分社
责任校对　朱海波
责任印制　刘晓伟
经　　销　新华书店

开本　A5
印张　14　　**字数**　363 千
版本　2025 年 9 月第 1 版
印次　2025 年 9 月第 1 次印刷
印刷　三河市兴达印务有限公司

地址：北京市丰台区莲花池西里 7 号(100073)
网址：www.lawpress.com.cn
投稿邮箱：info@lawpress.com.cn
举报盗版邮箱：jbwq@lawpress.com.cn

销售电话：010 – 83938349
客服电话：010 – 83938350
咨询电话：010 – 63939796

书号：ISBN 978 –7 –5244 –0138 –4　　**定价**：58.00 元

凡购买本社图书，如有印装错误，我社负责退换。电话：010 – 83938349

编辑委员会

序

“网密如罗，鱼龙混杂；声息相通，真假难辨。”这十六字恰是当下数字社会最鲜活的注脚。当数据洪流冲决传统边界，当算法黑箱藏起魑魅魍魉，新型犯罪便趁势而起，渐成汹涌之势。它们披着创新的外衣，藏在代码的褶皱里，在人们耽于技术红利的松弛瞬间，悄然破防。诚如唐人张说所言：“世路无常，防意如城。”面对技术之利所引发的新型犯罪浪潮，唯有筑牢心中防线，方能不为所乘，不被所害。

在这个信息高度互联的时代，光纤与电波织就了一张无远弗届的信息巨网，既让天涯若比邻成为现实，也在悄然重构着人类的生存样态。然而，技术的双刃剑从未如此锋利地昭示其两面性——当算法的便捷渗透到生活肌理，当数据的流动激活了万物互联，那些潜藏在代码深处的阴影也随之滋生。近年来，电信网络诈骗犯罪呈指数级蔓延，手法翻新之快、伪装技巧之高、危害后果之重，远超以往任何传统犯罪形式，成为全社会高度关注的法律与治理难题。

兰台律师事务所自成立以来，始终以“法治服务社会、专业创造价值”为使命，始终深耕刑事法律领域，在重大疑难案件攻坚破局中锤炼实战能力，在企业刑事风险防范体系的搭建完善中沉淀专业智慧，在个人法律风险的前瞻防控中积累深厚经验。我们深知，身为刑事法律人，肩上的责任远不止于个案辩护中的据理力争，更肩负着法治精神热忱传播者、社会秩序忠实守护者的责任与担当。

2024年，我所刑事法律事务部应法律出版社之邀，组织多位经验丰富的执业律师和一线办案专家，历时数月，倾心编撰完成本书《防范电信网络诈骗100招》。本书不是一部高深晦涩的法学专著,而是一部贴近生活、回应现实痛点的实用读本。我们以群众最容易遭遇的“套路”为切口,抽丝剥茧地剖析常见诈骗类型,结合大量真实案例,提炼出100个可复制、可传播、可落地的防范建议,力求用通俗易懂的语言,让读者感受到法律并非遥不可及的条文,它能化作守护生活的力量,带着温度融入日常——这既是兰台人编撰此书的初心,也是我们践行“法治服务社会”使命的又一举措。

在本书的写作过程中,我们不断追问:如何让法律知识不止步于纸面?如何让公民在面对诈骗时具备基本的判断力?如何让法律成为每一个普通人自我保护的工具?本书的100招,正是我们对这些问题的回应与探索。它不是冷冰冰的规则汇编,更不是法律术语的生硬堆砌,而是一次专业知识的普法转化,是一份法律人的社会责任书。

打击电信网络诈骗是一场持久战,更是一场全民战。司法机关的依法严惩,是遏制犯罪的最后防线;全民法治意识的提升,才是筑牢社会安全的第一道防火墙。我们衷心希望,《防范电信网络诈骗100招》不仅走进读者的书架,更走进他们的生活场景与行为习惯中,真正发挥“教一人、防一家、带一片”的防护效果。

谨以此书,献给每一位在平凡生活中为家人筑牢安全屏障,为社会守护信任基石的你我他。愿这本书能成为大家手中的一束光,照亮数字生活的暗角。兰台人愿与全社会一道,为构建更清朗的网络空间、更安全的生活环境、更可信的数字生态,倾注专业之力,贡献赤诚之心。

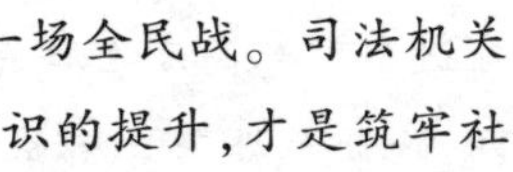

兰台律师事务所主任

目录

第一部分　电信网络诈骗犯罪的界定问题

1. 什么是电信网络诈骗？ / 003

2. 电信网络诈骗犯罪具有哪些特征？ / 006

3. 电信网络诈骗刑事立案标准是什么？ / 009

4. 诈骗数额如何认定？ / 013

5. 实施电信网络诈骗犯罪行为，诈骗数额无法查证的情况下如何处理？ / 020

6. 拨打诈骗电话次数如何认定？ / 023

7. 在境外针对境内居民实施电信网络诈骗犯罪行为，诈骗数额难以查证的，如何处理？ / 028

8. 收到诈骗款项但由于“延时到账”等功能未实际取得控制，如何认定？ / 033

9. 电信网络诈骗既有既遂又有未遂如何处罚？ / 036

10. 在电信网络诈骗集团或团伙中，不同层级的人员如何把握和认定犯罪数额？ / 040

11. 电信网络诈骗案件中的赃款、赃物如何处置？ / 044

12. 在电信网络诈骗共同犯罪中，主犯和从犯是否具有相同的退赔义务？ / 049

13. 电信网络诈骗案件是否可以不起诉？/ 056
14. 对于电信网络诈骗案件中犯罪地位明显较低、作用明显较小，仅从事辅助性工作的一些人员是否可以不作犯罪论处？/ 059
15. 有犯罪嫌疑人在逃的案件如何办理？/ 062

第二部分　常见电信网络诈骗类型

(一) 网络交友类诈骗 / 067
16. 什么是网恋诈骗？/ 067
17. 什么是“杀猪盘”诈骗？/ 071
18. 什么是“异国情缘”诈骗？/ 075
19. 什么是“坦诚相待”诈骗？/ 078
20. 什么是直播打赏诈骗？/ 081
(二) 仿冒身份类诈骗 / 085
21. 我家人在外地，我家人的朋友来电话说我家人出了意外需要动手术，需要立马打款过去，这钱该不该打？/ 085
22. “领导”拉我进了群聊，并要求我给群里的“客户”转账，我应不应该听“领导”的话？/ 090
23. 最近刚刚认识了一位领导，可以帮我解决某个手续的问题，他让我转账给他方便办事，这钱该不该给？/ 094
24. 航空公司电话告知我所乘坐的航班取消了，需要退票，但是需要打款到航空公司的账户以认证我的账户有效，这钱该不该打？/ 097
25. 网恋对象三天两头跟我要钱，我又爱又恨，该不该继续给他钱？/ 100
(三) 利益诱惑类诈骗 / 104
26. 以提供积分兑换礼品服务为名，索得他人验证码后用他人手机积

分兑换商城代金券，核销后用于折抵现金，该行为是否属于诈骗？ / 104
27. 谎称有小礼物赠送，吸引受害人关注，后以购物钱等名目收取受害人钱财，是否构成诈骗？ / 108
28. 通过在互联网发布高薪招聘工作人员的虚假广告的方式引诱他人面试，再由面试人员、招募员以高薪为诱饵，诱骗至相关医疗美容诊所接受整形手术、支付高额费用，是否构成诈骗？ / 111
29. 以重金求子为名，引诱他人缴纳检查费、公证费等费用，是否属于诈骗？ / 116
（四）活动类诈骗 / 119
30. 以救助病人献爱心为由骗取被害人数额不等的捐款，是否属于诈骗？ / 119
31. 以抖音点赞、关注等做任务获利的方式，诱导被害人转账，是否构成诈骗？ / 126
32. 以合法筹款平台的名义为他人筹款，再以帮忙筹集治疗费先交保证金的方式骗取他人财物，是否属于诈骗？ / 130
（五）提供特定服务类诈骗 / 134
33. 冒充电商平台"客服"，以帮助办理各项服务为由，要求受害人按照相应步骤操作转账，是否属于诈骗？ / 134
34. 通过短信发布虚假贷款消息，以"无抵押""无担保""秒到账""不查征信"等名义吸引被害人，再收取"保证金""认证金"等款项，是否属于诈骗？ / 139
35. 冒充银行工作人员，以办理信用卡有优惠活动为名，要求被害人支付酬金，是否属于诈骗？ / 143
36. 宣称可以帮忙办理汽车违章扣分事项，但要求受害人先缴手续费定金，是否属于诈骗？ / 154
37. 行为人通过发布虚假上门卖淫服务信息，以付服务费、体检押金、无第三者押金、道具费等为由向被害人收取钱财,是否属于诈骗?
/ 159
(六)虚构险情类诈骗 / 163
38. 以虚构遭遇车祸需要紧急处理交通事故为由,要求对方立即转账进行手术,该行为是否属于诈骗? / 163
39. 虚构受害者亲友被绑架,如要解救人质需立即打款到指定账户的行为是否构成诈骗? / 167
40. 以假装生病为由,谎称急需用钱救治,骗取他人财物的行为是否构成诈骗? / 171
41. 以患有严重疾病为由,发布爱心捐款,骗取他人财物的行为是否构成诈骗? / 175
42. 以包裹内被查出毒品为由,要求被害人将钱转到安全账户以便公正调查,是否属于诈骗? / 179
43. 犯罪分子收集公职人员照片,使用电脑合成淫秽图片,并附上收款账号邮寄给受害人进行威胁恐吓,是否属于诈骗? / 182
(七)虚假服务、交易类诈骗 / 185
44. 犯罪分子在购物网站发布虚假的商品销售链接,以低价等各种优惠为诱饵引诱客户进入虚假购物网页购买商品,是否属于诈骗?
/ 185
45. 网络上的"代考驾照""交钱包过""买驾驶证",是否为诈骗? / 188
46. 声称通过"找关系"能调查他人信息、追回债款,是否为诈骗? / 192
47. 网络平台通知中大奖,却要求充值返利,支付邮费、保费,是否构成诈骗? / 194
48. 网络购物申请退款时,拨打所谓"官方客服电话"配合转款,是被诈骗了吗? / 198
49. 游戏玩家在网上售卖游戏账号,却被不法分子以账号提现失败、缴纳保证金、账号被冻结等各种理由要求玩家继续充值才可以解封

账号，是遇到诈骗了吗？ / 202
50. “动动手指就能日赚百元”，赚大钱只需要一部手机，是诈骗吗？ / 207
（八）钓鱼类诈骗 / 212
51. 接到电话后对方自称是警察，要求我打钱进银行卡，后续杳无音信，该怎么办？ / 212
52. 网上认识的朋友说自己有靠谱渠道，可以帮我理财投资，回报率极高，可信吗？ / 216
53. 有人私信我说我中奖了，要求我出寄送奖品需要的保价费、电子隔离箱租用费、派送费等费用。这是真的吗？ / 221
54. 电话诈骗通常是怎样的？如何甄别虚假话务员？电话诈骗通常会采取怎样的借口？ / 224
55. 有美女抖音私信要求加我微信，聊天一段时间后要求我向其转账。这是钓鱼诈骗吗？ / 228

第三部分 电信网络诈骗的共同犯罪

56. 电信网络诈骗共同犯罪中主犯和从犯的划分标准是什么，如何区分直接执行者和背后指挥者？ / 235
57. 电信网络诈骗共同犯罪的刑罚具体确认标准是怎样的？多少钱构成犯罪？ / 241
58. 被诱骗或胁迫担任“话务员”角色，与受害者通话的人员，其法律责任如何界定？ / 245
59. 为诈骗团伙提供资金流转平台的金融工作人员，他们的刑事责任如何判定？ / 251
60. 电信网络诈骗团伙内部成员之间的信息传递者（不直接参与诈

骗)如何定罪? / 257
61. 电信网络诈骗犯罪活动中,为诈骗分子提供银行卡或转账帮助,构成诈骗罪吗? 如果不构成诈骗罪,应当构成什么罪名? / 262
62. 在某人不知情的情况下,其银行账户被用作电信网络诈骗的转账接收账户,此人的法律责任如何? / 266
63. 某团伙成员专门负责收取并转移诈骗所得,但不参与其他任何诈骗活动,其法律责任如何? / 269
64. 在电信网络诈骗案中,如何处理国际共犯问题? / 274
65. 设计和分发钓鱼网站或恶意软件的技术人员,在电信网络诈骗案中的法律责任如何界定? / 280
66. 电信网络诈骗中间介绍人(引荐受害者或其他团伙成员的人)的法律责任如何界定? / 286
67. 在无实际损失的电信网络诈骗尝试中,共同犯罪如何定罪? / 290
68. 电信网络诈骗共同犯罪中,团队各个成员参与犯罪的具体期间如何认定? / 294
69. 电信网络诈骗共同犯罪中,首要分子、主犯、被纠集者所承担的诈骗数额如何认定? / 299

第四部分　电信网络诈骗的关联犯罪

70. 电信网络诈骗在何种情况下构成侵犯公民个人信息罪? / 307
71. 电信网络诈骗在何种情况下构成扰乱无线电通讯管理秩序罪? / 311
72. 电信网络诈骗在何种情况下构成掩饰、隐瞒犯罪所得、犯罪所得收益罪? / 315
73. 电信网络诈骗在何种情况下构成招摇撞骗罪? / 319
74. 冒充军人进行诈骗是什么罪名? / 322

75. 电信网络诈骗在何种情况下构成妨害信用卡管理罪？/ 324
76. 电信网络诈骗在何种情况下构成拒不履行信息网络安全管理义务罪？/ 327
77. 电信网络诈骗在何种情况下构成非法利用信息网络罪？/ 331
78. 电信网络诈骗在何种情况下构成帮助信息网络犯罪活动罪？/ 336
79. 不法分子实施电信网络诈骗,使用有效的营业执照获得被害人的信任,他们的证件和文件是怎么获得的？/ 339
80. 伪造国家机关印章和证件的行为涉嫌犯罪,那伪造公司印章的行为涉嫌犯罪吗？/ 342
81. 电信网络诈骗在何种情况下构成妨害国(边)境管理犯罪？/ 346
82. 境外电信网络诈骗猖獗,组织和帮助犯罪分子偷渡去境外的犯罪分子,应该如何被追究刑事责任？/ 350
83. 如何惩罚电信网络诈骗犯罪中的犯罪分子“一个传染俩”？/ 355
84. 电信网络诈骗在何种情况下构成集资诈骗罪？/ 358

第五部分 电信网络诈骗的报案和立案

85. 遭遇电信网络诈骗后,如何第一时间采取应急措施？/ 365
86. 对于电信网络诈骗案件,公安机关管辖权如何确定？/ 367
87. 电信网络诈骗案件中的赃款赃物如何处置？/ 377
88. 遭遇电信网络诈骗后,被害人如何收集、留存证据？/ 382
89. 遭遇电信网络诈骗后,被害人如何追回自己的损失？/ 390
90. 未成年人能否自己去公安机关报案？/ 394
91. 诈骗案件立案后一直无进展,被害人如何进一步维权？/ 398
92. 诈骗案件刑事立案后,被害人还能去法院起诉犯罪嫌疑人吗？/ 400

93. 诈骗案件立案后,被害人可不可以提起附带民事诉讼? / 403
94. 被害人在中国境外,可以向国内公安机关报案吗? / 405
95. 被告人在中国境外,在国内的被害人可以在国内报案吗? / 408
96. 电信网络诈骗的被害人,可否起诉提供银行卡、电话卡的"卡农"追回损失? / 411
97. 企业财务部门工作人员遭遇电信网络诈骗,用人单位可否向员工索赔?如果可以索赔,员工承担赔偿责任的范围如何具体界定? / 415

第六部分　防范电信网络诈骗陷阱的建议

98. 以低价代购吸引受害人支付费用,但未按约定发货或仅发部分商品,是诈骗吗? / 427
99. 抽奖必中,支付手续费即可将奖品提现,是真的吗? / 431
100. "大师"云算命,收取"香火钱"是否构成诈骗? / 434

第一部分

电信网络诈骗犯罪的界定问题

1. 什么是电信网络诈骗？

律师解答

根据《反电信网络诈骗法》第2条的规定，电信网络诈骗，是指以非法占有为目的，利用电信网络技术手段，通过远程、非接触等方式，诈骗公私财物的行为。

典型案例

案号

陕西省宝鸡市渭滨区人民法院(2021)陕0302刑初3号

案情简介

2019年10月至2020年5月，被告人陈某纠集潘某某、颜某某在广东省东莞市设立诈骗窝点，并陆续召集被告人谭某某、邱某某等人利用虚假投资平台实施电信网络诈骗。该组织共有六个小组，每个小组都有组长、助理及组员，各人分工配合实施犯罪活动，形成了以被告人陈某、潘某某、颜某某为组织、领导者，谭某某、邱某某等人为成员的犯罪集团。在该集团中，被告人陈某负责运营资金筹集、利润分配、购置办公用品、联系作案微信账号、打群及综合事务管理；被告人潘某某、颜某某负责联系对接平台、管理集团诈骗业务，参与并指导各小组实施诈骗；各组组长负责本小组诈骗业务，带领和指导小组成员实施诈骗；小组成员冒充股民，在微信群内骗取被害人信任，引导被害人在合作平台投资。

具体诈骗方式为：被告人陈某购买微信账号并找人拉不特定人员进

群(称为打群),之后将微信账号分发给各小组使用。各小组成员将购买的微信号包装成不同身份,分三个阶段对微信群内成员实施诈骗。第一阶段在群内用交流股票方式吸引被害人注意,随之该集团成员吹捧群内有一炒股高手“老王”(由各组组长扮演)并邀请“老王”分享炒股经验,“老王”在微信群内分享炒股经验、推荐股票,该犯罪集团其他成员在微信群内以晒图、发红包的形式吹捧“老王”炒股成果,使被害人相信“老王”炒股能力,愿意在“老王”的指导下炒股。在取得被害人信任后,诱导被害人添加“老王”微信,随后诈骗进入第二阶段,“老王”以专门交流股票的名义,将被害人拉入新群,在集团其他成员配合下,引导被害人观看“老王”(直播间“老王”非该集团成员)网络直播,直播内容以炒股为主。“老王”在讲课期间以国内股票行情不好为由,鼓吹投资股指期货可以赚钱,向被害人推荐“老许”。之后“老许”在直播间讲解股指期货交易(直播间“老许”非该集团成员),该集团其他成员配合吹捧,同时假装已经跟着“老许”(微信群内由潘某某、颜某某假扮)投资赚了钱,并在微信群内以晒单、发红包庆祝的形式骗取被害人信任。随后诈骗进入第三阶段,该犯罪集团成员假扮投资平台客服人员引导被害人下载“国浩国际”“NEOS”“汇盈期货”等虚假投资平台,微信群内“老许”或“老王”将被害人拉入专门的“股指交流群”,该群内一般只有一个被害人,其他数十名成员均为该犯罪集团成员假扮,每天在微信群内鼓吹跟着“老许”赚钱并发红包,诱导被害人投资。被害人投入的资金实际均转入平台控制的个人银行账户中,并未实际参与任何股指期货交易。随后该集团成员通过诱导被害人反向买卖、大额追加投资等形式致使被害人产生大额亏损,已查实该集团诈骗金额为188.265531万元。

裁判观点

被告人陈某等人伙同他人,以非法占有为目的,利用电信网络技术手段,虚构事实、隐瞒真相,骗取他人财物,其行为均已构成诈骗罪。各被告人为实施诈骗犯罪而组成较为固定的组织，实行公司化管理，有具体的组织、指挥者，核心成员固定，层级分明，分工明确，相互配合进行犯罪活动，依法应认定为犯罪集团，在该犯罪集团中，被告人陈某起组织、策划、指挥作用，系首要分子，应按照集团所犯的全部罪行处罚；被告人潘某某、颜某某负责管理工作，属于骨干成员，系主犯，应按照其所参与或组织、指挥的全部犯罪处罚；被告人谭某某等 14 人在犯罪中起次要作用，系从犯，对其应从轻或减轻处罚。

【裁判结果】

判处被告人陈某等 17 人 3 年 2 个月至 14 年不等的有期徒刑，并处人民币 35,000 元至 140,000 元不等的罚金。

相关规定

《中华人民共和国反电信网络诈骗法》

第二条：本法所称电信网络诈骗，是指以非法占有为目的，利用电信网络技术手段，通过远程、非接触等方式，诈骗公私财物的行为。

同类案例

上海市徐汇区人民检察院指控，“进哥”（另案处理）等人在柬埔寨组织电信网络诈骗团伙，于该国金边市太子广场 A 栋 20 楼等地设立窝点，针对我国境内居民实施电信网络诈骗活动。2022 年 6 月起，该团伙以网络投资理财等名义诱骗我国境内多名居民下载该团伙实际控制的“信达”“国信”“开源”“湘财急速版”“湘财”“东方”等虚假投资理财软件并向指定账户转账，进而将被害人钱款非法占有。通过上述方式，该诈骗团伙于 2022 年 6 月至 2023 年 3 月共计骗得人民币 800 万余元。

被告人廖某于2019年6月至该国。自2022年6月至2023年5月，其在上述虚假投资理财类电信网络诈骗活动中先后担任业务员、业务小组组长。担任业务员期间，其主要负责按照话术发送信息、诱骗我国境内被害人在诈骗团伙控制的虚假平台进行投资。担任组长期间，其主要负责管理组员、监控组员和被害人聊天情况等，并根据组内业绩获取相应提成。

法院认为，被告人廖某受他人纠集，参与电信网络诈骗，其行为已构成诈骗罪，并有其他严重情节，依法应予惩处。公诉机关的指控事实清楚，证据确实充分，指控的罪名成立，量刑建议适当，法院予以支持。被告人廖某在共同犯罪中起次要作用，系从犯，应当从轻处罚；其到案后如实供述自己的罪行，可以从轻处罚；其自愿认罪认罚，可以从宽处理。辩护人相关从轻处罚的辩护意见，法院予以采纳。最终判处被告人廖某犯诈骗罪，判处有期徒刑3年2个月，并处罚金人民币4万元。

2. 电信网络诈骗犯罪具有哪些特征?

律师解答

除符合诈骗罪的特征以外，电信网络诈骗犯罪一般具有技术性、非接触性、远程性的特征。技术性是指该类犯罪主要利用电话、短信、互联网等信息交互工具。非接触性是指该类犯罪中行为人与被害人无须面对面接触。远程性是指该类犯罪中行为人主要利用电信网络技术手段进行远程联系。

如果通过电信网络技术向不特定多数人发送诈骗信息后又转入接触式诈骗，或者为实现诈骗目的，线上、线下并行同时进行接触式和非接触式诈骗，应当按照诈骗取财行为的本质定性。虽然使用电信网络技术但被害人基于接触被骗的,应当认定普通诈骗。

典型案例

案号

广东省中山市第一人民法院(2022)粤2071刑初1661号

案情简介

被告人陈某某自2014年开始玩一款名为"疾风之刃"的腾讯网络游戏,并于2021年3月在QQ社交软件上加入了一个游戏公会QQ群,后在QQ群内主动添加游戏昵称为"小樱"的男子(被害人邓某)为好友。为骗取被害人邓某的钱财,被告人陈某某编造自己系澳门富家女子,在QQ游戏内展示优秀装备照片以骗取信任。2021年3月30日至4月29日,被告人陈某某在无偿还能力的情况下,多次在中山市南朗镇苏扬网咖以各种理由借钱骗取被害人邓某25笔微信转账,共计人民币41,000元。在被害人邓某多次联系被告人陈某某催促还钱的情况下,被告人陈某某仍编造各种理由拖延、不还款,后不予理睬对方,在被害人告知已报警之后,还将被害人的微信和QQ删除、拉黑。

裁判观点

法院认为,被告人陈某某虽然系通过互联网通讯软件与被害人取得联系并实施诈骗,但其诈骗的手段及方式并非针对不特定的多数人,诈骗的行为及过程仅指向已是网友的被害人邓某;该案也没有充分证据证明被告人陈某某通过网络发布诈骗信息以骗取他人财物,故该案不属于电信网络诈骗犯罪。

【裁判结果】

被告人陈某某犯诈骗罪，判处有期徒刑1年10个月，并处罚金人民币10,000元；责令被告人陈某某退赔被害人邓某人民币41,000元。

相关规定

《中华人民共和国反电信网络诈骗法》

第二条：本法所称电信网络诈骗，是指以非法占有为目的，利用电信网络技术手段，通过远程、非接触等方式，诈骗公私财物的行为。

同类案例

2017年至2019年，被告人杨某、王某、代某某、林某某、李某某、张某等人先后加入杨某某、陈某某、任某某（均另案处理）等人的广州美迪化妆品有限公司，该公司没有从事实质性的生产、销售化妆品等经营活动，实质上是通过业务员拉人头缴纳会费的传销模式进行运作，并通过QQ、微信聊天交友方式进行婚恋诈骗。该犯罪集团分工明确、组织严密，自上而下设置总经理、经理、主任、主管、业务员等级别，实行统一管理、层级分工、集中食宿，每个成员按级别或按上交的业绩点获得提成，并以上交的业绩点等作为晋升级别的考评条件。该犯罪集团在陕西省咸阳市电建小区、航院小区、乐南小区等处设立诈骗窝点，每个窝点设立一名到两名管理者，为窝点业务员安排饮食起居并指导新人进行网络诈骗。业务员日常以拉人头入伙和网络交友等方式开展诈骗活动，“拉人头”模式即发展新人，新人需上交人民币2900元入伙，上线通过提成方式获利；“网络交友”系业务员通过微信、QQ等社交软件并假冒年轻女性身份寻找作案目标，以男女之间发展网恋关系为暗示骗取受害人信任，后以路费、医药费、购物费、过节费等种种借口骗取受害人财物，诈骗窝点女性成员协助男性成员给聊天对象发送语音、视频，以提高诈骗成功率。

2019 年 2 月至 7 月，被告人林某某、杨某、王某、代某某等人被安排至陕西省咸阳市秦都区乐南小区 1 幢 2 单元 702 室入住，开展诈骗活动。其中，被告人林某某、杨某担任该窝点管理者，被告人王某负责对业务员进行上课培训。

2019 年 7 月初，被告人李某某、张某及彭某（另案处理）等人被安排至陕西省咸阳市秦都区航院小区 5 幢 6 号楼 601 室入住，开展诈骗活动。

法院认为，被告人杨某、王某、代某某、林某某、李某某、张某以非法占有为目的，结伙利用网络，采用虚构事实、隐瞒真相的方法，骗取他人财物，其中被告人杨某诈骗数额巨大，被告人王某、代某某、林某某、李某某、张某诈骗数额较大，其行为均已构成诈骗罪。该案各被告人的犯罪行为符合电信网络诈骗技术性、非接触性、远程性与对象不特定性的特征，应当认定为电信网络诈骗，原判定性并无不当。

3. 电信网络诈骗刑事立案标准是什么？

律师解答

根据《最高人民法院、最高人民检察院关于办理诈骗刑事案件具体应用法律若干问题的解释》第 1 条的规定，诈骗公私财物价值 3000 元至 10,000 元以上，属于《刑法》第 266 条规定的“数额较大”，达到刑事立案标准。

根据《最高人民法院、最高人民检察院关于办理诈骗刑事案件具体应用法律若干问题的解释》第 5 条的规定，利用发送短信、拨打电话、互联网等电信技术手段对不特定多数人实施诈骗，诈骗数额难以查证，但具有下列情形之一的，应当认定为《刑法》第266条规定的“其他严重情节”，以诈骗罪（未遂）定罪处罚：（1）发送诈骗信息5000条以上的；（2）拨打诈骗电话500人次以上的；（3）诈骗手段恶劣、危害严重的。

典型案例

案号

江西省安义县人民法院（2022）赣0123刑初36号

案情简介

2021年6月至9月，被告人石某某先后多次在安义县××镇××广场××开发区等多处散发涉黄卡片（卡片上印有美女上门服务、包夜包天、休闲会所等性诱惑语言，以及石某某手机号码132××××××××）以吸引路过人员的注意，一旦有人电话联系石某某，石某某便假装为被害人提供美女上门性服务，先收取“出台费”，后收取“尾款”及“安全费”，并让妻子（被告人涂某某）通过微信语音与被害人对话获取被害人信任，骗取被害人财物，得逞后将被害人微信删除拉黑。两被告人采取上述诈骗方式，先后骗取仁某、陆某、刘某1、李某、刘某2、江某和陈某1的财物，共计人民币3700元，其中被害人涂某某的支付宝接收赃款人民币3000元。

裁判观点

法院认为，被告人石某某、涂某某共同以非法占有为目的，采取虚构事实、隐瞒真相的方法，利用电信网络技术手段多次骗取他人财物，共计人民币3700元，数额较大，其行为均已构成诈骗罪。公诉机关指控罪名成立。两被告人在该案共同犯罪中共同商谋、相互配合实施诈骗行为，均起主要作用，但被告人涂某某作用相对较小。被告人石某某归案后如实供述自己的罪行，且当庭自愿认罪并已预缴罚金，依法从宽处罚；被告人涂某某经电话通知后自动投案，如实供述自己的罪行，具有自首情节，且当庭自愿认罪并已预缴罚金，依法从宽处罚。两被告人诈骗所得已全部追缴在案，依法对其酌情从轻处罚。两被告人通过散发虚假黄色小广告对不特定多数人实施诈骗，且败坏社会风气，酌情从重处罚；多次实施诈骗，酌情从重处罚。综合全案案情和被告人石某某、涂某某的犯罪事实、性质、情节、危害后果及案发后的认罪态度、悔罪表现，结合其所在地社区矫正机构调查评估意见，两被告人共同诈骗数额刚过立案标准，犯罪情节相对较轻，认罪态度较好，有悔罪表现，没有再犯罪的危险，适用缓刑对其所居住的社区不会产生重大不良影响，均可依法宣告缓刑。

【裁判结果】

1. 被告人石某某犯诈骗罪，判处有期徒刑 6 个月，缓刑 1 年，并处罚金人民币 6000 元。

2. 被告人涂某某犯诈骗罪，判处拘役 5 个月，缓刑 8 个月，并处罚金人民币 5000 元。

相关规定

《最高人民法院、最高人民检察院关于办理诈骗刑事案件具体应用法律若干问题的解释》

第一条第一款：诈骗公私财物价值三千元至一万元以上、三万元至十万元以上、五十万元以上的，应当分别认定为刑法第二百六十六条规定的“数额较大”、“数额巨大”、“数额特别巨大”。

第五条第一、二款：诈骗未遂，以数额巨大的财物为诈骗目标的，或者具有其他严重情节的，应当定罪处罚。

利用发送短信、拨打电话、互联网等电信技术手段对不特定多数人实施诈骗,诈骗数额难以查证,但具有下列情形之一的,应当认定为刑法第二百六十六条规定的"其他严重情节",以诈骗罪(未遂)定罪处罚:(一)发送诈骗信息五千条以上的;(二)拨打诈骗电话五百人次以上的;(三)诈骗手段恶劣、危害严重的。

同类案例

2019年12月,被告人黄某某通过网络与"阿某"对接,由"阿某"将作案工具络漫宝、电话卡等设备快递给梁某,再由梁某转交给黄某某。被告人黄某某被拉进群名为"相亲大会"的QQ群后,按照QQ群的提示对作案工具络漫宝进行操作,并收取每天1300元的工资。被告人黄某某熟悉操作络漫宝后,先联系被告人杨某某协助其开展对络漫宝的操作,后于2020年2月1日联系被告人宋某某加入,并由黄某某每天支付每人人民币300元至500元的好处费。按照QQ群内指示,被告人黄某某、杨某某、宋某某需要驾车将络漫宝带到户外接收信号并保持移动,以确保络漫宝工作正常并逃避公安机关的打击。2019年12月至2020年2月,被告人黄某某、杨某某、宋某某分别在防城港市、钦州市为他人违法操作络漫宝,为后台实施电信网络诈骗的犯罪嫌疑人获取信号,在异地通过络漫宝拨打被害人电话实施诈骗。2020年2月,该案的22名受害人分别向各自所在的公安机关报案称接到相关的网贷平台电话,诱导其下载相关网贷平台A××,并以缴纳保证金、银行卡号填写错误导致账户冻结需缴纳解冻费、填写的账号不符、卡号需要重新认证、贷款提现没有成功需重新认证、需要风险保证金、缴纳解押费、收取验证码费、缴纳滞纳金、缴纳包装费和解决费、刷流水、操作失误等为由被骗取了财物。

法院认为,三被告人利用拨打电话、互联网等电信技术手段对不特定多数人实施诈骗，致使多人受骗，诈骗手段恶劣，对社会危害严重。《最高人民法院、最高人民检察院关于办理诈骗刑事案件具体应用法律若干问题的解释》第5条第2款规定："利用发送短信、拨打电话、互联网等电信技术手段对不特定多数人实施诈骗，诈骗数额难以查证，但具有下列情形之一的，应当认定刑法第二百六十六条规定的'其他严重情节'，以诈骗罪（未遂）定罪处罚：（一）发送诈骗信息五千条以上的；（二）拨打诈骗电话五百人次以上的；（三）诈骗手段恶劣、危害严重的。"据此，法院认定三被告人诈骗他人财物，有"其他严重情节"，并认定属于犯罪未遂。判决如下：被告人黄某某犯诈骗罪，判处有期徒刑1年5个月，并处罚金人民币2万元；被告人杨某某犯诈骗罪，判处有期徒刑1年5个月，并处罚金人民币2万元；被告人宋某某犯诈骗罪，判处有期徒刑1年4个月，并处罚金人民币2万元。

4. 诈骗数额如何认定？

律师解答

诈骗数额是指行为人通过实施诈骗行为所实际骗取的款项，对于行为人为实施诈骗活动而支付的中介费、手续费、回扣，为实施犯罪购买作案工具、购买伪装道具、租用场地或交通工具甚至雇佣他人等产生的诈骗成本，或者用于行贿、赠与等费用，均应计入诈骗的犯罪数额，但应当将案发前已归还的数额扣除。

典型案例

案号

福建省晋江市人民法院（2020）闽0582刑初67号

案情简介

2019年3月,被告人李某某在晋江市××镇××村××路××号××室,使用手机通过微信与“阿水”(微信昵称,另案处理)联系实施电信网络诈骗事项,并从“阿水”处获取实施电信网络诈骗的话术内容,与网名为“开心”和“毒”的人(均另案处理)商谈好提供贷款诈骗客户来源和帮助收转款事项,后被告人李某某通过QQ联系和查收,以每单600元(20个贷款客户资料)的价格向“开心”购买含有姓名、身份证号码、家庭住址、手机号码、IP或ID地址、贷款类型、贷款金额、分期期限或贷款年限、申请时间、银行账号等内容的公民个人信息251条,并存储在其vivoX9Ssl型手机和OPPOA37m型手机内。2019年4月至案发,被告人李某某按照非法获取的上述客户信息陆续通过短信或QQ等向他们发送诈骗信息或拨打诈骗电话。2019年5月10日至11日,被害人王某被李某某以办理网络贷款的骗术骗走人民币共计13,000元,上述被骗款项分别通过微信转账方式转入被告人李某某提供的户名为肖某3、账号为6232××××××24号和户名为张某1、账号为6223××××9391的银行账户内。

裁判观点

关于控辩双方有关该案诈骗犯罪数额认定的争议问题。法院综合审查后认为,尽管有证据证明肖某3名下的汉口银行涉案账号6232××××××24和张某1名下的广西北部湾银行涉案账号6223××××9391均用于收转被害人王某被骗的款项,且被告人李某某无法说明账户内其余款项的合法来源,但在案证据不足以将指控犯罪时间段内账户里的全部支出款项推定为诈骗犯罪数额。理由如下:

第一,虽然根据《最高人民法院、最高人民检察院、公安部关于办理电信网络诈骗等刑事案件适用法律若干问题的意见》第6条第1项的规定，不特定多数人电信诈骗犯罪数额的认定不应以一一查实被害人为必要条件，但无论从上述意见还是最高人民检察院印发的《检察机关办理电信网络诈骗案件指引》等文件有关诈骗犯罪数额认定及相关证据收集审查精神来看，对银行账户交易记录、第三方支付结算账户交易记录、通话记录、电子数据等证据的收集、审查仍应符合证据裁判规则，据以推定的相关基础事实也应扎实充分，不能理解为对于电信网络诈骗犯罪案件不需要再收集被害人陈述，甚至简单、片面地将账户内的款项全部推定为犯罪数额。因此，这就意味着被害人陈述仍然是认定被害人人数及诈骗资金数额等犯罪事实的重要证据，仍然应当尽可能地收集，以便更好地认定相关事实。

第二，该案被害人陈述的收集过于单一，样本不具备科学性、代表性，导致被害人人数不清。从现有证据来看，被告人李某某的诈骗目标对象为其非法获取的包括被害人王某在内的 251 个贷款客户，而 251 个公民个人贷款信息资料显示每个公民的信息资料丰富，不仅有 IP 或 ID 地址，也有通信联系方式、家庭住址等，完全具备可供查证的现实条件，但侦办单位仅对该案报案的被害人王某取证，对其余 250 个诈骗目标对象及将资金转入肖某 3、张某 1 名下涉案银行账号的 30 多名交易对手均以身份不明无法查证为由没有进行尽职调查取证，显然理由不客观，也不合理充分。

第三，在案电子数据表明，侦办单位仅提取到被告人李某某与被害人王某有关诈骗套路、手段方法、收转款方式、相关银行账号等诈骗内容的即时通讯聊天记录，却没有与其余 250 个诈骗目标对象及涉案银行账号涉及的 30 多名交易对手有关诈骗内容的即时通信聊天记录等。因此，没有证据证实被告人李某某对涉案其余 250 个诈骗目标对象及涉案银行账号涉及的 30 多名交易对手在指控的时间段实施欺诈行为。

第四，该案缺失直接、关键的客观证据。侦办单位未能查获涉案银行账户的相关银行卡或绑定的移动通信设备，且没有溯查肖某 3、张某 1

名下涉案银行账户的具体来源去向并核实具体的交易内容,在被告人李某某处查获的3部手机和1部笔记本电脑上也未发现任何与涉案银行账户间的相关交易记录。提供上述账号的"毒"等涉案人员尚未归案,无法证明上述账户由被告人李某某控制或持有。由于实务中持卡人和诈骗实行犯相分离的电信网络诈骗的犯罪特点,无法排除账户实际持有人或控制人同时将同一银行卡号或账号提供给多个犯罪嫌疑人实施诈骗活动的客观事实存在,因而被告人李某某使用的涉案银行账号可能同时还有其他诈骗分子在使用,查明的银行账号是否为被告人李某某唯一使用的关键事实难以证明,也就不能证实向该账户转入的其余款项是被告人李某某或其他同伙所为。

第五,涉案银行账户内的资金性质不明、来源去向不清。无论从资金的来源还是去向,侦办单位均未对涉案银行账户内或第三方支付账户内交易对手的身份情况进行溯查,况且账户记载的30多个交易对手的姓名均与该案的其余250个诈骗目标对象不符。从资金转入银行账户这一环节分析可见,涉案2个银行账户显示,除被害人王某转入的被骗款项外,其余向对应账户中转入资金时显示的交易对手开户名吴某1等人均与上述被告人李某某收存诈骗目标对象的公民个人信息描述情况不符,且上述付款人身份不明,款项性质来源不明;从涉案银行账户资金支取转出这一环节分析可见,支取上述账户内资金的交易对手苏某1等人的身份及资金流向均未查证属实,相关支取方式也未调取,且部分交易记录显示有采购款、工资、还款、货款、差旅费、借款等取款用途备注,涉案其余款项的流水无法证明是被告人李某某本人或指使他人取走账户内的资金。所以,涉案账户虽有流水明细记录,但该交易记录无法证实涉案30多名交易对手是诈骗受害人,也无法证实与其余诈骗目标对象有直接关联,资金来源不明,性质难定。

第六,从被告人李某某的数次稳定供述可见,该案存在多人分工协作,但目前涉案人员中,唯有被告人李某某归案,其余人员均未归案,无法判定该案的犯罪组织形式和各行为人间犯罪行为结合程度，而实务中基于电信网络诈骗产业分离化特点，客观形成了独特的电信诈骗犯罪产业链条，并衍生了“菜商”、“卡商”、职业取款人（又称车手）等犯罪专业化代理人，也确实存在“外包经营”“车手”提供“一对多”的犯罪分工形式，这类行为人只专门负责向诈骗实行犯提供相关收转账等资金支付结算业务，因而判定行为人是否对全部数额承担刑事责任，只能通过行为人之间的通谋或犯罪行为结合紧密程度来认定上下线行为人之间的共犯模式，如果不是犯罪集团或团伙之间的紧密合作分工，就难以将其他没有任何关联的上线诈骗实行犯的诈骗数额作为共同犯罪数额来认定。所以，该案中涉案行为人之间的犯罪行为共犯模式及合作紧密程度如何，只有被告人李某某供述，没有其他证据佐证，事实不清，证据不足，无法排除“毒”作为帮助收转款人存在“一对多”犯罪服务形式的合理怀疑。由此可见，从资金走向来看，难以确证除王某被骗资金外的其余涉案款项与被告人李某某的诈骗行为具有关联性。

第七，对标中国人民银行及其分支机构发布的有关反洗钱或可疑交易识别特征等规定指引，尽管涉案银行账户中某些交易环节存在可疑交易痕迹，但涉电信诈骗资金的交易环节复杂、交易层级较多，从开立账户接受诈骗资金，到转移赃款，再到最终清洗完毕，其间涉及众多账户，在每个交易环节，所涉账户均会存在诸多不同的可疑特征，要有效发现相关涉案账户，不能简单依靠某个可疑特征作出判断，必须在查证属实的基础上，结合多种可疑特征，进行综合判断。从涉案银行账户的交易流水来看，大部分银行流水的流转方式和交易特征与上述已收集并查证核实的被害人王某被骗款项的交易账户的流转方式、交易特征不尽一致，契合度也不高，所以公诉机关从涉案 2 个银行账户的资金支取环节择取金额 1000 元以上的交易进行涉案诈骗数额累计推定缺乏相关的基础事实依据，也违背法律规定，显然不妥。

综上所述，公诉机关虽向法庭提供大量的证据材料，但仅有被害人王某被骗的13,000元能查证属实，涉案银行账户内的其余资金性质及该部分资金与被告人李某某诈骗行为的关联性均缺乏相关证据证实，且无法相互印证，不能形成闭合的、完整的证据链条，也无法排除合理怀疑，因而公诉机关对涉案未查清的被害人及其余诈骗犯罪数额所进行的推定不能成立，公诉机关指控诈骗总数额中的176.86万元，事实不清，证据不足，不予认定。被告人李某某及其辩护人有关诈骗犯罪数额的辩解和辩护意见，予以采纳。

【裁判结果】

判处被告人李某某犯侵犯公民个人信息罪，判处有期徒刑1年8个月，并处罚金人民币1万元；犯诈骗罪，判处有期徒刑1年6个月，并处罚金人民币2万元。数罪并罚，决定执行有期徒刑3年，并处罚金人民币3万元。

相关规定

1.《最高人民法院、最高人民检察院关于办理诈骗刑事案件具体应用法律若干问题的解释》

第一条第一款：诈骗公私财物价值三千元至一万元以上、三万元至十万元以上、五十万元以上的，应当分别认定为刑法第二百六十六条规定的“数额较大”、“数额巨大”、“数额特别巨大”。

2.《最高人民法院研究室关于申付强诈骗案如何认定诈骗数额问题的电话答复》

同意你院的倾向性意见。即在具体认定诈骗犯罪数额时，应把案发前已被追回的被骗款额扣除，按最后实际诈骗所得数额计算。但在处罚时，对于这种情况应当做为从重情节予以考虑。

3.《全国法院审理金融犯罪案件工作座谈会纪要》

第二(三)4. 条:……在具体认定金融诈骗犯罪的数额时,应当以行为人实际骗取的数额计算。对于行为人为实施金融诈骗活动而支付的中介费、手续费、回扣等,或者用于行贿、赠与等费用,均应计入金融诈骗的犯罪数额。但应当将案发前已归还的数额扣除。

4.《检察机关办理电信网络诈骗案件指引》

第二(三)1. (4)条:犯罪嫌疑人为实施犯罪购买作案工具、伪装道具、租用场地、交通工具甚至雇佣他人等诈骗成本不能从诈骗数额中扣除。对通过向被害人交付一定货币,进而骗取其信任并实施诈骗的,由于货币具有流通性和经济价值,该部分货币可以从诈骗数额中扣除。

同类案例

被告人罗某某伙同季某某、施某出于非法占有他人钱财的目的,先后于2017年8月24日虚构“刘某”的身份作为法人成立福州恒宇尚品国际贸易有限公司、2018年4月12日假借李某某的名义作为法人成立福州海纳得实业有限公司。开发“恒宇尚品”和“乐购商品”两个微信公众号平台,并以此为依托,租赁办公场所、招聘员工、从网上购买境外注册的微信号让业务员使用。被告人罗某某等人使用“号码魔方”软件非法获取公民手机号码并借助“源”软件自动甄别上述号码是否开通微信及微信用户性别,从中选择年龄在25~50岁的女性,将其添加为好友,并冒充“高富帅”“成功人士”与筛选出的经济上比较富裕的女性进行聊天、骗取信任,打着购物升级赚钱的幌子,诱导对方投入巨额资金从而实施诈骗。

法院认为，罗某某等人是以购买商品参加竞猜升级方式实施诈骗，“开奖”升级获利是诈骗的方式，即使对“开奖”结果不能控制，也不影响诈骗罪的成立。赌博是拿财物作赌注比输赢，赌输的一方将作为赌注的财物给予赌赢的一方。而该案升级失败能够提货或者兑换金币购买商品，这不符合赌博的一般规则。在“恒宇尚品”购买商品竞猜升级失败提取红酒、兑换金币是其实施诈骗的手段。根据《检察机关办理电信网络诈骗案件指引》的相关规定，提取的红酒、兑换的金币，不予扣除。

5. 实施电信网络诈骗犯罪行为，诈骗数额无法查证的情况下如何处理？

律师解答

根据《最高人民法院、最高人民检察院、公安部关于办理电信网络诈骗等刑事案件适用法律若干问题的意见》的规定，对于诈骗数额难以查证的，犯罪嫌疑人发送诈骗信息 5000 条以上，或者拨打诈骗电话 500 人次以上，或者在互联网上发布诈骗信息的页面浏览量累计 5000 次以上，可以认定为诈骗罪中“其他严重情节”，以诈骗罪（未遂）定罪处罚。具有上述情形，数量达到相应标准 10 倍以上的，应当认定为《刑法》第 266 条规定的“其他特别严重情节”，以诈骗罪（未遂）定罪处罚。

典型案例

案号

吉林省辽源市西安区人民法院（2023）吉 0403 刑初 164 号

案情简介

2023年，被告人苏某某为赚取佣金，与上游电信诈骗人员取得联系，相互配合，苏某某自己使用手机拨打电话，打开免提，上游电信诈骗人员同时使用电脑QQ语音以此搭建简易“手机口”平台，并发展下线吴某某、王某、徐某等人从事电信诈骗活动，具体犯罪事实如下：(1)2023年，被告人苏某某与上游电信诈骗人员取得联系，相互配合，使用其手机拨打电话，打开免提，上游电信诈骗人员同时使用电脑QQ语音以此搭建简易“手机口”平台，并发展下线被告人吴某某、王某、徐某等人从事电信诈骗活动，苏某某以此获利2164元。(2)同年，吴某某在明知通过“手机口”方式拨打诈骗电话系犯罪情况下，仍通过苏某某联系上线，使用本人手机号向全国不特定多数人拨打诈骗电话。吴某某通过拨打诈骗电话非法获利1000元。被害人黄某某于2023年8月14日接到吴某某拨打的诈骗电话后被诈骗74,617.00元。(3)同年，王某在明知通过“手机口”方式拨打诈骗电话系犯罪情况下，仍通过苏某某联系上线，使用本人手机(18××××××106等号码)向全国不特定多数人拨打诈骗电话。王某通过拨打诈骗电话非法获利1700元。被害人霍某某于2023年7月21日接到王某拨打的诈骗电话后被诈骗43,660.00元。(4)同年，徐某在明知通过“手机口”方式拨打诈骗电话系犯罪情况下，仍与苏某某联系并发展下线冯某、李某某，向李某某借用手机以供冯某拨打诈骗电话使用，以此非法获利420元。(5)同年，被告人冯某在明知徐某为其介绍“手机口”方式拨打诈骗电话为犯罪行为情况下，仍使用本人手机号向全国不特定多数人拨打诈骗电话累计500余条，并发展下线李某1(未到案)、黄某等人，以此获利2000元。黄某拨打诈骗电话100余个。

裁判观点

被告人苏某某、徐某、冯某、王某、吴某某为获取非法利益，对不特定多数人拨打诈骗电话引流,导致上游诈骗人员骗取他人财物,数额巨大,侵犯了公民私有财物的所有权,各被告人行为符合诈骗罪的犯罪构成要件,应当以诈骗罪追究各被告人的刑事责任。公诉机关指控的事实及罪名成立,同时提出:(1)被告人苏某某、徐某、冯某、王某、吴某某认罪认罚,可以从宽处理;(2)徐某、冯某利用拨打电话等电信技术手段对不特定多数人实施诈骗,其诈骗数额难以证明,但其拨打诈骗电话500人次以上,应当认定为“其他严重情节”,以诈骗(未遂)追究其刑事责任。

【裁判结果】

(1)被告人苏某某犯诈骗罪,判处有期徒刑1年6个月,缓刑1年6个月,并处罚金人民币2200元;(2)被告人徐某犯诈骗罪,判处有期徒刑1年,缓刑1年,并处罚金人民币1000元;(3)被告人冯某犯诈骗罪,判处有期徒刑1年,缓刑1年,并处罚金人民币2000元;(4)被告人王某犯诈骗罪,判处有期徒刑1年,缓刑1年,并处罚金人民币1700元;(5)被告人吴某某犯诈骗罪,判处有期徒刑1年,缓刑1年,并处罚金人民币1000元。

相关规定

《最高人民法院、最高人民检察院、公安部关于办理电信网络诈骗等刑事案件适用法律若干问题的意见》

第二(四)条:实施电信网络诈骗犯罪,犯罪嫌疑人、被告人实际骗得财物的,以诈骗罪(既遂)定罪处罚。诈骗数额难以查证,但具有下列情形之一的,应当认定为刑法第二百六十六条规定的“其他严重情节”,以诈骗罪(未遂)定罪处罚:

1. 发送诈骗信息五千条以上的,或者拨打诈骗电话五百人次以上的;

2. 在互联网上发布诈骗信息，页面浏览量累计五千次以上的。

具有上述情形，数量达到相应标准十倍以上的，应当认定为刑法第二百六十六条规定的“其他特别严重情节”，以诈骗罪(未遂)定罪处罚。

……

同类案例

2021 年 9 月，被告人刘某明知他人实施电信网络诈骗犯罪，为了获取非法利益，办理 135 × × × ×7440、132 × × × ×4644 等手机号码帮助网友“青苗”拨打电话实施诈骗，其中使用开头为 177 的电话号码冒充贷款平台工作人员拨打电话，诈骗被害人刘某 1 135, 000 元。2021 年 9 月至案发，被告人刘某某按照被告人刘某指示，明知其从事虚假贷款诈骗，为了获取非法利益，而办理 184 × × × ×4330 等手机号码，后按照被告人刘某提供的被害人手机号和话术本多次拨打电话实施虚假贷款诈骗，后被告人刘某某使用 184 × × × ×4330 的手机号码诈骗被害人李某 5898 元。被告人刘某获取非法利益 7000 余元，被告人刘某某获取非法利益 1400 余元。法院判决刘某犯诈骗罪，判处有期徒刑 3 年；刘某某犯诈骗罪，判处有期徒刑 6 个月。

6. 拨打诈骗电话次数如何认定？

律师解答

拨打诈骗电话次数认定问题，不以实际拨打成功次数认定，反复拨打、拨打失败均应当累计计算。对于难以收集次数、条数的，以有客观证据证明的日拨打次数或者发送信息条数为计算起点，根据客观证据或被告人供述与辩解就低认定犯罪时间，推定总次数及总条数。

典型案例

案号

四川省营山县人民法院(2020)川1322刑初65号

案情简介

缅甸缅北地区的每个诈骗窝点都有管理人员，下设有“拉手组”、多个“代办员组”“财务”“网络维护”“后勤保障”等组织，每个窝点成员有百人左右不等，诈骗窝点实行集团化管理运作，诈骗人员到缅甸的路费、在实施诈骗活动期间的食宿均由诈骗窝点统一免费提供，诈骗窝点的上下班、食宿时间由窝点统一规定，每个代办员在诈骗期间均使用外号，并将居民身份证、手机等个人物品上交管理人员统一管理。

诈骗窝点小组组长每天给“拉手”“代办员”发电话清单、工作手机、通讯卡、工作电脑等诈骗工具。“拉手”与“代办员”每天不固定搭配，“拉手”负责拨打诈骗电话询问客户是否需要贷款，对有贷款需求的客户，引导其添加当日与其搭档的“代办员”QQ。后“代办员”按照“话术剧本”，使用QQ、手机与客户通联，引导确需贷款的客户下载提前设计好的“容易贷”“容好贷”“蓝创贷”“功夫贷”“工薪贷”“惠薪贷”“钱享贷”“幸好贷”“薪好贷”“享益贷”等虚假贷款App，使用的App名称不定期更换，并利用该App给被害人制造发放贷款假象，通过后台掌控、查看、修改客户信息及数据。“代办员”以帮助客户办理网络贷款，需要支付“包装费”、“认证金”，以及需要“刷流水”、“补流水”、“私人走账”等理由逐步对客户实施诈骗。小组长对组内人员协调安排，既可申请派人协助，也可自行邀请其他“代办员”协助。

诈骗期间，犯罪集团中“拉手”与“代办员”相互配合，共同实施诈骗行为，“拉手”与“代办员”每天不固定搭配，“代办员”每天至少搭配一名“拉手”，“拉手”每天至少要拨打200个诈骗电话，引导有贷款意愿的客户添加当日与其搭配的“代办员”QQ，由“代办员”继续实施诈骗行为。

2019年4月3日，被告人潘某某、刘某某、程某在他人的组织下到达缅甸北部地区进入诈骗窝点，在××组经过三四天的学习后，被告人潘某某、刘某某、程某均以“代办员”身份进行电信网络诈骗，直到2019年5月10日潘某某、刘某某、程某从诈骗窝点离开。在此期间，三被告人所在阿平组的“代办员”所对应的“拉手”至少拨打了诈骗电话4万余次，被告人潘某某、刘某某、程某分别获取违法所得14,000元、5000元、2000元。

裁判观点

该案系诈骗集团犯罪，该集团的首要分子、骨干分子、财务人员、组长等管理人员与各被告人都是共同犯罪的主体，但上述管理人员均未到案，到案的各被告人仅为诈骗集团的一般成员。根据法律规定，一般成员只对其参与的犯罪承担责任。据各被告人供述，在当“代办员”期间，“代办员”每天要搭配一至二名“拉手”，由“拉手”和“代办员”具体实施犯罪行为，故各被告人应对其搭配的“拉手”拨打的诈骗电话人次数承担责任。证据显示，“拉手”每天至少要拨打200个诈骗电话，不包括反复拨打、接听同一电话号码，以及反复向同一被害人拨打、接听电话的次数；按照有利于各被告人的原则，可以认定各被告人搭配的“拉手”日拨打诈骗电话数量为200人次。《最高人民法院、最高人民检察院、公安部关于办理电信网络诈骗等刑事案件适用法律若干问题的意见》规定，因被告人故意隐匿、毁灭证据等原因，致拨打电话次数的证据难以收集的，可以根据经查证属实的日拨打人次数，结合被告人实施犯罪的时间、被告人的供述等相关证据，综合予以认定；多人共同实施电信网络诈骗，被告人应对其参与期间该诈骗团伙实施的全部诈骗行为承担责任；“参与期间”从被告人着手实施诈骗行为开始计算；“拨打诈骗电话”包括拨出诈骗电话和接听被害人回拨电话；反复拨打、接听同一电话号码，以及反复向同一被害人发送诈骗信息的，拨打、接听电话次数和发送信息条数累计计算。由此合议庭认定被告人潘某某、刘某某、程某各参与诈骗犯罪时间为37日，其各自对接的“拉手”分别拨打了诈骗电话7400次。

【裁判结果】

(1)被告人潘某某犯诈骗罪(未遂)，判处有期徒刑4年，并处罚金人民币50,000元。(2)被告人刘某某犯诈骗罪(未遂)，判处有期徒刑4年3个月，并处罚金人民币50,000元。(3)被告人程某犯诈骗罪(未遂)，判处有期徒刑4年3个月，并处罚金人民币50,000元。(4)对被告人潘某某、刘某某、程某分别向法院退缴的违法所得人民币14,000元、5000元、2000元，由法院发还被害人幸某、王某等人。(5)责令被告人潘某某、刘某某、程某与其他共同犯罪行为人于判决发生法律效力第2日起30日内退赔被害人幸某、王某等人的经济损失。

相关规定

《最高人民法院、最高人民检察院、公安部关于办理电信网络诈骗等刑事案件适用法律若干问题的意见》

第二(四)条：……

上述“拨打诈骗电话”，包括拨出诈骗电话和接听被害人回拨电话。反复拨打、接听同一电话号码，以及反复向同一被害人发送诈骗信息的，拨打、接听电话次数、发送信息条数累计计算。

因犯罪嫌疑人、被告人故意隐匿、毁灭证据等原因，致拨打电话次数、发送信息条数的证据难以收集的，可以根据经查证属实的日拨打人次数、日发送信息条数，结合犯罪嫌疑人、被告人实施犯罪的时间、犯罪嫌疑人、被告人的供述等相关证据，综合予以认定。

同类案例

2018年8月至2019年2月，被告人冷某某、冷某1、周某某、向某、黄某某、刘某某、樊某某、沈某某以偷越国境的方式到达缅甸后，先后在缅甸贺岛开发区××楼××市场××居民房内实施诈骗，其中被告人冷某某、冷某1共计诈骗120,000.24元，发送诈骗信息5,980,995条，被告人周某某、向某、刘某某、黄某某、樊某某、沈某某共计诈骗48,700元，发送诈骗信息5,980,995条。

2019年8月，被告人冷某某、冷某1、周某某、向某、黄某某、刘某某、樊某某、沈某某先后到缅甸贺岛农贸市场附近一居民房内，在李某（负责人，现在在逃）的指导安排下，冷某某担任组长，周某某、向某、黄某某、刘某某、樊某某、沈某某负责网络推广，冷某1担任客服和技术人员。上述人员通过向微信群发送兼职刷单广告，吸引被害人添加微信好友后引诱被害人关注微信公众号“威速通”，冷某1以客服身份向被害人发送链接谎称刷单返利，诈骗被害人钱财。现查实在2019年8月16日冷某某、冷某1诈骗被害人王某71,300.24元。此外，冷某某、冷某1、周某某、向某、黄某某、刘某某、樊某某、沈某某在参与期间发送诈骗信息5,980,995条。

2019年2月至8月，被告人冷某某、樊某某、冷某1、周某某、向某、刘某某、黄某某、沈某某先后加入鼎盛集团，在缅甸贺岛开发区一写字楼内，通过抖音或微信添加被害人，取得信任后向被害人推荐诈骗平台，营造在平台内投资理财回报率高等假象，引诱被害人投资诈骗其钱财。在8人参与期间成功诈骗被害人林某48,700元。

关于该案中发送诈骗短信的条数，因被告人定期对聊天记录进行清理，仅能从被告人沈某某使用的工作手机内提取到网名为“小天鹅”的微信聊天记录，该微信于2019年9月1日向113个微信群发送诈骗信息共计398,733条。根据《最高人民法院、最高人民检察院、公安部关于办理电信网络诈骗等刑事案件适用法律若干问题的意见》，因犯罪嫌疑人、被告人故意隐匿、毁灭证据等原因，致拨打电话次数、发送信息条数的证据难以收集的，可以根据经查证属实的日拨打人次数、日发送信息条数，结合犯罪嫌疑人和被告人实施犯罪的时间、犯罪嫌疑人、被告人的供述等相关证据，综合予以认定。公诉机关依据被告人沈某某的日发送条数、实施诈骗行为的天数(15天)，计算出被告人沈某某发送诈骗短信的条数为5,980,995条，被告人樊某某、黄某某、刘某某与沈某某同日到达作案现场，其余被告人均在沈某某之前到达作案现场，故公诉机关指控其8人发送诈骗信息条数为5,980,995条，法院予以确认。

7. 在境外针对境内居民实施电信网络诈骗犯罪行为，诈骗数额难以查证的，如何处理？

律师解答

有证据证实行为人参加境外诈骗犯罪集团或犯罪团伙，在境外针对境内居民实施电信网络诈骗犯罪行为，诈骗数额难以查证，但一年内出境赴境外诈骗犯罪窝点累计时间30日以上或多次出境赴境外诈骗犯罪窝点的，应当认定为《刑法》第266条规定的“其他严重情节”，以诈骗罪依法追究刑事责任。有证据证明其出境从事正当活动的除外。

典型案例

案号

湖南省汨罗市人民法院(2022)湘0681刑初24号

案情简介

2019年2月至12月,被告人陈某受金某(在逃)邀请出资参与境外电信诈骗,并约定非法获利五五分成或四六分成。被告人陈某召集被告人薛某某等人出境至某大厦电信诈骗窝点,组建诈骗团伙,利用加某、计某(均在逃)代理的虚假股票投资平台对境内群众实施三阶段电信诈骗。陈某诈骗团伙人数众多,分工明确,较为固定。加某直接和诈骗平台老板对接,张某(另案处理)、刘某、陈某某(均在逃)担任经理级别的人员,普通诈骗人员除去底薪后一般按诈骗数额的10%提成。虚假股票投资平台有专门的人员管理和操作,诈骗平台方负责入金、出金账号及洗钱,对平台进行维护,对诈骗所得进行分配等。被告人陈某诈骗团伙会给每个诈骗人员配发3台至4台工作手机,该团伙打电话或利用"打粉"公司提供的信息将诈骗人员的微信号强制推送给经过筛选的被害人账号上面。待微信添加成功后,诈骗人员使用多个微信号以不同的身份和被害人微信聊天获取被害人的信任,让被害人进入直播间,诈骗平台安排专门的人员给被害人讲课洗脑、"包装股票",使被害人相信可以通过虚假股票投资将炒股投入的实际资金杠杆配资扩大到10倍,被害人被吸引后,会问诈骗人员如何加入股票投资平台,诈骗人员会告诉被害人如何注册。被害人注册虚假股票投资平台后诈骗团伙会诱使被害人将投资资金打入虚假投资平台指定的账户,诈骗人员还会引导被害人购买股票,然后使用强制平仓、关平台等方法骗取被害人的资金。

在诈骗过程中陈某团伙诈骗被害人杨某1等人，涉案金额共计700万余元，被告人陈某获利约180万元。其中被告人薛某某参与第一、二、三阶段的诈骗，直接诈骗金额182万余元，被告人刘某1参与第一、二阶段诈骗，直接诈骗金额118,990元，被告人殷某某在第一阶段诈骗未实施完毕之前，于2019年4月29日退出回国。被告人薛某某获利10万余元、被告人刘某1获利34,000余元，被告人殷某某获利12,440元。

2019年2月至5月，被告人陈某出资16万元，与加某合伙实施第一阶段电信网络诈骗。被告人薛某某等人受被告人陈某安排出境到某大厦参与诈骗。加某、计某等人安排人员提供食宿、培训、作案工具、话术样本并安排张某作为团队经理负责管理和指导，利用加某代理的虚假“玖富资本”股票投资平台实施诈骗，查证共计诈骗被害人40万余元。其中被告人刘某1直接诈骗金额2万元，被告人薛某某直接诈骗24万余元，被告人殷某某于2019年4月29日退出。

2019年5月至8月，被告人陈某出资8万元，与加某合伙实施第二阶段电信网络诈骗。被告人薛某某等人受被告人陈某安排在某大厦参与诈骗。加某、计某等人安排人员提供食宿、培训、作案工具、话术样本，并安排刘某作为团队经理负责管理和指导，利用加某代理的虚假“信投”股票投资平台实施诈骗，查证共计诈骗被害人杨某1等人746,477元。其中被告人薛某某直接诈骗金额315,535元，被告人刘某1直接诈骗金额98,990元。

2019年9月至12月，被告人陈某与加某合伙实施第三阶段电信网络诈骗。被告人薛某某等人受被告人陈某安排在某大厦参与诈骗。加某、计某等人安排人员提供食宿、培训、作案工具、话术样本，并安排陈某某作为团队经理负责管理和指导，利用加某代理的虚假“万象”股票投资平台实施诈骗，查证共计诈骗被害人陈某1等人838,837元。被告人薛某某作为薛某1、曹某某、张某某、陈某2这一小组组长，其中被告人薛某某直接诈骗金额1,231,697元，薛某1直接诈骗金额354,065元，张某某直接诈骗金额450,000元，曹某某直接诈骗金额230,000元。

裁判观点

法院认为，根据《最高人民法院、最高人民检察院、公安部关于办理电信网络诈骗等刑事案件适用法律若干问题的意见(二)》第3条的规定，有证据证实行为人参加境外诈骗犯罪集团或犯罪团伙，在境外针对境内居民实施电信网络诈骗犯罪行为，诈骗数额难以查证，但1年内出境赴境外诈骗犯罪窝点累计时间30日以上或多次出境赴境外诈骗犯罪窝点的，应当视为《刑法》第266条规定的“其他严重情节”，以诈骗罪依法追究刑事责任。该案中，根据殷某某的供述及被告人殷某某的出入境记录，被告人殷某某参与了第一阶段境外电信网络诈骗，参与诈骗的时间达两个多月，应当认定为“其他严重情节”，以诈骗罪依法追究刑事责任。被告人殷某某与被告人陈某、薛某某、刘某1、同案人张某等人共同参与“玖富资本”平台股票诈骗，系共同犯罪，被告人殷某某在回国前将客户移交公司处理，后收到诈骗公司给的提成，证明被告人殷某某经手的客户确有损失。根据共同犯罪部分实行全部负责的原则，被告人殷某某系犯罪既遂。

【裁判结果】

(1)被告人陈某犯诈骗罪，判处有期徒刑12年6个月，并处没收财产人民币50万元；(2)被告人薛某某犯诈骗罪，判处有期徒刑5年6个月，并处罚金人民币30万元；(3)被告人刘某1犯诈骗罪，判处有期徒刑3年，并处罚金人民币4万；(4)被告人殷某某犯诈骗罪，判处有期徒刑1年3个月，并处罚金人民币1万元。

相关规定

《最高人民法院、最高人民检察院、公安部关于办理电信网络诈骗等刑事案件适用法律若干问题的意见(二)》

第三条:有证据证实行为人参加境外诈骗犯罪集团或犯罪团伙,在境外针对境内居民实施电信网络诈骗犯罪行为,诈骗数额难以查证,但一年内出境赴境外诈骗犯罪窝点累计时间30日以上或多次出境赴境外诈骗犯罪窝点的,应当认定为刑法第二百六十六条规定的“其他严重情节”,以诈骗罪依法追究刑事责任。有证据证明其出境从事正当活动的除外。

同类案例

2017年6月,被告人王某某在网上找工作时发现一则境外务工招聘广告,经联系曾某某(另案处理)后偷渡至东南亚国家,后在曾某某等人的威逼利诱下加入该境外诈骗团伙,根据诈骗团伙提供的姓名、电话在境外以“高薪招工需缴纳保证金”为由对中国境内居民实施电信网络诈骗,并曾多次返回国内联系亲朋好友要求帮助其宣传招聘信息。2017年7月至2019年9月,王某某共计往返境外诈骗窝点10余次。

法院认为,被告人王某某参加境外诈骗犯罪团伙,在境外针对中国居民实施电信网络诈骗犯罪行为,一年内多次出境赴境外诈骗窝点,情节严重,其行为已经构成诈骗罪。

8. 收到诈骗款项但由于“延时到账”等功能未实际取得控制，如何认定？

律师解答

电信网络诈骗应以被害人失去对被骗钱款的实际控制为既遂认定标准。一般情形下，诈骗款项转出后即时到账构成既遂。但随着银行自助设备、第三方支付平台陆续推出“延时到账”“撤销转账”等功能，被害人通过自助设备、第三方支付平台向犯罪嫌疑人指定账户转账，可在规定时间内撤销转账，资金并未实时转出。此种情形下被害人并未对被骗款项完全失去控制，而犯罪嫌疑人也未取得实际控制，应当认定为未遂。

典型案例

案号

湖南省怀化市中级人民法院(2020)湘12刑终416号

案情简介

2019年3月，被告人詹某某招募了被告人龙某某、段某某以及另一绰号“老江”(在逃)的男子做电信网络诈骗的话务员，在湖北省荆门市沙洋县实施诈骗。被告人詹某某规定4000元以下没有分成，后改成5000元以下没有分成，5000元以上按25%给被告人龙某某、段某某，被告人詹某某拿35%，提取赃款人员拿40%的比例分成。2019年4月，被告人詹某某伙同被告人龙某某、段某某到洪江市安江镇实施电信网络诈骗。在实施诈骗过程中，由被告人詹某某按照其事先准备好的诈骗剧本对话务员进行诈骗手段培训。被告人詹某某为话务员提供诈骗作案使用的手机、手机卡、诈骗对象资料、接受诈骗对象汇款的银行账户等作案工具,联系他人安排取款,按约定的比例发放提成款。詹某某指挥话务员使用各自家乡的手机号码拨打各自家乡的手机号码,以冒充受害人的领导、熟人、亲戚、亲属、同事等方式实施电信网络诈骗。话务员一般作案时间为工作日,以增加话术的可信度。为了逃避侦查,被告人詹某某安排话务员或亲自将诈骗成功时使用过的手机、手机卡等作案工具丢河里毁掉,通过现金或转账形式给各话务员发放提成款。2019 年 3 月至 5 月,被告人詹某某组织、指挥或参与电信网络诈骗作案共计 10 起,涉案共计 18.58 万元,其中 1 起未遂,金额 0.6 万元。被告人龙某某参与作案 5 起,涉案金额 11.46 万元。被告人段某某参与作案 5 起,涉案金额 7.12 万元,其中 1 起未遂,金额 0.6 万元。

该起未遂事实为:2019 年 5 月 15 日,被害人段某某在安江境内拨打被害人杨某某手机号,冒充“岳麓新城”房地产经理,5 月 16 日,被害人杨某某要其妻姜某通过手机银行将 0.6 万元以两小时到账形式转账给段某某。被害人杨某某经与经理核实,发现被骗,姜某通过手机银行撤销转账。

裁判观点

被告人詹某某、龙某某、段某某以非法占有为目的,通过向不特定人拨打电话并虚构事实的方式实施诈骗,骗取他人财物,且数额巨大,其行为已构成诈骗罪。

辩护人提出被告人段某某虽不具备自首情节,但是归案后如实供述了自己的罪行,并自愿认罪认罚,依法可以从轻处罚;第 9 起犯罪是犯罪未遂,可以比照既遂犯从轻或减轻处罚;被告人段某某部分被动退赃,建议酌情从轻处罚的辩护意见,与法院查明的事实相符,法院予以采纳。

【裁判结果】

1. 被告人詹某某犯诈骗罪,判处有期徒刑6年10个月,并处罚金人民币100,000元。

2. 被告人龙某某犯诈骗罪,判处有期徒刑4年6个月,并处罚金人民币60,000元。

3. 被告人段某某犯诈骗罪,判处有期徒刑4年3个月,并处罚金人民币30,000元。

同类案例

2017年10月,杨某、姚某某、李某某充当话务员拨打诈骗电话,梁某某负责提供银行卡账户收取被害人款项,之后由梁某某联系他人取款。梁某某与取款人共分得诈骗赃款的40%,杨某、姚某某、李某某等人分得自己实施诈骗赃款的60%。实施诈骗的套路为"猜猜我是谁"。具体表现为:前一天由杨某、李某某、姚某某打电话给受害人叫其次日到办公室来,受害人根据声音猜测对方是谁,被告人杨某、李某某、姚某某则冒充某领导诱导对方。次日早晨,杨某、李某某、姚某某主动打电话给被害人以有上级领导检查需要封红包、急需用钱等为由让被害人把钱存在相应的银行卡账户上。

还有一种诈骗套路为冒充领导,以急用钱需向被害人借款为由实施诈骗。被害人周某证实,2017年10月22日,一个自称是红桥镇党委书记的人用号码156××××0987打电话给他,让他第二天去办公室。10月23日早上,对方打电话以给领导准备2万元红包为由,让他将钱打到胡某尾号7357的邮政卡上。周某到农商银行ATM机上使用黄某的账户把钱转过去后,对方称不能使用ATM机转账并说问领导是否延时转账。过了好久对方都没有回电话,周某感觉不对就到派出所报案。当天下午,周某和黄某到银行办理了撤销转账,他被骗的2万元及手续费都退回来了。

法院认为，被告人杨某等人以非法占有为目的，与他人结伙通过拨打电话等方式实施电信网络诈骗，骗取他人财物的行为已经构成诈骗罪，其中针对周某的诈骗行为，因被害人撤销转账未能收到诈骗款项，属于诈骗未遂。

9. 电信网络诈骗既有既遂又有未遂如何处罚？

律师解答

电信网络诈骗既有既遂，又有未遂，分别达到不同量刑幅度的，依照处罚较重的规定处罚；达到同一量刑幅度的，以诈骗罪既遂处罚。例如已查明被告人诈骗既遂 7000 元，实际拨打诈骗电话 8000 余次，既遂部分应当在 3 年以下量刑，未遂部分在 3 年至 10 年量刑，应当按照处罚较重的规定处罚。

典型案例

案号

湖北省襄阳市樊城区人民法院(2021)鄂 0606 刑初 371 号

案情简介

2020 年 12 月，被告人付某某通过网络联系上线“牛心果”(另案处理)冒充汇丰银行工作人员，拨打诈骗电话推销虚假贷款，后被告人付某某又邀约被告人鲁某某共同参与拨打诈骗电话，并将有意贷款的被害人黄某、王某 1 等人骗至虚假“汇丰微信客服”处实施诈骗。经鉴定，被告人付某某、鲁某某拨打诈骗电话共计 1366 人次(其中付某某拨打 798 人次，鲁某某拨打 568 人次），造成被害人黄某等人被骗共计人民币 175,775 元。

裁判观点

被告人付某某、鲁某某以非法占有为目的，向不特定多数人拨打诈骗电话 500 人次以上，情节严重，其行为均已构成诈骗罪。公诉机关指控罪名，法院予以支持。被告人鲁某某辩护人关于鲁某某构成帮助信息网络犯罪活动罪的意见，与查明的事实不符，不予支持。二被告人分别在上线“牛心果”的安排下，根据上线提供的电话号码和话术，拨打诈骗电话，在共同犯罪中处于从属地位，系从犯，依法可以减轻处罚。被告人付某某在实施诈骗过程中，造成被害人损失 26,996.3 元属于既遂，向不特定多数人拨打诈骗电话 500 人次以上属于未遂；被告人鲁某某在实施诈骗过程中，造成被害人损失 3052.12 元属于既遂，向不特定多数人拨打诈骗电话 500 人次以上属于未遂。根据法律规定，电信网络诈骗既有既遂，又有未遂，分别达到不同量刑幅度的，依照处罚较重的规定处罚；达到同一量刑幅度的，以诈骗既遂处罚。该案按照犯罪未遂分别对被告人付某某、鲁某某依法从轻处罚，既遂部分作为量刑情节予以考虑。被告人付某某、鲁某某到案后均如实供述自己的罪行，系坦白，且自愿认罪认罚，依法可以从轻、从宽处罚。

【裁判结果】

1. 被告人付某某犯诈骗罪，判处有期徒刑 2 年 3 个月，并处罚金人民币 5000 元。

2. 被告人鲁某某犯诈骗罪，判处有期徒刑 1 年 9 个月，并处罚金人民币 3000 元。

相关规定

《最高人民法院、最高人民检察院、公安部关于办理电信网络诈骗等刑事案件适用法律若干问题的意见》

第二(五)条:电信网络诈骗既有既遂,又有未遂,分别达到不同量刑幅度的,依照处罚较重的规定处罚;达到同一量刑幅度的,以诈骗罪既遂处罚。

同类案例

2019 年 1 月,被告人刘某某伙同自称李某某(在逃,身份待核实)的人开始实施诈骗犯罪活动。2019 年 4 月 22 日,被告人刘某某、周某某、王某某、沈某某经事先预谋,共同注册了赤峰道合信息咨询有限责任公司,在赤峰市 × × 区,以上海安融金融维权公司名义,以自编的虚假姓名采用打电话的形式,谎称可以帮客户追回投资出现的亏损,让客户在“诺瓦克”交易平台注册入金进行交易,并先后招聘被告人李某某、于某某、张某某、吴某某、田某某,要求他们以上述方式进行诈骗活动。被告人周某某、王某某、沈某某实施诈骗活动的起始时间是 2019 年 4 月 22 日,被告人李某某实施诈骗活动的起始时间是 2019 年 5 月 9 日,被告人吴某某实施诈骗活动的起始时间是 2019 年 5 月 20 日,被告人田某某实施诈骗活动的起始时间是 2019 年 5 月 27 日,被告人于某某实施诈骗活动的起始时间是 2019 年 6 月 11 日,被告人张某某实施诈骗活动的起始时间是 2019 年 6 月 21 日。被告人刘某某伙同李某某及其他被告人骗取被害人代某人民币合计 21,428.8 元,骗取被害人徐某某人民币合计 33,609.53 元,骗取被害人杨某人民币合计 63,101.45 元。

被告人刘某某、周某某、王某某、沈某某、李某某、吴某某、田某某、于某某、张某某以非法占有为目的,采用虚构事实的方法,以给被害人追回损失为诱饵,通过拨打电话的手段,对不特定多数人实施诈骗,骗取部分被害人的款项,其中部分未得逞。被告人刘某某、周某某、王某某、沈某某伙同其他被告人合计拨打诈骗电话 1 万人次以上,刘某某伙同李某某及其他被告人诈骗既遂金额人民币 118,139.78 元,周某某、王某某、沈某某自开始实施诈骗活动后伙同其他被告人诈骗既遂金额人民币 106,127.78 元,情节特别严重;被告人李某某自开始实施诈骗活动后伙同其他被告人合计拨打诈骗电话 1 万人次以上,诈骗既遂金额人民币 101,566.78 元,情节特别严重;被告人吴某某自开始实施诈骗活动后伙同其他被告人合计拨打诈骗电话 1 万人次以上,诈骗既遂金额人民币 93,581.33 元,情节特别严重;被告人田某某自开始实施诈骗活动后伙同其他被告人合计拨打诈骗电话 1 万人次以上,诈骗既遂金额人民币 93,281.33 元,情节特别严重;被告人于某某自开始实施诈骗活动后伙同其他被告人合计拨打诈骗电话 1 万人次以上,诈骗既遂金额人民币 93,281.33 元,情节特别严重;被告人张某某自开始实施诈骗活动后伙同其他被告人合计拨打诈骗电话 1 万人次以上,诈骗既遂金额人民币 79,375.33 元,情节特别严重,九被告人的行为侵犯了被害人的财产所有权,均已构成诈骗罪,系共同犯罪,未得逞部分属犯罪未遂。

根据《最高人民法院、最高人民检察院、公安部关于办理电信网络诈骗等刑事案件适用法律若干问题的意见》第二(五)条的规定,电信网络诈骗既有既遂,又有未遂,分别达到不同量刑幅度的,依照处罚较重的规定处罚;达到同一量刑幅度的,以诈骗罪既遂处罚。九被告人诈骗既遂部分的量刑幅度低于未遂部分的量刑幅度,故应依照处罚较重的规定即诈骗犯罪未遂处罚,对九被告人比照既遂犯予以减轻处罚。

10. 在电信网络诈骗集团或团伙中，不同层级的人员如何把握和认定犯罪数额？

律师解答

诈骗集团或团伙的首要分子，以诈骗集团或团伙所犯罪行的全部数额认定；诈骗集团或团伙其他主犯，以其参与、组织、指挥的全部犯罪数额认定。

普通业务组长，以其参与期间主管的小组成员诈骗数额总额认定，量刑时参考具体犯罪时间和作用。

普通业务员，原则上认定为从犯并以个人参与的诈骗数额作为量刑依据，同时参考其具体犯罪时间和收入。

被认定为从犯的行政等人员，按照其参与犯罪期间的数额认定，量刑时还应考虑得赃情况。

典型案例

案号

广东省清远市中级人民法院(2022)粤18刑终232号

案情简介

2021年8月初，被告人黄某某、陈某某经密谋后决定实施电信网络诈骗，两人共同出资购买了粤E2××××车辆、手机、电话卡、银行卡、QQ号和抖音号等作案工具，并租赁了清远市某某区某某大地14栋3梯3楼3D房屋作为落脚点。后被告人黄某某、陈某某相继发展了被告人屈某某、谢某某、黄某1和黄某2(另案处理)加入该犯罪集团。作案时由被告人黄某某、陈某某传授其他团伙成员诈骗方法及话术,一种是在抖音上冒充熟人购买机票实施诈骗,另一种是在QQ上添加学生家长的QQ号,冒充学生以报名培训班的名义对家长进行诈骗,并提供学生和家长的通讯录等。被告人谢某某负责驾驶粤E2××××车辆,被告人黄某某、陈某某、屈某某、黄某1、谢某某等人利用上述手机、QQ号、抖音号等作案工具找到诈骗对象,分别扮演不同的诈骗角色,具体实施诈骗行为。每次诈骗成功后,被告人黄某某、陈某某与具体实施诈骗的人共同分赃。

裁判观点

谢某某及原审被告人黄某某、陈某某、屈某某、黄某1为共同实施电信网络诈骗犯罪活动而组成的较为固定的犯罪组织,属于犯罪集团。黄某某、陈某某系犯罪集团的首要分子,在组织犯罪中起组织、领导作用,应按集团所犯全部罪行进行处罚。

【裁判结果】

1. 被告人黄某某犯诈骗罪,判处有期徒刑4年6个月,并处罚金人民币3万元。

2. 被告人陈某某犯诈骗罪,判处有期徒刑4年,并处罚金人民币3万元。

3. 被告人谢某某犯诈骗罪,判处有期徒刑3年6个月,并处罚金人民币2万元。

4. 被告人屈某某犯诈骗罪,判处有期徒刑3年6个月,并处罚金人民币2万元。

5. 被告人黄某1犯诈骗罪,判处有期徒刑2年,并处罚金人民币1万元。

相关规定

《最高人民法院、最高人民检察院、公安部关于办理电信网络诈骗等刑事案件适用法律若干问题的意见》

第四(一)条:三人以上为实施电信网络诈骗犯罪而组成的较为固定的犯罪组织,应依法认定为诈骗犯罪集团。对组织、领导犯罪集团的首要分子,按照集团所犯的全部罪行处罚。对犯罪集团中组织、指挥、策划者和骨干分子依法从严惩处。

对犯罪集团中起次要、辅助作用的从犯,特别是在规定期限内投案自首、积极协助抓获主犯、积极协助追赃的,依法从轻或减轻处罚。

对犯罪集团首要分子以外的主犯,应当按照其所参与的或者组织、指挥的全部犯罪处罚。全部犯罪包括能够查明具体诈骗数额的事实和能够查明发送诈骗信息条数、拨打诈骗电话人次数、诈骗信息网页浏览次数的事实。

同类案例

许某(绰号明哥)、唐某(绰号表某)在缅甸某地区组织、领导针对中国国内居民实施电信网络诈骗的犯罪集团。该诈骗集团组织架构明确、层级分明,团伙成员分工协作,内部有技术、财务、安保等专业人员,并设立业务员、组长、代理、老板职位,分工负责、层级管理,制定严格的奖惩制度,编制成熟的"话术剧本",统一配备电脑、手机、微信号等作案工具,并按照一定比例层层返利,实施诈骗犯罪时间较长。该犯罪集团以许某、唐某为首要分子(在诈骗集团内部称老板);以被告人李某某与郭某某(绰号阿某1)、"陈某"、"阿财"、"胖哥"等人为骨干成员(在诈骗集团内部称代理);以被告人李某与杨某某(绰号阿某2)、"胖哥"、"耗子"

等人为主要成员（在诈骗集团内部称组长）；以被告人吴某某、河某某、夏某某（绰号老某）、陈某（绰号山某，另案处理）、吴某1（绰号阿某3，另案处理）、曾某（绰号阿某4，另案处理）、汤某（另案处理）、袁海川（绰号阿某5）为其他成员（在诈骗集团内部称业务员）。

该犯罪集团从“引流”犯罪团伙处非法获取到被害人微信号及相关个人信息后，通过工作群推送给该诈骗集团的代理（再由代理推送给组长）或组长，由组长推送给业务员，由业务员利用诈骗集团提供的手机、微信号等按照诈骗集团的诈骗套路，添加被害人微信，以谈恋爱为借口，伪装成“高富帅”，骗取被害人信任后，引诱被害人向诈骗集团控制的“澳门威尼斯人”赌博网站、银行账户充入资金实施诈骗。诈骗成功后，通过“洗码”，犯罪团伙（该犯罪团伙收取15%的洗码费）将诈骗资金转回诈骗集团。业务员提成18%～22%，组长提成5%，技术人员等其他人提成一定比例，扣除诈骗集团开支后，代理与老板平分。

法院认为，被告人吴某某、李某某、李某、河某某加入电信网络诈骗团伙，以非法占有为目的，采用电信网络进行远程、非接触式诈骗，骗取中国境内不特定对象财物，数额特别巨大，其中被告人吴某某诈骗金额14,400,000元，被告人李某某、李某诈骗金额2,051,200元，被告人河某某诈骗金额1,620,400元。上述被告人吴某某、李某某、李某、河某某的行为均已构成诈骗罪。许某、唐某为共同实施犯罪而组成的较为固定的犯罪组织，是犯罪集团。被告人吴某某、河某某作为诈骗集团的业务员，具体实施犯罪活动；被告人李某某、李某分别担任诈骗集团的代理、组长，并积极组织领导所在诈骗团伙进行诈骗犯罪活动。上述四被告人在共同诈骗犯罪过程中起主要作用，均是主犯，应按照其所参与的或者组织、指挥的全部犯罪处罚。

11. 电信网络诈骗案件中的赃款、赃物如何处置?

律师解答

案发后查封、扣押、冻结在案的诈骗财物及其孳息(包括涉案银行账户或者涉案第三方支付账户内的款项),对权属明确的被害人的合法财产,应当及时返还;对权属不明确的,可按被骗款物占查封、扣押、冻结在案的财物及其孳息总额的比例发还被害人,但已获退赔的部分应予扣除。

确因客观原因无法查实全部被害人,但有证据证明涉案银行账户或者涉案第三方支付账户系用于电信网络诈骗犯罪,且被告人无法说明款项合法来源的,根据《刑法》第64条的规定,应认定为违法所得,予以追缴;如确有证据证实涉案账户系被告人合法收入的,应予剔除。

第三人善意取得诈骗财物的,不予追缴。

典型案例

案号

山西省晋城市中级人民法院(2019)晋05刑终333号

案情简介

2017年10月至2018年3月,被告人刘某1、龙某先后组织被告人李某1、朱某1、朱某2、朱某3、朱某4、刘某2、毛某、刘某3等人组成相对固定的犯罪组织,分工合作,在贵州省××市××区实施诈骗。其中,刘某1、龙某2人负责发布诈骗广告,提供诈骗所用手机、手机卡、微信号等工具，毛某等人提供银行卡，李某1、朱某1、朱某2、朱某3、朱某4、刘某2、刘某3负责通过微信、电话与被害人联系，谎称可以不通过考试办理机动车驾驶证，并以需要缴纳相关费用为由让被害人通过微信转账或银行汇款，从而骗取全国数省、市多名被害人钱财。2018年3月28日，高平市公安局民警在刘某1、毛某等人租住地查获50部手机以及电脑、手机卡等作案工具。

经查，刘某1等人诈骗全国各地被害人100余人，其中刘某1、龙某、李某1诈骗金额564,973元，朱某1诈骗金额560,573元，朱某2诈骗金额558,873元，朱某3诈骗金额151,085元，朱某4、刘某2诈骗金额141,685元，刘某3诈骗金额128,685元，毛某诈骗金额233,676元。

裁判观点

庭审中，各辩护人提出该案仅有部分被害人笔录，除对应被骗数额外，剩余金额没有证据证实；刘某1将微信所骗钱款提现到涉案银行卡中，微信转账与银行收入的部分数额重复计算；涉案银行卡明细未排除他人使用的合理怀疑。

根据《最高人民法院、最高人民检察院、公安部关于办理电信网络诈骗等刑事案件适用法律若干问题的意见》第7条第2款的规定，涉案银行账户或者涉案第三方支付账户内的款项，对权属明确的被害人的合法财产，应当及时返还。确因客观原因无法查实全部被害人，但有证据证明该账户系用于电信网络诈骗犯罪，且被告人无法说明款项合法来源的，根据《刑法》第64条的规定，应认定为违法所得，予以追缴。故其余银行卡显示的存入款项均应认定为诈骗数额。

【裁判结果】

判决被告人刘某1等人犯诈骗罪，判处有期徒刑2年7个月至11年6个月不等，并处罚金人民币3万元至10万元不等。

相关规定

《最高人民法院、最高人民检察院、公安部关于办理电信网络诈骗等刑事案件适用法律若干问题的意见》

七、涉案财物的处理

（一）公安机关侦办电信网络诈骗案件，应当随案移送涉案赃款赃物，并附清单。人民检察院提起公诉时，应一并移交受理案件的人民法院，同时就涉案赃款赃物的处理提出意见。

（二）涉案银行账户或者涉案第三方支付账户内的款项，对权属明确的被害人的合法财产，应当及时返还。确因客观原因无法查实全部被害人，但有证据证明该账户系用于电信网络诈骗犯罪，且被告人无法说明款项合法来源的，根据刑法第六十四条的规定，应认定为违法所得，予以追缴。

（三）被告人已将诈骗财物用于清偿债务或者转让给他人，具有下列情形之一的，应当依法追缴：1. 对方明知是诈骗财物而收取的；2. 对方无偿取得诈骗财物的；3. 对方以明显低于市场的价格取得诈骗财物的；4. 对方取得诈骗财物系源于非法债务或者违法犯罪活动的。

他人善意取得诈骗财物的，不予追缴。

同类案例

2016 年 9 月，被告人唐某某、朱某、黄某协商开办公司从事电信网络诈骗。随后，三人在安徽省合肥市某某区某某大厦成立合肥达平轩科技有限公司（以下简称达平轩公司）。唐某某负责编写话术材料，朱某负责网购物品，黄某负责购买公民个人信息。三人先后招聘被告人黄某徐、徐某 1、田某某、林某、胡某某、卢某某、夏某某、徐某 2 为话务员按照话术实施诈骗。该公司按唐某某、朱某各占35%，黄某占30%的比例分红。2017年5月，因郝某（另案处理）的加入，分红比例变更为唐某某、朱某各占35%，黄某占27%，郝某占3%。话务员按底薪2500元~3000元，诈骗金额20,000元提成10%，20,000元以上每增加10,000元提成增加1%的方式领取工资。公司成立后，被告人唐某某与邮政速递、顺丰快递公司签订了代收货款合同。快递公司收取货款，按合同约定扣除服务费后，将剩余现金汇款至唐某某的银行卡。达平轩公司成立后，被告人黄某徐、徐某1、田某某、林某、胡某某、卢某某、夏某某、徐某2按照话术材料，通过上海言通网络科技有限公司的言通呼叫中心系统拨打被害人电话，自称上海盛世收藏公司或者上海国际收藏公司的工作人员以取得被害人信任，通过赠送山水画收取装裱费、出售航天纪念币等方式骗取被害人钱财。

2017年5月，为了增加收益，被告人唐某某、朱某、黄某招聘郝某为客户主管，并使用其提供的话术。被告人黄某徐、徐某1、田某某、林某、胡某某、卢某某、夏某某、徐某2按照郝某提供的“话术”材料，以赠送免费礼品需要收取保证金为由实施诈骗。诈骗成功后郝某邀请被害人参与抽奖活动。唐某某、朱某、黄某、郝某冒充安徽卫视综艺频道工作人员，电话虚构抽奖过程，告诉被害人中奖，邮寄奖品（收藏礼包）并收取税费、过户费。被害人收到奖品并支付费用后，郝某冒充红海科技老板，以需要购买收藏品为由，要求被害人在出售该收藏品的同时出售其他收藏品。被害人听信后，遂向达平轩公司购买其他收藏品。被害人将购买其他收藏品的钱支付给快递公司后，唐某某等人便不再与被害人联系。快递公司将被害人支付的钱款收取后，按照约定扣除邮费和手续费，剩余钱款汇入唐某某的银行卡。

2016年9月至2017年10月，唐某某等人共骗取全国各地被害人百余人，诈骗金额共计人民币1,567,520.12元。其中被告人唐某某、朱某、黄某诈骗人民币420,427.12元；被告人黄某徐诈骗人民币248,304

元;被告人徐某1于2017年6月加入,诈骗人民币247,038元;被告人田某某于2017年3月加入,同年7月离开,诈骗人民币185,895元;被告人林某于2017年3月加入,诈骗人民币150,482元;被告人胡某某于2017年2月加入,诈骗人民币140,762元;被告人卢某某于2017年5月加入,诈骗人民币80,828元,被告人夏某某于2017年3月加入,同年7月离开,诈骗人民币48,608元;被告人徐某2于2017年6月加入,诈骗人民币45,176元。

被告人及辩护人主张认定犯罪金额的证据不足,不能以快递公司打款的金额认定犯罪金额,应当以查证属实的金额作为犯罪金额。经查,该案中公安机关通过快递清单等方式找到162名被害人证实被骗金额793,185元外,依据顺丰、邮政快递公司的打款记录、银行交易清单等证据证实,还有无明确的被害人或无被害人陈述的被骗金额共计774,335.12元。根据相关法律规定,在办理电信网络诈骗案件中,确因被害人人数众多等客观条件的限制,无法逐一收集被害人陈述的,可以结合已收集的被害人陈述,以及经查证属实的银行账户交易记录、第三方支付结算账户交易记录、通话记录、电子数据等证据,综合认定被害人人数及诈骗资金数额等犯罪事实。虽然被告人唐某某自己记载的收款账目与两家快递公司打款的记录有差异,但根据被告人与快递公司签订的合同,结合快递公司打款的时间,应当以快递公司打款的金额1,567,520.12元认定犯罪总金额。同时,对于无明确的被害人或无被害人陈述的被骗金额共计774,335.12元,虽然两家快递公司只有打款记录,没有提供其他证据证实,但能够证实被害人实际被骗受到损失,确实将该款项交给了顺丰和邮政公司,两家公司已按照合同约定收取运费和服务费后将款项转入到唐某某的账户,唐某某等人已实际占有了此款项。根据相关法律规定,凡涉案银行账户或者涉案第三方支付账户内的款项,对权属明确的被害人的合法财产,应当及时返还。确因客观原因无法查实全部被害人,但有证据证明该账户系用于电信网络诈骗犯罪,且被告人无法说明款项合法来源的，根据《刑法》第 64 条的规定，应当认定为违法所得，予以追缴。

12. 在电信网络诈骗共同犯罪中，主犯和从犯是否具有相同的退赔义务？

律师解答

主犯原则上具有共同的退赔义务。首要分子按照犯罪集团所犯罪行的全部数额进行退赃和退赔，其他主犯按其参与、组织、指挥的全部犯罪数额进行退赃和退赔。从犯一般按实际违法所得进行退赃和退赔。被告人主动退赔或其亲友代为退赔的数额超过实际违法所得的，可在量刑时酌情从宽处罚。

典型案例

案号

江苏省盐城市亭湖区人民法院（2020）苏 0902 刑初 620 号

案情简介

2019 年 3 月至 9 月，申某某（另案处理）、贺某（另案处理）、禹某（另案处理）、被告人彭某某等人在广东省广州市某大厦成立广州三石文化传媒有限公司（以下简称三石公司），招纳刘某某（另案处理）、王某某（已判决）等人为工作人员，以“话术”为指引，通过电话询问被害人是否有藏品出售，谎称该类藏品可以拍卖出高价，诱导被害人将藏品邮寄或带至三石公司，后以需要缴纳鉴定费、藏品证书制作费、拍卖手续费等为

由骗取被害人钱财,合计骗得人民币1,253,244.61元。具体如下:

1. 被告人雷某在任三石公司市场部一部组员期间,在雷某某(另案处理)、被告人申某某的管理领导下,采用上述方式,合计骗得人民币94,799.61元,并将骗得的赃款计人民币83,500元汇入公司的指定账户,包括骗取被害人徐某某人民币19,300元、被害人周某甲人民币8300元、协助被告人张某骗取被害人赵某人民币11,299.61元。

2. 被告人匡某某在任三石公司市场部一部组员期间,在雷某某(另案处理)、被告人申某某的管理领导下,采用上述方式,合计骗得人民币52,500元,并将骗得的赃款计人民币27,200元汇入公司的指定账户,包括骗取被害人李某甲人民币15,300元、被害人谢某人民币25,300元。

3. 被告人张某在任三石公司市场部一部组员期间,在雷某某(另案处理)、被告人申某某的管理领导下,采用上述方式,合计骗得人民币47,404.61元,并将骗得的赃款计人民币36,105元汇入公司的指定账户,包括骗取被害人童某人民币6300元、被害人赵某人民币11,299.61元、被害人尹某人民币9300元。

4. 被告人刘某某在任三石公司市场部一部组员期间,在雷某某(另案处理)、被告人申某某的管理领导下,采用上述方式,合计骗得人民币44,300元,并将骗得的赃款计人民币44,300元汇入公司的指定账户,包括骗取被害人李某乙人民币8000元、被害人徐某乙人民币22,300元。

5. 被告人申某某在任三石公司市场部一部副总监期间,明知所在公司从事诈骗活动,仍管理领导被告人雷某、匡某某、张某、刘某某、尹某(另案处理)、禹某某(另案处理)、郭某某(另案处理)等人实施诈骗,合计骗得人民币123,700元,其中包括骗取被害人朱某的人民币9200元。

6. 被告人贺某在任三石公司市场部二部组员期间,在被告人李某管理领导下,采用上述方式,合计骗得人民币56,500元,并将骗得的赃款计人民币56,200元汇入公司的指定账户,具体包括骗取被害人段某人民币8300元、被害人张某甲31,100元。

7. 被告人李某任三石公司市场部二部总监期间，明知所在公司从事诈骗活动仍领导管理吴某某(另案处理)、何某某(另案处理)、周某某(另案处理)、被告人贺某等人实施诈骗，合计骗得人民币115,700元。

8. 被告人彭某花在任三石公司市场部三部组员期间，在杜某某(另案处理)管理领导下，采用上述方式，合计骗得人民币42,500元，并将骗得的赃款计人民币42,200元汇入公司的指定账户，包括骗取被害人罗某人民币30,300元、被害人周某乙人民币11,300元。

9. 被告人陈某在任三石公司市场部三部组员期间，在杜某某(另案处理)管理领导下，采用上述方式，合计骗得人民币57,400元，并将骗得的赃款计人民币42,100元汇入公司的指定账户，包括骗取被害人于某人民币27,600元、被害人张某乙人民币28,300元。

10. 被告人陈某某在任三石公司市场部三部组员期间，在杜某某(另案处理)管理领导下，采用上述方式，合计骗得人民币43,200元，并将骗得的赃款计人民币42,600元汇入公司的指定账户，包括骗取被害人付某人民币10,300元、被害人杨某人民币8800元、被害人王某甲人民币8000元。

11. 被告人刘某西在任三石公司市场部四部组员期间，在刘某某(另案处理)管理领导下，采用上述方式，合计骗得人民币120,500元，并将该款汇入公司的指定账户，包括骗取被害人龚某人民币40,300元、被害人王某乙人民币4600元。

12. 被告人赵某某在任三石公司市场部四部组员期间，在刘某某(另案处理)管理领导下，采用上述方式，合计骗得人民币82,900元，并将骗得的赃款计人民币66,100元汇入公司的指定账户，包括骗取被害人温某人民币10,900元、被害人王某丙30,900元。

13. 被告人曾某某在任三石公司市场部五部组员期间，在刘某某(另案处理)管理领导下，采用上述方式，合计骗得人民币222,480元，并将骗得的赃款计人民币211,880元汇入公司的指定账户，包括骗取被害人何某人民币8300元、被害人李某丙人民币23,800元。

14.被告人吴某某在任三石公司市场部五部组员期间,在刘某某(另案处理)管理领导下,采用上述方式,合计骗得人民币25,000元,将骗得的该款汇入公司的指定账户,包括骗取被害人石某人民币11,500元、被害人张某丙人民币7300元、被害人阙某人民币5300元。

15.被告人彭某某作为三石公司股东之一,在公司占股4%,公司成立后任仓库主管,领取公司诈骗金额4%的提成,涉案金额计人民币1,253,244.61元。

裁判观点

被告人彭某某、李某、申某某、雷某、匡某某、张某、刘某某、贺某、彭某花、陈某、陈某某、刘某西、赵某某、曾某某、吴某某和他人以非法占有为目的,采取虚构事实的手段,利用电信网络实施诈骗,骗取公民财物,其中,被告人彭某某诈骗数额特别巨大,被告人李某、申某某、雷某、匡某某、张某、刘某某、贺某、彭某花、陈某、陈某某、刘某西、赵某某、曾某某诈骗数额巨大,被告人吴某某诈骗数额较大,其行为均已构成诈骗罪,且系共同犯罪。公诉机关的指控成立。被告人彭某某、李某、申某某、雷某、匡某某、张某、刘某某、贺某、彭某花、陈某、陈某某、刘某西、赵某某、曾某某、吴某某等人为共同实施犯罪而组成的较为固定的犯罪组织,系犯罪集团,被告人彭某某系犯罪集团负责人之一,系犯罪集团的首要分子,按照集团所犯的全部罪行处罚。集团成员被告人李某、申某某、雷某、匡某某、张某、刘某某、贺某、彭某花、陈某、陈某某、刘某西、赵某某、曾某某、吴某某应按照其所参与的犯罪处罚。集团成员被告人李某、申某某、雷某、匡某某、张某、刘某某、贺某、彭某花、陈某、陈某某、刘某西、赵某某、曾某某、吴某某等人在所参与的犯罪中起次要作用,系从犯,应当从轻、减轻处罚。

【裁判结果】

1. 被告人彭某某犯诈骗罪，判处有期徒刑 10 年 2 个月，并处罚金人民币 10 万元。

2. 被告人李某犯诈骗罪，判处有期徒刑 2 年 1 个月，并处罚金人民币 2.1 万元。

3. 被告人申某某犯诈骗罪，判处有期徒刑 2 年，并处罚金人民币 2 万元。

4. 被告人雷某犯诈骗罪，判处有期徒刑 1 年 9 个月，并处罚金人民币 1.9 万元。

5. 被告人匡某某犯诈骗罪，判处有期徒刑 1 年 6 个月，并处罚金人民币 1.6 万元。

6. 被告人张某犯诈骗罪，判处有期徒刑 1 年 4 个月，并处罚金人民币 1.4 万元。

7. 被告人刘某某犯诈骗罪，判处有期徒刑 1 年 6 个月，缓刑 2 年，并处罚金人民币 1.6 万元。

8. 被告人贺某犯诈骗罪，判处有期徒刑 1 年 7 个月，并处罚金人民币 1.7 万元。

9. 被告人彭某花犯诈骗罪，判处有期徒刑 1 年 4 个月，并处罚金人民币 1.4 万元。

10. 被告人陈某犯诈骗罪，判处有期徒刑 1 年 6 个月，并处罚金人民币 1.6 万元。

11. 被告人陈某某犯诈骗罪，判处有期徒刑 1 年 4 个月，并处罚金人民币 1.4 万元。

12. 被告人刘某西犯诈骗罪，判处有期徒刑 2 年，并处罚金人民币 2 万元。

13. 被告人赵某某犯诈骗罪，判处有期徒刑 1 年 8 个月，并处罚金人民币 1.8 万元。

14. 被告人曾某某犯诈骗罪，判处有期徒刑2年11个月，并处罚金人民币3万元。

15. 被告人吴某某犯诈骗罪，判处有期徒刑1年，缓刑1年3个月，并处罚金人民币1万元。

16. 责令被告人彭某某与同案犯继续共同退赔人民币1,189,584.61元。

相关规定

1.《中华人民共和国刑法》

第六十四条：犯罪分子违法所得的一切财物，应当予以追缴或者责令退赔；对被害人的合法财产，应当及时返还；违禁品和供犯罪所用的本人财物，应当予以没收。没收的财物和罚金，一律上缴国库，不得挪用和自行处理。

2.《最高人民法院、最高人民检察院、公安部关于办理电信网络诈骗等刑事案件适用法律若干问题的意见》

第四(一)条：三人以上为实施电信网络诈骗犯罪而组成的较为固定的犯罪组织，应依法认定为诈骗犯罪集团。对组织、领导犯罪集团的首要分子，按照集团所犯的全部罪行处罚。对犯罪集团中组织、指挥、策划者和骨干分子依法从严惩处。

对犯罪集团中起次要、辅助作用的从犯，特别是在规定期限内投案自首、积极协助抓获主犯、积极协助追赃的，依法从轻或减轻处罚。

对犯罪集团首要分子以外的主犯，应当按照其所参与的或者组织、指挥的全部犯罪处罚。全部犯罪包括能够查明具体诈骗数额的事实和能够查明发送诈骗信息条数、拨打诈骗电话人次数、诈骗信息网页浏览次数的事实。

同类案例

2018 年 1 月 30 日，被告人戴某某、吴某某和林某某（另案处理）3 人合伙在湖南省长沙市某区注册成立了长沙 × × 文化传媒有限公司，林某某担任公司的法定代表人，戴某某为公司大股东，戴某某与林某某共同负责公司的管理和经营，吴某某负责公司的财务。公司有两个业务组，分别由罗某某（另案处理）和被告人符某某担任组长。戴某某和林某某负责购买微信号和“吸粉”（添加陌生人微信号），吴某某按照戴某某的要求购买手机作为公司员工的工作手机，戴某某和林某某将微信号吸粉200 人左右后交给两个组长，组长再分配给组员。戴某某聘请模特拍摄照片，编写诈骗故事模板，并与两个组长一起对业务员进行培训。两个组长在日常工作中对业务员进行话术等具体培训。该公司及员工以虚假身份通过微信添加被害人，开始和被害人聊天，将公司统一编写的虚假身世和模特拍的照片发在朋友圈，编造可怜身世和不幸遭遇，骗取被害人的同情，从而达到骗取被害人钱财的目的。2018 年 8 月至 10 月，该公司涉及的诈骗数额已达 70 余万元。

被告人戴某某、吴某某等人为实施电信网络诈骗而组成较为固定的犯罪组织，应依法认定为诈骗犯罪集团。被告人戴某某、吴某某、符某某以非法占有为目的，利用电信网络技术手段，虚构事实，设置骗局，实施远程、非接触式诈骗，骗取他人财物，数额特别巨大，其行为已构成诈骗罪，依法应负刑事责任。公诉机关指控被告人戴某某、吴某某、符某某犯诈骗罪的犯罪事实清楚，罪名成立，法院予以支持。对于公诉机关指控该诈骗集团的犯罪数额 70 万余元，现有证据 8 月、9 月、10 月工资及提成表，经法院审理查明，该集团诈骗数额为 813, 669 元。被告人戴某某、吴某某组织、领导犯罪集团进行犯罪活动，是主犯，应按照集团所犯的全部罪行处罚。被告人符某某在犯罪集团中，听命于主犯的指挥，参与实施某一方面的犯罪活动，不起主要作用，是从犯。

法院判决：

1. 被告人戴某某犯诈骗罪，判处有期徒刑10年8个月，并处罚金人民币10万元。

2. 被告人吴某某犯诈骗罪，判处有期徒刑10年2个月，并处罚金人民币10万元。

3. 被告人符某某犯诈骗罪，判处有期徒刑5年4个月，并处罚金人民币5万元。

13. 电信网络诈骗案件是否可以不起诉？

律师解答

诈骗公私财物虽已达到“数额较大”的标准，但具有下列情形之一，且行为人认罪、悔罪的，可以根据《刑法》第37条、《刑事诉讼法》第177条第2款的规定不起诉或者免予刑事处罚：(1)具有法定从宽处罚情节的；(2)一审宣判前全部退赃、退赔的；(3)没有参与分赃或者获赃较少且不是主犯的；(4)被害人谅解的；(5)其他情节轻微、危害不大的。

典型案例

案号

青海省德令哈市人民检察院德检刑不诉〔2023〕24号

案情简介

被不起诉人马某某于2022年9月至11月，通过其快手账号15××××××××，昵称：青海×××家，在快手上发布“大巴车各地拉运人员"的虚假信息，并将自己的微信号放在快手号上以捏造、虚构事实以及非接触的方式对13名受害人进行电信网络诈骗，诈骗金额3000元。

公诉意见

检察院认为，被不起诉人马某某实施了《刑法》第266条规定的行为，但犯罪情节轻微，被不起诉人马某某如实供述自己的罪行，根据《刑法》第67条第3款的规定，属于坦白情节，可以从轻处理。被不起诉人马某某自愿认罪认罚，根据《刑事诉讼法》第15条的规定，可以依法从宽处理。被不起诉人马某某积极赔偿各被害人损失并取得谅解，可以酌定从轻处罚。根据《最高人民法院、最高人民检察院关于办理诈骗刑事案件具体应用法律若干问题的解释》第3条、《刑法》第37条的规定，不需要判处刑罚。

【检察结论】

依据《刑事诉讼法》第177条第2款的规定，决定对马某某不起诉。

相关规定

1.《中华人民共和国刑法》

第三十七条：对于犯罪情节轻微不需要判处刑罚的，可以免予刑事处罚，但是可以根据案件的不同情况，予以训诫或者责令具结悔过、赔礼道歉、赔偿损失，或者由主管部门予以行政处罚或者行政处分。

2.《中华人民共和国刑事诉讼法》

第十五条：犯罪嫌疑人、被告人自愿如实供述自己的罪行，承认指控的犯罪事实，愿意接受处罚的，可以依法从宽处理。

第一百七十七条第二款：对于犯罪情节轻微，依照刑法规定不需要判处刑罚或者免除刑罚的，人民检察院可以作出不起诉决定。

3.《最高人民法院、最高人民检察院关于办理诈骗刑事案件具体应用法律若干问题的解释》

第三条：诈骗公私财物虽已达到本解释第一条规定的“数额较大”的标准，但具有下列情形之一，且行为人认罪、悔罪的，可以根据刑法第三十七条、刑事诉讼法第一百四十二条的规定不起诉或者免予刑事处罚：（一）具有法定从宽处罚情节的；（二）一审宣判前全部退赃、退赔的；（三）没有参与分赃或者获赃较少且不是主犯的；（四）被害人谅解的；（五）其他情节轻微、危害不大的。

同类案例

2021年3月至2022年5月4日，孔某某（另案处理）伙同他人在太湖县晋熙镇高界路、人民路等地租赁房屋，购买手机、电脑、办公桌椅等作案工具，在网络发帖高薪招募员工。孔某某在明知其从事的工作是电信诈骗的情况下，仍要求员工冒充“华泰证券公司”“指南针证券公司”等证券公司客服，根据上线提供的股民电话号码信息表，使用电话卡、外拨软件拨打股民电话，以提供专业团队分析、免费推荐股票、提供荐股老师等为由，添加股民微信，将股民拉入上线提供的用于诈骗的炒股微信群或QQ群，后由上线安排的“导师”在微信群或者QQ群里对股民进行“投资”指导，并对目标客户实施网络诈骗。上线按照成功入群的股民数量给下线结算报酬，每骗一人入群，上线便支付孔某某100元至185元不等的提成，孔某某支付被不起诉人汪某、姜某某、金某某等员工10～50元的提成，截至案发共招募了王某甲、汪某某、李某甲等二十余人，共从上线处分赃至少20余万元。具体犯罪事实如下：

2021 年 10 月至 2022 年 4 月，为获取非法利益，被不起诉人汪某明知其是冒充“华泰证券公司”“指南针证券公司”等证券公司客服，仍使用孔某某、李某乙提供的诈骗话术、股民电话号码信息表，通过云通讯外呼软件拨打股民电话，以免费提供专业团队分析、提供荐股老师、免费推荐牛股、领取新老客户福利为诱饵，添加股民微信后将股民拉入或者邀请进入上线诈骗人员提供的用于诈骗的微信群、QQ 群等，再由上线诈骗人员安排的“导师”“导师助理”在微信群、QQ 群里对股民进行“投资”指导，为上线诈骗人员实施诈骗“吸粉引流”。汪某为诈骗人员“吸粉引流”240 多人，拨打诈骗电话 10,000 多个，非法获利 9000 余元。

检察院认为，汪某为他人实施诈骗等犯罪行为提供帮助，其行为触犯了《刑法》第 287 条之二第 1 款，但犯罪情节轻微，拨打电话没有给被害人造成损失，且获利较少，具有自首、初犯、从犯、自愿认罪认罚、退缴全部违法所得等情节，根据《刑法》第 37 条的规定，不需要判处刑罚。依据《刑事诉讼法》第 177 条第 2 款的规定，决定对汪某不起诉。

14. 对于电信网络诈骗案件中犯罪地位明显较低、作用明显较小，仅从事辅助性工作的一些人员是否可以不作犯罪论处？

律师解答

从事辅助性工作的人员以及其他层级较低的人员，直接获利（包括工资、奖金、提成等）金额较小且能积极清退的，可不作犯罪论处；主观上不确切明知电信网络诈骗行为的从事辅助性工作的人员不作犯罪论处。

典型案例

案号

山东省汶上县人民检察院汶检一部刑不诉〔2021〕Z249 号

案情简介

2016 年,郑某某认识了羊某某。2019 年 5、6 月,羊某某给郑某某一个电话卡并让郑某某向其提供银行卡,郑某某把办卡要求和售卡价格告知唐某某,郑某某跟随唐某某在海南省儋州市××镇新天地大酒店附近的平安银行办理了一张银行卡(卡号为 62305800002×××××××),郑某某和唐某某一起把该平安银行卡和唐某某的其他几张银行卡卖予羊某某,唐某某获利 900 元。通过侦查发现被害人王某某的被骗资金转入到平安银行卡号为 62305800002×××××××的银行卡上,共计 128,000 元。

公诉意见

检察院认为,唐某某明知他人可能利用信息网络实施犯罪,仍违反国家禁止买卖银行卡和个人信息的规定,将实名开户的银行卡按购买人的要求绑定购买人所提供的手机号码,卖予他人使用,为他人诈骗犯罪提供支付结算帮助,但因其行为情节显著轻微危害不大,不认为是犯罪。

【检察结论】

根据《刑法》第 13 条、《刑事诉讼法》第 16 条、第 177 条的规定,决定对唐某某不起诉。

相关规定

1.《中华人民共和国刑法》

第三十七条：对于犯罪情节轻微不需要判处刑罚的，可以免予刑事处罚，但是可以根据案件的不同情况，予以训诫或者责令具结悔过、赔礼道歉、赔偿损失，或者由主管部门予以行政处罚或者行政处分。

2.《中华人民共和国刑事诉讼法》

第十五条：犯罪嫌疑人、被告人自愿如实供述自己的罪行，承认指控的犯罪事实，愿意接受处罚的，可以依法从宽处理。

第一百七十七条第二款：对于犯罪情节轻微，依照刑法规定不需要判处刑罚或者免除刑罚的，人民检察院可以作出不起诉决定。

3.《最高人民法院、最高人民检察院关于办理诈骗刑事案件具体应用法律若干问题的解释》

第三条：诈骗公私财物虽已达到本解释第一条规定的“数额较大”的标准，但具有下列情形之一，且行为人认罪、悔罪的，可以根据刑法第三十七条、刑事诉讼法第一百四十二条的规定不起诉或者免予刑事处罚：（一）具有法定从宽处罚情节的；（二）一审宣判前全部退赃、退赔的；（三）没有参与分赃或者获赃较少且不是主犯的；（四）被害人谅解的；（五）其他情节轻微、危害不大的。

同类案例

2017 年 10 月至 2018 年 8 月，朱某某（已判刑）等人注册成立郑州某某商贸有限公司，在郑州市某某区某某公园等地设立作案场所，以“某某中医馆”门诊为幌子，以保健品充当药品进行虚假宣传，夸大治疗效果，进行电信网络诈骗活动。2018 年 4 月以来,因表亲关系,朱某某多次让被不起诉人崔某某给“某某中医馆”帮忙采购中药材,崔某某收取采购药材的返利共计 4000 元。被不起诉人崔某某与朱某某等人没有共同犯罪故意,在该公司没有投资分红,也不参与管理和领取工资,也没有销售业绩。

检察院认为,崔某某没有犯罪事实,依照《刑事诉讼法》第 177 条第 1 款的规定,决定对崔某某不起诉。

15. 有犯罪嫌疑人在逃的案件如何办理?

律师解答

部分犯罪嫌疑人在逃,但不影响对已到案共同犯罪嫌疑人、被告人的犯罪事实认定的,可以依法先行追究已到案共同犯罪嫌疑人、被告人的刑事责任。

典型案例

案号

江苏省宜兴市人民法院(2024)苏 0282 刑初 219 号

案情简介

2019 年至 2021 年,何某某(外号阿天,境外在逃)在缅甸成立多个诈骗犯罪组织,采用“贷款”“杀猪盘”等方式骗取中国境内公民钱财。2020 年至 2021 年,其下属管理人员范某甲(外号眼镜,境外在逃)所在的犯罪组织中,组员范某乙(另案处理)冒充贷款平台工作人员,以谎称能帮助被害人申请贷款为由骗取被害人王某某(居住在宜兴市)人民币

6000 元。

被告人郑某某、张某某分别于 2020 年 2 月中旬偷越国境至缅甸加入该诈骗组织担任组员并实施贷款诈骗，同年 3 月底离开该诈骗组织回国。

裁判观点

法院认为，被告人郑某某、张某某参加境外诈骗犯罪团伙，在境外针对境内居民实施电信网络诈骗行为，一年内赴境外电信诈骗窝点累计超过 30 日，属有其他严重情节，其行为均已构成诈骗罪，均应予惩处。被告人郑某某、张某某在共同犯罪中起次要作用，系从犯，均应当从轻或者减轻处罚；被告人郑某某、张某某归案后能如实供述自己罪行，且自愿接受处罚，依法均可以从轻、从宽处罚。综合该案的犯罪情节和被告人的悔罪表现，法院决定对两被告人予以减轻处罚，但不宜适用缓刑。

【裁判结果】

1. 被告人郑某某犯诈骗罪，判处有期徒刑 7 个月，并处罚金人民币 3000 元。

2. 被告人张某某犯诈骗罪，判处有期徒刑 7 个月，并处罚金人民币 3000 元。

相关规定

《最高人民法院、最高人民检察院、公安部关于办理电信网络诈骗等刑事案件适用法律若干问题的意见》

第四(五)条：部分犯罪嫌疑人在逃，但不影响对已到案共同犯罪嫌疑人、被告人的犯罪事实认定的，可以依法先行追究已到案共同犯罪嫌疑人、被告人的刑事责任。

同类案例

2019年11月,章某某、王某(二人均在逃)与周某某、吴某、陈某某(三人均已被判刑)等人共同出资并招募业务员,在马来西亚吉隆坡成立电信网络诈骗团伙。该团伙分成A、B、C、D、E五个小组,专门针对中国境内居民实施诈骗活动,主要诈骗方式为:业务员通过微信以销售化妆品为由骗取被害人钱财,在被害人购买所谓的化妆品后,引诱被害人参加猜拳活动,奖品为名牌包、手机等贵重物品,不管输赢均能中奖,中奖物品可邮寄,可折抵现金,随后再以需缴纳"税费""安全资金"等为由进一步骗取被害人钱财;或者通过微信在朋友圈发布消息,谎称自己被"渣女"伤害并获得巨额赔偿,为挥霍财物,只要被害人按要求的条件转账即可获得10倍返还,从而骗取被害人钱财。

被告人黄某某于2019年11月10日前往马来西亚参加该诈骗团伙,系该诈骗团伙D组成员,代号D5。参与该诈骗团伙期间,被告人黄某某以"销售化妆品""缴纳税费"的方式骗取被害人李某97,279.48元,骗取被害人陈某22,627.56元。

法院认为,被告人黄某某以非法占有为目的,采用虚构事实的方式共同骗取他人财物119,000余元,属数额巨大,其行为已构成诈骗罪。公诉机关指控的罪名成立,依法予以支持。被告人黄某某在共同犯罪中起次要作用,系从犯,对其依法从轻处罚;被告人黄某某具有自首情节,并自愿认罪认罚,依法从轻处罚、从宽处理。被告人黄某某有犯罪前科,对其酌情从重处罚。辩护人所提合理辩护意见予以采纳。公诉机关的量刑建议适当,予以采纳。据此,依照《刑法》第25条第1款、第27条、第64条、第67条第1款、第266条及《刑事诉讼法》第15条、第201条的规定,判决如下:被告人黄某某犯诈骗罪,判处有期徒刑3年1个月,并处罚金人民币6万元。

第二部分

常见电信网络诈骗类型

（一）网络交友类诈骗

16. 什么是网恋诈骗？

律师解答

诈骗分子使用他人图片打造虚假社交账号，与受害人网恋，然后以周转资金、生病、生日、节日等各种理由诈骗受害人的钱财。

典型案例

案号

广西壮族自治区象州县人民法院（2023）桂1322刑初66号

案情简介

2022年6月，被告人梁某某、黄某某、刘某（另案处理）共谋实施电信网络诈骗（俗称杀洋盘），后租赁南宁市某某区万科大厦B座1114室作为办公场所，通过招聘网站、熟人介绍等方式招聘被告人秦某某、张某释、刘某望、秦某龙等人（均另案处理）为业务员。同时，招聘被告人黄某为财务及后勤人员，聘请被告人罗某某为模特并将其包装成“白富美”身份。被告人黄某某及刘某对业务员进行话术培训，让业务员用虚假的“白富美”身份信息注册国外社交软件，然后主动添加异性外国籍（日本、韩国籍等）网友，并利用翻译软件，通过与对方暧昧聊天、网恋交友等方式逐步获取对方信任。之后业务员以高额回报诱骗外国籍被害人向虚假投资平台投资充值，接着再通过操作后台系统让被害人误以为投资的虚拟货币已造成亏损，进而非法占有被害人的财物。在实施诈骗犯罪过程中，被告人罗某某负责装扮成“白富美”身份，并通过视频聊天的方式骗取被害人的信任。被告人秦某某为获得高额非法利益，投资入股该诈骗团伙。

2022 年 9 月，被告人梁某某、黄某某租赁南宁市邕宁区××小区××号楼××单元××室作为办公场所。之后继续聘请被告人黄某为财务及后勤人员，聘请被告人秦某某、罗某某等人通过上述相同的诈骗手段实施电信网络诈骗。截至案发，该诈骗团伙共发送诈骗信息 348, 110 条。

裁判观点

法院认为，被告人梁某某、黄某某、秦某某、黄某、罗某某以非法占有为目的，合伙利用发送短信、拨打电话、互联网等电信技术手段对不特定多数人实施诈骗，且发送诈骗信息 348, 110 条，属情节特别严重，其行为已构成诈骗罪，依法应处 10 年以上有期徒刑，并处罚金。鉴于该案诈骗数额难以查证，故应对 5 被告人以诈骗罪（未遂）定罪处罚。在共同犯罪中，梁某某、黄某某系实施诈骗活动的起意者和组织策划者，秦某某作为主管不仅积极参与诈骗而且还参与入股，起主要作用，是主犯，应按其所参与的全部犯罪处罚，但秦某某是罪责相对较小的主犯，在量刑时可对其酌情从轻处罚。黄某、罗某某起次要作用，是从犯，应当从轻或减轻处罚。

【裁判结果】

1. 被告人梁某某犯诈骗罪，判处有期徒刑 5 年 3 个月，并处罚金人民币 4 万元。

2. 被告人黄某某犯诈骗罪，判处有期徒刑 5 年，并处罚金人民币 3 万元。

3. 被告人秦某某犯诈骗罪，判处有期徒刑 4 年，并处罚金人民币 2 万元。

4. 被告人罗某某犯诈骗罪，判处有期徒刑 3 年 4 个月，并处罚金人民币 1 万元。

5. 被告人黄某犯诈骗罪，判处有期徒刑 3 年 1 个月，并处罚金人民币 1 万元。

相关规定

1.《中华人民共和国刑法》

第二百六十六条：诈骗公私财物，数额较大的，处三年以下有期徒刑、拘役或者管制，并处或者单处罚金；数额巨大或者有其他严重情节的，处三年以上十年以下有期徒刑，并处罚金；数额特别巨大或者有其他特别严重情节的，处十年以上有期徒刑或者无期徒刑，并处罚金或者没收财产。本法另有规定的，依照规定。

2.《最高人民法院、最高人民检察院关于办理诈骗刑事案件具体应用法律若干问题的解释》

第一条第一款：诈骗公私财物价值三千元至一万元以上、三万元至十万元以上、五十万元以上的，应当分别认定为刑法第二百六十六条规定的“数额较大”、“数额巨大”、“数额特别巨大”。

同类案例

2006 年，被告人张某宏及黄某 1、闫某、王某 2、罗某 1、罗某 2、韦某、马某、杜某、罗某 3、王某 3、范某、黄某 2、张某、于某、刘某、裴某（均已判刑）等人先后在安徽省阜阳市等地加入以天津天狮生物发展有限公司为名义的传销组织。该传销组织以内部成员购买天津天狮公司的“产品”

为名（实际并无产品），自上而下设立A、B、C、D、E（高级经理、经理、主任、业务员代表、业务员）五个级别，以购买“产品”的套数等作为晋升依据，通过统一管理、层级分工、集中食宿的模式进行运作。

2016年，该传销组织在黄某1等人安排下，集体搬迁至江苏省连云港市，并设立若干个传销窝点，每个窝点有5名至10名不等的业务员，在C级主任的安排下可以在不同窝点之间调动，逐步演变成打着天津天狮公司名义的电信网络诈骗犯罪团伙。该组织成员使用微信、QQ等社交软件注册女性账号，添加男性网友并与之建立“网恋”关系，继而虚构生活费、医药费、路费等虚假名目和理由，使男性网友通过微信、QQ、支付宝等方式给付钱款。此外，还以介绍工作、邀约见面等理由诱骗男性网友来连云港市，引诱其购买“产品”加入该犯罪团伙。各成员通过上述方式所骗得钱财，或用于支付窝点房租、日常开销等，或积累到一定数额后交给C级主任，再逐级交给B级经理、A级高级经理，之后按成员级别进行相应返利。在该组织中，A级高级经理负责收取业务员诈骗所得并进行分配，同时指导B级经理管理组织内的成员等；B级经理负责管理C级主任及业务员，收缴诈骗所得，按月给业务员支付提成等；C级主任负责管理其窝点中业务员的生活起居，指导业务员从事交友诈骗等工作，并由其中一名C级主任担任大主任（负责诈骗钱财的上交、返利的下发等）；D、E级业务员负责具体实施诈骗活动，其中女性业务员还在男性业务员实施诈骗过程中，按照C级主任的安排负责配合应答，以帮助男性业务员取得被害人的信任。

经查证：被告人张某宏2019年9月加入该组织，2020年2月至7月通过上述手段，从被害人王某1处骗得人民币10，400余元。

法院认为，被告人张某宏以非法占有为目的，结伙虚构事实、隐瞒真相，利用网络技术手段骗取他人财物，数额较大，其行为已构成诈骗罪。公诉机关指控的罪名成立。在共同犯罪中，被告人张某宏起次要作用，系从犯，依法应当从轻处罚。被告人张某宏自愿如实供述自己的罪行，承认指控的犯罪事实，并愿意接受处罚，依法予以从轻处罚。根据被告人张某宏的犯罪情节和悔罪表现，依法可以适用缓刑。公诉机关的量刑建议适当。据此，依照《刑法》第266条、第25条第1款、第27条、第67条第3款、第72条第1款和第3款、第73条第2款、第3款及《刑事诉讼法》第15条的规定，判决如下：被告人张某宏犯诈骗罪，判处有期徒刑9个月，缓刑1年3个月，并处罚金人民币2000元。

17. 什么是"杀猪盘"诈骗？

律师解答

"杀猪盘"，是一个网络流行词，是诈骗团伙对"交友婚恋类"网络诈骗的一种俗称，指诈骗分子利用网络交友，诱导受害人投资赌博的电信网络诈骗方式。诈骗分子准备好人设、交友套路等"猪饲料"，将社交平台称为"猪圈"，在其中寻找被他们称为"猪"的诈骗对象。通过建立恋爱关系，即"养猪"，最后骗取钱财，即"杀猪"。

典型案例

案号

宁夏回族自治区吴忠市红寺堡区人民法院(2024)宁0303刑初48号

案情简介

2020年5月，被告人张某某和田某某(未到案)在湖北武汉找工作时，兰某某(另案处理)以高薪报酬邀约张某某到缅甸打工，并承诺由兰某某承担中途费用,后兰某某为张某某和田某某购买了2020年5月29日湖北武汉至云南昆明的机票。同年5月30日,被告人张某某和田某某与兰某某、马某某、海某某、王某某(均另案处理)在云南昆明见面,后张某某与兰某某、田某某、马某某、海某某、王某某六人在“蛇头”带领下偷渡至缅甸。2020年6月至2023年7月,被告人张某某参加境外诈骗犯罪团伙,在境外对中国境内居民实施“杀猪盘”电信网络诈骗。

裁判观点

法院认为,被告人张某某违反国(边)境管理法规,与他人结伙偷越国(边)境,情节严重,其行为已构成偷越国(边)境罪;同时被告人张某某参加境外诈骗犯罪团伙,在境外针对中国境内居民实施电信网络诈骗犯罪行为,情节严重,其行为已构成诈骗罪。公诉机关的指控均成立,法院予以支持。

【裁判结果】

被告人张某某犯诈骗罪,判处有期徒刑3年2个月,并处罚金人民币8000元;犯偷越国(边)境罪,判处有期徒刑8个月。数罪并罚,决定执行有期徒刑3年6个月,并处罚金人民币8000元。

相关规定

1.《中华人民共和国刑法》

第二百六十六条:诈骗公私财物,数额较大的,处三年以下有期徒刑、拘役或者管制,并处或者单处罚金;数额巨大或者有其他严重情节的,处三年以上十年以下有期徒刑,并处罚金;数额特别巨大或者有其他特别严重情节的,处十年以上有期徒刑或者无期徒刑,并处罚金或者没收财产。本法另有规定的,依照规定。

第三百二十二条：违反国（边）境管理法规，偷越国（边）境，情节严重的，处一年以下有期徒刑、拘役或者管制，并处罚金；为参加恐怖活动组织、接受恐怖活动培训或者实施恐怖活动，偷越国（边）境的，处一年以上三年以下有期徒刑，并处罚金。

2.《最高人民法院、最高人民检察院关于办理诈骗刑事案件具体应用法律若干问题的解释》

第一条第一款：诈骗公私财物价值三千元至一万元以上、三万元至十万元以上、五十万元以上的，应当分别认定为刑法第二百六十六条规定的“数额较大”、“数额巨大”、“数额特别巨大”。

同类案例

2020 年 7 月至 9 月，被告人吴某租赁湖南省湘潭市某某区某某小区 5 栋 1 单元 1402 室作为诈骗窝点，与康某（已判决）、刘某（未到案）合谋，先后纠集曾某等人（均已判决），以非法牟利为目的，组成诈骗集团，利用虚假的网络 App 实施“杀猪盘”式电信网络诈骗犯罪活动。该诈骗集团实行集中管理、分工协作，团伙成员在租用的窝点内集中生活。其中吴某、康某为总负责人，吴某提供作案用的电脑两台，又伙同康某负责准备作案手机、微信号、支付结算的银行账户，吴某、刘某、康某负责纠集团伙成员虚构身份，在康某、吴某买来的各种微信群中添加被害人为好友，以交友名义骗取被害人信任，向被害人推荐“中彩网”App，并将被害人拉进由各被告人创建的“中彩招商××”微信群，曾某伪装成指导老师在群内虚构相关挣钱信息，其余被告人伪装成投资群众编造挣钱的报单信息诱使被害人在“中彩网”App 注册充值投资。

2020 年 9 月 13 日，吴某、康某等人决定于 9 月 14 日“杀盘”，当晚该犯罪集团统一转移至湖南省湘潭市湘乡市东大桥附近的湘江边上。

9 月 14 日，待被害人向平台提供的银行账户充值钱款后，便以“有人套取彩金被平台监测到为由”拒绝提现，并谎称“待被害人充值同等数额的钱款进行对冲后即可提现”，诱使被害人继续向账户打款。当日下午 6 时左右，犯罪集团关闭平台，并将被害人微信拉黑。该犯罪集团采用上述手段骗取全国各地共计 37 名被害人，共计骗取人民币 248.6519 万元，其中，被害人马某某被骗 56.2778 万元。诈骗得逞后，为毁灭证据、逃避侦查，该犯罪集团于 2020 年 9 月 14 日将作案使用的手机、电脑悉数弃于湖南省湘潭市湘乡市东大桥附近的湘江内。2020 年 9 月 15 日，该犯罪集团在湖南省双峰县益荣村龙回组彩石安组织分赃，其中吴某、康某、曾某作为核心成员，吴某自述没有分得赃款；康某自述分得赃款 11 万元；曾某自述分得赃款 15 万元。

法院认为，被告人吴某等人以非法占有为目的，组成以吴某、康某等人为组织者、领导者的犯罪集团，采取虚构事实、隐瞒真相的手段，利用网络实施诈骗活动，多次骗取他人财物，数额特别巨大，其行为构成诈骗罪。公诉机关指控成立。在集团犯罪中，被告人吴某起组织、领导作用，系犯罪集团的首要分子，应按集团所犯的全部罪行处罚。对被告人及其辩护人辩称吴某系从犯并请求对其从轻处罚的辩护意见不予采纳。吴某犯罪后经公安机关抓获归案，且未能如实供述自己罪行，不属于自首，对被告人及其辩护人辩称吴某系自首的辩护意见不予采纳。关于辩护人提出该案犯罪金额部分计算错误的问题，有银行账户交易明细、被害人陈述等证据证实，足以认定，其辩护意见不能成立，也不予采纳。经法院审判委员会讨论决定，依照《刑法》第 266 条，第 25 条第 1 款，第 26 条第 1 款、第 2 款、第 3 款之规定，判决如下：被告人吴某犯诈骗罪，判处有期徒刑 11 年，并处罚金人民币 10,000 元。

18. 什么是“异国情缘”诈骗？

律师解答

诈骗分子假冒外籍军官、维和士兵等身份，通过社交平台结识受害人并与受害人聊天，在与受害人建立感情后，谎称要将一笔资金交给受害人保管，以寄递费、通关费等诱骗受害人转账。

典型案例

案号

广东省四会市人民法院（2017）粤 1284 刑初 192 号

案情简介

2015 年至 2017 年 3 月，被告人萨哈、舟舟（另案处理）、沃莫、杰勒、张某平等人按照不同分工，在北京市、河北省三河市燕郊镇等地，通过互联网交友的方式冒充外籍军人，请求被害人帮助签收巨额现金包裹，并展示用“药水”清洗“黑纸”后，“黑纸”变成“美钞”的功能，要求被害人购买“药水”，并让被害人汇款到指定银行账号。实施诈骗期间，被告人萨哈、舟舟向杰勒提供受骗被害人信息，再由杰勒提供给张某平，由张某平使用手机冒充美国驻华使馆翻译“王翻译”、快递公司工作人员“王小姐”等身份，向被害人拨打电话、发送虚假信息实施诈骗。萨哈指挥杰勒、泰姆斯菲利（不在案）亲自会见被害人，当面向被害人展示“黑纸”被“药水”清洗后变成“美钞”，要求被害人购买“药水”并汇款到指定的银行账号。萨哈要求沃莫向其提供中国的银行账号便于接收诈骗赃款，并多次指挥沃莫到沈阳市、北京市等地的银行取款，并将诈骗赃款交给其处理，其还让沃莫将取出的部分诈骗款项带到北京市一间名为“红镶边”的茶庄，向一名中国女子私兑成美元，通过西联汇款汇往其指定的国外银行账户。

裁判观点

法院认为，被告人萨哈、杰勒、沃莫、张某平无视国家法律，以非法占有为目的，利用通讯工具等技术手段，对被害人实施电信网络诈骗，其中被告人萨哈诈骗数额为507,000元，数额特别巨大；被告人杰勒、张某平诈骗数额为674,043.38元，数额特别巨大；被告人沃莫诈骗数额为449,915.22元，数额巨大；四名被告人的行为均已构成诈骗罪。

【裁判结果】

1.被告人萨哈犯诈骗罪，判处有期徒刑10年，并处罚金人民币100,000元，刑罚执行完毕后予以驱逐出境。

2.被告人杰勒犯诈骗罪，判处有期徒刑10年，并处罚金人民币100,000元，刑罚执行完毕后予以驱逐出境。

3.被告人沃莫犯诈骗罪，判处有期徒刑6年，并处罚金人民币60,000元，刑罚执行完毕后予以驱逐出境。

4.被告人张某平犯诈骗罪，判处有期徒刑8年，并处罚金人民币80,000元。

相关规定

1.《中华人民共和国刑法》

第二百六十六条：诈骗公私财物，数额较大的，处三年以下有期徒刑、拘役或者管制，并处或者单处罚金；数额巨大或者有其他严重情节的，处三年以上十年以下有期徒刑，并处罚金；数额特别巨大或者有其他特别严重情节的，处十年以上有期徒刑或者无期徒刑，并处罚金或者没收财产。本法另有规定的，依照规定。

2.《最高人民法院、最高人民检察院关于办理诈骗刑事案件具体应用法律若干问题的解释》

第一条第一款：诈骗公私财物价值三千元至一万元以上、三万元至十万元以上、五十万元以上的，应当分别认定为刑法第二百六十六条规定的"数额较大"、"数额巨大"、"数额特别巨大"。

同类案例

2017年，诈骗团伙冒充美国军人、外籍工程师等，通过QQ、微信、电子邮箱等方式主动联系被害人王某甲、戴某等人，在建立"恋爱"或"朋友"关系骗取信任后，以邮寄现金包裹需要通关费、垫付费用等名义陆续欺骗被害人向指定账户多次转账汇款。被告人贝斯特、菲利普、可可、贝尼、萨米明知是诈骗所得，仍通过提供银行卡收款、提现等方式转移赃款，并收取5%至22%不等的提成。被告人曹某某、叶某某、许某某在其提供的部分银行卡被公安机关冻结后，明知系犯罪所得，仍分别为可可、贝尼、丹麦克(另案处理)等人通过上述方式转移赃款，牟取非法利益。其中，被告人贝斯特转移诈骗所得人民币240万余元，被告人菲利普转移诈骗所得人民币140万余元，被告人可可转移诈骗所得人民币150万余元，被告人贝尼转移诈骗所得人民币49万余元，被告人萨米转移诈骗所得人民币14.55万元，被告人叶某某掩饰、隐瞒犯罪所得人民币97万余元，被告人曹某某掩饰、隐瞒犯罪所得人民币48万余元，被告人许某某掩饰、隐瞒犯罪所得人民币13万余元。

法院认为，被告人贝斯特、菲利普、可可、贝尼、萨米明知他人实施诈骗犯罪,仍然提供银行卡号收款,并通过提现等方式转移赃款,收取提成,其行为均已构成诈骗罪。其中,被告人贝斯特、菲利普、可可诈骗数额特别巨大,依法应当判处10年以上有期徒刑或者无期徒刑,并处罚金或者没收财产;被告人贝尼、萨米诈骗数额巨大,依法应当判处3年以上10年以下有期徒刑,并处罚金。被告人曹某某、叶某某、许某某明知系他人违法犯罪所得,仍然提供银行卡帮助转移赃款,牟取非法利益,情节严重,其行为均已构成掩饰、隐瞒犯罪所得罪,依法应当判处3年以上7年以下有期徒刑,并处罚金。其中,被告人贝斯特、菲利普、可可、贝尼、萨米在诈骗共同犯罪中作用相对较小,可以认定为从犯,对其从轻或者减轻处罚。根据各被告人所涉犯罪数额、在共同犯罪中的地位作用、获取非法利益的大小以及各自所具有的认罪悔罪态度等处罚情节,依照《刑法》第266条、第312条、第6条、第25条第1款、第27条、第35条、第64条之规定,判决各被告人犯诈骗罪并处罚金,附加驱逐出境。

19. 什么是"坦诚相待"诈骗?

律师解答

骗子通过社交平台添加受害人为好友后,提出可以让其加入微信群或者QQ群,群里会定期推送淫秽视频,还有裸聊服务,但需要先缴纳入群会员费。

典型案例

案号

广东省佛山市顺德区人民法院(2018)粤0606刑初1683号

案情简介

2018 年 2 月至 3 月，被告人钟某某使用在网上购买的微信号随机添加好友，在微信以及朋友圈推送诈骗信息，以出售淫秽视频、介绍进入裸聊群和“约炮群”需要缴纳进群费、保证金等费用为由，实施诈骗。2018 年 2 月 25 日至 26 日，被告人钟某某以上述作案手段诈骗被害人杨某共计人民币 3416 元。

裁判观点

法院认为，被告人钟某某无视国家法律，以非法占有为目的，采用虚构事实、隐瞒真相的方法，骗取他人财物，数额较大，其行为已构成诈骗罪。佛山市顺德区人民检察院指控被告人钟某某犯诈骗罪，罪名成立。被告人钟某某归案后如实供述自己的罪行，依法予以从轻处罚；案发后，被告人钟某某家属已代其赔偿被害人的经济损失，被害人对被告人表示谅解，对被告人酌情从轻处罚。被告人钟某某的辩护人所提的辩护意见经查属实，法院予以采纳。公诉机关所提的量刑建议与被告人钟某某的罪责不符，法院不予采纳。

【裁判结果】

综合考虑被告人钟某某的犯罪事实、情节、认罪态度和对社会的危害程度，依照《刑法》第 266 条、第 52 条、第 53 条、第 67 条第 3 款、第 72 条第 1 款及第 3 款、第 73 条第 1 款及第 3 款、第 64 条的规定，判决被告人钟某某犯诈骗罪，判处拘役 5 个月，缓刑 7 个月，并处罚金人民币 1000 元。

相关规定

1.《中华人民共和国刑法》

第二百六十六条：诈骗公私财物，数额较大的，处三年以下有期徒刑、拘役或者管制，并处或者单处罚金；数额巨大或者有其他严重情节的，处三年以上十年以下有期徒刑，并处罚金；数额特别巨大或者有其他特别严重情节的，处十年以上有期徒刑或者无期徒刑，并处罚金或者没收财产。本法另有规定的，依照规定。

2.《最高人民法院、最高人民检察院关于办理诈骗刑事案件具体应用法律若干问题的解释》

第一条第一款：诈骗公私财物价值三千元至一万元以上、三万元至十万元以上、五十万元以上的，应当分别认定为刑法第二百六十六条规定的“数额较大”、“数额巨大”、“数额特别巨大”。

同类案例

从2017年3月开始，“阿文”（具体情况不详，在逃）租赁佛山市南海区风度花园13栋房作为窝点，组织、纠集被告人周某锋、温某俊、张某骐、陈某和周某龙（另案处理）实施电信网络诈骗行为。“阿文”、周某锋等人在网上购买20多台手机作为诈骗工具，每一台手机都安装有微博关注软件，然后将网上购买的微博号放进微博关注软件，让该软件自动向男性网友发送信息。信息内容为：本人自拍裸聊视频，约炮请加微信（附有作案微信号和美女头像）。被害人看到该条信息后可以通过微信添加被告人周某锋、温某俊、张某骐、陈某和周某龙（另案处理）等人的作案微信号。双方加了微信之后，被告人周某锋等人使用作案微信号向被害人发送一张价格表，如果被害人需要性服务，周某锋等人即要求被害人开好房，然后以需要100元的出台费，300元的服装或道具押金，1000元的安全保证金，2000元的做爱保密费，3800元的防止性暴力、性虐待费等名义要求被害人通过微信或支付宝向其转账，并谎称这些费用都是可以退回的。当周某锋等人无法取信于被害人时，就直接将被害人的微信拉黑。

法院认为，被告人温某俊、周某锋、张某骐、陈某无视法律，结伙多次利用电信网络诈骗他人财物，其中温某俊实施诈骗 5 起，涉案金额为人民币 9480 元；周某锋实施诈骗 14 起，涉案金额为人民币 4610 元；张某骐实施诈骗 3 起，涉案金额为人民币 4120 元；陈某实施诈骗 4 起，涉案金额为人民币 3852 元，均数额较大，4 名被告人已构成诈骗罪。公诉机关指控被告人温某俊、周某锋、张某骐、陈某犯诈骗罪，犯罪事实清楚，证据确实、充分，指控罪名成立。该案被害人人数众多，结合已收集的被害人陈述，以及经查证属实的银行账户交易记录、第三方支付结算账户交易记录、通话记录、电子数据等证据，对上述犯罪事实予以认定。被告人温某俊、周某锋、张某骐、陈某归案后能如实供述自己的罪行，当庭自愿认罪，依法予以从轻处罚。依照《刑法》第 266 条、第 67 条第 3 款、第 52 条、第 53 条、第 64 条的规定，判决如下：

1. 被告人温某俊犯诈骗罪，判处有期徒刑 1 年，并处罚金人民币 3000 元。

2. 被告人周某锋犯诈骗罪，判处有期徒刑 11 个月，并处罚金人民币 2000 元。

3. 被告人张某骐犯诈骗罪，判处有期徒刑 8 个月，并处罚金人民币 2000 元。

4. 被告人陈某犯诈骗罪，判处有期徒刑 8 个月，并处罚金人民币 2000 元。

20. 什么是直播打赏诈骗？

律师解答

诈骗分子物色女主播在前台直播，男运营则冒充女主播和粉丝聊天，通过暧昧聊天制造温柔陷阱，以完成直播任务、PK 打榜等理由诱骗受害人打赏。

典型案例

案号

吉林省榆树市人民法院(2021)吉0182刑初211号

案情简介

被告人边某某于2020年10月1日至12月21日，在榆树市某街南段某网络工作室组织被告人刘某在“映画”直播平台进行直播，雇佣于某某等人为键盘手，以非法占有为目的，通过购买微信粉丝等方式添加被害人微信好友，键盘手冒充主播，采用被告人边某某购买的固定话术聊天模板或虚构主播个人经历的方法，向被害人群发信息，引诱被害人观看直播，骗取被害人信任或博取同情，诱使被害人在平台充值、打赏，诈骗总金额人民币193,080元。被告人边某某直接诈骗被害人金额人民币93,832元；被告人刘某直接诈骗被害人金额人民币93,832元；被告人于某某参与期间诈骗金额人民币189,542元、直接诈骗被害人金额人民币93,392元。

裁判观点

法院认为，被告人边某某伙同被告人刘某、于某某等人，以非法占有为目的，虚构事实，采取电信网络诈骗的方式，骗取他人财物，数额巨大，上述三被告人的行为均已构成诈骗罪。对公诉机关指控的罪名予以支持。在共同犯罪中，各被告人应对其参与期间该诈骗团伙实施的全部诈骗行为承担责任。

【裁判结果】

1. 被告人边某某犯诈骗罪,判处有期徒刑5年,并处罚金人民币5万元。

2. 被告人刘某犯诈骗罪,判处有期徒刑3年,并处罚金人民币1万元。

3. 被告人于某某犯诈骗罪,判处有期徒刑3年,并处罚金人民币1万元。

相关规定

1.《中华人民共和国刑法》

第二百六十六条:诈骗公私财物,数额较大的,处三年以下有期徒刑、拘役或者管制,并处或者单处罚金;数额巨大或者有其他严重情节的,处三年以上十年以下有期徒刑,并处罚金;数额特别巨大或者有其他特别严重情节的,处十年以上有期徒刑或者无期徒刑,并处罚金或者没收财产。本法另有规定的,依照规定。

2.《最高人民法院、最高人民检察院关于办理诈骗刑事案件具体应用法律若干问题的解释》

第一条第一款:诈骗公私财物价值三千元至一万元以上、三万元至十万元以上、五十万元以上的,应当分别认定为刑法第二百六十六条规定的“数额较大”、“数额巨大”、“数额特别巨大”。

同类案例

2017年6月,被告人袁某某、徐某、李某成立某境公司,该公司主要从事网络直播业务。2020年6月,袁某某在某境公司设立推广部、主播部和运营部,由徐某担任推广部主管、李某担任运营部主管,并招募了一些主播及推广、运营人员。某境公司通过开设视频直播间为主播量身打造固定“人设”、提供固定话术资料，并对推广、运营人员进行入职培训。推广人员冒用各自对应主播的身份，通过陌陌等社交平台吸引男性客户进行聊天引流，诱导被害人至直播平台观看视频直播，后在推广、运营人员与主播的配合下，以语音、视频等方式与被害人谈感情、搞暧昧或确立虚假恋爱关系，虚构“输了人气 PK 赛会受惩罚”等事由，并采取由其他推广、运营人员充当“狗托”虚假刷礼物烘托气氛的方式，骗取被害人在直播平台充值打赏，至案发共骗取被害人人民币 27 万余元。2021 年 3 月，徐某、李某被抓获归案。法院认为，被告人袁某某、徐某、李某构成诈骗罪，且均系主犯。

（二）仿冒身份类诈骗

21. 我家人在外地，我家人的朋友来电话说我家人出了意外需要动手术，需要立马打款过去，这钱该不该打？

律师解答

假冒亲朋身份获得被害人信任，进而骗取被害人财物，是骗子的常用套路。诈骗分子在简要了解被害人有家属在外地的情况，并确定两者之间的亲属关系后，以朋友身份打电话给被害人，利用被害人担心亲属安危的焦灼心理和时间的紧迫性，诱使被害人根据指示进行转账。这些行为完全符合《刑法》第 266 条关于诈骗罪的规定，即以非法占有为目的，使被害人陷入错误认识，并处分自己财物。

假冒亲属骗取被害人财物，根据数额大小进行定罪量刑。诈骗金额达到 3000 元就已经达到了刑事立案标准，处 3 年以下有期徒刑；诈骗金额达到 30,000 元以上属于“数额巨大”，处 3 年至 10 年有期徒刑；诈骗金额达到 50 万元以上的，属于“数额特别巨大”，处 10 年以上有期徒刑，最高能判处无期徒刑。

不少犯罪分子为了实施诈骗，购买被害人信息或者隐私，同时构成其他犯罪的，应当数罪并罚。

典型案例

案号

广东省博罗县人民法院(2017)粤1322刑初475号

案情简介

2015年4月始,被告人徐小虎(化名)伙同黄某甲、黄某乙、李某甲(均另案处理)等人,先后以博罗县横河镇等地的出租屋为窝点,随机拨打博罗县公庄镇、横河镇等地被害人电话,假扮被害人亲属,虚构因病就医治疗,急需用钱做手术的事实,欺骗被害人支付现金或转账到指定银行账户。其中,黄某甲、黄某乙主要负责扮演被害人亲属,徐小虎(化名)、李某甲主要负责取款。破案后,赃款均无法缴回。具体犯罪事实如下:

1. 2015年4月13日16时许,被告人徐小虎(化名)伙同黄某甲,用手机132××××1032拨打被害人徐某1位于博罗县家中的座机电话,假扮徐某1的孙子,以发生交通事故急需治疗为由,骗被害人徐某1到横河镇农村信用社门口将5000元现金交给徐小虎(化名)。

2. 同年4月28日13时许,被告人徐小虎(化名)伙同黄某甲、李某甲,用手机130××××9607拨打被害人黄某1位于博罗县的座机电话,假扮黄某1的弟弟,以发生交通事故急需治疗为由,让黄某1支付12,000元至指定账户(开户名张某),随后,由李某甲将骗取的款项取出。

3. 同年5月4日10时许,被告人徐小虎(化名)伙同黄某甲、李某甲,用手机130××××2650拨打被害人何某位于博罗县家中的座机电话,假扮何某的弟弟,以发生交通事故急需治疗为由,让何某支付10,000元至指定账户(开户名潘某),随后,由李某甲将骗取的款项取出。

4. 同年5月11日12时许,被告人徐小虎(化名)伙同黄某甲,用手机 189××××9921 拨打被害人高某 1 位于博罗县家中的座机电话，假扮高某 1 的孙子，以发生交通事故急需治疗为由，让高某 1 支付 13,000 元至指定账户[开户名为徐小虎(化名)]，随后，由徐小虎(化名)将骗取的款项取出。

5. 同年 5 月 11 日 13 时 30 分许，被告人徐小虎(化名)伙同黄某甲和黄某乙用手机 131××××4124 拨打被害人李某 1 位于博罗县家中的座机电话，假扮李某 1 的女婿，以发生交通事故急需治疗为由，先后让李某 1 支付 50,000 元至指定账户内。随后，由黄某乙驾车载徐小虎(化名)将骗取的款项取出。事后黄某甲分得赃款 9000 元、黄某乙分得赃款 6000 元、徐小虎(化名)分得赃款 35,000 元。

6. 2016 年 3 月 10 日 18 时许，被告人徐小虎(化名)伙同黄某甲，用手机 134××××4631 拨打被害人高某 2 位于博罗县家中的座机，假扮高某 2 的女婿，以发生交通事故急需治疗为由，让高某 2 支付 13,000 元至指定账户(开户名为潘某)，随后，由徐小虎(化名)将骗取的款项取出。

7. 2016 年 3 月 19 日 13 时许，被告人徐小虎(化名)伙同黄某甲，用手机 136××××9541 拨打被害人罗某 1 位于博罗县家中的座机，假扮罗某 1 的弟弟，以发生交通事故急需治疗为由，让罗某 1 支付 5000 元至指定账户(开户名为张某)。随后，由徐小虎(化名)将骗取的款项取出。

8. 2016 年 3 月 19 日 13 时 30 分，被告人徐小虎(化名)伙同黄某甲，用手机号 136××××9541 拨打被害人黄某 2 位于博罗县家中的座机，假扮黄某 2 的儿子，以发生交通事故急需治疗为由，让黄某 2 支付 6500 元至指定账户。随后，由徐小虎(化名)将骗取的款项取出。

裁判观点

被告人徐小虎(化名)以非法占有为目的，采用虚构事实、隐瞒真相的方法，骗取他人财物，数额巨大，其行为已构成诈骗罪。被告人徐小虎

(化名)成功参与作案8起,诈骗数额达114,500元的犯罪事实,有同案犯供认、被害人陈述、证人证言、辨认笔录以及被告人的供述等证据予以证实,足以认定。被告人采用电信诈骗方式,对不特定多数人实施诈骗,且跨区域作案,也未对被害人的经济损失进行退赔,社会危害性大,严重影响社会稳定秩序,依法应予以严惩。

【裁判结果】

被告人徐小虎(化名)犯诈骗罪,判处有期徒刑6年,并处罚金人民币20,000元。

相关规定

1.《中华人民共和国刑法》

第二百六十六条:诈骗公私财物,数额较大的,处三年以下有期徒刑、拘役或者管制,并处或者单处罚金;数额巨大或者有其他严重情节的,处三年以上十年以下有期徒刑,并处罚金;数额特别巨大或者有其他特别严重情节的,处十年以上有期徒刑或者无期徒刑,并处罚金或者没收财产。本法另有规定的,依照规定。

2.《最高人民法院、最高人民检察院关于办理诈骗刑事案件具体应用法律若干问题的解释》

第一条第一款:诈骗公私财物价值三千元至一万元以上、三万元至十万元以上、五十万元以上的,应当分别认定为刑法第二百六十六条规定的"数额较大"、"数额巨大"、"数额特别巨大"。

第二条第一款:诈骗公私财物达到本解释第一条规定的数额标准,具有下列情形之一的,可以依照刑法第二百六十六条的规定酌情从严惩处:(一)通过发送短信、拨打电话或者利用互联网、广播电视、报刊杂志等发布虚假信息,对不特定多数人实施诈骗的;(二)诈骗救灾、抢险、防汛、优抚、扶贫、移民、救济、医疗款物的;(三)以赈灾募捐名义实施诈骗的;(四)诈骗残疾人、老年人或者丧失劳动能力人的财物的;(五)造成被害人自杀、精神失常或者其他严重后果的。

同类案例

贵州省清镇市人民法院(2021)黔0181刑初26号刑事判决书中载明,2020年8月30日,被告人王某在微信朋友圈看见被害人宋某发布的动态,内容为宋某向蓬某借款10,000元的聊天记录截图。王某便产生了冒充蓬某骗取宋某钱财的想法。于是王某用其父亲手机号注册了一个新的微信号并将微信头像及昵称设置为与蓬某微信一致,随后添加宋某的微信。宋某误以为是其朋友蓬某。2020年8月31日、9月2日、9月5日,王某在微信上五次成功向宋某“借款”共计人民币6500元,并要求宋某将钱转账至王某提供的赌博网站上的账户中,随后王某将诈骗所得6500元提现至其银行卡上用于生活开支。2020年9月5日晚,因王某“借款”太频繁,宋某仔细查看王某微信朋友圈才发现该微信好友并非其朋友蓬某,打电话给蓬某确认后才得知被骗,遂向公安机关报案。王某发现事情败露后便将宋某从微信好友中删除,同时将注册的微信号也注销。最终,法院判决被告人王某犯诈骗罪,判处有期徒刑8个月,并处罚金人民币1000元。

22. "领导"拉我进了群聊,并要求我给群里的"客户"转账,我应不应该听"领导"的话?

律师解答

实务中发生的很多起微信诈骗案件,犯罪分子通常都是善于隐藏身份的熟人作案,或者很早就向被害人手机和电脑植入病毒,监视被害人微信消息,等待信息收集完备,与其他犯罪分子一起配合,趁被害人没有察觉"领导""同事""客户"身份的真伪,要求其完成转账。

诈骗是指诱使被害人基于错误认识处分自身财物的行为。通过技术手段或者其他方法,隐藏自己"骗子"的身份,冒充他人身份与被害人进行沟通,被害人基于对被冒充者的信任进行的转账行为,依然属于《刑法》规定的"使被害人陷入认识错误"的情形。冒充被害人同事和领导进行诈骗,犯罪分子可能实施了一次,也可能针对不同的公司故技重施很多次,对于多次以相同手段进行的诈骗犯罪,《刑法》将其认定为"连续诈骗"行为,按照同一个罪名进行处罚,量刑依据是所有相同行为叠加的犯罪金额。

典型案例

案号

安徽省利辛县人民法院(2017)皖1623刑初545号

案情简介

2016年8月25日,被告人黄某达从互联网上通过邮箱骗取到安徽

××实业有限责任公司(以下简称××公司)的人员通信录。后被告人黄某达冒充××公司老总刘某甲的微信,在微信中“添加”了××公司会计庄某的微信,组建一个名叫“安徽××实业有限责任公司”的微信群,并拉庄某入群。2016年8月26日10时许,被告人黄某达在微信中询问庄某××公司账户流动资金情况后,利用冒充的刘某甲的微信指令庄某向袁某甲账户(账号:62×××73)内转款98万元,后庄某让××公司会计宋某甲使用××公司账户(户名李某芳,62284×××××××××)向袁某甲账户内转款98万元。当日,该款被人由袁某甲账户向吾某汗·阿依肯账户(账号:62×××72)内转款60万元,向国付宝信息科技有限公司(深圳××××有限公司、第三方支付平台,以下简称国付宝)账户(账号:11×××00)内转款37.9万元。后由吾某汗·阿依肯账户向国付宝账户转款59.8万元。上述款项由国付宝账户转至王某账户内后,又被转至赵某超、纵某卫等数十个银行卡账户,最后该笔款在广西壮族自治区多家银行的ATM机上被取出。2016年8月26日下午,被告人陈某威接到取款通知后,通知戴某2、戴某1(均已判刑)及被告人陆某琪将诈骗款取出。后被告人陆某琪、谢某明在广西南宁市望州路等一带的多家银行ATM机上将32万元诈骗款取出后交给被告人陈某威,二人获提成3.2万元。戴某1和戴某2按照陈某威的指令在广西钦州市多家银行和南宁市某信用社ATM机上将40万元诈骗款取出后并扣除提成(4万元)后交给陈某威。后被告人陈某威将取出的钱款扣除提成后交给其上线。被告人黄某达获诈骗款48.7万元。

此外,2016年8月至10月,上述犯罪分子实施了其他电信网络诈骗三次,其中陈某威累计参与犯罪数额为165.7万元,属于数额特别巨大。

裁判观点

被告人黄某达以非法占有为目的,虚构事实,利用电信网络技术骗取他人财物,价值人民币98万元,数额特别巨大,被告人的行为已构成诈骗罪;被告人陈某威、陆某琪、谢某明、梁某潘明知他人实施电信网络诈骗犯罪,仍帮助他人将诈骗犯罪所得取现,系电信网络诈骗犯罪共犯。被告人陈某威系主犯,应当按照所参与的或者组织、指挥的全部犯罪处罚。

【裁判结果】

1. 被告人陈某威犯诈骗罪,判处有期徒刑13年8个月,并处罚金人民币100,000元。

2. 被告人黄某达犯诈骗罪,判处有期徒刑12年2个月,并处罚金人民币100,000元。

3. 被告人陆某琪犯诈骗罪,判处有期徒刑7年9个月,并处罚金人民币50,000元。

4. 被告人谢某明犯诈骗罪,判处有期徒刑6年3个月,并处罚金人民币50,000元。

5. 被告人梁某潘犯诈骗罪,判处有期徒刑6年3个月,并处罚金人民币50,000元。

相关规定

《最高人民法院、最高人民检察院关于办理诈骗刑事案件具体应用法律若干问题的解释》

第七条　明知他人实施诈骗犯罪,为其提供信用卡、手机卡、通讯工具、通讯传输通道、网络技术支持、费用结算等帮助的,以共同犯罪论处。

同类案例

山西省晋中市太谷县人民法院(2017)晋0726刑初168号刑事判决

书载明，2017 年 4 月至 8 月，被告人周某 1 伙同周某 2、周某 3、潘某杰、蒋某银多次从广西宾阳前往广东东莞市租住出租房实施电信网络诈骗。5 人经网络查找获取公司详细信息（包括法人及公司邮箱），通过向公司邮箱发邮件的方式骗取公司人员通讯录（包括职务、姓名、手机号码、邮箱等），再通过获取的公司领导个人信息、手机号码，查找获取公司领导人员的微信昵称、头像等信息。之后，被告人将其从网上购买的微信号伪装成公司领导人员的微信号，并将公司财务人员加为好友，将其拉入伪造的公司内部群，以支付合同款等名义，向财务人员发出转款的指令，以此来骗取财物。2017 年 6 月 12 日，被告人周某 1、周某 2、周某 3、潘某杰使用上述手段诈骗山西晋路某交通设备公司现金 117 万元。该款当日由被害人公司账户转入周某 1 等人提供的银行账户，同日再转入甘某 1（另案处理）提供的银行账户，之后由甘某 1 伙同被告人甘某等人通过网络购买游戏点卡后再低价售出的方式进行洗白，并于当日或次日凌晨全部取现。

法院判决：

1. 被告人周某 1 犯诈骗罪、侵犯公民个人信息罪，数罪并罚，决定执行有期徒刑 13 年 6 个月，并处罚金人民币 210,000 元。

2. 被告人周某 2 犯诈骗罪、侵犯公民个人信息罪，数罪并罚，决定执行有期徒刑 13 年 6 个月，并处罚金人民币 210,000 元。

3. 被告人周某 3 犯诈骗罪、侵犯公民个人信息罪，数罪并罚，决定执行有期徒刑 13 年 6 个月，并处罚金人民币 210,000 元。

4. 被告人潘某杰犯诈骗罪、侵犯公民个人信息罪，数罪并罚，决定执行有期徒刑 5 年 6 个月，并处罚金人民币 58,000 元。

5. 被告人甘某犯掩饰、隐瞒犯罪所得罪，判处有期徒刑 3 年 2 个月，并处罚金人民币 50,000 元。

6. 被告人蒋某银犯侵犯公民个人信息罪，判处有期徒刑 10 个月，并处罚金人民币 6000 元。

23. 最近刚刚认识了一位领导，可以帮我解决某个手续的问题，他让我转账给他方便办事，这钱该不该给？

律师解答

假冒政府工作人员、司法机关工作人员甚至冒充军人身份实施诈骗，都是在利用民众对政府和军队的信任，假借上述身份实施诈骗，严重损害了政府和军队的声誉和形象，"不法犯罪分子实施的犯罪由政府和军队背锅"，性质十分恶劣。《刑法》通过条文详细列举了法条，如招摇撞骗罪、冒充军人招摇撞骗罪等，哪怕行为人没有实际诈骗到财物，但是其招摇撞骗的行为十分严重，给社会的秩序造成了严重的损害，行为人应该对此承担刑事责任。

基于社会主义民主法治，我国政府和军队不会随意向公民索要财物，如果基于社会公共需要，则会通过征收和征用的方式，并出具相关法律文件；如果是要求公民依法依规缴纳税款或者相关费用，则会说明事由和法律依据。在未经核实的情况下，向国家机关工作人员和人民军队转账存在被骗的风险。

典型案例

案号

湖北省红安县人民法院(2021)鄂1122刑初18号

案情简介

2018年8月至2019年11月，被告人朱某喜在红安县城内以谎称能够帮他人办理低保和养老保险手续、报销医药费的方式，先后五次骗取老年人财物，骗取他人财物9200元，主要犯罪事实如下：

1.2018年8月的一天，被告人朱某喜来到红安县心花园，看见在此处等车的袁某，上前与其搭讪聊天，谎称自己是民政局“陈局长”，可以帮其办理低保手续，以需要花钱打点人情为由，骗走袁某人民币2000元。

2.2018年11月16日，被告人朱某喜到红安县城关镇红坪大道农机服务公司门口，看见从该公司出来的杨某，逐上前与其搭讪聊天，谎称自己可以为其帮忙办理养老保险手续，以需要花钱打点人情为由，骗走杨某人民币600元。

3.2019年9月27日，被告人朱某喜来到红安县小学门口，看见在此处接孙子的耿某，逐上前与其搭讪聊天，谎称自己是“周书记”，认识社保局局长，可以帮其报销医药费，以需要花钱打点人情为由，骗走耿某人民币2200元。

4.2019年10月19日，被告人朱某喜来到红安县桃李园酒店门前，看见在此路过的周某1，逐上前与其搭讪聊天，谎称自己是“陈书记”，分管精准扶贫，可以帮其办理低保手续，以需要买香烟送人情为由，骗走周某1人民币2200元。

5.2019年11月11日，被告人朱某喜来到红安县原客运站门口，看见在此路过的周某2，上前与其搭讪聊天，谎称自己可以帮其办理低保手续，以需要买烟酒打点人情为由，骗走周某2人民币2200元。

裁判观点

被告人朱某喜以非法占有为目的，采取虚构事实的方式，骗取他人财物，数额较大，其行为构成诈骗罪。被告人朱某喜犯诈骗罪的事实清楚，证据确实、充分，指控罪名成立，量刑建议适当。在查明犯罪事实的基础上，被告人朱某喜到案后如实供述，有当庭自愿认罪、悔罪的量刑情节,可以从轻处罚。

【裁判结果】

被告人朱某喜犯诈骗罪,判处有期徒刑6个月,缓刑1年,并处罚金人民币2000元。

相关规定

《中华人民共和国刑法》

第七十二条:对于被判处拘役、三年以下有期徒刑的犯罪分子,同时符合下列条件的,可以宣告缓刑,对其中不满十八周岁的人、怀孕的妇女和已满七十五周岁的人,应当宣告缓刑:(一)犯罪情节较轻;(二)有悔罪表现;(三)没有再犯罪的危险;(四)宣告缓刑对所居住社区没有重大不良影响。

宣告缓刑,可以根据犯罪情况,同时禁止犯罪分子在缓刑考验期限内从事特定活动,进入特定区域、场所,接触特定的人。

被宣告缓刑的犯罪分子,如果被判处附加刑,附加刑仍须执行。

第七十三条:拘役的缓刑考验期限为原判刑期以上一年以下,但是不能少于二个月。

有期徒刑的缓刑考验期限为原判刑期以上五年以下,但是不能少于一年。

缓刑考验期限,从判决确定之日起计算。

同类案例

山东省淄博市淄川区人民法院(2022)鲁0302刑初474号刑事判决书载明,被告人李某某自2022年4月至9月,冒充民警,以疏通关系、缴纳银行卡解冻保证金等为由，诈骗李某人民币100，236元。

被告人李某某以非法占有为目的，虚构事实、隐瞒真相，骗取他人财物，数额巨大，其行为已构成诈骗罪。法院判被告人李某某犯诈骗罪，判处有期徒刑3年，缓刑3年；并处罚金人民币5000元。

24. 航空公司电话告知我所乘坐的航班取消了，需要退票，但是需要打款到航空公司的账户以认证我的账户有效，这钱该不该打？

律师解答

近年来，我国公民个人信息泄露严重，网上购物以及线上购票信息，往往在极短的时间内就被诈骗分子获取，尽管我国政府加大力度进行监管，但是在利益的驱使下，依然有人顶风作案。常见的"骚扰电话"有所谓的"淘宝客服""京东客服""携程客服"以退款、换货需要交押金为由，诱导被害人进行转账。被害人在被骗后依然心存幻想，持续转账以期待最终全部退回，但实际上一步步落入了不法分子的圈套。

通常，此类犯罪分子都是团伙作案，有明确的分工，有组织实施犯罪的人，有专门负责具体环节的人。对于主犯，以团队实施的全部犯罪进行定罪处罚，对于从犯，以其实施的具体犯罪行为产生的作用大小进行处罚。作用相当，没有主犯和从犯之分的，需要承担相同的刑事法律责任。

典型案例

案号

浙江省长兴县人民法院(2019)浙0522刑初395号

案情简介

2015年8月至10月，李某2(已判决)纠集薛某卷、邓某、张某3、张某4(均已判决)以及被告人李某长等人在海南省儋州市的山上，实施以机票改签或者退票为理由的诈骗活动。李某2负责购买乘客机票信息和提供作案工具，被告人李某长等人负责发送诈骗信息和冒充航空公司客服接听电话骗取被害人转账汇款，并由取款手吴某1(已判决)负责将诈骗得来的赃款取现，由李某2进行分赃，未能诈骗成功的人也能分得赃款。被告人李某长分得赃款人民币7000元。

裁判观点

被告人李某长伙同李某2、吴某1、薛某卷、邓某、张某4、张某3(均已判决)以非法占有为目的，结伙采取隐瞒真相的手段骗取他人财物，诈骗数额特别巨大，其行为均已触犯法律，构成诈骗罪。

被告人到案后，如实供述自己的犯罪行为，系坦白，法院予以从轻处罚，被告人李某长在共同犯罪中起次要和辅助作用，系从犯，法院依法对被告人李某长予以减轻从罚。

【裁判结果】

被告人李某长犯诈骗罪，判处有期徒刑5年3个月，并处罚金人民币30,000元。

相关规定

《中华人民共和国刑法》

第二十五条：共同犯罪是指二人以上共同故意犯罪。

二人以上共同过失犯罪，不以共同犯罪论处；应当负刑事责任的，按照他们所犯的罪分别处罚。

第二十七条：在共同犯罪中起次要或者辅助作用的，是从犯。对于从犯，应当从轻、减轻处罚或者免除处罚。

第六十七条：犯罪以后自动投案，如实供述自己的罪行的，是自首。对于自首的犯罪分子，可以从轻或者减轻处罚。其中，犯罪较轻的，可以免除处罚。

被采取强制措施的犯罪嫌疑人、被告人和正在服刑的罪犯，如实供述司法机关还未掌握的本人其他罪行的，以自首论。

犯罪嫌疑人虽不具有前两款规定的自首情节，但是如实供述自己罪行的，可以从轻处罚；因其如实供述自己罪行，避免特别严重后果发生的，可以减轻处罚。

同类案例

吉林省长春市九台区人民法院(2023)吉0113刑初242号刑事判决书载明，被告人乔某丹于2023年1月初，经赵某凤(在逃)介绍，下载“事密达”App软件后添加网友“西瓜”。“西瓜”给被告人乔某丹发送手机号码，乔某丹冒充淘宝客服人员，按照话术内容，使用手机(号码为155××××××××)拨打“西瓜”提供的手机号码，让机主添加“西瓜”提供的微信号，每单获利人民币40元，被告人乔某丹共非法获利360元。被害人夏某2023年1月7日添加诈骗分子微信，被对方以刷单返利的方式诈骗人民币23,300元。法院判决被告人乔某丹犯诈骗罪，判处有期徒刑1年，缓刑2年，并处罚金人民币30,000元。

25. 网恋对象三天两头跟我要钱，我又爱又恨，该不该继续给他钱？

律师解答

以前“车马很慢，书信送达要很久，一生只够爱一人”，现在“帅哥美女信息天罗地网，一天能被骗好几回”！

网恋被骗不分年龄，有十几岁的也有几十岁的，他们认为在互联网上容易遇到“自己喜欢的人”，殊不知互联网的线上功能，能够很好地对屏幕后面的真人进行掩饰。乖巧懂事的 JK 女孩儿可能是胡子拉碴的抠脚大汉，有颜值有才华的富二代可能是个无所事事的虚伪小人，为了骗取被害人的财物，犯罪分子可以用尽心思包装自己，使被害人沦陷于“爱河”之中不能自拔，通过编造故事和博取同情，诱使被害人心甘情愿地“默默奉献”。殊不知“网恋对象”的“对象”千千万，而被害人只是其中一个。

对于被害人“心甘情愿”转账的行为，很多时候被害人知道真相后依然不认为自己被骗，这无法成为犯罪分子脱罪的理由。被害人自己是否认识到被骗对于追究犯罪分子的刑事责任无关紧要，只要犯罪分子以非法占有为目的，编造虚假的事实或者打感情牌，使被害人“自愿”处分了自己的财物，给被害人造成了现实的经济损失，且达到了一定的金额，就应当受到刑法的追究。

典型案例

案号

安徽省枞阳县人民法院（2024）皖 0722 刑初 119 号

案情简介

2019年,欧某龙、欧某华(均另案处理)在缅甸果敢东城区,以“翱翔”等名字的公司名义在国内招募人员并组织偷越出境加入该公司,针对中国境内居民实施电信网络诈骗活动。该诈骗集团以“上海自贸区红酒交易中心”“顶新集团”“即享收益”等虚假投资项目创建虚假网络投资平台,设置不同的板块,每板块设主管负责,下设组长、副组长及普通组员,并设立专人负责后勤、财务及虚假投资平台网络后台操作等。组织普通组员或通过网络购买方式,或从“soul”“抖音”“小红书”等社交软件中物色中国境内居住的单身或离异女性,将自己打造为成功男士,以网络聊天方式建立男女朋友关系;取得被害人信任后,伺机向被害人推荐虚假投资平台,引诱被害人转款投资,先让被害人小额投资并获利提成,以进一步取得被害人的信任,待被害人加大投资金额或发现被骗时,即以操作失误、充值流水不足等为由不让被害人提成,以骗取被害人的钱款,俗称“杀猪盘”类电信网络诈骗,已核查涉案金额达人民币34,920,000余元(以下未标明币种的均为人民币)。2020年8月,被告人李某胜受该诈骗集团成员王某昌(另案处理)拉拢,伙同赵某杰、钱某、光某东、赵某(均已刑处)等人,通过乘机、步行等方式偷越国境至缅甸果敢东城区。涉案诈骗集团于2021年3、4月开始陆续转型,针对非中国境内居民实施俗称“海外盘”或“杀洋盘”类电信网络诈骗犯罪,被告人李某胜继续在该诈骗集团从事组员工作,至2021年9月离开。被告人李某胜在该诈骗集团非法获利共计42,500元。

裁判观点

被告人李某胜参加境外诈骗犯罪集团,在境外针对境内居民实施电信网络诈骗犯罪,一年内出境赴境外诈骗窝点累计时间30日以上,属《刑法》第266条规定的“其他情节严重”,且系共同犯罪,其行为已构成诈骗罪;被告人李某胜违反国(边)境管理法规,在没有出入境证件的情况下伙同3人以上偷越国境,情节严重,其行为已构成偷越国(边)境罪,均应依法惩处,并应当予以并罚。被告人李某胜在涉案诈骗犯罪集团实施的诈骗犯罪活动中起次要作用,系从犯,应当从轻或减轻处罚。李某胜归案后如实供述自己的罪行,属坦白,可以从轻处罚。李某胜自愿认罪认罚,可以从宽处理。

【裁判结果】

被告人李某胜犯诈骗罪,判处有期徒刑10个月,并处罚金人民币6000元;犯偷越国(边)境罪,判处有期徒刑6个月,并处罚金人民币5000元。数罪并罚,决定执行有期徒刑1年,并处罚金人民币11,000元。

相关规定

1.《中华人民共和国刑法》

第三百二十二条:违反国(边)境管理法规,偷越国(边)境,情节严重的,处一年以下有期徒刑、拘役或者管制,并处罚金;为参加恐怖活动组织、接受恐怖活动培训或者实施恐怖活动,偷越国(边)境的,处一年以上三年以下有期徒刑,并处罚金。

2.《最高人民法院、最高人民检察院关于办理妨害国(边)境管理刑事案件应用法律若干问题的解释》

第五条:偷越国(边)境,具有下列情形之一的,应当认定为刑法第三百二十二条规定的"情节严重":(一)在境外实施损害国家利益行为的;(二)偷越国(边)境三次以上或者三人以上结伙偷越国(边)境的;(三)拉拢、引诱他人一起偷越国(边)境的;(四)勾结境外组织、人员偷越国(边)境的;(五)因偷越国(边)

境被行政处罚后一年内又偷越国(边)境的;(六)其他情节严重的情形。

第六条:具有下列情形之一的,应当认定为刑法第六章第三节规定的“偷越国(边)境”行为:(一)没有出入境证件出入国(边)境或者逃避接受边防检查的;(二)使用伪造、变造、无效的出入境证件出入国(边)境的;(三)使用他人出入境证件出入国(边)境的;(四)使用以虚假的出入境事由、隐瞒真实身份、冒用他人身份证件等方式骗取的出入境证件出入国(边)境的;(五)采用其他方式非法出入国(边)境的。

同类案例

广东省深圳市盐田区人民法院(2017)粤0308刑初114号刑事判决书中载明,自2015年起,以被告人廖某朋为店长,陈某3、苏某为组长,刘某1、霍某、陈某4、吴某、梁某、廖某、石某、陈某5(以上10人均被判刑)、陈某6、李某3(以上2人另案处理)为组员的诈骗团伙在广东省东莞市虎门镇进行诈骗活动。该诈骗团伙通过网络聊天的方式和被害人建立“男女朋友”关系,后以外出打工需要车费或者本人、亲人生病需要手术费等借口,诈骗被害人钱财。法院判决被告人廖某朋犯诈骗罪,判处有期徒刑4年6个月,并处罚金人民币25,000元。

(三)利益诱惑类诈骗

26. 以提供积分兑换礼品服务为名，索得他人验证码后用他人手机积分兑换商城代金券，核销后用于折抵现金，该行为是否属于诈骗？

律师解答

积分兑换诈骗是指犯罪分子冒充各大银行、移动、联通、电信等产品具有积分功能的企业，给他人发送积分兑换信息，要求下载客户端或点击链接，以套取他人身份证号码、银行卡号码和银行卡密码等个人信息，利用信息在网上消费或划转银行卡内金额。

典型案例

案号

江苏省泰兴市人民法院(2023)苏1283刑初563号

案情简介

2018年6月至2020年11月，蔡某某以非法占有为目的，使用非法手段获取公民电话信息，伙同丁某某先后组织秦某、章某某等25人充当话务员，冒充泰兴、苏州、上海等地的中国移动积分兑换中心工作人员，拨打被害人电话，以提供积分兑换礼品服务为名，用事先准备好的话术单作为对话模板，并以被害人手机积分马上到期清零等为由说服其同意积分兑换，又根据话术单上的内容向其许诺提供相应礼品，在索得验证码后便以被害人的名义通过未经授权的惠生活平台转入中国移动官网，使用被害人手机积分兑换商城代金券。蔡某某将代金券核销后用于折抵现金，之后给被害人邮寄廉价物品或者不寄物品。蔡某某、丁某某等人共计诈骗移动用户141,915,805积分，价值人民币141.915805万元。

被告人涂某、李某、鲍某、徐某在担任话务员期间，明知公司积分兑换业务可能采用诈骗手段，仍按照公司要求拨打被害人电话进行积分兑换。

裁判观点

被告人涂某、李某、鲍某、徐某伙同他人以非法占有为目的，利用电信网络技术，采用虚构事实、隐瞒真相的手段，骗取财物，其中被告人涂某、李某、鲍某犯罪数额巨大，被告人徐某犯罪数额较大，其行为均已构成诈骗罪，应分别予以惩处，且系共同犯罪。被告人涂某、李某、鲍某、徐某在共同犯罪中起次要作用，是从犯，均应当减轻处罚。

【裁判结果】

1. 被告人涂某犯诈骗罪，判处有期徒刑1年3个月，缓刑1年3个月，并处罚金人民币15,000元。

2. 被告人李某犯诈骗罪，判处有期徒刑1年2个月，缓刑1年2个月，并处罚金人民币11,000元。

3. 被告人鲍某犯诈骗罪，判处有期徒刑1年1个月，缓刑1年1个月，并处罚金人民币10,000元。

4. 被告人徐某犯诈骗罪，判处有期徒刑8个月，缓刑1年，并处罚金人民币9000元。

5. 被告人涂某、李某、鲍某、徐某分别退赔的违法所得人民币1万元、5000元、4000元、3000元（均暂存于法院），一并处置，发还给相关被害人。

相关规定

1.《中华人民共和国刑法》

第二百六十六条:诈骗公私财物,数额较大的,处三年以下有期徒刑、拘役或者管制,并处或者单处罚金;数额巨大或者有其他严重情节的,处三年以上十年以下有期徒刑,并处罚金;数额特别巨大或者有其他特别严重情节的,处十年以上有期徒刑或者无期徒刑,并处罚金或者没收财产。本法另有规定的,依照规定。

第二十五条第一款:共同犯罪是指二人以上共同故意犯罪。

第二十七条:在共同犯罪中起次要或者辅助作用的,是从犯。

对于从犯,应当从轻、减轻处罚或者免除处罚。

第六十七条第一款:犯罪以后自动投案,如实供述自己的罪行的,是自首。对于自首的犯罪分子,可以从轻或者减轻处罚。其中,犯罪较轻的,可以免除处罚。

第七十二条第一款:对于被判处拘役、三年以下有期徒刑的犯罪分子,同时符合下列条件的,可以宣告缓刑,对其中不满十八周岁的人、怀孕的妇女和已满七十五周岁的人,应当宣告缓刑:(一)犯罪情节较轻;(二)有悔罪表现;(三)没有再犯罪的危险;(四)宣告缓刑对所居住社区没有重大不良影响。

第七十二条第三款:被宣告缓刑的犯罪分子,如果被判处附加刑,附加刑仍须执行。

第六十四条:犯罪分子违法所得的一切财物,应当予以追缴或者责令退赔;对被害人的合法财产,应当及时返还;违禁品和供犯罪所用的本人财物,应当予以没收。没收的财物和罚金,一律上缴国库,不得挪用和自行处理。

2.《中华人民共和国刑事诉讼法》

第十五条：犯罪嫌疑人、被告人自愿如实供述自己的罪行，承认指控的犯罪事实，愿意接受处罚的，可以依法从宽处理。

第二百零一条第一款：对于认罪认罚案件，人民法院依法作出判决时，一般应当采纳人民检察院指控的罪名和量刑建议，但有下列情形的除外：（一）被告人的行为不构成犯罪或者不应当追究其刑事责任的；（二）被告人违背意愿认罪认罚的；（三）被告人否认指控的犯罪事实的；（四）起诉指控的罪名与审理认定的罪名不一致的；（五）其他可能影响公正审判的情形。

同类案例

在安徽省蚌埠市龙子湖区人民法院（2018）皖0302刑初189号案件中，法院认为，按照被告人徐某的安排，被告人沈某、王某使用伪基站设备向不特定多数人发送虚假银行积分兑换短信，其间，被害人应某、倪某、卢某收到上述诈骗短信，按照诈骗短信提示操作后，三人银行卡内共计12,550元被骗走。被告人胡某斌伙同徐某、陈某、沈某、王某利用发送短信的电信技术手段对不特定多数人实施诈骗，被告人胡某斌参与发送诈骗短信195,178条，属有其他特别严重情节，其行为已构成诈骗罪。

27. 谎称有小礼物赠送，吸引受害人关注，后以购物钱等名目收取受害人钱财，是否构成诈骗？

律师解答

不法分子以奖励为诱饵，在超市门口、大型购物中心等举办赠送牛奶、食用油、食品、工艺品等活动，但有些“赠送”需扫描二维码、填写身份证号、手机号等，这些涉及个人信息的“赠送”往往是经过精心包装的新型诈骗，不法分子利用所取得的信息开通账号进行贷款等，让消费者不知不觉间背负巨额债务。

典型案例

案号

河北省永清县人民法院(2021)冀1023刑初34号

案情简介

郭某(已判决)联系华某(已判决)、冯某(已判决)、刘某(已判决)、姜某(已判决)及被告人庄某等人到永清县“销售”床上用品。郭某负责从孙某生处购进外包装印有江苏南通君恩纺织品科技有限公司的花香助眠被、蚕丝被、云毯、薰衣草养生枕、凉席、四件套等床上用品，并附有销售视频，之后将床品加价后出售给华某、冯某、刘某、姜某、庄某五人，并告知五人按照销售视频演示的步骤进行“销售”。华某、冯某、刘某、姜某、庄某负责招募人员、租赁场地，各带一组到永清县辖乡村以江苏南通君恩纺织品科技有限公司新品发布会的名义进行推销活动。各组分别从郭某处进货，按照视频中的定价及方法进行“销售”，每组开销各自负担，收取的货款付清郭某进货款后，由华某、冯某、刘某、姜某、庄某自行支配。整个活动流程分6天进行，首先租用一大型封闭场地作会场，并到村里发宣传单，内容是厂家促销、感恩回馈，有礼品赠送，吸引老百姓到场。会场播放江苏南通君恩纺织品科技有限公司新品发布会视频，由自称是江苏南通君恩纺织品科技有限公司市场营销总监的方某红介绍称，公司拿出3000万元的广告资金在全国推广产品，这3000万元广告资金将以该公司产品的形式赠送给现场观众，需要先购买，再返还购物款。第一天、第二天主要是介绍公司产品，免费发放鸡蛋、面条等物品，吸引更多的人来参会。第三天至第五天，视频开始介绍床品，发放预订卡，有预订卡并带钱的观众可以参加抽奖购买床品，然后当场退还购物款。以这种形式反复强化，使现场观众陷入所有购物款都会退还的错误认识。第六天视频介绍1300元一床花香助眠被、600元的四件套、160元凉席等产品，现场观众误认为像前几天一样买完还能退钱，纷纷“购买”，在购买者拿着惊喜卡等待领取赠品的时候，被告人庄某等人开始撤离。以此种模式，2018年11月至12月，被告人庄某等人在永清县诈骗李某英等18名被害人金额共计25,130元。

裁判观点

法院认为，被告人庄某伙同他人以非法占有为目的，虚构事实，隐瞒真相，骗取公私财物，犯罪事实清楚，证据确实、充分，公诉机关指控的罪名成立，被告人庄某的行为构成诈骗罪。被告人庄某系共同犯罪。

【裁判结果】

被告人庄某犯诈骗罪，判处有期徒刑1年，并处罚金人民币15,000元。

相关规定

《中华人民共和国刑法》

第二百六十六条:诈骗公私财物,数额较大的,处三年以下有期徒刑、拘役或者管制,并处或者单处罚金;数额巨大或者有其他严重情节的,处三年以上十年以下有期徒刑,并处罚金;数额特别巨大或者有其他特别严重情节的,处十年以上有期徒刑或者无期徒刑,并处罚金或者没收财产。本法另有规定的,依照规定。

第二十五条第一款:共同犯罪是指二人以上共同故意犯罪。

第六十七条第一款:犯罪以后自动投案,如实供述自己的罪行的,是自首。对于自首的犯罪分子,可以从轻或者减轻处罚。其中,犯罪较轻的,可以免除处罚。

第五十二条:判处罚金,应当根据犯罪情节决定罚金数额。

第五十三条:罚金在判决指定的期限内一次或者分期缴纳。期满不缴纳的,强制缴纳。对于不能全部缴纳罚金的,人民法院在任何时候发现被执行人有可以执行的财产,应当随时追缴。

由于遭遇不能抗拒的灾祸等原因缴纳确实有困难的,经人民法院裁定,可以延期缴纳、酌情减少或者免除。

同类案例

在江苏省南通市通州区人民法院(2019)苏0612刑初648号案件中,法院认为,2018年12月2日至13日,被告人徐某、徐某根来到南通市通州区兴东镇、海门市余东镇、常乐镇等地,以回收旧家电为名寻找合适场地,并给场地的主家赠送脸盆等礼品,让主家帮忙向周边发放传单,以有礼品赠送为噱头吸引附近群众前来。次日,徐某、徐某根先给在场群众赠送梳子、浴盐等小礼品,后又拿出手镯,称有治疗晕车、高血压等功效，且数量有限，吸引群众以人民币 20 元的价格购买。另称购买后有惊喜，将人民币 20 元退还给部分群众，让群众误以为购买后可以退款。随后，徐某、徐某根又拿出锅具称可以免费赠送，且数量少，让群众先以人民币 300 元的价格购买，并让购买者填写反馈卡，告知次日凭该卡可退钱，之后携款逃走。徐某、徐某根通过上述方法先后实施 7 次诈骗，骗得共计人民币 7000 元。被告人徐某、徐某根以非法占有为目的，虚构事实、隐瞒真相，多次骗取他人钱财，数额较大，其行为已构成诈骗罪，应予惩处。

28. 通过在互联网发布高薪招聘工作人员的虚假广告的方式引诱他人面试，再由面试人员、招募员以高薪为诱饵，诱骗至相关医疗美容诊所接受整形手术、支付高额费用，是否构成诈骗？

律师解答

不法分子以“高薪工作”为名，在与求职者取得联系后，通过伪造的聊天记录、成功案例等虚假信息，逐步引诱求职者认为就职“包高薪”。随后，不法分子诱导求职者进行线下面试，以求职者能力不足等为由，从而骗取求职者费用。

典型案例

案号

浙江省宁波市海曙区人民法院(2023)浙 0203 刑初 1146 号

案情简介

2021年至2023年3月，宋某、杨某、鞠某纠集吴某、杨某1等组成诈骗团伙。该团伙雇用被告人郭某1、赵某、杨某2、郑某、郭某2、孙某等人作为招募员，通过在互联网发布高薪招聘夜场工作人员的虚假广告的方式引诱被害人前往宁波市江北区金港大酒店、海曙区望春街道真和大厦等地面试，再由面试人员、招募员利用事先准备好的话术以高薪为诱饵，诱骗被害人至相关医疗美容诊所接受整形手术、支付高额费用。对于被害人支付的高价整形费用，由该团伙与整形机构按事先约定的比例分成。经查证，该团伙通过上述方式骗取被害人王某、杨某3等人钱款，诈骗既遂金额达500余万元(人民币，下同)，未遂金额达20余万元。

现查明：被告人郭某1担任招募员期间，参与诈骗被害人杨某3 3万元、张某5万元、严某4.98万元，共计12.98万元。案发后，郭某1已退缴赃款2.6万元。

被告人赵某担任招募员期间，参与诈骗被害人郭某3 14万元、罗某5万元，共计19万元。案发后，赵某已退缴赃款0.9万元。

被告人孙某担任招募员期间，参与诈骗被害人陈某3.5万元、何某先4.5万元，共计8万元。案发后，孙某已退缴赃款0.6万元。

被告人杨某2担任招募员期间，参与诈骗被害人熊某3万元、安某3万元，共计6万元。案发后，杨某2已退缴赃款1.2万元。

被告人郑某担任招募员期间，参与诈骗被害人郭某4 25万元。案发后，郑某已退缴赃款1万元。

被告人郭某2担任招募员期间，参与诈骗被害人王某4.4万元(另有诈骗未遂金额为0.6万元)。案发后，郭某2已退缴赃款0.88万元。

裁判观点

被告人郭某1、赵某、孙某、杨某2、郑某、郭某2伙同他人虚构事实、隐瞒真相，骗取他人财物，其中被告人郭某1数额巨大，被告人赵某、孙某、杨某2、郑某、郭某2数额较大，其行为均已构成诈骗罪，且系共同犯罪。公诉机关指控的罪名成立。被告人郭某2部分诈骗犯罪系未遂，依法可比照既遂犯从轻处罚。被告人郭某1、赵某、孙某、杨某2、郑某、郭某2在共同犯罪中起次要作用，系从犯，依法应减轻或从轻处罚。被告人郭某1、赵某、孙某、杨某2、郑某、郭某2到案后能如实供述自己的罪行，依法可从轻处罚。被告人郭某1、赵某、孙某、杨某2、郑某、郭某2自愿认罪认罚，依法可从宽处罚。综合被告人郭某1、赵某、孙某、杨某2、郑某、郭某2的犯罪事实、性质、情节，结合案发后的悔罪表现，可对其宣告缓刑。

【裁判结果】

1. 被告人郭某1犯诈骗罪，判处有期徒刑1年3个月，缓刑2年，并处罚金人民币5000元。

2. 被告人赵某犯诈骗罪，判处有期徒刑1年，缓刑1年6个月，并处罚金人民币5000元。

3. 被告人孙某犯诈骗罪，判处有期徒刑10个月，缓刑1年4个月，并处罚金人民币4000元。

4. 被告人杨某2犯诈骗罪，判处有期徒刑10个月，缓刑1年4个月，并处罚金人民币4000元。

5. 被告人郑某犯诈骗罪，判处有期徒刑8个月，缓刑1年2个月，并处罚金人民币3000元。

6. 被告人郭某2犯诈骗罪，判处有期徒刑8个月，缓刑1年2个月，并处罚金人民币3000元。

7. 被告人郭某1、赵某、孙某、杨某2、郭某2扣押在案的作案工具手机予以没收；责令被告人郭某1、赵某、孙某、杨某2、郑某、郭某2退缴的违法所得按比例发还相关被害人。

相关规定

1.《中华人民共和国刑法》

第二百六十六条:诈骗公私财物,数额较大的,处三年以下有期徒刑、拘役或者管制,并处或者单处罚金;数额巨大或者有其他严重情节的,处三年以上十年以下有期徒刑,并处罚金;数额特别巨大或者有其他特别严重情节的,处十年以上有期徒刑或者无期徒刑,并处罚金或者没收财产。本法另有规定的,依照规定。

第二十三条:已经着手实行犯罪,由于犯罪分子意志以外的原因而未得逞的,是犯罪未遂。

对于未遂犯,可以比照既遂犯从轻或者减轻处罚。

第二十五条第一款:共同犯罪是指二人以上共同故意犯罪。

第二十七条:在共同犯罪中起次要或者辅助作用的,是从犯。

对于从犯,应当从轻、减轻处罚或者免除处罚。

第六十七条第三款:犯罪嫌疑人虽不具有前两款规定的自首情节,但是如实供述自己罪行的,可以从轻处罚;因其如实供述自己罪行,避免特别严重后果发生的,可以减轻处罚。

第七十二条第一款:对于被判处拘役、三年以下有期徒刑的犯罪分子,同时符合下列条件的,可以宣告缓刑,对其中不满十八周岁的人、怀孕的妇女和已满七十五周岁的人,应当宣告缓刑:(一)犯罪情节较轻;(二)有悔罪表现;(三)没有再犯罪的危险;(四)宣告缓刑对所居住社区没有重大不良影响。

第七十二条第三款:被宣告缓刑的犯罪分子,如果被判处附加刑,附加刑仍须执行。

第七十三条第二款:有期徒刑的缓刑考验期限为原判刑期以上五年以下,但是不能少于一年。

第七十三条第三款：缓刑考验期限，从判决确定之日起计算。

第六十四条：犯罪分子违法所得的一切财物，应当予以追缴或者责令退赔；对被害人的合法财产，应当及时返还；违禁品和供犯罪所用的本人财物，应当予以没收。没收的财物和罚金，一律上缴国库，不得挪用和自行处理。

2.《中华人民共和国刑事诉讼法》

第十五条：犯罪嫌疑人、被告人自愿如实供述自己的罪行，承认指控的犯罪事实，愿意接受处罚的，可以依法从宽处理。

第二百零一条：对于认罪认罚案件，人民法院依法作出判决时，一般应当采纳人民检察院指控的罪名和量刑建议，但有下列情形的除外：（一）被告人的行为不构成犯罪或者不应当追究其刑事责任的；（二）被告人违背意愿认罪认罚的；（三）被告人否认指控的犯罪事实的；（四）起诉指控的罪名与审理认定的罪名不一致的；（五）其他可能影响公正审判的情形。

人民法院经审理认为量刑建议明显不当，或者被告人、辩护人对量刑建议提出异议的，人民检察院可以调整量刑建议。人民检察院不调整量刑建议或者调整量刑建议后仍然明显不当的，人民法院应当依法作出判决。

同类案例

在北京市朝阳区人民法院（2021）京0105刑初2150号案件中，法院认为，被告人位某伙同被告人李某阳等人于2019年至2020年8月，虚构招聘高薪职位、入职需整容等事实，在北京市朝阳区某某大厦、北京市海淀区学院路×号××家园×号楼奥斯卡医疗美容门诊部等地，骗取被害人王某等多人钱款。被告人位某、王某伟、李某阳、刘某、王某杰无视法律,以非法占有为目的,虚构事实骗取他人钱财,其中被告人位某、王某伟、刘某、王某杰犯罪数额巨大,被告人李某阳犯罪数额较大,上述被告人的行为侵犯了公民财产权,触犯了《刑法》,均已构成诈骗罪,依法应予惩处。

29. 以重金求子为名,引诱他人缴纳检查费、公证费等费用,是否属于诈骗?

律师解答

犯罪嫌疑人常谎称丧偶"白富美",愿意出重金求子引诱受害人与之联系,之后再以缴纳诚意金、检查费、公证费等各种理由骗取受害者的钱财,是典型的电信网络诈骗。

典型案例

案号

甘肃省酒泉市中级人民法院(2020)甘09刑终95号

案情简介

2013年5月底,被告人伍某伙同朱某、邓某、宁某利用网络登记虚假QQ信息,通过QQ散布"重金求子"的虚假信息寻找诈骗目标,后将被害人李某加为好友,宁某、朱某通过QQ、电话冒充"富婆"李某1,向被害人李某谎称自己老公因出车祸导致无法生育,欲找人代孕生子,并承诺怀孕成功后给予200万元的酬金。在骗取被害人信任后,以缴纳保证金、身体检查费、保险费、办理同居证等为由,要求李某支付相关费用,后李某向指定的银行账户先后多次打款共计人民币276,400元。在诈骗成功后,被告人伍某和邓某通过戴头盔等方式伪装,在福建省厦门市、江西省上饶市等地通过ATM机取款,将骗得的赃款全部取走,并用于个人挥霍。

裁判观点

被告人伍某以非法占有为目的,伙同他人利用网络信息,隐瞒事实真相,以重金求子、借腹生子为由,骗取他人现金276,400元,数额巨大,其行为已触犯法律,构成诈骗罪。

【裁判结果】

1. 被告人伍某犯诈骗罪,判处有期徒刑4年6个月,并处罚金6万元。

2. 剩余违法所得51,165元继续追缴发还被害人。

相关规定

《中华人民共和国刑法》

第二百六十六条:诈骗公私财物,数额较大的,处三年以下有期徒刑、拘役或者管制,并处或者单处罚金;数额巨大或者有其他严重情节的,处三年以上十年以下有期徒刑,并处罚金;数额特别巨大或者有其他特别严重情节的,处十年以上有期徒刑或者无期徒刑,并处罚金或者没收财产。本法另有规定的,依照规定。

第六十七条第三款:犯罪嫌疑人虽不具有前两款规定的自首情节,但是如实供述自己罪行的,可以从轻处罚;因其如实供述自己罪行,避免特别严重后果发生的,可以减轻处罚。

第二十五条第一款:共同犯罪是指二人以上共同故意犯罪。

第五十二条：判处罚金，应当根据犯罪情节决定罚金数额。

第五十三条第一款：罚金在判决指定的期限内一次或者分期缴纳。期满不缴纳的，强制缴纳。对于不能全部缴纳罚金的，人民法院在任何时候发现被执行人有可以执行的财产，应当随时追缴。

同类案例

在江西省德兴市人民法院（2019）赣1181刑初129号案件中，法院认为，被告人吴某红使用的作案电话号码被录制在“重金求子”的诈骗语音中，并上传语音平台。绑定语音平台的呼机，向全国各地手机用户拨打“一声响”诈骗电话（呼机拨出的电话只响一声即自动挂断，被害人手机显示为未接来电），被害人回拨电话将自动转接至语音平台，并听到“重金求子”的诈骗语音，被告人吴某红扮演“富婆”接听被害人电话，与扮演“律师”的郑某女共同以缴纳诚意金、安全保证金、押金等名义骗取被害人钱财，诈骗所得与郑某女分成。被告人吴某红伙同他人以非法占有为目的，实施“重金求子”诈骗，诈骗13,500元（既遂），数额较大，拨打诈骗电话超过5000人次，属有其他特别严重情节（未遂），其行为构成诈骗罪且有其他特别严重情节（未遂）。

（四）活动类诈骗

30. 以救助病人献爱心为由骗取被害人数额不等的捐款，是否属于诈骗？

律师解答

不法分子虚构寻人、扶贫等帖子以爱心传递方式发布在朋友圈或各大微信群，利用网民的善良和爱心骗得转发汇款，实则所留联系电话并非真实，甚至会通过电话或网页套取个人信息，最终造成受害人经济损失。

典型案例

案号

广西壮族自治区钟山县人民法院（2019）桂1122刑初46号

案情简介

2017年11月开始，被告人李某、杜某、容某、韦某、李某2、李某3、林某、龙某、罗某等人陆续在广东省广州市通过微信交友软件利用互联网手段对外以“网络交友”等方式对多人实施诈骗。其中被告人李某为老板，被告人杜某、李某3、林某等人为经理。2018年3月底，杜某升为公司总监，李某召集公司员工商议在广西贺州市开设新公司，后由李某出资，以韦某、李某2、李运某、李月某的名义在贺州市××区××大厦7楼

705室注册成立贺州市天道贸易有限公司，在三楼303室、305室注册成立贺州市酬勤贸易有限公司，两个公司参照在广州的运营模式。公司设老板、总监、业务经理（或称组长）、业务员四级管理架构，按照不同级别的基本工资外加业绩提成的方式计算报酬。其中总监主要负责管理公司业务经理和业务员，新建微信账号，每日收集发放诈骗所使用的手机，开会培训聊天技巧，提供诈骗模板，对业务经理下达指令及指示发微信相片、视频、朋友圈，统计发放工资等；业务经理负责指导组下业务员具体实施诈骗行为，传达通知，业务员考勤等；业务员负责使用微信软件实施具体的诈骗行为。诈骗流程如下：首先，由公司预先在作案手机上注册微信账号并添加大量不特定的陌生男性为微信好友，每日上班时由总监将已登录微信账号的手机分发至各业务员，业务员按照公司的要求将账号的基本信息及头像设置为年轻漂亮的女性，之后按照公司提供的诈骗模板，冒充汶川地震中失去双亲且年轻貌美的女性幼儿园教师身份与陌生男性网友聊天，其间在公司总监的指示下，在微信朋友圈中分批次发送工作照、生活照以及失恋的信息。其次，业务员以救助病人献爱心为由骗取被害人数额不等的捐款，得手后以被捐助对象的名义写字画邮寄给对方。最后，业务员再根据公司提供的诈骗模板继续与被害人聊天并营造暧昧氛围，虚构过生日等要求被害人发送520元、131×××元、5200元等金额的微信红包或微信转账。各业务员并不知道每个手机微信“钱包”的支付密码，无法进行转账，每日工作结束时业务员将作案手机交还业务经理上交至总监保管，并由李某或其妻子钟某源（另案处理）将骗取的钱款统一转移。

裁判观点

被告人李某、杜某、容某、韦某、李某3、韦某2、李祥某、平某、李某2、韦某3、卢某、韦某4、黎某、梁某、韦某5、董某、徐某、陈某、林某、林某1、林某2、林某3、李月某、韦某6、罗某、罗某2、龙某、熊某、王某、莫某、梁某1、李运某、黎某1以非法占有为目的，采用虚构事实的方式，骗取他人财物。其中，被告人李某、杜某、容某、韦某、李某3、林某诈骗数额特别巨大；被告人李某2、韦某3、黎某、卢某、韦某2、平某、梁某、韦某5、董某、徐某、陈某、林某1、林某2、林某3、李月某、韦某6、龙某、熊某、黎某1、罗某、莫某诈骗数额巨大；被告人梁某1、李祥某、罗某2、王某诈骗数额较大。33名被告人的行为均已触犯《刑法》第266条的规定，构成诈骗罪。在共同犯罪中，被告人李某、杜某、容某、韦某起组织、领导作用，其中被告人李某、杜某系首要分子，被告人容某、韦某系主犯，均依法应当按照其所参与的全部犯罪处罚。但被告人容某、韦某系作用相对较小的主犯，法院酌情从轻处罚。被告人李某3、韦某2、李祥某、平某、李某2、韦某3、卢某、韦某4、黎某、梁某、韦某5、董某、徐某、陈某、林某、林某1、林某2、林某3、李月某、韦某6、罗某、罗某2、龙某、熊某、王某、莫某、梁某1、李运某、黎某1在共同犯罪中起辅助作用，系从犯，依法应从轻或减轻处罚。

【裁判结果】

1. 被告人李某犯诈骗罪，判处有期徒刑13年6个月，剥夺政治权利2年，并处罚金人民币100万元。

2. 被告人杜某犯诈骗罪，判处有期徒刑11年，剥夺政治权利1年，并处罚金人民币20万元。

3. 被告人容某犯诈骗罪，判处有期徒刑10年，剥夺政治权利1年，并处罚金人民币15万元。

4. 被告人韦某犯诈骗罪，判处有期徒刑10年，剥夺政治权利1年，并处罚金人民币15万元。

5. 被告人李某3犯诈骗罪，判处有期徒刑7年7个月，并处罚金人民币10万元。

6. 被告人林某犯诈骗罪，判处有期徒刑7年6个月，并处罚金人民币10万元。

7. 被告人李某2犯诈骗罪,判处有期徒刑4年5个月,并处罚金人民币8万元。

8. 被告人罗某犯诈骗罪,判处有期徒刑4年5个月,并处罚金人民币8万元。

9. 被告人梁某犯诈骗罪,判处有期徒刑4年4个月,并处罚金人民币8万元。

10. 被告人李月某犯诈骗罪,判处有期徒刑4年3个月,并处罚金人民币8万元。

11. 被告人莫某犯诈骗罪,判处有期徒刑3年4个月,并处罚金人民币5万元。

12. 被告人李运某犯诈骗罪,判处有期徒刑3年4个月,并处罚金人民币5万元。

13. 被告人龙某犯诈骗罪,判处有期徒刑3年2个月,并处罚金人民币5万元。

14. 被告人林某2犯诈骗罪,判处有期徒刑2年3个月,并处罚金人民币3万元。

15. 被告人董某犯诈骗罪,判处有期徒刑2年3个月,并处罚金人民币3万元。

16. 被告人韦某6犯诈骗罪,判处有期徒刑2年3个月,并处罚金人民币3万元。

17. 被告人韦某3犯诈骗罪,判处有期徒刑2年3个月,并处罚金人民币3万元。

18. 被告人林某3犯诈骗罪,判处有期徒刑2年1个月,并处罚金人民币2万元。

19. 被告人韦某5犯诈骗罪,判处有期徒刑2年,并处罚金人民币2万元。

20. 被告人韦某4犯诈骗罪,判处有期徒刑2年,并处罚金人民币2

万元。

21. 被告人林某1犯诈骗罪，判处有期徒刑2年，并处罚金人民币2万元。

22. 被告人卢某犯诈骗罪，判处有期徒刑2年，并处罚金人民币2万元。

23. 被告人陈某犯诈骗罪，判处有期徒刑2年，并处罚金人民币2万元。

24. 被告人黎某犯诈骗罪，判处有期徒刑1年11个月，并处罚金人民币1万元。

25. 被告人熊某犯诈骗罪，判处有期徒刑1年11个月，并处罚金人民币1万元。

26. 被告人韦某2犯诈骗罪，判处有期徒刑1年11个月，并处罚金人民币1万元。

27. 被告人黎某1犯诈骗罪，判处有期徒刑1年11个月，并处罚金人民币1万元。

28. 被告人平某犯诈骗罪，判处有期徒刑1年11个月，并处罚金人民币1万元。

29. 被告人徐某犯诈骗罪，判处有期徒刑1年11个月，并处罚金人民币1万元。

30. 被告人梁某1犯诈骗罪，判处有期徒刑1年7个月，并处罚金人民币5000元。

31. 被告人李祥某犯诈骗罪，判处有期徒刑1年4个月，并处罚金人民币5000元。

32. 被告罗某2犯诈骗罪，判处有期徒刑1年4个月，并处罚金人民币5000元。

33. 被告人王某犯诈骗罪，判处有期徒刑1年4个月，并处罚金人民币5000元。

34. 责令被告人李某退赔被害人彭某1等35人的经济损失合计191,682.12元，即先从公安机关扣押、冻结的涉案财产中支付，如有剩余，依法予以没收，上缴国库。

35. 扣除已被公安机关扣押、冻结的1,765,339.91元，继续追缴被告人李某违法所得3,604,680.09元。

36. 扣押的涉案手机、电脑、车辆由扣押机关依法处置。

相关规定

《中华人民共和国刑法》

第二百六十六条：诈骗公私财物，数额较大的，处三年以下有期徒刑、拘役或者管制，并处或者单处罚金；数额巨大或者有其他严重情节的，处三年以上十年以下有期徒刑，并处罚金；数额特别巨大或者有其他特别严重情节的，处十年以上有期徒刑或者无期徒刑，并处罚金或者没收财产。本法另有规定的，依照规定。

第二十五条第一款：共同犯罪是指二人以上共同故意犯罪。

第二十六条：组织、领导犯罪集团进行犯罪活动的或者在共同犯罪中起主要作用的，是主犯。

三人以上为共同实施犯罪而组成的较为固定的犯罪组织，是犯罪集团。

对组织、领导犯罪集团的首要分子，按照集团所犯的全部罪行处罚。

对于第三款规定以外的主犯，应当按照其所参与的或者组织、指挥的全部犯罪处罚。

第二十七条：在共同犯罪中起次要或者辅助作用的，是从犯。

对于从犯，应当从轻、减轻处罚或者免除处罚。

第六十七条第三款：犯罪嫌疑人虽不具有前两款规定的自首情节，但是如实供述自己罪行的，可以从轻处罚；因其如实供述自己罪行，避免特别严重后果发生的，可以减轻处罚。

第五十二条：判处罚金，应当根据犯罪情节决定罚金数额。

第五十三条：罚金在判决指定的期限内一次或者分期缴纳。期满不缴纳的，强制缴纳。对于不能全部缴纳罚金的，人民法院在任何时候发现被执行人有可以执行的财产，应当随时追缴。

由于遭遇不能抗拒的灾祸等原因缴纳确实有困难的，经人民法院裁定，可以延期缴纳、酌情减少或者免除。

第五十五条：剥夺政治权利的期限，除本法第五十七条规定外，为一年以上五年以下。

判处管制附加剥夺政治权利的，剥夺政治权利的期限与管制的期限相等，同时执行。

第五十六条：对于危害国家安全的犯罪分子应当附加剥夺政治权利；对于故意杀人、强奸、放火、爆炸、投毒、抢劫等严重破坏社会秩序的犯罪分子，可以附加剥夺政治权利。

独立适用剥夺政治权利的，依照本法分则的规定。

第六十四条：犯罪分子违法所得的一切财物，应当予以追缴或者责令退赔；对被害人的合法财产，应当及时返还；违禁品和供犯罪所用的本人财物，应当予以没收。没收的财物和罚金，一律上缴国库，不得挪用和自行处理。

同类案例

在吉林省吉林市昌邑区人民法院（2019）吉0202刑初645号案件中，法院认为，被告人林某燕于2018年12月，谎称自身患癌症，通过网络购买伪造的吉林市中心医院诊断书及病理报告单后，在“水滴筹”爱心公益平台上发布虚假信息，共骗得爱心捐款416人次，诈骗爱心捐款13,154元，赃款均被其挥霍。法院认为，被告人林某燕以非法占有为目的，采用虚构事实的手段，骗取公民合法财物，数额较大，其行为已构成诈骗罪。

31. 以抖音点赞、关注等做任务获利的方式，诱导被害人转账，是否构成诈骗？

律师解答

不法分子冒充商家发布“点赞有奖”的信息，要求参与者提供姓名、电话等信息，套取足够的个人信息后，再以获奖需缴纳保证金等理由要求受害人汇款，从而骗取财物，也构成诈骗。

典型案例

案号

辽宁省沈阳市于洪区人民法院(2024)辽0114刑初49号

案情简介

2023年2月，被告人谷某某明知他人利用其所推荐下载的手机软件进行诈骗，在“呆姐”(QQ昵称，另案处理)等人的组织及诈骗人员的带领下，使用自己的QQ账号在QQ群内以抖音点赞、关注等做任务可以获利的方式，使被害人产生错误认识。其谎称如欲在QQ群解散后继续做任务获利需下载“艺宝信息”手机软件，诱导被害人万某某下载上述手机软件并与软件内的诈骗人员联系，后被害人在所下载的手机软件内被诈骗人民币 345，000 元。被告人谷某某共获利人民币 4055.6 元。

裁判观点

被告人谷某某诈骗他人财物，数额巨大，其行为已经构成诈骗罪。公诉机关指控被告人谷某某犯诈骗罪，事实清楚，证据确实充分，指控罪名成立。被告人谷某某在共同犯罪中起辅助作用，系从犯，依法应当减轻处罚。被告人谷某某如实供述犯罪事实，且自愿认罪认罚，依法可从轻处罚。被告人赔偿被害人部分经济损失并取得谅解，可酌情对其从轻处罚。

【裁判结果】

1. 被告人谷某某犯诈骗罪，判处有期徒刑 2 年，缓刑 2 年，并处罚金人民币 5 万元。

2. 追缴被告人谷某某违法所得人民币 4055.6 元，依法上缴国库。

3. 没收作案工具手机一部，依法上缴国库。

相关规定

《中华人民共和国刑法》

第二百六十六条：诈骗公私财物，数额较大的，处三年以下有期徒刑、拘役或者管制，并处或者单处罚金；数额巨大或者有其他严重情节的，处三年以上十年以下有期徒刑，并处罚金；数额特别巨大或者有其他特别严重情节的，处十年以上有期徒刑或者无期徒刑，并处罚金或者没收财产。本法另有规定的，依照规定。

第二十五条第一款：共同犯罪是指二人以上共同故意犯罪。

第二十七条：在共同犯罪中起次要或者辅助作用的，是从犯。

对于从犯,应当从轻、减轻处罚或者免除处罚。

第六十七条第三款:犯罪嫌疑人虽不具有前两款规定的自首情节,但是如实供述自己罪行的,可以从轻处罚;因其如实供述自己罪行,避免特别严重后果发生的,可以减轻处罚。

第七十二条第一、三款:对于被判处拘役、三年以下有期徒刑的犯罪分子,同时符合下列条件的,可以宣告缓刑,对其中不满十八周岁的人、怀孕的妇女和已满七十五周岁的人,应当宣告缓刑:(一)犯罪情节较轻;(二)有悔罪表现;(三)没有再犯罪的危险;(四)宣告缓刑对所居住社区没有重大不良影响。

被宣告缓刑的犯罪分子,如果被判处附加刑,附加刑仍须执行。

第七十三条第二、三款:有期徒刑的缓刑考验期限为原判刑期以上五年以下,但是不能少于一年。

缓刑考验期限,从判决确定之日起计算。

第五十二条:判处罚金,应当根据犯罪情节决定罚金数额。

第六十四条:犯罪分子违法所得的一切财物,应当予以追缴或者责令退赔;对被害人的合法财产,应当及时返还;违禁品和供犯罪所用的本人财物,应当予以没收。没收的财物和罚金,一律上缴国库,不得挪用和自行处理。

同类案例

在吉林省辽源市西安区人民法院(2023)吉0403刑初144号案件中,法院认为,自2022年10月起,被告人康某经“白茶”(QQ昵称,身份不详)发展伙同“千羽”(QQ昵称,身份不详)以发红包的方式实施电信网络诈骗:其利用他人贪图小便宜的心理吸引他人在群内做任务(在抖音、快手内点赞，即可获得红包奖励），在获取他人信任后，又以下载诈骗软件继续领取任务，可获得大额红包的方式引诱群内的人点击链接下载诈骗软件。被告人康某发展下线被告人李某、陈某做“财务”工作（负责给群内做任务的人发红包、引诱扫描诈骗软件），后三人招聘他人从事小群内发红包、引诱扫码诈骗软件等电信网络诈骗环节“财务”工作，其间由康某负责与上家诈骗人员对接，康某、李某、陈某三人先后招聘“红包特派员”300余人，其中主要负责电信网络诈骗“财务”环节的人员有被告人李某2、吕某及其他参与人安某、周某等人（均另案处理）。2023年3月，被害人王某在群内被骗人民币22.2116万元。康某为该团伙组织者，非法获利7万余元；李某发展多名下线从事电信网络诈骗（财务）活动，并从中抽取提成，非法获利人民币50,594.00元，给其下线发报酬22,426.90元，其实际获利28,167.10元；陈某发展多名下线并从中抽成，非法获利33,240.00元；李某2先后使用自己及他人身份注册20余个微信账号实施电信诈骗，非法获利3万元；吕某先后使用自己及他人身份注册8个微信账号实施电信网络诈骗，非法获利25,054.15元。被告人康某、李某、陈某、李某2、吕某明知电信网络诈骗人员采用网络刷单方式进行诈骗活动，为获取非法利益，仍受其雇佣采用隐瞒真相的手段将被害人引诱到电信网络诈骗的骗局中，导致诈骗人员骗取他人财物，数额巨大，侵犯了公民私有财物的所有权，各被告人行为符合诈骗罪的犯罪构成要件，应当以诈骗罪追究各被告人的刑事责任。

32. 以合法筹款平台的名义为他人筹款，再以帮忙筹集治疗费先交保证金的方式骗取他人财物，是否属于诈骗？

律师解答

不法分子安排地推人员从网上购买或通过其他途径获取重病者个人信息，之后伪装成合法筹款平台的工作人员与重病患者家属联系，将非法平台伪装成全国性合法平台，骗取患者家属的信任，用虚构事实或者隐瞒真相的方法，骗取病危病重患者获捐的治病救命财物。

典型案例

案号

广东省四会市人民法院（2017）粤1284刑初151号

案情简介

2016年3月8日，被告人蒋某假冒"白血病公益救助会"的名义，以在网上帮白血病患者黄某3筹集治疗款为由，使用微信号：×××、昵称：德行天下；微信号：×××、昵称：Evien；微信号：×××、昵称：三元里塘厦小善公益团；微信号：×××、昵称：南头志愿者服务中心等，微信诈骗了李某1人民币4.07元、莫某1人民币0.71元、邱某人民币20元、黄某1人民币10元、李某2人民币2元、孟某人民币100元、严某人民币10元、彭某1人民币38元、谭某人民币2元、许某人民币1.6元、潘某人民币10元、梁某人民币30元、罗某人民币50元、邓某1人民币5元、吴某人民币10元、邹某人民币50元、莫某2人民币0.01元、范某人民币5元、黄某2人民币33.3元、邓某2人民币10元、赵某2人民币10元、彭某2人民币10元、何某人民币5元、石某人民币100元，金额合计人民币516.69元。

2016年8月，被告人蒋某假冒“中华慈善总会”的名义，使用“德行天下”微信号，以帮忙筹集治疗费先交保证金等方式，分别诈骗赵某2000元、韩某2000元、江某1000元、姚某1500元、程某2000元、王某3366元。诈骗金额合计人民币11,866元。

裁判观点

被告人蒋某无视国家法律，以非法占有为目的，利用互联网技术手段诈骗他人财物，数额较大，其行为已构成诈骗罪。

【裁判结果】

1. 被告人蒋某犯诈骗罪，判处有期徒刑1年，并处罚金3000元。

2. 责令被告人蒋某于本判决生效之日起10日内退赔被害人李某1人民币4.07元、被害人莫某1人民币0.71元、被害人邱某人民币20元、被害人黄某1人民币10元、被害人李某2人民币2元、被害人孟某人民币100元、被害人严某人民币10元、被害人彭某1人民币38元、被害人谭某人民币2元、被害人许某人民币1.6元、被害人潘某人民币10元、被害人梁某人民币30元、被害人罗某人民币50元、被害人邓某1人民币5元、被害人吴某人民币10元、被害人邹某人民币50元、被害人莫某2人民币0.01元、被害人范某人民币5元、被害人黄某2人民币33.3元、被害人邓某2人民币10元、被害人赵某2人民币10元、被害人彭某2人民币10元、被害人何某人民币5元、被害人石某人民币100元、被害人赵某人民币2000元、被害人韩某人民币2000元、被害人江某人民币1000元、被害人姚某人民币1500元、被害人程某人民币2000元、被害人王某人民币3366元。

3. 被告人蒋某的苹果手机1台、平板电脑1台、手提电脑1台，依法没收上缴国库。

相关规定

《中华人民共和国刑法》

第二百六十六条：诈骗公私财物，数额较大的，处三年以下有期徒刑、拘役或者管制，并处或者单处罚金；数额巨大或者有其他严重情节的，处三年以上十年以下有期徒刑，并处罚金；数额特别巨大或者有其他特别严重情节的，处十年以上有期徒刑或者无期徒刑，并处罚金或者没收财产。本法另有规定的，依照规定。

第六十七条第三款：犯罪嫌疑人虽不具有前两款规定的自首情节，但是如实供述自己罪行的，可以从轻处罚；因其如实供述自己罪行，避免特别严重后果发生的，可以减轻处罚。

第六十四条：犯罪分子违法所得的一切财物，应当予以追缴或者责令退赔；对被害人的合法财产，应当及时返还；违禁品和供犯罪所用的本人财物，应当予以没收。没收的财物和罚金，一律上缴国库，不得挪用和自行处理。

第五十二条：判处罚金，应当根据犯罪情节决定罚金数额。

第五十三条：罚金在判决指定的期限内一次或者分期缴纳。期满不缴纳的，强制缴纳。对于不能全部缴纳罚金的，人民法院在任何时候发现被执行人有可以执行的财产，应当随时追缴。

由于遭遇不能抗拒的灾祸等原因缴纳确实有困难的，经人民法院裁定，可以延期缴纳、酌情减少或者免除。

同类案例

在河北省石家庄市桥西区人民法院(2021)冀0104刑初171号案件中,法院认为,被告人段某自2018年6月起,在不具备公开募捐资质的情况下,先后在报恩网、个人微信朋友圈及微信公众号内发布募捐信息,为罗某、邓某等人募集助学款29,592元。2018年8月,被告人段某又以罗某、邓某等人需要助学款为由,骗取他人的信任,利用腾讯公益平台以"为寒门学子助力前行"为名再次募集公众筹款29,586元,总计筹集59,178元。其中用于助学款项为47,483.07元,其余11,694.93元未用于资助贫困学生的慈善项目,被段某占有和用于个人消费。被告人段某以非法占有为目的,采取虚构事实、隐瞒真相的手段,骗取他人财物,数额较大,其行为已构成诈骗罪。

（五）提供特定服务类诈骗

33. 冒充电商平台“客服”，以帮助办理各项服务为由，要求受害人按照相应步骤操作转账，是否属于诈骗？

律师解答

诈骗分子冒充淘宝等网站客服，通过电话主动联系被害人，称其贷款账户有问题、快递丢失、购买产品存在质量问题等，要求受害人点击陌生网站链接，操作转账从而实施诈骗行为。

典型案例

案号

海南省陵水黎族自治县人民法院（2024）琼9028刑初2号

案情简介

一、蓝某伙同吴某帅（另案处理）诈骗的事实

2022年2月至3月，被告人蓝某伙同吴某帅在“交易猫”等网络平台上虚构购买游戏账号，并冒充平台客服以出售游戏账号需缴纳保证金等为由诱使被害人将钱款支付到点券商高某源、张某红、崔某涛（均另案处理）等人提供的盛趣游戏账号内，后点券商将诈骗款的70%转到吴某帅提供的微信账户。实施诈骗期间，蓝某主要负责寻找被害人、冒充客服实施诈骗和联系点券商洗钱，吴某帅负责提供收款码收款。经统计，

蓝某伙同吴某帅实施诈骗，从点券商处收取诈骗款共计人民币 3416 元（以下币种同），按照 70% 进行折算，实际诈骗金额为 4880 元。蓝某个人获利 2101 元。

二、蓝某伙同邱某诈骗的事实

2022 年 3 月至 6 月，被告人蓝某伙同被告人邱某通过上述方式实施电信网络诈骗。实施诈骗期间，蓝某主要负责冒充客服实施诈骗和联系点券商洗钱，邱某负责寻找被害人和提供收款码收款。此外，蓝某、邱某还借用陈某、丰某、王某的收款码收取点券商的转账。经统计，邱某、王某、丰某、陈某的微信收款码分别从点券商处收取诈骗款 17,714 元、4875 元、1750 元、1610 元，合计 25,949 元，蓝某、邱某二人约定获利平分。按照 70% 进行折算，实际诈骗金额为 37,070 元。

案发后，被告人蓝某、邱某分别向公安机关退缴赃款 10,000 元、20,000 元。

另查明，蓝某伙同吴某帅诈骗被害人冯某人民币 1156.4 元、王某安人民币 490 元、马某航人民币 980 元；蓝某伙同邱某诈骗被害人叶某人民币 470.4 元、李某茹人民币 490 元。

裁判观点

法院认为，被告人蓝某、邱某利用电信网络实施诈骗，数额巨大，应当以诈骗罪追究二被告人的刑事责任。公诉机关指控的罪名成立。被告人邱某自动投案，到案后如实供述主要犯罪事实，系自首，可以从轻或减轻处罚。被告人蓝某、邱某认罪认罚，积极退还部分赃款，可以依法从宽处理。

【裁判结果】

1. 被告人蓝某犯诈骗罪，判处有期徒刑 3 年，缓刑 4 年，并处罚金人民币 25,000 元。

2. 被告人邱某犯诈骗罪，判处有期徒刑 2 年，缓刑 3 年，并处罚金人民币20,000元。

相关规定

1.《中华人民共和国刑法》

第二百六十六条:诈骗公私财物,数额较大的,处三年以下有期徒刑、拘役或者管制,并处或者单处罚金;数额巨大或者有其他严重情节的,处三年以上十年以下有期徒刑,并处罚金;数额特别巨大或者有其他特别严重情节的,处十年以上有期徒刑或者无期徒刑,并处罚金或者没收财产。本法另有规定的,依照规定。

第二十五条:共同犯罪是指二人以上共同故意犯罪。

二人以上共同过失犯罪,不以共同犯罪论处;应当负刑事责任的,按照他们所犯的罪分别处罚。

第六十七条第一、三款:犯罪以后自动投案,如实供述自己的罪行的,是自首。对于自首的犯罪分子,可以从轻或者减轻处罚。其中,犯罪较轻的,可以免除处罚。

犯罪嫌疑人虽不具有前两款规定的自首情节,但是如实供述自己罪行的,可以从轻处罚;因其如实供述自己罪行,避免特别严重后果发生的,可以减轻处罚。

第七十二条:对于被判处拘役、三年以下有期徒刑的犯罪分子,同时符合下列条件的,可以宣告缓刑,对其中不满十八周岁的人、怀孕的妇女和已满七十五周岁的人,应当宣告缓刑:(一)犯罪情节较轻;(二)有悔罪表现;(三)没有再犯罪的危险;(四)宣告缓刑对所居住社区没有重大不良影响。

宣告缓刑,可以根据犯罪情况,同时禁止犯罪分子在缓刑考验期限内从事特定活动,进入特定区域、场所,接触特定的人。

被宣告缓刑的犯罪分子,如果被判处附加刑,附加刑仍须执行。

第七十三条:拘役的缓刑考验期限为原判刑期以上一年以下,但是不能少于二个月。

有期徒刑的缓刑考验期限为原判刑期以上五年以下,但是不能少于一年。

缓刑考验期限,从判决确定之日起计算。

2.《最高人民法院、最高人民检察院关于办理诈骗刑事案件具体应用法律若干问题的解释》

第一条 诈骗公私财物价值三千元至一万元以上、三万元至十万元以上、五十万元以上的,应当分别认定为刑法第二百六十六条规定的“数额较大”、“数额巨大”、“数额特别巨大”。

各省、自治区、直辖市高级人民法院、人民检察院可以结合本地区经济社会发展状况,在前款规定的数额幅度内,共同研究确定本地区执行的具体数额标准,报最高人民法院、最高人民检察院备案。

3.《最高人民法院关于适用〈中华人民共和国刑事诉讼法〉的解释》

第四百四十五条:查封、扣押、冻结的财物及其孳息,经审查,确属违法所得或者依法应当追缴的其他涉案财物的,应当判决返还被害人,或者没收上缴国库,但法律另有规定的除外。

对判决时尚未追缴到案或者尚未足额退赔的违法所得,应当判决继续追缴或者责令退赔。

判决返还被害人的涉案财物,应当通知被害人认领;无人认领的,应当公告通知;公告满一年无人认领的,应当上缴国库;上缴国库后有人认领，经查证属实的，应当申请退库予以返还；原物已经拍卖、变卖的，应当返还价款。

对侵犯国有财产的案件，被害单位已经终止且没有权利义务继受人，或者损失已经被核销的，查封、扣押、冻结的财物及其孳息应当上缴国库。

第四百四十九条：查封、扣押、冻结的财物与本案无关但已列入清单的，应当由查封、扣押、冻结机关依法处理。

查封、扣押、冻结的财物属于被告人合法所有的，应当在赔偿被害人损失、执行财产刑后及时返还被告人。

同类案例

在浙江省青田县人民法院(2024)浙1121刑初25号案件中，法院认为，被告人胡某伙同同案人员叶某、刘某(另案处理)在“闲鱼”“交易猫”等平台寻找游戏账号卖家，以私下交易为由，引导卖家添加“戏仔包赔客服”“白情”“交易游”等中介平台的企业微信进行交易，而添加的企业微信实际系其与同案人员叶某伪造冒充。在此后的交易过程中，被告人胡某使用P图软件伪造的转账记录充当缴纳购买游戏账号的保证金以骗取卖家信任，再以平台中介的名义告知卖家资金被封控无法转账，诱导卖家通过支付宝口令红包提供解封控费用，或以验资流水的名义欺骗卖家并将其拉入到支付宝小荷包小程序中，绑定卖家银行卡骗取他人资金，诈骗金额共计5000余元。被告人胡某以非法占有为目的，伙同他人利用互联网虚构事实，设置骗局，骗取他人财物，数额较大，其行为已构成诈骗罪，且属共同犯罪。

34. 通过短信发布虚假贷款消息，以“无抵押”“无担保”“秒到账”“不查征信”等名义吸引被害人，再收取“保证金”“认证金”等款项，是否属于诈骗？

律师解答

诈骗分子利用低利息、无抵押、免征信等说辞，吸引目标群体，再以收取“保证金、好处费、保险费、解冻费”等各种理由诱骗受害人转款，误导其登录虚假网贷平台或 App，实施连环诈骗。

典型案例

案号

江苏省宿迁市宿豫区人民法院(2023)苏 1311 刑初 218 号

案情简介

2020 年 7 月，黄某甲、罗某甲、许某、陈某甲(均已判决)等人在缅甸沙场园区组建“萝卜团队”从事网络贷款诈骗活动，即首先购买国内公民手机号码，其次利用购买的国际短信通道接口平台向上述手机号码发送含有虚假贷款 App 链接的短信，以发放贷款的名义让被害人下载、注册并申领贷款，后虚构输入信息有误、资金冻结等事实，以需要缴纳保证金、认证金为由让被害人向指定银行账户转账，进而获取被害人钱款。被告人陈某加入“萝卜团队”协助从事诈骗活动；被告人张某某、马某某、吴某某、黄某甲等人从事网络贷款诈骗活动，仍向“萝卜团队”提供国内公民手机号码。

一、被告人陈某自2020年7月加入“萝卜团队”，协助黄某甲、陈某甲等人从事诈骗活动，其在担任“腾飞组”组长、主管期间，负责管理、监督组员和统计出单等。2021年4月27日至7月11日，被告人陈某负责的诈骗小组骗取被害人钱款共计人民币5200余万元，个人非法获利人民币21万元。

二、2021年5月至7月，被告人张某某明知黄某甲、陈某甲等人从事网络贷款诈骗活动，仍向其出售国内公民手机号码185万余条，个人非法获利3万元。上述号码被使用后骗取17名被害人钱款合计69.95万元。具体事实分述如下：

1.2021年6月9日，黄某甲等人通过网络贷款的方式骗取被害人杨某甲钱款7万元。

2.2021年6月19日，黄某甲等人通过网络贷款的方式骗取被害人孟某钱款6.55万元。

3.2021年6月23日，黄某甲等人通过网络贷款的方式骗取被害人杨某戊钱款6万元。

4.2021年6月26日至27日，黄某甲等人通过网络贷款的方式骗取被害人周某甲钱款10万元。

5.2021年6月29日，黄某甲等人通过网络贷款的方式骗取被害人杨某乙钱款1万元。

6.2021年6月30日，黄某甲等人通过网络贷款的方式骗取被害人黄某乙钱款1万元。

7.2021年6月30日，黄某甲等人通过网络贷款的方式骗取被害人殷某钱款1万元。

8.2021年6月30日，黄某甲等人通过网络贷款的方式骗取被害人刘某乙钱款5万元。

9.2021年7月2日，黄某甲等人通过网络贷款的方式骗取被害人李某甲钱款2.7万元。

10.2021年7月2日,黄某甲等人通过网络贷款的方式骗取被害人杨某丙钱款1万元。

11.2021年7月2日,黄某甲等人通过网络贷款的方式骗取被害人张某乙钱款11.7万元。

12.2021年7月3日,黄某甲等人通过网络贷款的方式骗取被害人罗某乙钱款3.5万元。

13.2021年7月5日,黄某甲等人通过网络贷款的方式骗取被害人朱某钱款1万元。

14.2021年7月5日,黄某甲等人通过网络贷款的方式骗取被害人周某乙钱款9万元。

15.2021年7月6日,黄某甲等人通过网络贷款的方式骗取被害人杨某丁钱款1万元。

16.2021年7月7日,黄某甲等人通过网络贷款的方式骗取被害人陈某乙钱款1.5万元。

17.2021年7月7日,黄某甲等人通过网络贷款的方式骗取被害人方某丙钱款1万元。

三、2021年4月至7月,被告人马某某明知黄某甲、陈某甲等人从事网络贷款诈骗活动,仍向其出售国内公民手机号码22万余条,个人非法获利1000元。上述号码被使用后骗取被害人李某乙钱款10,000元。

四、2021年5月,被告人吴某某明知黄某甲、陈某甲等人从事网络贷款诈骗活动,仍向其提供国内公民手机号码2万余条。上述号码被使用后骗取被害人刘某甲钱款5000元。

裁判观点

被告人陈某、张某某、马某某、吴某某伙同他人采取虚构事实和隐瞒真相的方法,利用电信网络技术手段骗取他人财物,其中,被告人陈某、张某某涉案数额特别巨大,被告人马某某、吴某某涉案数额较大,其行为均已构成诈骗罪。

【裁判结果】

1. 被告人陈某犯诈骗罪,判处有期徒刑 3 年 6 个月,并处罚金人民币 4 万元。

被告人张某某犯诈骗罪,判处有期徒刑 3 年,并处罚金人民币 3 万元。

被告人马某某犯诈骗罪,判处拘役 4 个月,并处罚金人民币 2 万元。

被告人吴某某犯诈骗罪,判处拘役 3 个月,并处罚金人民币 1 万元。

2. 已退赔在案的违法所得发还被害人;责令被告人陈某继续退赔被害人经济损失人民币 12 万元。

相关规定

1.《中华人民共和国刑法》

第二百六十六条:诈骗公私财物,数额较大的,处三年以下有期徒刑、拘役或者管制,并处或者单处罚金;数额巨大或者有其他严重情节的,处三年以上十年以下有期徒刑,并处罚金;数额特别巨大或者有其他特别严重情节的,处十年以上有期徒刑或者无期徒刑,并处罚金或者没收财产。本法另有规定的,依照规定。

第二十五条第一款:共同犯罪是指二人以上共同故意犯罪。

第六十七条第一、三款:犯罪以后自动投案,如实供述自己的罪行的,是自首。对于自首的犯罪分子,可以从轻或者减轻处罚。其中,犯罪较轻的,可以免除处罚。

犯罪嫌疑人虽不具有前两款规定的自首情节,但是如实供述自己罪行的,可以从轻处罚;因其如实供述自己罪行,避免特别严重后果发生的,可以减轻处罚。

第六十四条：犯罪分子违法所得的一切财物，应当予以追缴或者责令退赔；对被害人的合法财产，应当及时返还；违禁品和供犯罪所用的本人财物，应当予以没收。没收的财物和罚金，一律上缴国库，不得挪用和自行处理。

2.《中华人民共和国刑事诉讼法》

第十五条：犯罪嫌疑人、被告人自愿如实供述自己的罪行，承认指控的犯罪事实，愿意接受处罚的，可以依法从宽处理。

同类案例

在浙江省缙云县人民法院（2021）浙 1122 刑初 316 号案件中，法院认为，2020 年 9 月 27 日至 10 月 8 日，诈骗人员通过马某等人架设的 GOIP 设备，使用所收购的手机卡向被害人拨打电话实施网络贷款诈骗，查实的诈骗金额共计人民币 78,500 元，被告人马某、李某 1、李某 2、孙某、马某 2、马某 3 明知他人实施诈骗犯罪，仍为其提供手机卡、通信工具、通信传输通道等帮助，其行为均已构成诈骗罪，且诈骗数额巨大。

35. 冒充银行工作人员，以办理信用卡有优惠活动为名，要求被害人支付酬金，是否属于诈骗？

律师解答

信用卡诈骗是指犯罪分子通过网络、电话、短信、其他社交工具等方式发布办理代办信用卡广告，后冒充银行工作人员联系受害人，获取受害人信任，以收取手续费、缴纳保证金、验资、提高额度等为由，诱骗受害人转账汇款。更有甚者通过上述方式，骗取受害人身份信息、银行信息、手机信息后直接将受害人银行账户内资金转移，实施诈骗。

典型案例

案号

宁夏回族自治区固原市中级人民法院(2024)宁04刑终16号

案情简介

被告人马某甲于2019年4月至2022年2月，编造自己是银行工作人员、办理贷款的中介等虚假身份，向被害人虚构办理贷款、信用卡需要刷银行账户流水、收取手续费、解冻金、帮助归还贷款、出售顶账房等多种事实先后骗取胡某某等38名被害人共计889,172.7元。案发后，被告人马某甲向部分被害人退赔65,340元。具体犯罪事实如下：

1.2020年1月8日，被害人胡某某为办理银行信用卡，经人介绍添加了被告人马某甲的微信后，马某甲虚构办理信用卡需要收取费用、刷流水的事实，骗取被害人信任，自2020年1月8日至26日，胡某某向被告人提供的二维码转账共计10,800元。

2.被告人马某甲与被害人王某某本系微信好友。2020年1月5日，被告人马某甲通过微信，虚构可以为王某某办理信用卡，但需要刷流水的事实，骗取被害人信任，自2020年1月5日至2月3日，王某某向被告人提供的二维码转账共计6759元。

3.2020年1月12日，被害人马某为办理银行信用卡，添加了被告人马某甲的微信，马某甲虚构信用卡在银行冻结，需要刷流水解冻的事实，并利用自己的另一微信编造虚假事实，骗取被害人信任，自2020年1月13日至4月5日，马某向被告人提供的二维码转账共计9920元。案发后，马某甲退赔被害人500元。

4. 2018 年，被害人杨某因办理信用卡添加了被告人马某甲的微信。2020 年 1 月，马某甲与杨某通过微信沟通信用卡办理事宜时，虚构办理信用卡需要刷流水的事实，后又利用自己注册使用的不同微信冒充不同人员，编造虚假事实，骗取被害人信任，自 2020 年 1 月 23 日至 5 月 17 日，杨某向被告人提供的二维码转账共计 16,009.7 元。

5. 2021 年 3 月，被害人马某乙为了办理贷款，经人介绍添加了被告人马某甲的微信，马某甲虚构帮助被害人办理贷款需要打点关系的事实，骗取被害人信任，自 2021 年 3 月 19 日至 24 日，马某乙向被告人提供的二维码转账共计 5000 元。案发后赃款已全部退赔。

6. 2021 年 3 月 19 日，被害人胡某某为了办理贷款，通过微信朋友圈的消息添加了马某甲微信，被告人马某甲虚构办理贷款需要手续费、刷银行流水的事实，骗取被害人信任，自 2021 年 3 月 28 日至 4 月 12 日，胡某某向被告人提供的二维码及银行卡转账共计 11,999 元。

7. 2021 年 3 月，被告人马某甲通过微信询问被害人马某丙是否贷款，并虚构办理贷款需要手续费、刷流水的事实，骗取被害人信任，自 2021 年 4 月 2 日至 8 日，马某丙向马某甲的微信和银行卡转账共计 3000 元。案发后赃款已全部退赔。

8. 2021 年 4 月 2 日至 8 日，被害人马某丁得知马某丙通过被告人马某甲办理贷款，也希望马某甲为自己办理贷款，并先后两次通过马某丙向马某甲转账 3000 元。案发后赃款已全部退赔。

9. 2021 年 2 月，被害人马某戊为办理 POS 机，通过网络信息添加了被告人马某甲的微信，后马某甲为马某戊办理 POS 机一台。2021 年 4 月 11 日，被告人马某甲向马某戊虚构参加 POS 机优惠活动返利的事实，骗取被害人信任，当天，马某戊向马某甲提供的二维码转账 3000 元。

10. 2021 年 1 月，被害人王某甲经人介绍添加了被告人马某甲的微信，后王某甲经马某甲的指点通过微信小程序“小天鹅花钱”贷款 10,000 元。2021 年 4 月 18 日，马某甲通过微信视频向王某甲虚构利用银行卡归还贷款对征信不好，通过人工偿还贷款可以恢复征信的事实，骗取被害人信任，自2021年4月18日至30日，王某甲向马某甲提供的二维码转账共计5450元。

11. 2021年5月，被害人程某为了办理贷款，根据信息平台上的信息添加了被告人马某甲的微信，马某甲将自己其他用于诈骗的微信号推荐给被害人，谎称办理贷款需要3500元好处费，程某向该微信转账3500元。2021年7月26日，因贷款未办理，在程某的催要下，马某甲向程某退款3000元。次日，马某甲向被害人推荐了自己其他微信号，并以银行工作人员的身份向被害人虚构办理贷款需要好处费、银行操作费、激活额度费用的事实，骗取被害人信任，自2021年7月27日至29日，程某向马某甲提供的二维码及银行卡转账共计13,005元。2022年1月13日，马某甲又向程某索要700元。累计骗取程某14,205元。案发后，马某甲退赔被害人5000元。

12. 2021年5月，被害人马某H认识了被告人马某甲，并添加了其微信，被告人马某甲虚构办理贷款需要保险费、手续费、保证金的事实，骗取被害人信任，自2021年5月15日至8月5日，被害人马某H向马某甲提供的二维码转账共计43,800元。

13. 2021年5月14日，被告人马某甲通过微信向被害人张某1发送内容为"银行贷款，需要的联系"的信息。次日，二人通过微信联系贷款事宜，被告人马某甲虚构贷款需要手续费、保险费的事实，后又利用其微信向被害人发送贷款额度增加需要补交手续费和保险费、征信逾期需要解冻金等虚假信息，骗取被害人信任，自2021年5月15日至7月5日，张某1向马某甲的二维码和的银行卡转账共计31,060元。案发后，马某甲退赔被害人2000元。

14. 被害人郑某某经人介绍认识被告人马某甲，二人互相添加了微信。后马某甲通过微信询问郑某某是否贷款，并将自己的微信推荐给被害人，向被害人谎称系银行工作人员，编造办理贷款需要手续费、保险费、放款需要解冻金的事实,骗取被害人信任,自2021年6月10日至8月3日,郑某某向马某甲提供的微信和支付宝二维码转账共计126,800元。

15.2021年2月,被告人马某甲用被害人谢某某的手机为谢某某在小额花钱平台上申请贷款8000元,2021年7月2日,谢某某咨询贷款的相关事宜时,马某甲虚构贷款到期、额度被冻结,需要充值才能解冻的事实,骗取被害人信任,自2021年7月2日至3日,谢某某向马某甲提供的二维码转款共计12,000元。案发后赃款已全部退赔。

16.2021年7月5日,被害人张某2为了办理贷款,经朋友介绍添加了被告人马某甲的微信,马某甲虚构办理贷款需要保险费的事实,骗取被害人信任,当天,张某2先后两次向被告人提供的二维码转账共计3500元,后马某甲又虚构需要处理征信的事实,再次要求被害人转账,2021年7月14日,张某2向被告人马某甲提供的银行卡转账4000元。被告人马某甲三次骗取被害人张某2共计7500元。

17.2021年7月5日,被告人马某甲通过微信申请与被害人黄某某添加为好友后,虚构可以帮助被害人办理贷款,但需缴纳保险费的事实,骗取被害人信任。当天,黄某某向马某甲提供的二维码转账3440元。

18.2021年3月,被害人马某I为办理贷款,通过朋友介绍认识被告人马某甲,双方添加了微信。被告人马某甲虚构办理贷款需要保险费、马某I征信不好需要处理的事实,骗取被害人信任,自2021年7月6日至14日,马某I向马某甲提供的二维码转账共计6100元。

19.被害人刘某某为办理贷款,经人介绍认识被告人马某甲,并添加了马某甲的微信。被告人马某甲虚构办理贷款需要手续费、刷流水的事实,骗取被害人信任,自2021年7月11日至8月1日,刘某某向马某甲提供的二维码转账共计21,000元。

20.2021年1月,被害人马某A添加了被告人马某甲的微信,二人偶有联系。2021年7月21日,马某甲虚构自己通过朋友取得了几套顶账房的事实,向马某A推销房屋,并将自己其他的微信推荐给被害人,谎称系其朋友“小张”的微信,并通过微信以“小张”的身份与马某A商量购房事宜,骗取被害人信任,自2021年7月22日至12月28日,马某A向被告人马某甲的支付宝转账64,990元,向微信转账127,000元。马某甲共骗取被害人马某A 191,990元。

21.2021年8月22日,被告人马某甲通过微信向被害人马某B虚构还清之前贷款后,可以增加贷款数额的事实,要求马某B将钱款转给自己,由自己代为偿还贷款,骗取被害人信任,次日,马某B向马某甲提供的二维码转账10,400元,2021年8月26日再次转账200元。马某甲共骗取马某B 10,600元。

22.被告人马某甲在被害人周某某上班的服装店购物时添加了被害人的微信。2021年8月28日,被告人马某甲虚构自己套取了政府项目,刷流水后可以返现的事实,骗取被害人周某某3000元。案发后,马某甲退赔被害人2800元。

23.2021年8月,被害人王某乙为办理贷款找到被告人马某甲,马某甲用王某乙妻子的手机以王某乙妻子名义在网上申请贷款12,000元。2021年8月29日,被告人马某甲给被害人王某乙打电话虚构贷款已到期,要求被害人将款转给他,由他替王某乙还款的事实,骗取被害人信任。2021年8月30日,王某乙在固原市××道将1000元现金交给马某甲,向被告人马某甲的微信转账11,000元。马某甲共骗取王某乙12,000元。

24.2020年12月17日,被害人闫某某经人介绍认识被告人马某甲,马某甲利用闫某某的手机银行为闫某某申请贷款12,000元。2021年8月,马某甲打电话给闫某某,虚构提前还款可以增加贷款额度的事实,并要求闫某某将款交由自己代为偿还,骗取被害人信任。2021年8月30日至31日,闫某某向马某甲提供的二维码转账共计7300元。

25.2021年9月1日,被害人李某某为办理贷款,经人介绍添加被告人马某甲的微信,马某甲虚构办理贷款需要手续费、保险押金的事实,骗取被害人信任,自2021年9月1日至6日,李某某向马某甲提供的二维码转账共计4850元。

26. 2021年9月2日，被告人马某甲打电话给被害人马某C，虚构马某C之前贷款已到期的事实，要求马某C将钱款转给他，由他代为偿还贷款后再帮忙重新贷款，骗取马某C的信任，马某C添加了马某甲的微信，当天，马某C向马某甲提供的二维码转账10,000元。

27. 被害人王某丁为办理贷款，经人介绍认识被告人马某甲，马某甲用王某丁的手机在网上为王某丁申请贷款18,000元。2021年9月18日，马某甲打电话给王某丁，虚构贷款已到期需要归还的事实，后在西吉县某公司门口，马某甲以归还贷款的名义，用王某丁的手机转账16,500元，王某丁又支付马某甲现金1500元。2021年9月27日，被告人马某甲又虚构重新贷款需要2000元打点关系的事实，骗取被害人信任，王某丁再次向马某甲提供的二维码转款2000元。马某甲共骗取王某丁20,000元。

28. 2021年9月，被害人高某某为办理贷款，根据西吉县平台信息提示添加了被告人马某甲的微信，并咨询贷款事宜。马某甲虚构办理贷款需要审核、缴纳保险费、保证金、解冻金的事实，骗取被害人信任。自2021年9月28日至10月15日，高某某向马某甲提供的二维码转账8200元。案发后，马某甲退赔高某某8000元。

29. 2021年9月，被害人马某D添加了被告人马某甲的微信，并咨询贷款事宜，2021年10月5日，二人在固原市见面后，马某甲用马某D手机为马某D申请贷款19,000元，并收取手续费700元。2021年10月11日，马某甲冒充银行工作人员打电话要求马某D清偿贷款利息1000元，马某D向马某甲提供的二维码转账1000元。随后，马某甲又要求马某D清偿利息时引起马某D的不满。2021年10月12日，马某D找到马某甲要求归还贷款，被告人马某甲利用马某D的手机以清偿贷款的名义向其转账17,300元，但并未归还马某D名下贷款，共骗取马某D 19,000元。

30. 2021年10月6日，被害人张某3经马某D介绍认识了被告人马某甲，马某甲用张某3的手机在网上为张某3申请贷款20,000元，张某3通过马某D向马某甲支付手续费500元。2021年10月11日，被告人马某甲以“石嘴山银行的王经理”的名义打电话给张某3，虚构贷款需要保险费、代为偿还贷款重新办理利息更低的贷款的事实，骗取张某3的信任，张某3向马某甲昵称为“痛彻心扉—帅帅”的微信转账16,000元。马某甲两次共骗取张某3 16,500元。

31.2021年10月，被害人马某E为办理贷款，通过微信朋友圈信息添加了被告人马某甲的微信，咨询贷款事宜。马某甲虚构办理贷款需收费、缴纳手续费的事实，于2021年10月7日、9日两次共骗取马某E 3700元。后又冒充银行工作人员，虚构马某E妻子银行账户被冻结，需要交钱更改信息的事实，向马某E发送二维码，2021年10月21日，马某E向该二维码转账1300元，共骗取被害人马某E 5000元。案发后赃款已全部退赔。

32.2021年9月29日，被害人马某F为办理贷款，经朋友介绍添加了被告人马某甲的微信，并联系办理贷款。被告人马某甲虚构办理贷款需要押金、保险费、包装征信的事实，骗取被害人信任，2021年10月9日至10日，马某F两次向马某甲转账共计5340元。案发后已全部退赔。

33.被害人马某G与被告人马某甲系微信好友。2021年10月13日，被告人马某甲通过微信询问马某G是否贷款，马某G同意后，马某甲虚构办理贷款需要保险费、解冻金的事实，骗取被害人信任，自2021年10月15日至23日，马某G向马某甲提供的二维码转账共计8700元。案发后，马某甲退赔马某G 7700元。

34.2021年9月23日，被害人马某J通过西吉万事通平台上的信息，添加了被告人马某甲的微信，双方约定在西吉县市场见面，马某甲冒充银行工作人员，用马某J的手机在网上为马某J申请贷款19,000元，并收取手续费500元。2021年10月19日，被告人马某甲虚构归还贷款的事实，要求马某J将钱款转到其发送的收款二维码，两次骗取马某J

38,000 元。共计骗取马某J 38,500 元。

35.2020 年,被害人马某K添加了马某甲的微信。2021 年10 月17 日,马某甲到马某K的门市部,称马某K之前贷款已到期,马某K称自己无力偿还,请求马某甲给自己再次帮忙贷款,马某甲谎称为马某K在银行申请贷款15,000 元,并将其中的7000 元用于归还之前的贷款。次日,马某甲再次来到马某K的店里,虚构贷款办错需要返还、账户被冻结需要解冻的事实,骗取被害人信任。自2021 年10 月17 日至21 日,马某K向马某甲提供的收款二维码转账共计26,200 元。

36.2021 年11 月16 日,被害人张某4 为办理贷款,根据微信朋友圈的信息,添加了被告人马某甲的微信,咨询贷款事宜,被告人马某甲虚构办理贷款需要保证金、保险费、贷款被冻结需要解冻费及资料费的事实,骗取被害人信任,自2021 年11 月23 日至12 月6 日,张某4 向马某甲提供的二维码转账共计7950 元。案发后,马某甲退赔被害人6000 元。

37.2021 年6 月,被害人王某丙认识了被告人马某甲,马某甲谎称自己是办理贷款的人,二人互相添加了微信。2021 年11 月14 日,王某丙为办理贷款联系马某甲,马某甲通过微信指点王某丙从银行App 上贷款10,000 元,并向王某丙收取600 元手续费。当天,王某丙询问马某甲能否提高贷款额度,马某甲要求王某丙将10,000 元转给自己,自己想办法。王某丙将10,000 元通过支付宝转给马某甲,后马某甲又虚构王某丙账户被冻结需要充值解冻的事实,骗取被害人信任。自2021 年11 月14 日至15 日,王某丙向马某甲提供的二维码转账共计10,900 元,后马某甲退赔被害人3500 元,共计骗取王某丙18,000 元。

38.2022 年1 月28 日,被害人苏某某经马某A介绍认识被告人马某甲,马某甲虚构自己有顶账房出售的事实,欺骗苏某某与其签订了虚假购房合同。自2022 年1 月29 日至2 月6 日,苏某某通过支付宝向马某甲转账20,000 元,通过马某A向马某甲转账115,200 元,共骗取苏某某135,200 元。

裁判观点

法院认为，马某甲以非法占有为目的，采取虚构事实、隐瞒真相的方法，骗取他人财物，数额特别巨大，其行为已构成诈骗罪，依法应在10年以上有期徒刑或者无期徒刑，并处罚金或者没收财产的法定刑幅度范围内处刑。马某甲通过网络平台发布虚假信息，对不特定多数人多次实施诈骗，予以从重处罚。马某甲案发后退赔部分诈骗款项，在量刑时酌情从轻处罚。

【裁判结果】

1. 维持宁夏回族自治区西吉县人民法院（2023）宁0422刑初82号刑事判决第一、三、四项，即"一、被告人马某甲犯诈骗罪，判处有期徒刑11年，并处罚金人民币6万元；三、随案移送作案工具蓝色华为Honor、黑色华为P30、蓝色vivo手机各一部，均依法予以没收；四、随案移送黑色vivo手机1部，在赔偿被害人损失、执行财产刑后，及时返还被告人马某甲"。

2. 撤销宁夏回族自治区西吉县人民法院（2023）宁0422刑初82号刑事判决第二项，即"二、责令被告人马某甲于本判决生效后30内一次性退赔各被害人经济损失共计823,832.7元（已退赔30,000元，再退赔793,832.70元）"。

3. 责令马某甲退赔各被害人经济损失共计761,532.7元。

相关规定

1.《中华人民共和国刑法》

第二百六十六条：诈骗公私财物，数额较大的，处三年以下有期徒刑、拘役或者管制，并处或者单处罚金；数额巨大或者有其他严重情节的，处三年以上十年以下有期徒刑，并处罚金；数额特别

巨大或者有其他特别严重情节的，处十年以上有期徒刑或者无期徒刑，并处罚金或者没收财产。本法另有规定的，依照规定。

第六十四条：犯罪分子违法所得的一切财物，应当予以追缴或者责令退赔；对被害人的合法财产，应当及时返还；违禁品和供犯罪所用的本人财物，应当予以没收。没收的财物和罚金，一律上缴国库，不得挪用和自行处理。

2.《最高人民法院、最高人民检察院关于办理诈骗刑事案件具体应用法律若干问题的解释》

第一条第一款：诈骗公私财物价值三千元至一万元以上、三万元至十万元以上、五十万元以上的，应当分别认定为刑法第二百六十六条规定的"数额较大"、"数额巨大"、"数额特别巨大"。

第二条第一款：诈骗公私财物达到本解释第一条规定的数额标准，具有下列情形之一的，可以依照刑法第二百六十六条的规定酌情从严惩处：

（一）通过发送短信、拨打电话或者利用互联网、广播电视、报刊杂志等发布虚假信息，对不特定多数人实施诈骗的；

……

同类案例

在吉林省舒兰市人民法院（2024）吉 0283 刑初 26 号案件中，法院认为，被告人杨某以非法占有为目的，虚构可以帮助他人办理信用卡的事实，购买多个微信号和微信群；杨某在其购买的微信群中发布帮助他人办理信用卡的虚假信息，并以收取手续费等为借口，于 2022 年 11 月 18 日诈骗被害人李某人民币 1920.00 元；于 2023 年 5 月 5 日，诈骗被害人田某人民币 1900.00 元；于 2023 年 6 月 19 日、6 月 21 日，分两次诈骗被害人张某人民币3020.00元。被告人杨某共计诈骗人民币6840.00元。被告人杨某以非法占有为目的,虚构事实骗取被害人财物,数额较大,其行为已构成诈骗罪。

36. 宣称可以帮忙办理汽车违章扣分事项,但要求受害人先缴手续费定金,是否属于诈骗?

律师解答

犯罪嫌疑人通过冒充交警部门等人员,谎称可以通过不正规渠道,找“关系”、托“熟人”帮忙,办理汽车违章扣分事项,但要求受害人先缴纳手续费定金,或者好处费,系典型的处理违章诈骗。

典型案例

案号

广东省中山市第二人民法院(2023)粤2072刑初478号

案情简介

2020年5月至2022年8月,被告人苏某炘先后在中山市公安局小榄交警大队勤务中队、小榄分局巡警大队任辅警,对外宣传有能力操作处理交通违章或打探案情,作出虚假承诺,实际未按承诺行事,或利用违法人员不熟悉法律,将案件的正常处理措施或结果谎称是自己操作的结果,以此骗取对方钱款共计4次,金额共计人民币51,000元。2021年11月至2022年9月,被告人罗某坚在中山市小榄镇××治保会交通劝导站任交通劝导员,对外谎称自己在小榄交警大队工作,有能力操作处理

交通违章,以同样方法实施诈骗共计 14 次,金额共计人民币 167,500 元。两名被告人的具体犯罪事实如下:

1. 2020 年 5 月,刘某 1 醉驾被交警查获,为了不被刑事拘留,找被告人苏某炘帮忙,被告人苏某炘从中骗得人民币 16,000 元。

2. 2021 年 8 月 12 日,谭某因醉驾被交警查处一事,害怕被刑事拘留,找被告人罗某坚帮忙处理,被告人罗某坚从中骗得人民币 23,000 元。

3. 2021 年 11 月 29 日,朱某因醉驾被交警查处一事,害怕被刑事拘留,找到刘某 4 帮忙找人处理并转账人民币 50,000 元,后刘某 4 通过刘某找到被告人罗某坚帮忙,被告人罗某坚从中骗取了人民币 20,000 元。

4. 2022 年 1 月 15 日,向某因 2017 年 5 月未戴头盔驾驶套牌摩托车被交警查处一事,害怕被吊销驾驶证及被拘留,找到谭某策帮忙找人处理并转账人民币 38,000 元,后谭某策依次通过黄某元、刘某森(均另案处理)找到被告人罗某坚帮忙,被告人罗某坚从中骗取了人民币 5000 元。

5. 2022 年 2 月 16 日,黄某因醉驾被交警查处一事,害怕被刑事拘留,找到刘某宏帮忙找人处理并转账人民币 30,000 元,后刘某宏找到被告人罗某坚帮忙,其间,被告人罗某坚又提出加收费用可减少 5 日拘留,从中共计骗得人民币 34,000 元。

6. 2022 年 2 月 24 日,陈某通过陆某福认识被告人罗某坚,就其之前无证驾驶摩托车被交警查处一事,为避免被拘留,让被告人罗某坚帮忙处理,被告人罗某坚骗得人民币 6000 元。

7. 2022 年 4 月 11 日,甘某因醉驾被交警查处一事,害怕被刑事拘留,通过黄某、谭某坚找到刘某,让其帮忙找人处理,并转账人民币 40,000 元,后刘某找到被告人罗某坚帮忙,被告人罗某坚从中骗取人民币 15,000 元。

8. 2022 年 5 月,刘某 2 因朋友赌博被查处一事,找彭某杰帮忙,让其找人打探案情并转账人民币6000元，后彭某杰找到被告人苏某炘帮忙打探案情，被告人苏某炘从中骗得人民币6000元。

9.2022年5月11日，被告人罗某坚谎称能够帮忙办理驾驶证，骗取谭某人民币8500元。

10.2022年5月26日，刘某3因醉驾被交警查处一事，为得到缓刑处理，找到雷某军，让其帮忙找人处理并转账人民币10,000元，后雷某军找到被告人罗某坚帮忙，被告人罗某坚骗得人民币10,000元。

11.2022年6月，游某因醉驾被交警查处一事，为了不被羁押及取回被扣押车辆，找到杨某帮忙，杨某又找到陈某，让其帮忙找人处理并转账人民币16,000元，陈某通过彭某杰找到被告人苏某炘帮忙，被告人苏某炘从中骗得人民币13,000元。

12.2022年6月11日，韩某因无证驾驶摩托车被交警查处一事，为了不被拘留，找何某洪，让其帮忙找人处理并转账人民币5000元，后何某洪找到被告人罗某坚帮忙，被告人罗某坚从中骗得人民币3000元。

13.2022年8月14日，郑某欧因酒驾逃逸并找人冒名顶替一事，害怕被追究刑事责任，找到熊某理，让其帮忙找人处理并转账人民币50,000元，后熊某理依次通过黄某元、刘某找到被告人罗某坚帮忙，被告人罗某坚从中骗取了人民币5000元。

14.2022年8月16日，曾某均因无证驾驶无号牌摩托车被交警查处一事，为了不被拘留，通过杨某找到何某洪，让其帮忙找人处理并转账人民币15,000元，后何某洪找到被告人罗某坚帮忙，被告人罗某坚从中骗得人民币6000元。

15.2022年8月20日，肖某因醉驾被交警查处一事，为了不被刑事拘留及取回小车，找到陈某，让其帮忙找人处理并给付现金人民币40,000元，后陈某找到被告人罗某坚帮忙，被告人罗某坚从中骗得人民币23,000元。

16.2022年8月30日，吴某因醉驾被交警查处一事，为取回被查扣的车辆、驾驶证，找罗某裘帮忙，让其找人处理并转账人民币 16,000 元，后罗某裘找到被告人苏某炘帮忙，被告人苏某炘从中骗得人民币 16,000 元。

17. 2022 年 9 月 4 日，韦某因醉驾被交警查处一事，害怕被刑事拘留，找到张某坚，让其找人帮忙处理并转账人民币 40,000 元，后张某坚通过刘某找到被告人罗某坚帮忙，被告人罗某坚从中骗取了人民币 5000 元。

18. 2022 年 9 月 19 日，冷某因之前酒驾被吊销驾驶证一事，想提前解禁、重新考取驾驶证，找到黄某元，让其帮忙找人处理并转账人民币 50,000 元，后黄某元通过刘某找到被告人罗某坚帮忙，被告人罗某坚从中骗取了人民币 4000 元。

裁判观点

被告人罗某坚、苏某炘无视国家法律，骗取他人财物，其中被告人罗某坚诈骗数额巨大，被告人苏某炘诈骗数额较大，其行为均已构成诈骗罪，均应依法惩处。被告人罗某坚、苏某炘如实供述其罪行，均依法可以从轻处罚。被告人苏某炘积极赔偿并取得谅解，可以酌情从轻处罚。被告人罗某坚、苏某炘自愿认罪认罚，均依法可以从宽处理。

【裁判结果】

1. 被告人罗某坚犯诈骗罪，判处有期徒刑 3 年 2 个月，并处罚金人民币 2 万元。

2. 被告人苏某炘犯诈骗罪，判处有期徒刑 1 年，并处罚金人民币 6000 元。

3. 被告人苏某炘退缴至中山市公安局小榄分局的赔偿款人民币 19,000 元，由扣押的公安机关依法返还给被害人刘某 2 人民币 6000 元、被害人杨某人民币 13,000 元。

4. 从被告人罗某坚、苏某炘处缴获的手机 3 部，均予以没收，由扣押的公安机关依法处理。

5. 责令被告人罗某坚退赔被害人谭某人民币31,500元、被害人朱某人民币20,000元、被害人向某人民币5000元、被害人黄某人民币34,000元、被害人陈某人民币6000元、被害人甘某人民币15,000元、被害人刘某3人民币10,000元、被害人韩某人民币3000元、被害人肖某人民币23,000元、被害人韦某人民币5000元、被害人冷某人民币4000元。

相关规定

1.《中华人民共和国刑法》

第二百六十六条：诈骗公私财物，数额较大的，处三年以下有期徒刑、拘役或者管制，并处或者单处罚金；数额巨大或者有其他严重情节的，处三年以上十年以下有期徒刑，并处罚金；数额特别巨大或者有其他特别严重情节的，处十年以上有期徒刑或者无期徒刑，并处罚金或者没收财产。本法另有规定的，依照规定。

第六十四条：犯罪分子违法所得的一切财物，应当予以追缴或者责令退赔；对被害人的合法财产，应当及时返还；违禁品和供犯罪所用的本人财物，应当予以没收。没收的财物和罚金，一律上缴国库，不得挪用和自行处理。

第六十七条：犯罪以后自动投案，如实供述自己的罪行的，是自首。对于自首的犯罪分子，可以从轻或者减轻处罚。其中，犯罪较轻的，可以免除处罚。

被采取强制措施的犯罪嫌疑人、被告人和正在服刑的罪犯，如实供述司法机关还未掌握的本人其他罪行的，以自首论。

犯罪嫌疑人虽不具有前两款规定的自首情节，但是如实供述自己罪行的，可以从轻处罚；因其如实供述自己罪行，避免特别严重后果发生的，可以减轻处罚。

2.《中华人民共和国刑事诉讼法》

第十五条：犯罪嫌疑人、被告人自愿如实供述自己的罪行，承认指控的犯罪事实，愿意接受处罚的，可以依法从宽处理。

同类案例

在云南省曲靖市中级人民法院(2022)云03刑终62号案件中，法院认为，被告人宋某虚构具有帮助他人销分、处理交通违章等事项的能力，隐瞒了未实际帮助被害人处理相关事宜的真相，骗取他人钱财共计人民币920,645元。在多起犯罪事实中，被害人多次催促返还涉案款，被告人宋某以各种借口搪塞，拒不全额退还其收取的钱财。被告人宋某作为完全刑事责任能力人，以非法占有为目的，虚构事实、隐瞒真相，骗取他人财物数额特别巨大，其行为已构成诈骗罪。

37. 行为人通过发布虚假上门卖淫服务信息，以付服务费、体检押金、无第三者押金、道具费等为由向被害人收取钱财，是否属于诈骗？

律师解答

诈骗分子事先在网上下载性感美女的照片，然后利用社交软件寻找受害人，向受害人发送色情图片，以明码标价、上门服务等方式诱惑受害人先交保证金，后续又会以体检费、服装费、车费等各种理由索要几百元到几千元不等的费用，直到受害人意识到被骗后将其拉黑删除。

典型案例

案号

湖南省祁东县人民法院(2021)湘0426刑初53号

案情简介

被告人刘某为谋取利益,在电信网络上虚构色情服务诈骗钱财。自2020年5月,被告人刘某准备1台二手电脑、4部二手手机、1张银行卡、1张手机卡、1个支付宝账户和大量QQ账户,在网络上找人将自己有上门色情服务的QQ号精准推送到一些大城市酒店附近。通过加对方QQ发布虚假的提供上门卖淫服务的消息,找到周某琼与"重生"(主体不清)两名女子冒充上门服务的卖淫女,与被害人语音联系,获取对方信任,共同实施诈骗。被害人将被骗的钱财转到刘某从网上找来的支付宝账户,收款中间人扣除12%的费用后,再将钱转到刘某账号为13××××××007的支付宝账户上,每一次成功实施诈骗的金额均高于400元,刘某还要将诈骗金额的15%分给该次诈骗中与被害人语音聊天的女子。至2020年6月12日,被告人刘某、周某琼等人共骗取2万余元,其中骗取盛某、陈某文、姜某、焦某、孔某涛各400元,陈某500元,费某强800元。

裁判观点

被告人刘某伙同他人以非法占有为目的,实施电信诈骗,诈骗财物数额较大,其行为已构成诈骗罪,依法应当追究其刑事责任。

【裁判结果】

1.被告人刘某犯诈骗罪,判处有期徒刑1年,并处罚金人民币5000元。

2.被告人刘某退缴的违法所得人民币2万元,予以没收,上缴国库。

相关规定

《中华人民共和国刑法》

第二百六十六条:诈骗公私财物,数额较大的,处三年以下有期徒刑、拘役或者管制,并处或者单处罚金;数额巨大或者有其他严重情节的,处三年以上十年以下有期徒刑,并处罚金;数额特别巨大或者有其他特别严重情节的,处十年以上有期徒刑或者无期徒刑,并处罚金或者没收财产。本法另有规定的,依照规定。

第二十五条第一款:共同犯罪是指二人以上共同故意犯罪。

第二十六条第一、四款:组织、领导犯罪集团进行犯罪活动的或者在共同犯罪中起主要作用的,是主犯。

对于第三款规定以外的主犯,应当按照其所参与的或者组织、指挥的全部犯罪处罚。

第六十一条:对于犯罪分子决定刑罚的时候,应当根据犯罪的事实、犯罪的性质、情节和对于社会的危害程度,依照本法的有关规定判处。

第六十七条第三款:犯罪嫌疑人虽不具有前两款规定的自首情节,但是如实供述自己罪行的,可以从轻处罚;因其如实供述自己罪行,避免特别严重后果发生的,可以减轻处罚。

第五十二条:判处罚金,应当根据犯罪情节决定罚金数额。

第五十三条:罚金在判决指定的期限内一次或者分期缴纳。期满不缴纳的,强制缴纳。对于不能全部缴纳罚金的,人民法院在任何时候发现被执行人有可以执行的财产,应当随时追缴。

由于遭遇不能抗拒的灾祸等原因缴纳确实有困难的,经人民法院裁定,可以延期缴纳、酌情减少或者免除。

第六十四条:犯罪分子违法所得的一切财物,应当予以追缴

或者责令退赔;对被害人的合法财产,应当及时返还;违禁品和供犯罪所用的本人财物,应当予以没收。没收的财物和罚金,一律上缴国库,不得挪用和自行处理。

同类案例

在湖南省衡阳市中级人民法院(2020)湘04刑终531号案件中,法院认为,被告人肖某与于某1、于某2(二人均已被判刑)为谋取非法利益,利用QQ网络聊天平台虚构色情服务诈骗钱财。于某1自2019年8月开始,于某2自2019年11月底开始,分别利用网络将自己有上门色情服务的QQ号精准推送到一些有色情服务需要的人附近,被害人看到有上门色情服务的信息后便用QQ和被告人提供的诈骗QQ联系。然后,于某1、于某2以付车费为由要被害人先付车费,之后便由肖某冒充上门色情服务女,以付服务费、体检押金、无第三者押金、道具费等为由向被害人诈骗钱财。截至案发,肖某与于某1骗取肖某1等9名被害人共计22,565元、与于某2骗取被害人汤某8887元,共计诈骗金额31,452元。肖某以非法占有为目的,伙同同案人利用网络骗取他人财物,数额巨大,其行为已构成诈骗罪。

（六）虚构险情类诈骗

38. 以虚构遭遇车祸需要紧急处理交通事故为由，要求对方立即转账进行手术，该行为是否属于诈骗？

律师解答

不法分子谎称受害人亲友遭遇车祸，以需要紧急处理交通事故为由，让受害人转账。当事人因情况紧急，往往心急如焚，便按照不法分子指示将钱款打入指定账号。

典型案例

案号

湖南省怀化市鹤城区人民法院（2020）湘1202刑初400号

案情简介

2018年至2019年，被告人刘某在“珍爱网”婚恋交友网站注册个人信息，以谈恋爱为名与多名被害人交往。在交往过程中，采用虚构事实、隐瞒真相的方法，骗取被害人向某平、何某梅、李某花财物共计人民币676,895.76元。具体如下：

1. 2018年9月，被告人刘某通过“珍爱网”认识被害人向某平，之后双方确定恋爱关系，被告人刘某向被害人向某平谎称在株洲有房、有车库，并在深圳买了货车拉货，取得被害人向某平信任。2018年12月至

2019年12月，被告人刘某虚构买货车、开发票、撞死人需要赔偿、生病、生意周转等事实频繁向被害人向某平借款，被害人向某平信以为真，以微信及银行转账的方式转钱给被告人刘某。2018年12月至2019年12月，被害人向某平通过银行转账的方式向被告人刘某账户转入人民币214,700元，通过微信向被告人刘某转账人民币158,120元；被害人向某平儿子肖某杰通过微信向被告人刘某转账人民币26,500元。被告人刘某取得上述财物后用于个人花销和网络赌博。案发前，被告人刘某通过微信转给被害人向某平人民币79,940.4元，被告人刘某通过支付现金和将现金存入被害人向某平账户的方式于2019年6月19日偿还向某平人民币60,000元。截至案发，被告人刘某共诈骗被害人向某平人民币259,379.6元。

2.2019年3月15日，被告人刘某通过“珍爱网”认识被害人何某梅，后双方确定恋爱关系。被告人刘某虚构自己有车有房、有农场等信息，取得被害人何某梅信任。2019年3月至12月，被告人刘某虚构开车撞死人需要赔偿、盘下合伙车辆、车辆运营需要各项费用、做生意需要资金周转等事实频繁向被害人何某梅借钱。被害人何某梅信以为真，以支付宝、微信及银行转账的方式转钱给被告人刘某。2019年3月15日至12月1日，被害人何某梅通过支付宝转账给被告人刘某人民币439,578元，通过微信转账给被告人刘某人民币121,108.59元，通过银行卡向被告人刘某账户转账人民币90,000元，共计人民币650,686.59元。被告人刘某取得被害人钱财后，用于个人花销和网络赌博。案发前，被告人刘某通过支付宝向何某梅转回人民币140,676.9元，通过微信向被害人何某梅账户转回人民币121,289.94元。截至案发，被告人刘某共诈骗被害人何某梅人民币388,719.75元。

3.2019年3月，被告人刘某通过“珍爱网”认识被害人李某花，后双方确定恋爱关系。被告人刘某虚构自己曾在虎门开服装厂，在怀化有房有车等信息，取得被害人李某花信任。2019年4月至10月，被告人刘某虚构开车撞死人要赔钱、生病做手术、开税票结账等事实频繁向被害人李某花借钱。2019年3月至10月，被害人李某花通过微信向被告人刘某转账人民币53,500元。被告人刘某取得上述钱财后用于个人花销和网络赌博。案发前，被告人刘某通过微信向李某花转账人民币23,500元。截至案发，被告人刘某共诈骗被害人李某花人民币30,000元。

裁判观点

法院认为，被告人刘某以非法占有为目的，采用虚构事实、隐瞒真相的方法，骗取他人财物共计人民币676,895.76元，数额特别巨大，其行为已构成诈骗罪。公诉机关指控被告人刘某诈骗罪罪名成立。关于被告人刘某辩称何某梅是在得知其赌博输钱后，为了让其不再赌博而主动给其270,000元，故这270,000元不应计入诈骗金额的辩解意见，经查，与该案证据证明的事实不符，故该辩解意见法院不予采纳。公诉机关提出对被告人刘某判处10年6个月以上12年以下有期徒刑，并处罚金的量刑建议法院予以采纳。被告人刘某诈骗的违法所得人民币636,698.25元应返还给各被害人。

【裁判结果】

1.被告人刘某犯诈骗罪，判处有期徒刑10年6个月，并处罚金人民币10万元；

2.责令被告人刘某向被害人向某平退赔人民币259,379.6元；向被害人何某梅退赔人民币388,719.75元；向被害人李某花退赔人民币30,000元。

相关规定

《中华人民共和国刑法》

第二百六十六条：诈骗公私财物，数额较大的，处三年以下有期徒刑、拘役或者管制，并处或者单处罚金；数额巨大或者有其他严重情节的，处三年以上十年以下有期徒刑，并处罚金；数额特别巨大或者有其他特别严重情节的，处十年以上有期徒刑或者无期徒刑，并处罚金或者没收财产。本法另有规定的，依照规定。

第五十二条：判处罚金，应当根据犯罪情节决定罚金数额。

第五十三条第一款：罚金在判决指定的期限内一次或者分期缴纳。期满不缴纳的，强制缴纳。对于不能全部缴纳罚金的，人民法院在任何时候发现被执行人有可以执行的财产，应当随时追缴。

第六十四条：犯罪分子违法所得的一切财物，应当予以追缴或者责令退赔；对被害人的合法财产，应当及时返还；违禁品和供犯罪所用的本人财物，应当予以没收。没收的财物和罚金，一律上缴国库，不得挪用和自行处理。

同类案例

在广东省汕头市金平区人民法院（2017）粤0511刑初581号案件中，法院认为，被告人游某利用手机登录网络社交平台“陌陌”添加被害人蔡某、张某2为好友，通过聊天取得被害人蔡某、张某2的信任，后被告人游某虚构亲友车祸、生病住院等理由，编造银行转账信息发送给被害人蔡某、张某2，以借款的名义，骗取被害人蔡某6800元、张某212，571元，后被告人游某将赃款用于个人花费，并采取不接听电话等方式逃避被害人蔡某追讨。被告人游某以非法占有为目的，采用虚构事实的方式骗取他人财物，数额较大，其行为已侵犯公民的合法财产所有权，已构成诈骗罪，依法应予惩处。

39. 虚构受害者亲友被绑架，如要解救人质需立即打款到指定账户的行为是否构成诈骗？

律师解答

犯罪分子虚构受害者亲友被绑架，如要解救人质需立即打款到指定账户并不能报警，否则撕票。受害者往往不知所措，按照犯罪分子指示将钱款打入账户。

典型案例

案号

福建省南靖县人民法院（2018）闽0627刑初220号

案情简介

2017年12月21日至26日，简某1、简某2、简某3经事先合谋后，在南靖县村内樟祠山上，由简某1与简某2用手机向不特定的被害人拨打诈骗电话，虚构已绑架被害人子女的事实，要求被害人汇款到其指定的事先准备好的专门用于诈骗的银行卡账户，再由简某3联系“车手”将钱款取出。被告人简某1、简某2共同参与诈骗2起，其中既遂1起，诈骗人民币2万元，未遂1起，诈骗人民币2万元；被告人简某3参与诈骗1起，诈骗人民币2万元。具体事实如下：

1. 2017年12月21日11时许，被告人简某1、简某2在南靖县村内樟祠山上，用手机184×××24055拨打北京地区固定电话，共同虚构绑架被害人陈某菊子女的事实，要求被害人陈某菊汇款人民币10万元，后双方商定人民币2万元。被告人简某1要求陈某菊汇款人民币2万元到其专门用于诈骗的中国工商银行卡，后因被害人陈某菊识破骗局，诈骗未遂。

2. 2017年12月26日10时许，被告人简某1、简某2在南靖县村内樟祠山上用手机134×××82644拨打北京地区固定电话，共同虚构绑架被害人子女的事实，要求被害人全某英汇款人民币2万元到由被告人简某3提供的专门用于诈骗的中国工商银行卡（卡号：62×××233），被害人全某英受骗后将款项汇至该卡。被告人简某3联系"车手"将钱款取出，在抽取人民币6600元后，将剩下的人民币13,400元交给被告人简某1，被告人简某1、简某2各分得人民币6700元。

裁判观点

公诉机关指控被告人简某1、简某2、简某3参与诈骗的犯罪事实清楚，证据确实充分，罪名成立，应予支持。上述三被告人以非法占有为目的，虚构事实骗取他人财物，诈骗数额较大，其行为均已构成诈骗罪。在共同犯罪中，简某1、简某2扮演不同角色，分工协作，均起主要作用，均系主犯，应当按照其所参与的全部犯罪处罚；简某3起次要辅助作用，系从犯，依法应当从轻处罚；简某1自动投案并能如实供述自己的犯罪事实，系自首，依法可从轻处罚；简某2、简某3归案后能如实供述自己的犯罪事实，系坦白，依法可从轻处罚；简某1、简某2、简某3均已退缴个人全部违法所得及预缴案件相关款项，具有悔罪表现，均可以酌情从轻处罚。

【裁判结果】

1. 被告人简某1犯诈骗罪，判处有期徒刑9个月，并处罚金人民币1万元。

2. 被告人简某2犯诈骗罪，判处有期徒刑9个月，并处罚金人民币1万元。

3. 被告人简某3犯诈骗罪，判处有期徒刑7个月，并处罚金人民币5000元。

4. 被告人简某1个人违法所得人民币6700元、被告人简某2个人违法所得人民币6700元、被告人简某3个人违法所得人民币1000元，均予以追缴。

相关规定

1.《中华人民共和国刑法》

第二百六十六条：诈骗公私财物，数额较大的，处三年以下有期徒刑、拘役或者管制，并处或者单处罚金；数额巨大或者有其他严重情节的，处三年以上十年以下有期徒刑，并处罚金；数额特别巨大或者有其他特别严重情节的，处十年以上有期徒刑或者无期徒刑，并处罚金或者没收财产。本法另有规定的，依照规定。

第二十五条第一款：共同犯罪是指二人以上共同故意犯罪。

第二十六条：组织、领导犯罪集团进行犯罪活动的或者在共同犯罪中起主要作用的，是主犯。

三人以上为共同实施犯罪而组成的较为固定的犯罪组织，是犯罪集团。

对组织、领导犯罪集团的首要分子，按照集团所犯的全部罪行处罚。

对于第三款规定以外的主犯，应当按照其所参与的或者组织、指挥的全部犯罪处罚。

第二十七条：在共同犯罪中起次要或者辅助作用的，是从犯。

对于从犯，应当从轻、减轻处罚或者免除处罚。

第五十二条：判处罚金，应当根据犯罪情节决定罚金数额。

第五十三条：罚金在判决指定的期限内一次或者分期缴纳。期满不缴纳的，强制缴纳。对于不能全部缴纳罚金的，人民法院在任何时候发现被执行人有可以执行的财产，应当随时追缴。

由于遭遇不能抗拒的灾祸等原因缴纳确实有困难的，经人民法院裁定，可以延期缴纳、酌情减少或者免除。

第六十七条：犯罪以后自动投案，如实供述自己的罪行的，是自首。对于自首的犯罪分子，可以从轻或者减轻处罚。其中，犯罪较轻的，可以免除处罚。

被采取强制措施的犯罪嫌疑人、被告人和正在服刑的罪犯，如实供述司法机关还未掌握的本人其他罪行的，以自首论。

犯罪嫌疑人虽不具有前两款规定的自首情节，但是如实供述自己罪行的，可以从轻处罚；因其如实供述自己罪行，避免特别严重后果发生的，可以减轻处罚。

第六十四条：犯罪分子违法所得的一切财物，应当予以追缴或者责令退赔；对被害人的合法财产，应当及时返还；违禁品和供犯罪所用的本人财物，应当予以没收。没收的财物和罚金，一律上缴国库，不得挪用和自行处理。

第六十一条：对于犯罪分子决定刑罚的时候，应当根据犯罪的事实、犯罪的性质、情节和对于社会的危害程度，依照本法的有关规定判处。

2.《最高人民法院、最高人民检察院关于办理诈骗刑事案件具体应用法律若干问题的解释》

第一条：诈骗公私财物价值三千元至一万元以上、三万元至十万元以上、五十万元以上的，应当分别认定为刑法第二百六十六条规定的“数额较大”、“数额巨大”、“数额特别巨大”。

各省、自治区、直辖市高级人民法院、人民检察院可以结合本地区经济社会发展状况，在前款规定的数额幅度内，共同研究确定本地区执行的具体数额标准，报最高人民法院、最高人民检察院备案。

同类案例

在福建省龙海市人民法院(2020)闽0681刑初889号案件中，法院认为，2020年3月1日至4月17日，被告人王某1、王某2经共谋，在漳州台商投资区××镇××小区××幢××室等地，通过随机拨打手机的方式，虚构绑架小孩的事实，向人索要“赎金”，欲骗取不特定多数人钱财，共计拨打诈骗电话1393人次。被告人王某1、王某2以非法占有为目的，向不特定多数人拨打诈骗电话，发布虚假信息，共计1393人次，情节严重，二被告人的行为均已构成诈骗罪。

40. 以假装生病为由，谎称急需用钱救治，骗取他人财物的行为是否构成诈骗？

律师解答

犯罪分子取得受害人信任后，以本人或父母突发疾病，需要住院买药等为由，要求受害人转账。遇此情况，受害人往往按照犯罪分子指示转款受骗。

典型案例

案号

湖北省汉川市人民法院(2023)鄂0984刑初65号

案情简介

2022年7月,被告人邹某贤以非法占有为目的,利用伪造身份,以谈恋爱交往为由,取得被害人信任。之后虚构生病住院事实,冒用司法工作人员身份,以帮助解决司法事务的方式骗取被害人财物用于自己挥霍。其间,被告人邹某贤先后骗取3名被害人财物累计117,263元。分述如下:

1.2022年7月初至10月中旬,被告人邹某贤在"TT语音"App上认识被害人彭某砚,因自己没有稳定经济收入,想骗取彭某砚的钱财据为己用,遂通过自己所使用的两个微信号分别伪造了"李某琦甲"和"李某琦甲的弟弟"两个身份与彭某砚进行聊天,自己则通过虚构的"李某琦甲"身份与被害人彭某砚线下见面并发生性关系,骗取彭某砚的信任后,谎称自己生病需要治病,多次以生病住院买药为借口骗取被害人的钱财。彭某砚与邹某贤发生性关系后发现自己怀孕,于10月份决定去堕胎,邹某贤得知后谎称自己认识医生,让彭某砚将堕胎钱转给自己,由自己去找医生为彭某砚堕胎,以此骗取被害人的堕胎费用,在总计骗取被害人彭某砚23,175元后将彭某砚微信拉黑。

2.2022年7月底至10月中旬,被告人邹某贤在"陌陌"App上认识被害人杨某,因自己没有稳定经济收入,想骗取杨某的钱财据为己用。在得知被害人杨某被借呗还款的问题所困扰后,被告人邹某贤通过虚构的"李某琦乙"身份使用"SK_2021"的微信号与被害人杨某联系并线下见面,邹某贤声称自己是法院的工作人员,可以帮其解决借呗还款延期的问题。之后因被害人杨某提出需要一个律师,2022年7月28日,被告人邹某贤又通过自己所使用的微信号“×××11”伪造了“李某奇的弟弟邹某贤”的身份，并谎称“邹某贤”是一个律师，添加了被害人杨某的好友后，就假借其律师身份，以诸如“解决问题急需用钱”“李某琦乙生病急需用钱”等此类借口骗取被害人杨某的钱财据为己用。7月31日，被告人邹某贤因自己的“SK_2021”的微信号无法转账，于是又虚构了一个法院财务主任“张主任”的身份并使用微信号“wxid_h1fhfewdhy6f22”添加了被害人杨某的微信。被告人邹某贤一人操控三个微信号，互相配合，互相隐瞒，于7月29日被告人邹某贤通过虚构身份“李某琦乙”以解决支付宝借呗还款问题为借口要求被害人杨某向其转账3500元。8月9日，被告人邹某贤又以“李某琦乙”帮被害人杨某处理取保候审的问题被处理了，丢了工作和房子为借口，使被害人杨某产生内疚心理，进而以需要解决日常开销为借口骗取被害人杨某7000元。8月11日通过虚构律师身份“邹某贤”以要帮助被害人杨某处理离婚开庭的事情为借口骗取被害人杨某5000元。自7月底起，被告人邹某贤分别假借“邹某贤”的身份骗取被害人杨某95笔转账共计57,231元，假借“张主任”的身份骗取被害人杨某18笔转账共计23,782元，通过虚拟的“李某琦乙”身份与被害人杨某线下见面并骗取其4笔现金共计8500元，总计骗取被害人杨某89,513元。

3.2022年9月，被告人邹某贤在湖北某某大学门口认识被害人周某华后，以虚拟的“李某琦乙”身份与被害人周某华聊天并建立男女关系。此后，被告人邹某贤在10月6日称自己发烧生病需要用钱，骗取被害人周某华100元生活费，之后几天，被告人邹某贤又多次以生病要买药为借口，前后骗取被害人周某华共计2000元。

公诉机关提交了被告人邹某贤的供述与辩解，被害人彭某砚、杨某、周某华的陈述，户籍信息，抓获经过，违法犯罪证明，认罪认罚文书，汉川市人民法院情况说明，辨认笔录及照片，微信聊天记录，行政处罚决定书，扣押清单，审计报告，手机截图，账户明细查询，微信、支付宝、银行卡交易流水记录，谅解书，收据，保证书等证据证实。

裁判观点

法院认为，被告人邹某贤以非法占有为目的，虚构事实、隐瞒真相，骗取被害人财物，数额巨大，其行为已构成诈骗罪。公诉机关的指控成立。被告人邹某贤自愿认罪认罚，依法可以从宽处理。被告人邹某贤家属积极主动退赔三被害人经济损失、缴纳罚金，并取得三被害人的谅解，对被告人邹某贤可酌予从轻处罚。被告人邹某贤冒充司法机关工作人员多次实施诈骗，应酌予从重处罚。

【裁判结果】

1. 被告人邹某贤犯诈骗罪，判处有期徒刑3年6个月，并处罚金人民币10,000元。

2. 侦查机关扣押被告人邹某贤手机一部依法予以没收，上缴国库。

相关规定

《中华人民共和国刑法》

第二百六十六条：诈骗公私财物，数额较大的，处三年以下有期徒刑、拘役或者管制，并处或者单处罚金；数额巨大或者有其他严重情节的，处三年以上十年以下有期徒刑，并处罚金；数额特别巨大或者有其他特别严重情节的，处十年以上有期徒刑或者无期徒刑，并处罚金或者没收财产。本法另有规定的，依照规定。

第五十二条：判处罚金，应当根据犯罪情节决定罚金数额。

第六十七条第三款：犯罪嫌疑人虽不具有前两款规定的自首情节，但是如实供述自己罪行的，可以从轻处罚；因其如实供述自己罪行，避免特别严重后果发生的，可以减轻处罚。

同类案例

在辽宁省瓦房店市人民法院(2022)辽0281刑初229号案件中,法院认为,被告人隋某洋通过"陌陌"社交软件添加被害人刘某1微信后,虚构生病手术、购买电动车等事由,被告人隋某洋共骗取被害人刘某1、宫某1、于某人民币92,557.89元。被告人隋某洋以非法占有为目的,虚构事实、隐瞒真相骗取他人财物,数额巨大,其行为侵犯了他人财产权,构成诈骗罪。

41. 以患有严重疾病为由,发布爱心捐款,骗取他人财物的行为是否构成诈骗?

律师解答

犯罪分子通过社交媒体发布生活困难等虚假情况,博取广大网民同情,借此接受捐赠,骗取被害人财产。

典型案例

案号

广西壮族自治区资源县人民法院(2014)资刑初字第27号

案情简介

1.2013年12月,被告人莫某、喻某1、喻某2虚构莫某的儿子莫某甲患有脑肿瘤疾病,需要筹钱做手术。在资源县梅溪乡胡家田村,瓜里乡文溪村、白竹村、义林村、白水村等地,被告人要村民献爱心捐款,骗得人民币7300元,被告人莫某分得3000元,被告人喻某1、喻某2各分得

2000元,另有300元用于三人日常生活开支。

2.2013年12月,被告人莫某、喻某1、郑某虚构郑某的儿子郑某甲患有脑肿瘤疾病,需要筹钱做手术,在资源县资源镇天门村、梅溪乡大滩头村、咸水洞村等地,要村民献爱心捐款,骗得人民币3900元,三人平分,各分得1300元。

3.2013年12月,被告人莫某、喻某1虚构郑某的儿子郑某甲患有脑肿瘤疾病,需要筹钱做手术,在资源县资源镇永兴村、两水乡烟竹村、兴安县司门镇,要村民献爱心捐款,骗得人民币3272元,二人平分,各得1636元。另外,二人在资源县车田乡骗得的1744元在分赃前已被公安机关扣押。

裁判观点

被告人莫某、喻某1、喻某2、郑某以非法占有为目的,诈骗被害人财物,数额较大,其行为已触犯《刑法》第266条的规定,构成诈骗罪,属共同犯罪,依法应予惩处。公诉机关指控被告人莫某、喻某1、喻某2、郑某犯诈骗罪的事实清楚,提供的证据确实、充分,指控的罪名成立。被告人莫某、喻某1、喻某2、郑某均属多次诈骗,均可酌情从重处罚。四被告人自愿认罪,均可酌情从轻处罚。莫某系累犯,依法应当从重处罚。喻某1、喻某2部分退赃,可酌情从轻处罚。综上所述,应根据被告人莫某、喻某1、喻某2、郑某犯罪的事实、犯罪的性质、情节和对社会的危害程度,对其判处刑罚。

【裁判结果】

1.被告人莫某犯诈骗罪,判处有期徒刑1年9个月,并处罚金人民币10,000元。刑期从判决执行之日起计算,判决执行以前先行羁押的,羁押1日折抵刑期1日,即自2013年12月24日起至2015年9月23日止。缴纳罚金的期限在判决生效后15日内,逾期不交的,依法强制缴纳。

2. 被告人喻某1犯诈骗罪，判处有期徒刑1年5个月，并处罚金人民币10,000元。刑期从判决执行之日起计算，判决执行以前先行羁押的，羁押1日折抵刑期1日，即自2013年12月24日起至2015年5月23日止。缴纳罚金的期限在判决生效后15日内，逾期不交的，依法强制缴纳。

3. 被告人喻某2犯诈骗罪，判处有期徒刑11个月，并处罚金人民币5000元。刑期从判决执行之日起计算，判决执行以前先行羁押的，羁押1日折抵刑期1日，即自2014年3月11日起至2015年2月10日止。缴纳罚金的期限在判决生效后15日内，逾期不交的，依法强制缴纳。

4. 被告人郑某犯诈骗罪，判处有期徒刑7个月，并处罚金人民币3500元。刑期从判决执行之日起计算，判决执行以前先行羁押的，羁押1日折抵刑期1日，即自2013年12月26日起至2014年7月25日止。

相关规定

《中华人民共和国刑法》

第二百六十六条：诈骗公私财物，数额较大的，处三年以下有期徒刑、拘役或者管制，并处或者单处罚金；数额巨大或者有其他严重情节的，处三年以上十年以下有期徒刑，并处罚金；数额特别巨大或者有其他特别严重情节的，处十年以上有期徒刑或者无期徒刑，并处罚金或者没收财产。本法另有规定的，依照规定。

第二十五条第一款：共同犯罪是指二人以上共同故意犯罪。

第六十七条第三款：犯罪嫌疑人虽不具有前两款规定的自首情节，但是如实供述自己罪行的，可以从轻处罚；因其如实供述自己罪行，避免特别严重后果发生的，可以减轻处罚。

第五十二条：判处罚金，应当根据犯罪情节决定罚金数额。

第五十三条第一款:罚金在判决指定的期限内一次或者分期缴纳。期满不缴纳的,强制缴纳。对于不能全部缴纳罚金的,人民法院在任何时候发现被执行人有可以执行的财产,应当随时追缴。

第六十一条:对于犯罪分子决定刑罚的时候,应当根据犯罪的事实、犯罪的性质、情节和对于社会的危害程度,依照本法的有关规定判处。

同类案例

在重庆市沙坪坝区人民法院(2020)渝0106刑初869号案件中,法院认为,2018年8月,被告人邱某通过互联网伪造陆军军医大学第一附属医院相关病历、检验报告以及重庆市公安局渝中区分局大阳沟派出所死亡证明等相关材料,虚构自己身患白血病、两个小孩病故等相关事实。2018年8月至2019年4月,邱某将上述伪造材料和虚构事实上传至“水滴筹”“轻松筹”“爱心筹”三个网络服务平台,发布虚假的个人求助信息,并发起网络筹款,先后共计获得爱心网友帮助2111人次,骗取捐款共计人民币84,237.54元。2019年1月至7月,邱某先后多次将上述款项提现至其个人名下银行账户。2018年12月,被告人邱某将上述伪造材料和虚构事实上传至名为“重庆土猫”的流浪猫救助QQ群内,先后多次骗取群内爱心网友捐款共计人民币7270元。2019年8月,被告人邱某以自己身患白血病将要离世以及许诺将名下房产、名贵邮票等资产赠予被害人骆某为由,骗取骆某的信任,邱某随后以办理所谓继承遗产公证缴纳手续费为由先后多次骗取骆某共计人民币8000元。被告人邱某的行为构成诈骗罪,判处有期徒刑4年。

42. 以包裹内被查出毒品为由，要求被害人将钱转到安全账户以便公正调查，是否属于诈骗？

律师解答

犯罪分子利用现代人喜欢网购的特点，打电话或发短信给受害人，冒充“邮政工作人员”，称其包裹内藏有毒品然后通知受害人拨打“专门”的电话，再以其身份证被人冒用、账户资金不安全等为由，要求受害人将资金转入“安全账户”进行保护，后通过银行柜台或ATM机转出受害人银行账户资金。

典型案例

案号

重庆市江北区人民法院(2016)渝0105刑初1196号

案情简介

2014年底，被告人李某与黄某(已判处)共谋以冒充邮政、公安、银联机构工作人员与被害人电话联系，虚构被害人有毒品包裹，要求核实被害人存款是否合法的方式来诈骗被害人。此后，李某负责租赁房屋及准备诈骗所用的器材设备，黄某(已判处)安排张某1(已判处)与李某共同实施诈骗，联系谢某(已判处)提取诈骗所得款。谢某与易某(已判处)约定，由易某实施取款。谢某安排陈某(已判处)与易某负责联系，易某邀请全某(已判处)与其共同取款。易某将用来取款的银行卡卡号告知陈某，陈某告知黄某，黄某再告知李某。2015年1月初，张某1到李某租住的广东省中山市某小区与李某开始实施诈骗。2015年1月8日，李某、张某1通过变声电话及呼叫转移的方式分别冒充重庆邮政、公安、银联机构工作人员与被害人王某通话。冒充的邮政工作人员称王某有毒品包裹，涉嫌毒品犯罪，需与公安机关联系并告知联系电话；冒充的公安机关工作人员称若要证明其存款与毒品无关，王某应将其存款通过银联机构进行核查并告知联系电话；冒充的银联机构工作人员以输入公安软件条形码和激活码的方式让王某将其存款转入指定的银行卡。王某分别通过工商银行、建设银行ATM机将其工商银行卡内49,876元、建设银行卡内49,876元转入李某、张某1指定的银行卡，合计99,752元。黄某得知李某、张某1得手后，通知陈某取钱，陈某联系易某取钱。易某、全某将所取的钱未按先前的约定交给谢某、陈某，两人予以瓜分。此后，谢某、陈某拿了5万元交给黄某，黄某又将5万元转交给李某。

裁判观点

被告人李某以非法占有为目的，以欺骗的手段骗取他人99,752元，数额巨大，其行为已构成诈骗罪，依法应予以处罚。

【裁判结果】

被告人李某犯诈骗罪，判处有期徒刑3年，宣告缓刑4年，并处罚金人民币3万元。

相关规定

《中华人民共和国刑法》

第二百六十六条：诈骗公私财物，数额较大的，处三年以下有期徒刑、拘役或者管制，并处或者单处罚金；数额巨大或者有其他严重情节的，处三年以上十年以下有期徒刑，并处罚金；数额特别

巨大或者有其他特别严重情节的，处十年以上有期徒刑或者无期徒刑，并处罚金或者没收财产。本法另有规定的，依照规定。

第五十二条：判处罚金，应当根据犯罪情节决定罚金数额。

第五十三条第一款：罚金在判决指定的期限内一次或者分期缴纳。期满不缴纳的，强制缴纳。对于不能全部缴纳罚金的，人民法院在任何时候发现被执行人有可以执行的财产，应当随时追缴。

第六十七条第一款：犯罪以后自动投案，如实供述自己的罪行的，是自首。对于自首的犯罪分子，可以从轻或者减轻处罚。其中，犯罪较轻的，可以免除处罚。

第七十二条第一款：对于被判处拘役、三年以下有期徒刑的犯罪分子，同时符合下列条件的，可以宣告缓刑，对其中不满十八周岁的人、怀孕的妇女和已满七十五周岁的人，应当宣告缓刑：（一）犯罪情节较轻；（二）有悔罪表现；（三）没有再犯罪的危险；（四）宣告缓刑对所居住社区没有重大不良影响。

第七十三条第二、三款：有期徒刑的缓刑考验期限为原判刑期以上五年以下，但是不能少于一年。

缓刑考验期限，从判决确定之日起计算。

同类案例

在福建省安溪县人民法院（2014）安刑初字第105号案件中，法院认为，2013年8月21日至8月23日，被告人吴某某伙同林某某、李某某等人（均另案处理）在晋江市内坑村一民宅内，以手机为作案工具，冒充江西省萍乡市邮政局、禁毒大队、银联的工作人员，以被害人何某某有一毒品包裹，需对其本人的银行卡升级，保证银行账号安全为由，要求对方到银行的自动取款机对银行卡进行升级，并诱骗何某某将23,400元汇入指定的户名为陈某某的建设银行账号内。被告人吴某某伙同他人以非法占有为目的，采用虚构事实的方法，骗取公民财物，数额较大，其行为已构成诈骗罪。

43. 犯罪分子收集公职人员照片，使用电脑合成淫秽图片，并附上收款账号邮寄给受害人进行威胁恐吓，是否属于诈骗？

律师解答

不法分子通过非法渠道搜集被害人的基本信息、照片和通讯地址等个人信息，然后再通过电脑软件"移花接木"，将各种照片用PS技术合成"艳照"或AI技术合成"不雅视频"，并制作敲诈勒索信息，骗取受害人财物。

典型案例

案号

湖南省双峰县人民法院(2017)湘1321刑初×××号

案情简介

从2012年6月开始，被告人张某伙同外号为"波某""强某"的两名男子进行PS诈骗犯罪活动。张某等人先在互联网上搜索公职人员的信息并下载公职人员的头像，利用电脑图像处理技术合成淫秽图片，再以掌握被害人的负面材料为由，要求被害人向指定的银行账号汇款。如不汇款,就以把淫秽图片公开等方式威胁被害人。张某等人在湖南、江西等地共寄出约200封PS信。

2012年10月的一天,被害人钮某收到一封信,要求他汇款10万元到指定的银行账户,当时钮某没理会。过了10天左右,钮某又收到内容类似的信件,要求他汇款10万元。2012年10月16日,钮某向对方提供的账号转入现金6万元。

裁判观点

被告人张某伙同他人以非法占有为目的,实施电信网络诈骗,诈骗财物数额较大,其行为已构成诈骗罪,依法应当追究其刑事责任。

【裁判结果】

被告人张某犯诈骗罪,判处有期徒刑3年,并处罚金人民币1万元。

相关规定

《中华人民共和国刑法》

第二百六十六条:诈骗公私财物,数额较大的,处三年以下有期徒刑、拘役或者管制,并处或者单处罚金;数额巨大或者有其他严重情节的,处三年以上十年以下有期徒刑,并处罚金;数额特别巨大或者有其他特别严重情节的,处十年以上有期徒刑或者无期徒刑,并处罚金或者没收财产。本法另有规定的,依照规定。

第五十二条:判处罚金,应当根据犯罪情节决定罚金数额。

第五十三条第一款:罚金在判决指定的期限内一次或者分期缴纳。期满不缴纳的,强制缴纳。对于不能全部缴纳罚金的,人民法院在任何时候发现被执行人有可以执行的财产,应当随时追缴。

第六十一条：对于犯罪分子决定刑罚的时候，应当根据犯罪的事实、犯罪的性质、情节和对于社会的危害程度，依照本法的有关规定判处。

第六十四条：犯罪分子违法所得的一切财物，应当予以追缴或者责令退赔；对被害人的合法财产，应当及时返还；违禁品和供犯罪所用的本人财物，应当予以没收。没收的财物和罚金，一律上缴国库，不得挪用和自行处理。

同类案例

在云南省易门县人民法院（2021）云0425刑初111号案件中，2020年12月，被告人张某勇在交友网站上认识了被害人娄某，张某勇谎称自己是技术专家、转业军人、交通局退休工人，在昆明开公司，在易门创办某能源科技有限公司，主要生产甲醇汽油，虚构投资易门某能源科技有限公司安全且投资回报高。2021年1月12日，张某勇约娄某在易门见面，并将易门县政府与易门某能源科技有限公司签订的投资协议首页和最后一页发给娄某看。之后带娄某到易门县易门某能源科技有限公司厂址查看，编造以其技术专家身份投资易门某能源科技有限公司可以得到更高利润，叫娄某把钱拿给其进行投资。娄某信以为真，同意投资10万元。2021年1月22日，张某勇到景洪找娄某，签订了投资10万元的协议，张某勇让娄某先交2万元现金预付款，之后又以购买原材料等理由让娄某多次向其微信转账39,300元。2021年3月1日，娄某发现被骗后电话质问张某勇，张某勇以发布不雅照片威胁娄某不准报警。被告人张某勇共计骗取娄某投资款59,300元。被告人张某勇以非法占有为目的，采用虚构事实、隐瞒真相的方法，骗取被害人财物，数额巨大，构成诈骗罪。

（七）虚假服务、交易类诈骗

44. 犯罪分子在购物网站发布虚假的商品销售链接，以低价等各种优惠为诱饵引诱客户进入虚假购物网页购买商品，是否属于诈骗？

律师解答

随着网购的浪潮涌来，各大电商平台的促销活动映入眼帘，也有不少不法分子趁虚而入。不法分子冒充商家，在微信群、朋友圈或网购平台以“低价”为诱饵吸引消费者，要求添加好友，私下转款，但往往只收钱不发货，甚至向消费者发送带有木马病毒的虚假链接，正常人一般无法分辨，一旦点击有可能造成身份信息泄露、手机被劫持控制等严重后果。消费者付款后这些不法分子往往只收钱、不发货，这种不法行为系利用虚假购物的方式来完成的犯罪行为。在上述的情境中，买家脱离了网络交易平台支付了价款，相关不法分子就符合以非法占有为目的，虚构“低价”等欺骗事实，来骗取对方钱财的行为方式，涉嫌诈骗。

典型案例

案号

福建省莆田市城厢区人民法院(2020)闽0302刑初535号

案情简介

经审理查明，被告人戴某章、郭某君系夫妻关系。从2018年12月开始，被告人戴某章、郭某君在莆田市城厢区××工业园××室共同经营“GG电器”“影音HiFi”等“拼多多”网购平台店铺。被告人戴某章提议以不发货的形式骗取消费者的货款，被告人郭某君表示同意。二人在某某店铺内发布商品购物链接，待消费者下单、付款后，以“平台无法发货”“微信上交易更优惠”等理由，诱导消费者在“拼多多”上申请退款，并添加二人注册的多个不同的微信号进行私下交易。其间，二人使用“d139507××××”“baidu××××”“glj××××”等微信号与被害人进行联系、交易，待消费者确认购买并通过微信支付货款后，被告人戴某章、郭某君向被害人发送虚假快递单号谎称已发货，或者找各种理由推脱向被害人发货或拒绝退款。经查，截至案发时，被告人戴某章、郭某君采用上述方式骗取被害人孙某荣人民币2600元、被害人谢某波人民币1288元、被害人罗某玲人民币1600元、被害人朱某军人民币2600元、被害人苏某结人民币1500元，被害人文某林人民币3600元、被害人刘某青人民币1800元、被害人刘某成人民币1600元、被害人叶某梅人民币2780元、被害人黄某权人民币1800元、被害人郑某宏人民币2000元、被害人张某才人民币900元、被害人范某海人民币2600元、被害人肖某博人民币1600元、被害人周某东人民币1200元、被害人“鹰之魔”人民币600元(以上共计人民币30,068元)。赃款均被二被告人用于共同生活开支。2019年4月26日，被告人戴某章、郭某君退还被害人孙某荣货款人民币2600元。

另查明，2018年1月30日，被告人戴某章单独以上述方式骗取被害人郭某货款人民币1800元。

裁判观点

被告人戴某章、郭某君以非法占有为目的，结伙或单独利用电信网络技术，以虚构的货物欺骗被害人支付货款，骗取不特定多数人财物，其中，被告人戴某章诈骗数额共计人民币31,868元，被告人郭某君诈骗数额共计人民币30,068元，均数额巨大，其行为均已构成诈骗罪。被告人郭某君的作用虽小于被告人戴某章，但二被告人在实施诈骗行为中分工合作，互相配合并共同使用赃款，不宜区分主从犯。

【裁判结果】

1. 被告人戴某章犯诈骗罪，判处有期徒刑2年6个月，并处罚金人民币15,000元。

2. 被告人郭某君犯诈骗罪，判处有期徒刑3年，并处罚金人民币15,000元。

相关规定

《中华人民共和国刑法》

第二百六十六条：诈骗公私财物，数额较大的，处三年以下有期徒刑、拘役或者管制，并处或者单处罚金；数额巨大或者有其他严重情节的，处三年以上十年以下有期徒刑，并处罚金；数额特别巨大或者有其他特别严重情节的，处十年以上有期徒刑或者无期徒刑，并处罚金或者没收财产。本法另有规定的，依照规定。

同类案例

在河南省泌阳县人民法院（2020）豫1726刑初34号案件中，法院认为，被告人朱某等人采取在网上发布虚假购物信息和非法买卖快递公司顾客购物信息等手段,获取被害人购物信息和联系方式,后利用网上技术手段,变换号码归属地,以开展售后服务、顾客购买原产品质量若有问题可退货或换货的名义,与被害人联系;骗取当事人信任后,以缴纳保证金为借口,要求被害人将诈骗款项打到公司指定账户,对被害人实施诈骗;被害人上当受骗后,该团伙不同成员之间再交叉变换身份,分别冒充公司财务人员、快递员、管理人员等,提出种种理由,对被害人实施连续诈骗,共获赃款人民币 1,075,514 元,属于以非法占有为目的,虚构事实,隐瞒真相,骗取他人财物,数额特别巨大,其行为已构成诈骗罪。

45. 网络上的"代考驾照""交钱包过""买驾驶证",是否为诈骗?

律师解答

自驾是很多人出行的必选方式,而考取驾照就是自驾出行的第一步,但却有人想通过走捷径的方式,选择"代考驾驶证""买卖驾驶证"等不正当渠道,不料却被诈骗分子钻了空。诈骗分子通过社交媒体发布代考驾照相关信息,利用"出证快""包过"等说辞诱导被害人上钩。同时,采取提供伪造的驾驶证等方式骗取被害人信任,并诱使被害人汇款,诈骗分子收到钱款后迅速拉黑被害人,整个流程符合诈骗的认定形式。

此外,律师提醒,驾驶证考试是法律规定的国家考试,代替他人或让他人代替自己参加"驾考",根据《刑法》第 284 条之一的相关规定,会被处以拘役或管制,并处或者单处罚金。而使用伪造、变造的驾驶证,更有可能涉嫌违反《道路交通安全法》,甚至违反《刑法》。

典型案例

案号

广东省深圳市宝安区人民法院(2020)粤0306刑初4104号

案情简介

2019年5月,杨某某在深圳市宝安区石岩街道××路××号创办某驾校,是该驾校的实际经营管理人员。为骗取他人钱财,该驾校对外宣传只需缴纳款项人民币18,000元(币种为人民币,以下均同)便可找人代考取得驾驶证。同年6月12日,被害人农某某和樊某某来到驾校找到杨某某报名,同年6月至10月,农某某和樊某某前期分别缴纳费用8000元和7000元。

同年10月,杨某某因其他原因无法继续经营该驾校,邱某某以该驾校校长的名义提出继续帮助农某某和樊某某办理代考驾照业务,要求农某某和樊某某继续支付剩余款项10,000元和11,000元。农某某和樊某某信以为真,便将上述款项支付给邱某某。为获取农某某和樊某某的信任,2020年1月15日和5月14日,邱某某分别伪造两本假的驾驶证交给农某某和樊某某。同年7月,被害人农某某发现自己被骗后遂即联系邱某某理论,后邱某某与农某某和樊某某断绝联系。

该案的争议焦点是被告人是否构成诈骗罪,被告人的行为是否构成虚构事实、隐瞒真相以及是否具有非法侵占他人财物的目的。

裁判观点

被告人以非法占有为目的,虚构能为他人办理驾照的事实,骗取他人钱财,数额较大,其行为侵犯了他人财产所有权,已构成诈骗罪。

【裁判结果】

被告人邱某某犯诈骗罪,判处有期徒刑6个月,并处罚金人民币1000元。

相关规定

1.《中华人民共和国刑法》

第二百六十六条：诈骗公私财物，数额较大的，处三年以下有期徒刑、拘役或者管制，并处或者单处罚金；数额巨大或者有其他严重情节的，处三年以上十年以下有期徒刑，并处罚金；数额特别巨大或者有其他特别严重情节的，处十年以上有期徒刑或者无期徒刑，并处罚金或者没收财产。本法另有规定的，依照规定。

第二百八十四条之一：在法律规定的国家考试中，组织作弊的，处三年以下有期徒刑或者拘役，并处或者单处罚金；情节严重的，处三年以上七年以下有期徒刑，并处罚金。

为他人实施前款犯罪提供作弊器材或者其他帮助的，依照前款的规定处罚。

为实施考试作弊行为，向他人非法出售或者提供第一款规定的考试的试题、答案的，依照第一款的规定处罚。

代替他人或者让他人代替自己参加第一款规定的考试的，处拘役或者管制，并处或者单处罚金。

第二百八十条之一第一款：在依照国家规定应当提供身份证明的活动中，使用伪造、变造的或者盗用他人的居民身份证、护照、社会保障卡、驾驶证等依法可以用于证明身份的证件，情节严重的，处拘役或者管制，并处或者单处罚金。

2.《中华人民共和国道路交通安全法》

第十九条第一、二、三款：驾驶机动车，应当依法取得机动车驾驶证。

申请机动车驾驶证，应当符合国务院公安部门规定的驾驶许可条件；经考试合格后，由公安机关交通管理部门发给相应类别的机动车驾驶证。

持有境外机动车驾驶证的人，符合国务院公安部门规定的驾驶许可条件，经公安机关交通管理部门考核合格的，可以发给中国的机动车驾驶证。

第九十六条第一、二、三款：伪造、变造或者使用伪造、变造的机动车登记证书、号牌、行驶证、驾驶证的，由公安机关交通管理部门予以收缴，扣留该机动车，处十五日以下拘留，并处二千元以上五千元以下罚款；构成犯罪的，依法追究刑事责任。

伪造、变造或者使用伪造、变造的检验合格标志、保险标志的，由公安机关交通管理部门予以收缴，扣留该机动车，处十日以下拘留，并处一千元以上三千元以下罚款；构成犯罪的，依法追究刑事责任。

使用其他车辆的机动车登记证书、号牌、行驶证、检验合格标志、保险标志的，由公安机关交通管理部门予以收缴，扣留该机动车，处二千元以上五千元以下罚款。

同类案例

在湖北省恩施土家族苗族自治州中级人民法院（2018）鄂28刑终10号案件中，出现了被告人在推销药品过程中，以进货可办理执业药师证并包过为由骗取被害人财物的情形。被告人杨某等人先后流窜湖北及湖南等地的药店或诊所，以改分、代考、办理大专文凭、签订协议或直接交钱包过执业药师考试，不过包退款等形式骗取被害人财物。被告人的具体分工为，杨某主要负责开车寻找药店并在车内等候；毛某某进店找人搭讪，询问报考执业药师资格证的情况，然后便以上述理由骗取被害人财物，后被告人将骗取的财物用于赌博、日常消费、出境游玩、偿还车贷等。法院认为被告人杨某等人无视国家法律，以非法占有为目的，采取虚构事实、隐瞒真相的方法，骗取多人财物，其行为均已构成诈骗罪。

46. 声称通过“找关系”能调查他人信息、追回债款，是否为诈骗？

律师解答

社会上有一种“找关系”型诈骗，诈骗分子谎称自己在国家机关有关系，或者与国家机关的工作人员有特殊关系，并借此表达自己可以帮助办成如调查他人信息、追回债款等事情，但后因未能成功办理请托事项，且拒不退还请托款项，被害人只能报案追回钱款。在此类案件中，行为人是否确实有能力办成被害人的请托事项，以及在收取财物后是否为办成请托事项而付出真诚努力，是构成要件行为认定与否的关键。

典型案例

案号

福建省莆田市中级人民法院（2016）闽03刑终77号

案情简介

2013年6月的一天，被告人黄某、被害人毛某与郭某在城厢区法院附近一家法律代办中介店喝茶聊天，被告人黄某得知被害人毛某急于向他人追回欠款,便编造莆田市中级人民法院经济庭副庭长的身份称可以通过法院起诉对方,帮被害人毛某追回欠款。同年12月14日,被告人黄某向被害人毛某谎称欠款对方账户中余额达人民币1万元,可以先冻结对方账户后再起诉,但为防止诬告须先交给城厢区法院人民币1万元作为担保金。被害人毛某身在外地,便汇款给郭某人民币1万元,由郭某将钱取出后以现金形式在城厢区某酒店大厅直接交给被告人黄某。之后,被害人毛某多次打电话向被告人黄某了解追讨欠款之事的进展情况,被告人黄某一再推脱。

该案的争议焦点主要在于证据采信方面,在案是否有充足的证据证明犯罪嫌疑人构成诈骗行为。

裁判观点

法院认为,原判决认定被告人黄某犯诈骗罪的事实清楚,证据确实充分,据以认定的证据来源合法,内容客观真实且能相互印证,均经原审庭审举证、质证,法院予以确认,据此认为被告人黄某以非法占有为目的,冒充国家机关工作人员,采用虚构事实、隐瞒真相的方法,骗取他人钱财,其行为符合诈骗罪的构成要件,应当以诈骗罪追究其刑事责任,故被告人称其无罪的理由不能成立,不予采纳。

【裁判结果】

驳回上诉,维持原判。

相关规定

《中华人民共和国刑法》

第二百六十六条:诈骗公私财物,数额较大的,处三年以下有期徒刑、拘役或者管制,并处或者单处罚金;数额巨大或者有其他

严重情节的,处三年以上十年以下有期徒刑,并处罚金;数额特别巨大或者有其他特别严重情节的,处十年以上有期徒刑或者无期徒刑,并处罚金或者没收财产。本法另有规定的,依照规定。

同类案例

在广东省化州市人民法院(2021)粤0982刑初38号案件中,出现了被告人虚构其他事实,称其可以帮忙追逃、索要钱款的情形。被告人李某通过“抖音”软件认识被害人李某丙,两人互加为微信好友。在得知李某丙向赵某乙追讨25万元债款无果后,被告人李某便声称可以帮忙追讨欠款并向李某丙索要1万元的活动经费。李某丙信以为真,于2020年9月21日、22日、23日通过李某提供的微信收款码分别向其转账3000元、2000元、5000元。被告人李某把收到的款项全部用于日常花费,并没有帮忙追债。当李某丙追问事情进展时,李某便编造已经找到赵某乙的借口,来应付李某丙。法院认为被告人李某无视国家法律,以非法占有为目的,虚构事实,骗取他人财物,数额较大,其行为触犯了《刑法》第266条的规定,应当以诈骗罪追究其刑事责任。

47. 网络平台通知中大奖,却要求充值返利,支付邮费、保费,是否构成诈骗?

律师解答

在日常生活中,经常出现的一种诈骗类型是虚假中奖类诈骗。行为方式一般为犯罪分子利用伪基站或者互联网软件群发虚假中奖信息或邮件,被害人一旦联系兑奖,犯罪分子就以“转账手续费”“违约金”“个人所得税”等各种名目要求被害人汇钱,一步步实施诈骗行为,但实际上根本没有中奖的结果,未向被害人寄送奖品也未退还相关款项,这属于对不特定被害人实施远程、非接触式诈骗,具有非法占有他人财物的目的,其行为涉嫌诈骗罪。

律师提醒,正规单位、平台组织抽奖活动,不会让消费者先交钱后兑奖,天上不会掉“馅饼”,不要贪图小便宜,否则容易掉进犯罪分子精心编制的陷阱里,追悔莫及。

此外,对于被害人人数特别多的案件,可对被害人陈述采取抽样取证的方法。公安机关应该重点选取被骗资金量大、空间距离相对较近、被害对象特殊、涉案方法有代表性的被害人作为证据样本,并对抽样情况进行详细论证和说明。人民检察院、人民法院经审查认为抽样情况不具有科学性、代表性或全面性的,可以要求公安机关进行补充取证,涉及案件定罪量刑的,公安机关应当补充取证。取证的证据应符合“事实清楚,证据确实充分,已排除合理怀疑”的证明标准。

典型案例

案号

浙江省松阳县人民法院(2020)浙1124刑初117号

案情简介

2019年4月至2020年3月,被告人钟某某注册多个微信及新浪微博账号,用新浪微博账号随机关注多人,并向这些好友私信发送虚假中奖美图手机的信息,吸引多名被害人回复。其以“手机免费送邮费自理”名义诱骗被害人支付邮费,在填写虚假的快递单后,再以“易碎贵重物品快递要求保价”为由向被害人索要保费,同时以被害人备注信息不正确为由要求被害人多次支付邮费、保费。2019 年 9 月起，钟某某又以"中奖的宝宝还有福利可以领取"且"手机活动和返利福利活动是一起的，不参加返利则手机奖品失效"为由进一步诱骗多名被害人向其转账。在诈骗过程中，为了骗得更多资金，钟某某将自己使用的某个微信账号备注为"公司"或"财务"，与其他微信账号互发信息，再截图发送给被害人，使被害人相信自己参与的充值返利的名额已经用完，只能参与更高的额度，从而再次向钟某某转账。各被害人被诈骗的资金通过新浪微博红包、QQ 扫码支付、微信扫码支付、支付宝口令红包等方式转给钟某某，钟某某收到这些资金后提现至自己尾号为 5979 的农业银行卡或提现、转账至吴某尾号为 3475 的农业银行卡，未向被害人寄送手机也未退还相关款项。经查，钟某某利用其控制使用的"系_洪毌呦"等 30 个新浪微博账号诈骗至少 348 人，合计金额至少人民币 149, 927 元，经抽样取证，查明被害人身份的诈骗款共计 83, 359 元。

该案的争议焦点是通过网络平台从事的诈骗行为，如何准确认定诈骗金额。

裁判观点

被告人钟某某以非法占有为目的，利用互联网通信技术手段，向社会不特定公众发布虚假中奖信息，设置充值返利的骗局，通过远程控制方式，非接触性地诱骗多名被害人交付财物至少 149, 927 元，数额巨大，其行为已构成诈骗罪。该案中，被告人给多名被害人发送了诈骗中奖信息，但因为被骗人数众多难以统计具体的诈骗犯罪数额，故案件中使用的是抽样取证的方法，较为科学和公正。

【裁判结果】

1. 被告人钟某某犯诈骗罪，判处有期徒刑 3 年，缓刑 5 年，并处罚金人民币 10 万元。

2. 被告人钟某某退出的违法所得 149, 927 元，退赔各被害人。

相关规定

《中华人民共和国刑法》

第二百六十六条:诈骗公私财物,数额较大的,处三年以下有期徒刑、拘役或者管制,并处或者单处罚金;数额巨大或者有其他严重情节的,处三年以上十年以下有期徒刑,并处罚金;数额特别巨大或者有其他特别严重情节的,处十年以上有期徒刑或者无期徒刑,并处罚金或者没收财产。本法另有规定的,依照规定。

同类案例

在辽宁省盘锦市兴隆台区人民法院(2020)辽1103刑初27号案中,出现了被告人通过邮寄等方式向被害人通知中奖消息进行诈骗的情况。2019年4月初,被告人常某某伙同被告人王某某印刷虚构的北京养生堂保健股份有限公司辉煌庆典的100万元中奖传单,并向全国各地不特定多数人邮寄。常某某、王某某雇用被告人韩某某冒充北京市丰台区公证处的工作人员,在接听收到虚假中奖传单的被害人打来的兑奖电话时,编造兑奖需要缴纳公证费、审计费等虚假理由,欺骗被害人向三被告人指定的账户汇款,被告人王某某经伪装后通过POS机刷卡取现。法院认为,被告人常某某、王某某、韩某某以非法占有为目的,虚构事实并利用电信网络骗取他人财物,数额巨大,其行为侵犯了公民的私人合法财产所有权,已构成诈骗罪。三被告人相互配合,分工协作,利用拨打电话的方式,对不特定被害人实施远程、非接触式诈骗,符合电信诈骗的特征。

48. 网络购物申请退款时，拨打所谓“官方客服电话”配合转款，是被诈骗了吗？

律师解答

近年来，网购平台的促销活动层出不穷，吸引了大量消费者通过网络平台购物。不少诈骗分子以退货退款的名义实施诈骗行为。诈骗分子获取到消费者的购物信息后，声称自己是电商平台客服或者物流平台的客服，利用“快递丢失”“商品有质量问题”话术谎称进行超额赔付，再诱导消费者离开官方平台，以“退缴保证金”“激活退款渠道”等各种理由欺骗被害人汇款，并表示会将退款及相应钱款退还给被害人，而当被害人将钱转至诈骗分子提供的账户后，又可能采取新的诈骗借口让被害人另行支付一笔费用，实施连环诈骗。以上这种虚构网购退款的方式，是通过假冒商家、网购平台、物流平台，引诱、欺骗消费者付费从而骗取财物，属于诈骗犯罪。

律师提醒，消费者接到声称办理购物退款的电话或者信息时，一定要提高警惕，务必第一时间通过官方平台进行核实、查验，而且正规的退款只会由支付渠道原路退回，如果要另外支付费用、款项，都属于诈骗行为。

典型案例

案号

湖北省通山县人民法院(2016)鄂1224刑初339号

案情简介

2014 年 7 月至 2015 年 5 月，被告人符某某纠集被告人黎某某、吴某某和李某杰（另案处理）等人组成电信诈骗团伙。被告人符某某购买电话号码并发布在请人制作的网页上，冒充淘宝、支付宝的客服人员，以骗取不特定对象的信任；后诱骗被害人将钱转入指定账户，被告人符某某等人再联系羊某某、“阿昌”、“阿龙”等提供银行账户的人或取款人将钱取出，然后向取款人支付诈骗金额的 10% 作为报酬，其余的钱由被告人符某某分得 50%，被告人黎某某、吴某某及李某杰等人共分 50%。

诈骗的具体事实如下：

1. 2014 年 12 月 1 日，被害人刘某某因其对象李某某在淘宝网购物申请退款，拨打了虚假的淘宝客服电话，后根据被告人符某某等人的指示，在 ATM 机上操作，结果被骗人民币 38,794 元。

2. 2015 年 1 月 5 日，唐某某因忘记了淘宝密码，拨打了从百度上搜索到的虚假客服电话，按照被告人符某某等人的提示，在 ATM 机上操作，结果被骗现金 16,002 元。

3. 2014 年年底，被告人黎某某和李某杰共谋通过绑定客服电话，冒充淘宝网客服人员以骗取财物。2015 年 5 月 20 日，温县哥润视频有限公司工作人员王某向淘宝公司打电话解决公司产品降权问题时，被被告人黎某某等人骗去现金 49,168 元。

该案的争议焦点是如何根据在案的证据材料准确区分电信诈骗案件中首要分子、主犯、从犯等身份。

裁判观点

被告人符某某、黎某某、吴某某相互勾结，组成诈骗团伙，以营利为目的，进行电信诈骗，其中被告人符某某诈骗作案 11 起，诈骗金额 330,521 元，数额巨大；被告人黎某某参与诈骗作案 6 起，骗得他人现金

269,577 元,数额巨大;被告人吴某某参与诈骗作案 3 起(其中一起已作判决),骗得现金 90,134 元,数额巨大,三被告人的行为均已构成诈骗罪。被告人三人为共同实施电信诈骗犯罪而组成的较为固定的犯罪组织,属于犯罪集团。在共同犯罪中,被告人符某某系犯罪集团组织者、领导者,是首犯,应对全案负责。被告人黎某某、吴某某是积极参加者,系主犯。

【裁判结果】

1. 被告人符某某犯诈骗罪,判处有期徒刑 9 年,并处罚金人民币 200,000 元。

2. 被告人黎某某犯诈骗罪,判处有期徒刑 8 年,并处罚金人民币 150,000 元。

3. 被告人吴某某犯诈骗罪,判处有期徒刑 3 年,并处罚金人民币 50,000 元,加上原判尚未执行完毕的刑期,决定执行有期徒刑 7 年 6 个月,并处罚金 250,000 元。

4. 追缴被告人符某某、黎某某、吴某某的违法所得及作案工具。

相关规定

1.《中华人民共和国刑法》

第二十六条:组织、领导犯罪集团进行犯罪活动的或者在共同犯罪中起主要作用的,是主犯。

三人以上为共同实施犯罪而组成的较为固定的犯罪组织,是犯罪集团。

对组织、领导犯罪集团的首要分子,按照集团所犯的全部罪行处罚。

对于第三款规定以外的主犯,应当按照其所参与的或者组织、指挥的全部犯罪处罚。

第二百六十六条：诈骗公私财物，数额较大的，处三年以下有期徒刑、拘役或者管制，并处或者单处罚金；数额巨大或者有其他严重情节的，处三年以上十年以下有期徒刑，并处罚金；数额特别巨大或者有其他特别严重情节的，处十年以上有期徒刑或者无期徒刑，并处罚金或者没收财产。本法另有规定的，依照规定。

2.《最高人民法院、最高人民检察院、公安部关于办理电信网络诈骗等刑事案件适用法律若干问题的意见》

四、准确认定共同犯罪与主观故意

（一）三人以上为实施电信网络诈骗犯罪而组成的较为固定的犯罪组织，应依法认定为诈骗犯罪集团。对组织、领导犯罪集团的首要分子，按照集团所犯的全部罪行处罚。对犯罪集团中组织、指挥、策划者和骨干分子依法从严惩处。

对犯罪集团中起次要、辅助作用的从犯，特别是在规定期限内投案自首、积极协助抓获主犯、积极协助追赃的，依法从轻或减轻处罚。

对犯罪集团首要分子以外的主犯，应当按照其所参与的或者组织、指挥的全部犯罪处罚。全部犯罪包括能够查明具体诈骗数额的事实和能够查明发送诈骗信息条数、拨打诈骗电话人次数、诈骗信息网页浏览次数的事实。

（二）多人共同实施电信网络诈骗，犯罪嫌疑人、被告人应对其参与期间该诈骗团伙实施的全部诈骗行为承担责任。在其所参与的犯罪环节中起主要作用的，可以认定为主犯；起次要作用的，可以认定为从犯。

上述规定的“参与期间”，从犯罪嫌疑人、被告人着手实施诈骗行为开始起算。

同类案例

在广东省广州市荔湾区人民法院(2021)粤0103刑初809号案中,出现了消费者通过邮寄虚假退货商品诈骗商家的情况。2020年9月起,被告人王某某以非法占有为目的,通过收购或借用他人唯品会会员账号的方式,使用虚假收货人姓名在唯品会网购平台下单购买名牌运动鞋和乐高积木玩具,同时,被告人王某某在拼多多网购平台下单同款低价仿品。在收到唯品会下单货物后寄至"得物"网购平台,以唯品会正品价格的60%~70%进行销赃,并将收到的在拼多多网购平台购买的同款仿品伪装成正品,寄至唯品会进行退货,利用唯品会网购平台的"急速退"购物退款规则,以退货调包的方式实施诈骗。至案发时,被告人王某某使用上述方法骗取的商品价值合计人民币1,290,549元。2021年3月,被告人廖某某、郭某某在与被告人王某某的聊天中获知上述犯罪方法,开始效仿被告人王某某上述退货调包方式实施诈骗。截至案发时,被告人廖某某利用唯品会网购平台的"急速退"购物退款规则,以退货调包的方式骗取的商品价值合计人民币241,218元;被告人郭某某利用唯品会网购平台的"急速退"购物退款规则,以退货调包的方式骗取的商品价值合计人民币为194,304元。法院认为,被告人王某某、廖某某、郭某某无视国家法律,诈骗他人财物,数额巨大,三名被告人的行为已构成诈骗罪。

49. 游戏玩家在网上售卖游戏账号,却被不法分子以账号提现失败、缴纳保证金、账号被冻结等各种理由要求玩家继续充值才可以解封账号,是遇到诈骗了吗?

律师解答

如今,随着虚拟游戏在网络上的盛行,休闲时间打打游戏成为越来越多年轻人的放松方式。不法分子经常会通过QQ群、微信群等平台发布游戏交易信息，而在游戏交易过程中，不法分子就会以各种理由让被害人转账，如充值金额不足、交易需要缴纳保证金等，从而达到骗取被害人财物的目的。这属于电信网络诈骗中的典型类型。

律师提醒：所有的充值游戏币、买卖游戏装备和游戏账号等网络交易，一定要在官方网站进行，不要轻信任何网络上的"高价收购""低价充值"广告。

典型案例

案号

广东省江门市中级人民法院(2020)粤07刑终226号

案情简介

被告人黄某1等人利用互联网实施诈骗，被告人胡某明知他人实施电信网络诈骗仍提供收款账号并帮助转取赃款。作案手法如下：下线先登录互联网游戏平台假扮买家求购游戏账号并引导卖家进入由上线操纵的虚假游戏账号交易平台进行交易，随后上线假扮客服，以账号冻结、操作失误等为由，要求卖家支付保证金或充值从而骗取被害人资金。因篇幅限制，仅以2起上下游行为来列举具体犯罪事实。

被告人黄某1的犯罪事实：2018年10月至2019年5月，被告人黄某1租赁虚假游戏账号交易平台并冒充平台客服，发展下线被告人杨某1、杨某2、周某2(另案处理)、杨某4等五人，让他们假扮买家，结成诈骗团伙，利用上述手法实施电信网络诈骗。

被告人杨某1、杨某2、杨某3的犯罪事实：2018年10月至2019年5月，被告人杨某1、杨某2、杨某3、杨某5(另案处理)、杨某6(另案处理)五人合伙实施电信网络诈骗。五人均扮演游戏账户买家，其中被告人杨某3、杨某5、杨某6三人负责发布收号信息，物色到被害人后将资料转给被告人杨某1或杨某2，再由被告人杨某1、杨某2联系上线被告人黄某1以上述方式实施诈骗行为。

该案的争议焦点是在电信网络诈骗的共同犯罪中如何准确认定每个被告人的犯罪金额。

裁判观点

法院认为，黄某1等人以非法占有为目的，利用电信网络，虚构事实，隐瞒真相，骗取他人财物，其行为均已构成诈骗罪，应依法惩处。

法院针对黄某1等人的犯罪数额认定问题作出回应：该案属共同犯罪，在诈骗过程中，各被告人通过网络以相同的手段实施诈骗，分环节分角色相互配合，共同协作，共同分赃。经查：(1)上诉人黄某1是该诈骗团伙的上线，下线人员各自或共同配合黄某1实施诈骗，得手后黄某1再向下线人员转账。故上诉人黄某1应对该团伙共同实施的全部诈骗行为负法律责任，该团伙诈骗所得数额均应认定为黄某1的犯罪数额。经核计，在作案期间，黄某1本人账号向下线人员微信转账共计人民币120,013元。(2)上诉人杨某1、杨某2、李某、陈某均是黄某1的下线人员，共同或各自与黄某1配合实施诈骗。其中，杨某1、杨某2有共同意思联络，共同实施具体诈骗行为，从上线黄某1处取得的诈骗分成也平分，故两人的犯罪数额应是各自收到分成数额之和。经核计，在作案期间，上诉人杨某1、杨某2分别通过微信账号收取的诈骗所得分别为人民币58,071元、19,855元，共计人民币77,926元。(3)上诉人李某、陈某作为下线人员，假扮游戏账号买家，伙同他人配合上线诈骗游戏账号卖家财物，即使其本人仅收到部分诈骗所得分成，也应对被害人该次被骗的全部金额负法律责任。在案证据证实，李某参与的诈骗行为导致被害人损失共计人民币28,550.5元，陈某参与的诈骗行为导致被害人损失共计人民币26,001.3元，且李某、陈某的账号均收到了对应诈骗所得的部分金额。(4)上诉人胡某在明知他人实施诈骗犯罪的情况下,仍提供本人收款账户代为收取诈骗所得款项,帮助诈骗人员转移诈骗所得并收取相应的好处费,对诈骗犯罪起帮助性作用,是诈骗罪共犯,其使用的收款账号在诈骗犯罪实施期间所代为收取的款项均应认定为犯罪数额。综上所述,原审判决依据个人账号转账记录认定黄某1、杨某1、杨某2、李某、陈某、胡某的犯罪数额已是从有利于被告人原则就低认定,理据充分,并无不当。

【裁判结果】

1. 被告人黄某1犯诈骗罪,判处有期徒刑5年,并处罚金人民币40,000元。

2. 被告人杨某1犯诈骗罪,判处有期徒刑4年,并处罚金人民币30,000元。

3. 被告人杨某2犯诈骗罪,判处有期徒刑4年,并处罚金人民币30,000元。

4. 被告人杨某3犯诈骗罪,判处有期徒刑1年6个月,并处罚金人民币10,000元。

5. 被告人张某犯诈骗罪,判处有期徒刑2年4个月,并处罚金人民币20,000元。

6. 被告人杨某4犯诈骗罪,判处有期徒刑1年2个月,并处罚金人民币15,000元。

7. 被告人李某犯诈骗罪,判处有期徒刑2年9个月,并处罚金人民币25,000元。

8. 被告人胡某犯诈骗罪,判处有期徒刑1年9个月,并处罚金人民币15,000元。

9. 被告人陈某犯诈骗罪,判处有期徒刑2年6个月,并处罚金人民币23,000元。

10. 被告人罗某犯诈骗罪,判处有期徒刑2年3个月,并处罚金人民币20,000元。

11. 被告人钟某犯诈骗罪,判处有期徒刑1年5个月,并处罚金人民币15,000元。

12. 被告人蔡某犯诈骗罪,判处有期徒刑1年4个月,并处罚金人民币15,000元。

13. 被告人孔某犯诈骗罪,判处有期徒刑1年2个月,并处罚金人民币10,000元。

14. 被告人谢某犯诈骗罪,判处有期徒刑1年1个月,并处罚金人民币8000元。

15. 被告人黄某2犯诈骗罪,判处有期徒刑1年1个月,并处罚金人民币5000元。

16. 责令各被告人退赔涉案被害人的经济损失。

相关规定

《中华人民共和国刑法》

第二十五条第一款:共同犯罪是指二人以上共同故意犯罪。

第二百六十六条:诈骗公私财物,数额较大的,处三年以下有期徒刑、拘役或者管制,并处或者单处罚金;数额巨大或者有其他严重情节的,处三年以上十年以下有期徒刑,并处罚金;数额特别巨大或者有其他特别严重情节的,处十年以上有期徒刑或者无期徒刑,并处罚金或者没收财产。本法另有规定的,依照规定。

同类案例

在广东省恩平市人民法院(2019)粤0785刑初353号案中,也出现了虚假收购游戏账号的情况。2017年6月,被告人林某某为非法牟利,分别在多个QQ群里，伙同"牛"（QQ昵称）等人合谋利用虚假游戏账号交易平台实施诈骗行为。被告人林某某多次冒充买家在"问道""放置奇兵"等网络游戏上寻找售卖游戏账号的卖家，在游戏聊天中谈好价钱并取得卖家信任后，使用其微信添加卖家为好友，引导卖家在百度搜索平台按客服提供的"G汇×"等关键字搜索进入虚假的游戏交易平台，再引导卖家到交易平台上注册账号，并把要售卖的游戏账号挂在平台上售卖，后被告人林某某谎称已经将交易钱款转至平台账号，要卖家去联系平台客服进行提现。平台客服以卖家账号被冻结需要充值才能解冻为由，诱骗被害人充值。法院认为，被告人林某某无视国家法律，以非法占有为目的，实施电信网络诈骗活动，骗取他人财物，数额较大，其行为已构成诈骗罪。

50."动动手指就能日赚百元"，赚大钱只需要一部手机，是诈骗吗？

律师解答

互联网的发展让网络购物更加方便，网络购物时消费者一般会参考其他消费者作出的商家评价，为了获得更多好的评价，商家会聘请人员刷单，这也就滋生了刷单返利类诈骗行为。刷单一般是指网店通过虚假交易，哄抬交易量或者提升商家信誉的行为。而刷单返利类诈骗的行为方式为：诈骗分子通过网页、社交软件等渠道发布兼职广告，先以"高额佣金"为噱头吸引被害人，承诺通过刷单可以快速获利，被害人受骗下单转账后，前几单会按照约定支付货款和酬劳，骗取被害人信任，继而让被害人加大投入，接着不法分子开始以新的借口要求拒不返利，完成诈骗闭环；当然也有直接派发垫付单，但没有返利，从而直接骗取被害人财物的行为。这种刷单返利类诈骗,是通过捏造刷单就可以返利的虚假信息,以骗取被害人财产的行为,属于电信网络诈骗的典型类型。

典型案例

案号

安徽省枞阳县人民法院(2024)皖0722刑初110号

案情简介

2019年8月左右,福建籍人员叶某某(代号小宝,现在逃)在马来西亚吉隆坡一处别墅成立“融侨国际”诈骗公司,2019年年底该诈骗团伙成员又从吉隆坡至缅甸××码头园区成立“鑫玺国际”诈骗公司,后又至缅甸妙瓦底KK园区、柬埔寨××更名为“鸿泰××”诈骗公司,该公司组织架构明确、职责分工明确,下设多个小组。实施诈骗时,由该诈骗公司提供电脑、手机,业务员自行下载“陌陌”“探探”等社交软件,通过社交软件物色中国境内特定对象并主动搭讪,引诱其添加工作微信号。业务员通过工作微信号打造人设,并从网上搜取成功男士发布的图片、视频,再以公司培训的“话术”,通过一段时间的网上聊天,获取被害人好感及信任后伺机推荐诸如“任务客”等虚假刷单平台,平台运营由诈骗公司后台操控。在被害人愿意投资刷单后,公司让其小额试水投资获取返利,进一步赢取被害人信任。该平台设置每日刷单数量、房间等级,在业务员诱骗下被害人为获取更多佣金,以“拉人头”、投入大笔金额的方式进行刷单,直至最后平台关闭无法提现。

被告人张某于2019年9月经该诈骗公司成员王某1(代号小斌)拉拢,由该诈骗公司事先办理出境签证、提供出境资金,组织张某持护照出境至马来西亚后进入该诈骗公司,参与对中国境内居民实施电信网络诈骗犯罪。张某在该诈骗公司从事业务员14个月左右,获利20,000元,

2020 年 12 月离开该公司。被告人王某 3 于 2019 年 9 月经该诈骗公司成员王某 2(代号熊猫)拉拢,由该诈骗公司事先办理出境签证、提供出境资金,组织王某 3 持护照出境至马来西亚后进入该诈骗公司,参与对中国境内居民实施电信网络诈骗犯罪,2019 年 12 月,王某 3 离开该公司回国。2020 年 3 月,王某 3 又出境至缅甸后进入该诈骗公司,王某 3 在该诈骗公司从事业务员共计 8 个月左右,获利 48,000 元,2020 年 9 月离开该公司。

该案的争议焦点是中国公民参加境外诈骗犯罪集团,在境外针对境内居民实施电信网络诈骗犯罪行为,是否需要被追究刑事责任。

裁判观点

被告人张某、王某 3 参加境外诈骗犯罪集团,在境外针对境内居民实施电信网络诈骗犯罪,一年内出境赴境外诈骗窝点累计时间 30 日以上,属《刑法》第 266 条规定的“其他情节严重”,其行为均已构成诈骗罪,且系共同犯罪,应依法惩处。

【裁判结果】

1. 被告人张某犯诈骗罪,判处有期徒刑 10 个月,并处罚金人民币 8000 元。

2. 被告人王某 3 犯诈骗罪,判处有期徒刑 10 个月,缓刑 1 年,并处罚金人民币 7000 元。

3. 被告人张某、王某 3 分别退出的违法所得人民币 20,000 元、36,000 元,予以没收,由枞阳县公安局上缴国库。

4. 继续追缴被告人王某 3 未退出的违法所得人民币 12000 元,予以没收,上缴国库。

相关规定

1.《中华人民共和国刑法》

第六条:凡在中华人民共和国领域内犯罪的,除法律有特别规定的以外,都适用本法。

凡在中华人民共和国船舶或者航空器内犯罪的,也适用本法。

犯罪的行为或者结果有一项发生在中华人民共和国领域内的,就认为是在中华人民共和国领域内犯罪。

第七条:中华人民共和国公民在中华人民共和国领域外犯本法规定之罪的,适用本法,但是按本法规定的最高刑为三年以下有期徒刑的,可以不予追究。

中华人民共和国国家工作人员和军人在中华人民共和国领域外犯本法规定之罪的,适用本法。

第二百六十六条:诈骗公私财物,数额较大的,处三年以下有期徒刑、拘役或者管制,并处或者单处罚金;数额巨大或者有其他严重情节的,处三年以上十年以下有期徒刑,并处罚金;数额特别巨大或者有其他特别严重情节的,处十年以上有期徒刑或者无期徒刑,并处罚金或者没收财产。本法另有规定的,依照规定。

2.《最高人民法院、最高人民检察院、公安部关于办理电信网络诈骗等刑事案件适用法律若干问题的意见(二)》

三、有证据证实行为人参加境外诈骗犯罪集团或犯罪团伙,在境外针对境内居民实施电信网络诈骗犯罪行为,诈骗数额难以查证,但一年内出境赴境外诈骗犯罪窝点累计时间30日以上或多次出境赴境外诈骗犯罪窝点的,应当认定为刑法第二百六十六条规定的“其他严重情节”,以诈骗罪依法追究刑事责任。有证据证明其出境从事正当活动的除外。

同类案例

在河南省息县人民法院(2022)豫1528刑初4号案中,同样出现了刷单返利类诈骗。2021年8月18日,被告人徐某某以非法占有为目的,捏造刷单返利的事实、制作虚假商品信息微信截图,先是让被害人王某通过支付宝给其转小额款项,后给被害人王某小额返利,诱使被害人王某信以为真。之后,被告人徐某某又采取上述诈骗方式继续诱骗被害人王某,使其多次通过支付宝、银行卡给其转款,后又找各种借口拒不归还。法院认为,被告人徐某某以非法占有为目的,诈骗他人财物,数额巨大,其行为构成诈骗罪。

（八）钓鱼类诈骗

51. 接到电话后对方自称是警察，要求我打钱进银行卡，后续杳无音信，该怎么办？

律师解答

假冒公安诈骗，是钓鱼类电信网络诈骗中常见的一种形式，指犯罪嫌疑人使用改过号码的电话，冒充被害人所在地的公安民警，虚构被害人名下银行卡涉嫌洗钱犯罪等事实，以此为由套取被害人账号信息，诱骗被害人将钱存入指定的所谓安全公正账号。

典型案例

案号

浙江省瑞安市人民法院(2019)浙0381刑初896号

案情简介

2014年3月至9月，被告人刘某和陈某、廖某(均另案处理)等二三十人成立诈骗集团，针对中国公民实施电信网络诈骗。该集团的一线话务员冒充被害人所在地的公安民警给被害人打电话，虚构被害人名下的银行卡涉嫌洗钱犯罪，以其应自证清白接受北京市朝阳区公安局的调查为由，把电话转接至二线话务员；二线话务员使用改过号的电话假冒北京市朝阳区的公安民警和民警队长，以需制作电话笔录为由骗取被害人信任，套取其名下的银行卡账号、余额等信息，再以被害人名下的相关银行卡的资产需接受北京市朝阳区检察院检察官的调查为由，把电话转接至三线话务员；三线话务员假冒北京市朝阳区检察院的检察官，虚构被害人的资金需要通过调查以证清白等事由，诱骗被害人将钱存入指定的所谓安全公正账号，随后将款项转移提现。现查明，该诈骗集团骗取被害人全某人民币 757.65 万元。被告人刘某于 2014 年 4 月 27 日至 6 月 26 日做一线话务员，其间集团骗取全某人民币 557.95 万元。

裁判观点

被告人刘某以非法占有为目的，在境外结伙利用互联网、电信等技术，冒充司法机关工作人员，通过拨打诈骗电话等手段骗取不特定多数人财物，诈骗数额特别巨大，其行为已触犯刑法，构成诈骗罪。

【裁判结果】

1. 被告人刘某犯诈骗罪，判处有期徒刑 4 年，并处罚金人民币 50,000 元，与原犯诈骗罪判处有期徒刑 5 年，并处罚金人民币 60,000 元并罚，决定执行有期徒刑 7 年，并处罚金人民币 110,000 元。

2. 责令被告人刘某退还违法所得人民币 10,100 元，按比例分别返还各被害人。

相关规定

《中华人民共和国刑法》

第二十五条第一款：共同犯罪是指二人以上共同故意犯罪。

第二十六条第二款：三人以上为共同实施犯罪而组成的较为固定的犯罪组织，是犯罪集团。

第二十七条：在共同犯罪中起次要或者辅助作用的，是从犯。

对于从犯，应当从轻、减轻处罚或者免除处罚。

第六十四条：犯罪分子违法所得的一切财物，应当予以追缴或者责令退赔；对被害人的合法财产，应当及时返还；违禁品和供犯罪所用的本人财物，应当予以没收。没收的财物和罚金，一律上缴国库，不得挪用和自行处理。

第六十九条：判决宣告以前一人犯数罪的，除判处死刑和无期徒刑的以外，应当在总和刑期以下、数刑中最高刑期以上，酌情决定执行的刑期，但是管制最高不能超过三年，拘役最高不能超过一年，有期徒刑总和刑期不满三十五年的，最高不能超过二十年，总和刑期在三十五年以上的，最高不能超过二十五年。

数罪中有判处有期徒刑和拘役的，执行有期徒刑。数罪中有判处有期徒刑和管制，或者拘役和管制的，有期徒刑、拘役执行完毕后，管制仍须执行。

数罪中有判处附加刑的，附加刑仍须执行，其中附加刑种类相同的，合并执行，种类不同的，分别执行。

第七十条：判决宣告以后，刑罚执行完毕以前，发现被判刑的犯罪分子在判决宣告以前还有其他罪没有判决的，应当对新发现的罪作出判决，把前后两个判决所判处的刑罚，依照本法第六十九条的规定，决定执行的刑罚。已经执行的刑期，应当计算在新判决决定的刑期以内。

第七十七条：被宣告缓刑的犯罪分子，在缓刑考验期限内犯新罪或者发现判决宣告以前还有其他罪没有判决的，应当撤销缓刑，对新犯的罪或者新发现的罪作出判决，把前罪和后罪所判处的刑罚，依照本法第六十九条的规定，决定执行的刑罚。

被宣告缓刑的犯罪分子，在缓刑考验期限内，违反法律、行政

> 法规或者国务院有关部门关于缓刑的监督管理规定，或者违反人民法院判决中的禁止令，情节严重的，应当撤销缓刑，执行原判刑罚。
>
> 第二百六十六条：诈骗公私财物，数额较大的，处三年以下有期徒刑、拘役或者管制，并处或者单处罚金；数额巨大或者有其他严重情节的，处三年以上十年以下有期徒刑，并处罚金；数额特别巨大或者有其他特别严重情节的，处十年以上有期徒刑或者无期徒刑，并处罚金或者没收财产。本法另有规定的，依照规定。

同类案例

2013 年 3 月至 9 月，被告人熊某伙同他人以打电话的方式，冒称公安局民警，以被害人名下银行账户涉嫌犯罪需要配合公安机关办案为由，让他人将款项打到指定银行卡后，立即指示曾某、张某（均另案处理）取款，骗取他人财物。曾某、张某在取款后按照约定好的比例扣除部分款项后，将其余款项交给熊某。具体犯罪事实如下：

1. 2013 年 3 月 2 日，被告人熊某伙同曾某、张某等人以打电话的方式，冒称公安局民警，以被害人周某名下银行账户涉嫌犯罪需要配合公安机关办案为由，通过中国农业银行（账号 62 × × ×11，户名金某鑫）骗取被害人周某人民币 1250 元。

2. 2013 年 3 月 5 日，被告人熊某伙同曾某、张某等人以打电话的方式，冒称济南市公安局民警，以被害人廖某名下银行账户涉嫌贩毒案件需冻结账户为由，通过中国邮政储蓄银行（账号 62 × × ×17，户名王某谛）骗取被害人廖某 118, 300 元。

（此处省略其他诈骗事实）

综上所述，被告人熊某参与诈骗他人共计 95 起，诈骗款项共计

1,614,730元,已从同案犯曾某、张某处追缴退赔被害人4900元,同时张某退还非法所得40,000元。

法院认为,熊某伙同他人,以非法占有为目的,采用虚构事实的方法,骗取他人财物共计1,829,449.09元,数额特别巨大,判决被告人熊某犯诈骗罪,判处有期徒刑15年,并处罚金人民币400,000元。

52. 网上认识的朋友说自己有靠谱渠道,可以帮我理财投资,回报率极高,可信吗?

律师解答

虚假投资诈骗,是钓鱼类电信网络诈骗中常见的一种形式,指犯罪嫌疑人在网上通过虚假的网络投资平台,声称自己可以帮忙理财投资,以获取高额回报或返现,诱导被害人投入资金,之后关闭虚假网络投资平台并拒不退款(俗称跑路),造成被害人经济损失。

典型案例

案号

福建省宁化县人民法院(2019)闽0424刑初85号

案情简介

2017年7月,被告人朱某先后招募了被告人张某1等人,并向他人租用了“MT4”平台进行所谓的外汇、期货交易,由被告人张某1等人通过微信冒充离异妇女与不特定人员拉家常建立“感情”后,引诱不特定人员加入平台进行所谓的外汇交易;2018年4月,更多人加入诈骗团伙,被告人陆某等充当“指导老师”的角色负责在微信群内“指导”他人进行交易，并对被骗群众进行安抚；被告人张某1等负责管理组员及对组员发展的有意向入金的客户进行指导投入资金；被告人张某2等人则负责冒充离异妇女，通过添加微信好友的手段寻找目标客户，并骗取他人信任，寻找到有意向投资的客户后将微信号交予上级进行进一步的诈骗。该团伙欺骗客户投入资金，先给客户小额盈利，后让客户频繁进行杠杆操作，直至资金耗尽，当客户不相信该平台，要求讨回剩余资金时，该团伙以各种理由拒不退款。经福建锐眼司法鉴定所鉴定：被告人朱某从郭某处租用的“MT4”平台可以修改订单记录中的“开仓价”“止损价”“止盈”等。

从2017年7月至案发，该团伙先后诈骗严某等被害人投资款共计人民币948,164.8元。

裁判观点

被告人朱某等人冒充离异妇女、汽车美容店老板等身份，利用租来的虚假“MT4”平台引导被害人投入资金，之后通过修改后台数据让客户无论获利和亏损均无法取出资金，导致被害人经济损失。其团队互相合作，有人冒充话务员，有人充当水军、指导老师等角色吸引客户，共同收取底薪，共享诈骗金额。该事实有被告人供述、被害人陈述、证人证言及银行流水、电子数据等证据证实，被告人的行为符合诈骗罪的主客观要件，法院以诈骗罪认定。

据此，被告人朱某、张某1等人以非法占有为目的，共同利用电信网络手段对不特定人员采用虚构事实、隐瞒真相的手段骗取他人财物，数额特别巨大，其行为均已构成诈骗罪。

【裁判结果】

1. 被告人朱某犯诈骗罪，判处有期徒刑10年，并处罚金人民币100,000元。

2. 被告人张某1犯诈骗罪，判处有期徒刑3年，并处罚金人民币10,000元。

……

15. 被告人朱某被公安机关扣押的现金人民币817,000元，由扣押机关予以返还被害人。

16. 扣押在案的笔记本电脑一台、U盘一个、笔记本及作案工具，予以没收，由扣押机关依法依规处理。

17. 继续向被告人张某1追缴违法所得人民币20,000元(已扣除预缴的10,000元)、刘某21,000元、张某245,000元、黄某15,000元、尹某5000元、钟某3600元、赵某7000元、唐某4000元、李某17,000元、阮某7500元，予以返还被害人。

相关规定

《中华人民共和国刑法》

第二十五条第一款：共同犯罪是指二人以上共同故意犯罪。

第二十六条第一、四款：组织、领导犯罪集团进行犯罪活动的或者在共同犯罪中起主要作用的，是主犯。

对于第三款规定以外的主犯，应当按照其所参与的或者组织、指挥的全部犯罪处罚。

第二十七条：在共同犯罪中起次要或者辅助作用的，是从犯。

对于从犯，应当从轻、减轻处罚或者免除处罚。

第五十二条：判处罚金，应当根据犯罪情节决定罚金数额。

第五十三条：罚金在判决指定的期限内一次或者分期缴纳。期满不缴纳的，强制缴纳。对于不能全部缴纳罚金的，人民法院在任何时候发现被执行人有可以执行的财产，应当随时追缴。

由于遭遇不能抗拒的灾祸等原因缴纳确实有困难的，经人民法院裁定，可以延期缴纳、酌情减少或者免除。

第六十四条：犯罪分子违法所得的一切财物，应当予以追缴或者责令退赔；对被害人的合法财产，应当及时返还；违禁品和供犯罪所用的本人财物，应当予以没收。没收的财物和罚金，一律上缴国库，不得挪用和自行处理。

第二百六十六条：诈骗公私财物，数额较大的，处三年以下有期徒刑、拘役或者管制，并处或者单处罚金；数额巨大或者有其他严重情节的，处三年以上十年以下有期徒刑，并处罚金；数额特别巨大或者有其他特别严重情节的，处十年以上有期徒刑或者无期徒刑，并处罚金或者没收财产。本法另有规定的，依照规定。

同类案例

2017 年 3 月，被告人梁某 1 招募梁某 2 等人，以推广网络理财平台为名，通过即时聊天工具诱骗被害人王某 1、张某 1 等人向“天柠宝”等虚假网络理财平台投资，从中非法获取网络理财平台给予工作室的高额返现。同年 6 月下旬，“天柠宝”等网络理财平台关闭后，为逃避打击，梁某 1 等人关闭该工作室。

2017 年 8 月，被告人梁某 1 再次伙同被告人冯某等人违规开设工作室，以推广网络理财平台为名，通过即时聊天工具诱骗被害人向虚假网络理财平台投资，从中非法获取网络理财平台给予工作室的高额返现。同年 10 月上旬，梁某 1、冯某为获取平台高额返现，在明知“爱尚理财”网络理财平台为虚假平台且会“跑路”的情况下，仍安排梁某 2 等人通过即时聊天群等方式向被害人发送虚假投资图片，并谎称已实地考察该平台，共骗取被害人李某 1 等人 334，812 元。具体事实如下：

1. 2017 年 10 月至 11 月，被告人梁某 2 利用“爱尚理财”网络理财平台，骗取湖北宜昌李某 1 1.1 万元、浙江杭州赵某 2 2 万元、山东淄博陈某 1 1.1 万元、江苏南京陈某 2 2.5 万元、江苏常州张某 2 2.5 万元、江苏常州沈某 1 万元、福建泉州刘某 1 1.1 万元、江苏昆山周某 1 万元，共计 12.3 万元。

2. 2017 年 10 月至 11 月，被告人罗某利用“爱尚理财”网络理财平台，骗取江西赣州钟某、王某 2 等人共计 47,812 元。

3. 2017 年 10 月至 11 月，被告人卢某利用“爱尚理财”网络理财平台，骗取山东济南魏某 2.5 万元、湖南长沙潘某 1 万元、湖北武汉秦某 1 万元、内蒙古包头刘某 2 5000 元，共计 5 万元。

4. 2017 年 10 月至 11 月，被告人梁某 3 利用“爱尚理财”网络理财平台，骗取山东德州李某 2 3 万元、广东广州黄某 5000 元、陈某 3 5000 元、浙江湖州姬某 5000 元，共计 4.5 万元。

5. 2017 年 10 月至 11 月，被告人刘某 3 利用“爱尚理财”网络理财平台，骗取浙江杭州林某 5000 元、河北石家庄康某 5000 元，共计 1 万元。

6. 2017 年 10 月至 11 月，被告人王某 3 利用“爱尚理财”网络理财平台，骗取湖南长沙卜某 3 万元、安徽合肥邵某 1.5 万元、辽宁大连王某 4 1.5 万元、王某 5 1 万元、程某 1 万元，共计 8 万元。

2017 年 11 月 15 日，公安机关在该工作室内将梁某 1 等人抓获，并当场查扣用于作案的电脑 15 台、交换机 1 台、显示器 1 台、身份证 1 张、银行卡 3 张、U 盾(网上银行交易的安全工具)1 个、梁某 1 苹果牌手机 1 部。2018 年 12 月 14 日，被告人梁某 1 通过支付宝账户向法院退赃 135,935.68 元。

法院认为，被告人梁某 1、冯某等人利用互联网发布虚假信息骗取他人财物 334,812 元，数额巨大，其行为均已构成诈骗罪。判决如下：(1)被告人梁某 1 犯诈骗罪，判处有期徒刑 5 年 3 个月，并处罚金人民币 20,000 元。(2)被告人冯某犯诈骗罪，判处有期徒刑 5 年，并处罚金人民币 20,000 元。(此处省略对其他被告人的判决)(8)对公安机关扣押的被告人作案工具电脑 15 台、交换机 1 台、显示器 1 台、身份证 1 张、银行卡 3 张、U 盾 1 个、梁某 1 苹果牌手机 1 部等予以没收,上缴国库。对公安机关依法扣押的其他物品,由公安机关依法处理。(9)对被告人梁某 1 所退赃款 135,935.68 元按比例发还被害人。被告人不服,提起上诉,二审判决维持原判。

53. 有人私信我说我中奖了,要求我出寄送奖品需要的保价费、电子隔离箱租用费、派送费等费用。这是真的吗?

律师解答

虚假中奖诈骗,是钓鱼类电信网络诈骗中常见的一种形式,指犯罪嫌疑人虚构中奖事实,以兑换奖品需要收取各种费用等为由,诱骗被害人将钱存入其指定账号。

典型案例

案号

浙江省玉环市人民法院(2019)浙 1021 刑初 578 号

案情简介

聂某、张某(均已判)分别于 2016 年 6 月和 2018 年 6 月成立哈尔滨鹤霆霖商贸有限公司、长春圣沣泽电子商务有限公司,陆续招募包括该案被告人在内的数十人作为销售客服在微信上虚构被害人参与珠宝公司活动中奖信息,并由销售客服根据公司话术的要求虚构寄送奖品需要收取保价费、电子隔离箱租用费、派送费等费用,并承诺待奖品寄到之后退还,被害人信以为真,根据指示通过微信缴纳相关费用。截至2018年9月,该公司通过上述方式骗取被害人合计人民币1000余万元。

裁判观点

法院认为,部分被告人参与实施诈骗犯罪活动的犯罪集团,以非法占有为目的,利用电信网络骗取他人财物,数额巨大;部分被告人参与实施诈骗犯罪活动的犯罪集团,以非法占有为目的,利用电信网络骗取他人财物,数额较大;其行为均已构成诈骗罪。

【裁判结果】

1. 被告人王某犯诈骗罪,判处有期徒刑2年2个月,缓刑2年8个月,并处罚金人民币20,000元。

2. 被告人程某犯诈骗罪,判处有期徒刑1年7个月,并处罚金人民币15,000元。

(此处省略多位被告人判决结果)

12. 各被告人退缴的违法所得与其他同案犯已退缴在案的违法所得,统一分配返还给相应被害人。

13. 扣押在案的作案工具手机25部、ipad 4台予以没收。

相关规定

《中华人民共和国刑法》

第二十五条第一款:共同犯罪是指二人以上共同故意犯罪。

第二十六条第二款:三人以上为共同实施犯罪而组成的较为固定的犯罪组织,是犯罪集团。

第二十七条：在共同犯罪中起次要或者辅助作用的，是从犯。

对于从犯，应当从轻、减轻处罚或者免除处罚。

第六十四条：犯罪分子违法所得的一切财物，应当予以追缴或者责令退赔；对被害人的合法财产，应当及时返还；违禁品和供犯罪所用的本人财物，应当予以没收。没收的财物和罚金，一律上缴国库，不得挪用和自行处理。

第二百六十六条：诈骗公私财物，数额较大的，处三年以下有期徒刑、拘役或者管制，并处或者单处罚金；数额巨大或者有其他严重情节的，处三年以上十年以下有期徒刑，并处罚金；数额特别巨大或者有其他特别严重情节的，处十年以上有期徒刑或者无期徒刑，并处罚金或者没收财产。本法另有规定的，依照规定。

同类案例

被告人羊某为实施电信网络诈骗，利用互联网向不特定 QQ 用户发送虚假中奖信息，虚构以领奖需要缴纳手续费、保证金、税费等费用的事实，诱骗他人向其指定的银行账户存款，后羊某通知王某（已判刑）取钱，王某安排林某（已判刑）到银行 ATM 机取钱。2017 年 5 月至 9 月，羊某骗取多人钱款金额共计 286,950 元，取现金额 283,200 元。

法院认为，被告人羊某以非法占有为目的，利用互联网虚构中奖交费等事实，骗取不特定多数人钱款，数额巨大，其行为已构成诈骗罪。判决被告人羊某犯诈骗罪，判处有期徒刑 8 年 6 个月，并处罚金人民币 80,000 元。被告人羊某非法所得人民币 283,200 元（含公安机关随案移送赃款 4000 元），予以追缴，按比例退赔各被害人。

54. 电话诈骗通常是怎样的？如何甄别虚假话务员？电话诈骗通常会采取怎样的借口？

律师解答

虚假话务员诈骗，是钓鱼类电信网络诈骗中常见的一种形式，指犯罪嫌疑人以拨打电话的方式，假装自己是某单位的话务员，以收取信用卡手续费、缴纳滞留快递费，或被害人需要配合公检法调查为由，套取其个人身份信息、银行卡信息等，最终让被害人将钱存入指定账号，造成被害人经济损失。

典型案例

案号

广西壮族自治区兴安县人民法院(2020)桂0325刑初20号

案情简介

2019年7月至8月27日，汪某(另案处理)提供手机、公民信息等资料，伙同王某4等人，给不特定对象拨打电话，自称是各大银行信用卡申办中心工作人员，以帮他人办理信用卡或提升信用卡额度为由，骗取他人手续费、信用卡代办费、信用卡开通费等。具体犯罪事实如下：

1.2019年8月4日至13日，被害人王某1在天津市津南区被该团伙诈骗人民币74,300元;2019年8月13日至14日，被害人达某在江苏省常州市钟楼区被该团伙诈骗人民币38,000元;2019年8月8日至15日，被害人顾某在江苏省南通市崇川区被该团伙诈骗人民币15,345元。除上述三被害人接听的诈骗电话外，该团伙在2019年8月5日至15日还拨打了诈骗电话共计1891次。

2.2019年8月24日至27日，该团伙拨打诈骗电话共计739次，其中：被告人张某拨打212次，被告人何某拨打79次。

2019年8月21日，汪某将诈骗所得赃款人民币100,000元交由被告人朱某分配，被告人朱某尚未分配即被公安机关将其中国工商银行62×××40账户内的人民币124,836.92元冻结。

裁判观点

被告人张某等人以非法占有为目的，虚构事实，隐瞒真相，骗取他人财物，数额巨大，其行为已触犯《刑法》第266条的规定，构成诈骗罪。

【裁判结果】

1.被告人张某犯诈骗罪，判处有期徒刑4年8个月，并处罚金人民币80,000元。

2.被告人何某犯诈骗罪，判处有期徒刑4年8个月，并处罚金人民币80,000元。

（此处省略多位被告人判决结果）

责令被告人张某、何某、肖某、朱某共同退赔被害人王某1经济损失人民币74,300元、达某经济损失人民币38,000元、顾某经济损失人民币15,345元。

作案工具老人手机41台、VIVO手机2台、小米手机2台、荣耀手机2台、OPPO手机1台、华为手机1台，依法予以没收。

相关规定

《中华人民共和国刑法》

第二十五条第一款：共同犯罪是指二人以上共同故意犯罪。

第二十六条第二款:三人以上为共同实施犯罪而组成的较为固定的犯罪组织,是犯罪集团。

第二十七条:在共同犯罪中起次要或者辅助作用的,是从犯。

对于从犯,应当从轻、减轻处罚或者免除处罚。

第六十四条:犯罪分子违法所得的一切财物,应当予以追缴或者责令退赔;对被害人的合法财产,应当及时返还;违禁品和供犯罪所用的本人财物,应当予以没收。没收的财物和罚金,一律上缴国库,不得挪用和自行处理。

第六十九条:判决宣告以前一人犯数罪的,除判处死刑和无期徒刑的以外,应当在总和刑期以下、数刑中最高刑期以上,酌情决定执行的刑期,但是管制最高不能超过三年,拘役最高不能超过一年,有期徒刑总和刑期不满三十五年的,最高不能超过二十年,总和刑期在三十五年以上的,最高不能超过二十五年。

数罪中有判处有期徒刑和拘役的,执行有期徒刑。数罪中有判处有期徒刑和管制,或者拘役和管制的,有期徒刑、拘役执行完毕后,管制仍须执行。

数罪中有判处附加刑的,附加刑仍须执行,其中附加刑种类相同的,合并执行,种类不同的,分别执行。

第七十条:判决宣告以后,刑罚执行完毕以前,发现被判刑的犯罪分子在判决宣告以前还有其他罪没有判决的,应当对新发现的罪作出判决,把前后两个判决所判处的刑罚,依照本法第六十九条的规定,决定执行的刑罚。已经执行的刑期,应当计算在新判决决定的刑期以内。

第二百六十六条:诈骗公私财物,数额较大的,处三年以下有期徒刑、拘役或者管制,并处或者单处罚金;数额巨大或者有其他

严重情节的，处三年以上十年以下有期徒刑，并处罚金；数额特别巨大或者有其他特别严重情节的，处十年以上有期徒刑或者无期徒刑，并处罚金或者没收财产。本法另有规定的，依照规定。

同类案例

从2018年3月起，罗某等人（均已被起诉）伙同被告人胡某等人在缅甸小勐拉镇以办理信用卡为名实施电信网络诈骗。分工如下：罗某负责前期道具购买等准备工作、赃款套现及部分后勤工作；吴某负责培训话务员、管理账目、购买部分作案道具、担任二线话务员；张某1负责管理一线话务员及接洽和后勤工作，偶尔参与赃款套现。被告人胡某担任话务员一起使用虚假身份欺骗受害人办理假信用卡，并以收取手续费、激活信用卡为由欺骗被害人向其提供的银行卡转账，成功诈骗9人，共得赃款391,479.99元。被告人罗某、吴某、张某1将该笔赃款刷入持有的以刘某的邮政储蓄银行卡办理的户名为“武汉市长丽假日酒店”POS机，以及杜某的中国工商银行卡办理的户名为“武汉市红美精品女装批发”POS机、中国农业银行卡办理的户名为“武汉市鸿美美容健身会所”POS机上，然后在缅甸的赌场将赃款套现。具体事实如下：

1. 受害人龚某于2018年4月24日被该诈骗团伙中一名自称办理信用卡的工作人员的成员先后以收取定金、激活信用卡等理由诈骗，往对方提供的户名为佟某的银行账户内转入人民币32,000元，后该团伙分别将钱刷入其持有的户名为“武汉市长丽假日酒店”“武汉市红美精品女装批发”的POS机上。

2. 受害人李某于2018年4月25日，被该诈骗团伙中的一名自称北京市钻诚投资担保有限公司的业务员的成员以代办光大银行的信用卡需要交定金、激活信用卡需要走流水等理由诈骗，往对方提供的户名为张某2的银行卡先后转入金额51,800元,后该团伙分别将诈骗到的金额刷入其持有的户名为"武汉市长丽假日酒店""武汉市红美精品女装批发""武汉市鸿美美容健身会所"的POS机上。

(此处省略其余8起诈骗事实)

法院认为,被告人胡某利用电信网络技术手段实施诈骗,数额巨大,其行为已构成诈骗罪。判处胡某有期徒刑3年,缓刑3年,并处罚金人民币20,000元,上缴国库。

55. 有美女抖音私信要求加我微信,聊天一段时间后要求我向其转账。这是钓鱼诈骗吗?

律师解答

社交媒体私信诈骗,是钓鱼类电信网络诈骗中常见的一种形式,指犯罪嫌疑人通过社交媒体平台(微博、抖音、微信、QQ等)对被害人进行私信,冒充被害人亲属、年轻异性或能向被害人提供某种好处的角色,诱骗被害人向其转账,从而造成经济损失。

典型案例

案号

广东省惠州市中级人民法院(2020)粤13刑终365号

案情简介

2015年9月,黄某(已判刑)成立茶叶公司,进行网络销售,贩卖茶叶。2017年6月,黄某找到李某(另案处理),共同研制了一套以业务员统一使用一个虚构的美女身份按照套路分“进粉期”“生活期”“情感期”“爆点期”等几个阶段与网络男性进行交友，然后以买茶叶、生日买礼物、发红包等理由骗取对方钱财的方案。后黄某在广东省深圳市购买大量作案电脑和手机，通过网络购买大量作案微信号，聘请美女模特以惠州市博罗县一茶山为背景拍摄生活相片、视频，招募、培训业务员于2017年7月开始统一使用上述模特照片、统一话术有组织地实施诈骗活动。此后，黄某等人又相继在广东多个公司窝点组织业务人员以同一套路骗取钱财，其间，各窝点间业务人员存在交叉人事变动，但上述行骗活动均由专门的财务人员统一负责收款、审单、制表、做账、结算工资等。直到2018年3月28日，公安机关查获该团伙，抓获涉案人员，并现场查获电脑、手机等作案工具一批。

茶叶公司行骗窝点内设总经理、行政部、销售部、老客户维护部、技术部。其中技术部经理负责微信号“进粉”，将其提供给公司业务员使用，并负责公司所有业务员的微信号发放登记，协助公司业务员充值手机流量以及维护公司电脑、手机的硬件等工作，为实施“套路”营销提供技术支持。销售经理带领业务员。老客户维护部以公司老一批QQ转微信的客户为对象，继续使用“茶农女儿詹某华”套路实施诈骗，同时使用“茶庄茶”套路实施诈骗销售。老客户维护部业务员的工资组成为基本工资加销售提成。

经审计，至案发，各被告人骗取款项具体情况如下：

被告人何某于2017年4月18日进入惠州市汇缘沁茶叶有限公司担任技术员，2017年12月初担任公司技术主管，其参与套路行骗以来，协助公司团队骗取红包款项共计人民币1,750,694.73元、茶叶款项共计人民币2,738,599.89元。

（此处省略32位被告人诈骗金额）

另查明，依据司法会计补充鉴定意见书的鉴定结论，何某2017年12月初担任公司技术主管，其参与套路行骗以来，协助麦雅公司团队骗取红包款项共计人民币1,750,694.73元、茶叶款项共计人民币2,738,599.89

元。另外,因司法会计鉴定意见中鉴定机构将其余组员的犯罪数额加至被告人姚某名下,法院现依法予以扣减,故被告人姚某个人及所管理团队、组员骗取红包款项应为人民币60,708.71元、茶叶款项应为人民币2,267,343.88元。

裁判观点

关于该案的定性问题。该案中多名被害人陈述以及公安机关提取的销售话术模板、微信聊天记录和照片等证据能相互印证,证实上诉人姚某等人经过公司的招募、组织、培训后,利用网络手段以虚构的事实,即统一模特照片、统一话术等结识不特定的网络男性,使用虚构的假名及美女身份,按照套路分"进粉期""生活期""情感期""爆点期"等阶段与结识的网络男性进行聊天交友,取得被害人信任,将不特定的社会公众变为特定的被害人,后再以自己失恋或失业等,虚构事实向被害人推销茶叶,或虚构自己生日的事实,向被害人索求生日礼物、索要红包。这部分被锁定的被害人是基于对被告人所虚构身份的信任、同情等,陷入错误认识,违背自己的真实意愿出钱购买被告人推销的茶叶或发送红包,而非基于各上诉人、原审被告人对于所销售茶叶的虚假宣传购买茶叶。

因此,该案中虚构身份等事实骗取被害人的信任是上诉人能骗取被害人财物的关键,销售茶叶的行为与向被害人索要生日礼物、红包的行为一样,都是在骗取被害人信任的基础上骗取被害人财物的一种诈骗手段。它既不是正常的营销行为,也不是虚假宣传、民事欺诈行为,而是一种以非法占有被害人财物为目的的诈骗行为。

【裁判结果】

何某、姚某等人以非法占有为目的,采用虚构事实、隐瞒事实真相的方法骗取他人钱财,判决姚某犯诈骗罪,判处有期徒刑4年10个月,并处罚金人民币6000元。

(此处省略多位被告人判决结果)

相关规定

《中华人民共和国刑法》

第二十五条第一款：共同犯罪是指二人以上共同故意犯罪。

第二十六条第二款：三人以上为共同实施犯罪而组成的较为固定的犯罪组织，是犯罪集团。

第二十七条：在共同犯罪中起次要或者辅助作用的，是从犯。

对于从犯，应当从轻、减轻处罚或者免除处罚。

第六十四条：犯罪分子违法所得的一切财物，应当予以追缴或者责令退赔；对被害人的合法财产，应当及时返还；违禁品和供犯罪所用的本人财物，应当予以没收。没收的财物和罚金，一律上缴国库，不得挪用和自行处理。

第六十九条：判决宣告以前一人犯数罪的，除判处死刑和无期徒刑的以外，应当在总和刑期以下、数刑中最高刑期以上，酌情决定执行的刑期，但是管制最高不能超过三年，拘役最高不能超过一年，有期徒刑总和刑期不满三十五年的，最高不能超过二十年，总和刑期在三十五年以上的，最高不能超过二十五年。

数罪中有判处有期徒刑和拘役的，执行有期徒刑。数罪中有判处有期徒刑和管制，或者拘役和管制的，有期徒刑、拘役执行完毕后，管制仍须执行。

数罪中有判处附加刑的，附加刑仍须执行，其中附加刑种类相同的，合并执行，种类不同的，分别执行。

第七十条：判决宣告以后，刑罚执行完毕以前，发现被判刑的犯罪分子在判决宣告以前还有其他罪没有判决的，应当对新发现的罪作出判决，把前后两个判决所判处的刑罚，依照本法第六十九条的规定，决定执行的刑罚。已经执行的刑期，应当计算在新判决决定的刑期以内。

第二百六十六条：诈骗公私财物，数额较大的，处三年以下有期徒刑、拘役或者管制，并处或者单处罚金；数额巨大或者有其他严重情节的，处三年以上十年以下有期徒刑，并处罚金；数额特别巨大或者有其他特别严重情节的，处十年以上有期徒刑或者无期徒刑，并处罚金或者没收财产。本法另有规定的，依照规定。

同类案例

2023年7月22日凌晨，被告人李某某通过抖音私聊认识杨某并使用微信昵称"宁静致远"的账号添加杨某为微信好友。被告人李某某虚构自己名叫刘某，在河南省郑州诚达旅游公司工作，可以为杨某安排到公司旅游大巴收银的事实，随后以缴纳工装费、保险费等名义要求杨某向其转钱；被告人李某某又以让杨某负责采购公司员工福利为名，使用另一微信账号（微信昵称：假如）添加杨某为微信好友，谎称自己是郑州诚达旅游公司的会计，随后以缴纳手续费、押金、好处费等为名，要求杨某向其转钱。被害人杨某询问何时能上班，被告人李某某以各种理由推脱，后将杨某微信拉黑。自2023年7月22日至8月1日，杨某向李某某名下两个微信账户转账共计9086.2元。上述钱款李某某用于个人日常消费。

法院认为，被告人李某某虚构身份，以为他人安排工作为由，虚构事实，隐瞒真相，骗取他人财物，数额较大，其行为已构成诈骗罪，判决被告人李某某犯诈骗罪，判处有期徒刑10个月，并处罚金人民币3000元。罚金于判决生效后10日内一次缴纳，违法所得9086.2元责令退赔被害人杨某。

第三部分

电信网络诈骗的共同犯罪

56. 电信网络诈骗共同犯罪中主犯和从犯的划分标准是什么，如何区分直接执行者和背后指挥者？

律师解答

依据《刑法》第26、27条的规定，在共同犯罪中，主犯是指组织、领导犯罪集团进行犯罪活动或在共同犯罪中起主要作用的人，而从犯则是在共同犯罪中起次要或者辅助作用的人。区分主犯和从犯，关键就在于嫌疑人在犯罪活动中的角色、地位、作用和行为。在电信网络诈骗犯罪活动中，主犯在整个诈骗活动中起到的是策划和指挥的作用。

在区分直接执行者和背后指挥者时，法院会考虑以下几个因素：

首先，嫌疑人是否直接参与诈骗活动，若是，属于直接执行者。其次，嫌疑人在犯罪中所承担的角色，是否包括策划、指挥、组织等管理者的角色，若是，属于背后指挥者。最后，该集团是否存在明确的分工合作关系，比如，负责具体诈骗环节的属于直接执行者，而不负责具体诈骗，对整个犯罪活动起关键作用或决定性作用的，属于背后指挥者。

典型案例

案号

四川省宜宾市中级人民法院(2020)川15刑终160、235号

案情简介

2018年3月至6月底，果某某(另案处理)在黑龙江省哈尔滨市呼兰区学院路丽景花园小区内租赁房屋，购买作案用的电话、手机卡、电脑

以及给老年人寄的保健品、水杯、茶叶等工具，并组织和招募被告人仝某、高某1、高某2、于某、陆某、吴某等人。果某某对上述人员进行培训，传授给被害人打电话时需要讲的“话术”并给具体拨打电话实施诈骗的被告人提供大量诈骗对象的人员身份信息及电话号码。其安排被告人仝某负责管账、计算其他被告人的提成和与快递公司联系发货和对单；安排被告人高某1、高某2、于某、陆某、吴某等人冒充北京市食品药品监督管理局工作人员，向全国各地的老年人拨打电话，谎称老年人曾经购买的保健品是假保健品，卖给对方保健品的公司和销售人员已被查获，现需向被骗群众进行返款，但需要缴纳一定的律师费、保证金等对被害人实施诈骗。被告人高某1、高某2、于某、陆某、吴某独自拨打电话，分别实施诈骗，待诈骗成功后，各自将被害人情况汇报给果某某，由果某某冒充中国银行北京分行行长进一步以收取保证金、个人所得税等名义继续实施诈骗。利用上述方式，该电信诈骗集团持续诈骗4个月。

1.2018年3月初，被告人高某2冒充北京市食品药品监督管理局返款处处长“刘亮”给被害人刘某拨打电话，以被害人刘某购买了假冒伪劣保健品被骗，北京市食品药品监督管理局返款处给其返还被骗款，但需要缴纳办理返款的“保证金”为由，让刘某收取免费赠送给其的保健品包裹，并将保证金交给快递员。后刘某收取被告人高某2通过“宅急送”快递寄出的包裹，被骗现金4279元。在收取第一个包裹被骗之后，被告人高某2继续冒充北京食品药品监督管理局返款处处长、果某某冒充中国银行北京分行行长，两人共同配合以需要缴纳返款的“保证金”费用为由对刘某实施诈骗，后刘某收取高某2通过快递邮寄的包裹，再次被骗现金3822元。

同年4月初至5月底，被告人高某1冒充北京市食品药品监督管理局返款处处长“张龙”给被害人刘某拨打电话，谎称之前给被害人刘某办理返款的“刘亮”处长被调走，由其接手办理刘某退款一事，后以需要缴纳办理返款的“个人所得税”等费用为由，先后诈骗刘某现金3324元、

3000元、23,000元、7000元、1000元、8000元、9000元、9000元。

同年6月中旬，被告人于某冒充北京市食品药品监督管理局返款处处长“马文”给被害人刘某拨打电话，谎称之前给被害人刘某办理返款业务的“张龙”处长出车祸了，由其接手办理刘某退款一事，如需办理返款需要重新缴纳一笔费用，后刘某收取于某通过“宅急送”快递邮寄的包裹，被骗现金5000元。

（以下省略11起具体犯罪事实）

裁判观点

法院认为，另案处理的同案犯果某某纠集该案仝某、高某1、高某2、于某、陆某、吴某等多人，以非法占有为目的，利用拨打电话的方式，虚构事实、隐瞒真相，骗取他人钱财，其行为均已触犯《刑法》第266条的规定，构成诈骗罪。在共同犯罪中，果某某系该犯罪集团首要分子，组织和招募高某1、高某2、于某、陆某、吴某等人，并传授犯罪方法和提供犯罪工具，对诈骗所得分取比例高于其他被告人，起主要作用，是主犯；高某1、高某2、于某、陆某、吴某等人受雇于果某某，在主犯果某某安排下实施诈骗犯罪活动，分赃比例小于首要分子，在共同犯罪中起次要作用，其中高某1、高某2、于某、陆某、吴某属于次要的实行犯，均系从犯；仝某在共同犯罪中起辅助作用，系从犯。

【裁判结果】

1. 仝某犯诈骗罪，判处有期徒刑2年6个月，并处罚金人民币50,000元。

2. 高某1犯诈骗罪，判处有期徒刑2年10个月，并处罚金人民币25,000元。

3. 于某犯诈骗罪，判处有期徒刑1年11个月，并处罚金人民币30,000元。

4. 陆某犯诈骗罪，判处有期徒刑1年6个月，并处罚金人民币

30,000 元。

5. 高某 2 犯诈骗罪，判处有期徒刑 1 年 5 个月，并处罚金人民币 10,000 元。

6. 吴某犯诈骗罪，判处有期徒刑 1 年 5 个月，宣告缓刑 2 年，并处罚金人民币 15,000 元。

7. 将仝某等人退赔的赃款发还给被害人刘某人民币 76,425 元、被害人黄某人民币 2480 元、被害人李某 1 人民币 7688 元、被害人李某 2 人民币 6476 元、被害人叶某人民币 4946 元、被害人邓某人民币 2300 元、被害人樊某人民币 61,370 元、被害人漆某人民币 7134 元、被害人田某人民币 647 元、被害人许某人民币 33,758 元、被害人申某人民币 40,718 元、被害人周某人民币 32,888 元。

8. 令高某 1 退缴非法所得 26,129.6 元，上缴国库。

相关规定

《中华人民共和国刑法》

第二十五条第一款：共同犯罪是指二人以上共同故意犯罪。

第二十六条第二款：三人以上为共同实施犯罪而组成的较为固定的犯罪组织，是犯罪集团。

第二十七条：在共同犯罪中起次要或者辅助作用的，是从犯。对于从犯，应当从轻、减轻处罚或者免除处罚。

第六十四条：犯罪分子违法所得的一切财物，应当予以追缴或者责令退赔；对被害人的合法财产，应当及时返还；违禁品和供犯罪所用的本人财物，应当予以没收。没收的财物和罚金，一律上缴国库，不得挪用和自行处理。

第六十九条：判决宣告以前一人犯数罪的，除判处死刑和无期徒刑的以外，应当在总和刑期以下、数刑中最高刑期以上，酌情决定执行的刑期，但是管制最高不能超过三年，拘役最高不能超过一年，有期徒刑总和刑期不满三十五年的，最高不能超过二十年，总和刑期在三十五年以上的，最高不能超过二十五年。

数罪中有判处有期徒刑和拘役的，执行有期徒刑。数罪中有判处有期徒刑和管制，或者拘役和管制的，有期徒刑、拘役执行完毕后，管制仍须执行。

数罪中有判处附加刑的，附加刑仍须执行，其中附加刑种类相同的，合并执行，种类不同的，分别执行。

第二百六十四条：盗窃公私财物，数额较大的，或者多次盗窃、入户盗窃、携带凶器盗窃、扒窃的，处三年以下有期徒刑、拘役或者管制，并处或者单处罚金；数额巨大或者有其他严重情节的，处三年以上十年以下有期徒刑，并处罚金；数额特别巨大或者有其他特别严重情节的，处十年以上有期徒刑或者无期徒刑，并处罚金或者没收财产。

第二百六十五条：以牟利为目的，盗接他人通信线路、复制他人电信码号或者明知是盗接、复制的电信设备、设施而使用的，依照本法第二百六十四条的规定定罪处罚。

第二百六十六条：诈骗公私财物，数额较大的，处三年以下有期徒刑、拘役或者管制，并处或者单处罚金；数额巨大或者有其他严重情节的，处三年以上十年以下有期徒刑，并处罚金；数额特别巨大或者有其他特别严重情节的，处十年以上有期徒刑或者无期徒刑，并处罚金或者没收财产。本法另有规定的，依照规定。

同类案例

被告人周某1以非法占有为目的,在广东省东莞市常平镇租赁房屋,先后组织被告人陈某、谭某、刘某、周某2以查询、修改卫生专业技术资格考试成绩为由实施电信网络诈骗。其中,陈某、谭某于2017年6月初开始参与诈骗,刘某于同月12日参与诈骗,周某2于同月14日参与诈骗。诈骗成功后,由周某1取款,陈某、谭某、周某2、刘某以个人诈骗金额的30%～35%获得提成。周某1还通过网络联系他人发送诈骗信息给考生,同时提供笔记本电脑、银行卡、无线网卡、QQ号码等作案工具给陈某、谭某、刘某、周某2使用。陈某、谭某、刘某、周某2负责和考生联系,并以收取考试成绩查询费、考试成绩修改费为由诈骗考生钱财。周某2参与进来后还向其他被告人提供了用于诈骗的话术模板。从2017年6月初至16日,该团队先后骗取被害人谈某某、徐某等人共计人民币26,400元。其中,周某1诈骗26,400元,陈某个人诈骗8000元,谭某个人诈骗7600元,刘某个人诈骗8000元,周某2个人诈骗2800元。

法院认为,被告人周某1组织被告人陈某、谭某、刘某、周某2等人以非法占有为目的,利用互联网技术手段实施欺诈从而骗取财物,数额较大,五被告人的行为均已构成诈骗罪。在共同犯罪中,周某1起组织领导作用,系主犯,应按照其组织、指挥的全部犯罪处罚;陈某、谭某、刘某、周某2在共同犯罪中起次要或者辅助作用,是从犯,依法应当从轻处罚。判决:(1)被告人周某1犯诈骗罪,判处有期徒刑2年,并处罚金人民币10,000元;(2)被告人陈某犯诈骗罪,判处有期徒刑1年8个月,并处罚金人民币5000元;(3)被告人谭某犯诈骗罪,判处有期徒刑1年8个月,并处罚金人民币5000元;(4)被告人刘某犯诈骗罪,判处有期徒刑1年8个月,并处罚金人民币5000元;(5)被告人周某2犯诈骗罪,判处有期徒刑1年7个月,并处罚金人民币5000元;(6)扣押在案的赃款,依法发还该案各被害人。二审驳回上诉,维持原判。该案中,被告人周某1属于发起诈骗活动的组织、发起者,提供作案地点和工具,系主犯,其他人是直接执行者，系从犯。

57. 电信网络诈骗共同犯罪的刑罚具体确认标准是怎样的？多少钱构成犯罪？

律师解答

电信网络诈骗犯罪明确规定了“数额较大”、“数额巨大”和“数额特别巨大”的具体金额标准，分别为3000元以上、3万元以上和50万元以上。量刑标准根据诈骗数额和情节严重程度进行判定，数额较大、巨大和特别巨大的量刑幅度分别为3年以下、3年以上10年以下和10年以上有期徒刑或无期徒刑。明知他人实施电信网络诈骗犯罪并帮助转移诈骗所得的行为以共同犯罪论处。

在共同犯罪的认定中，参与期间的全部诈骗行为都需承担责任，且三人以上组成的较为固定的犯罪组织应认定为诈骗犯罪集团。在共同犯罪中，区分主犯和从犯，主犯承担主要责任，从犯依法从轻或减轻处罚。

典型案例

案号

云南省水富市人民法院(2019)云0630刑初80号

案情简介

在林某1(另案处理)的组织下，被告人林某2、卢某1、林某3与卢某2(另案处理)、赖某(另案处理)在福建省龙岩市预谋外出实施电信网络诈骗。2019 年 3 月 18 日，被告人林某 2、林某 3、卢某 1 与林某 1、卢某 2、赖某从厦门乘坐 MU5847 号航班到达四川省宜宾市，随后坐出租车到达水富市，当日 19 时许，在林某 1 的带领下，林某 2、卢某 1、林某 3、卢某 2、赖某入住水富市宇峰商务宾馆。

2019 年 3 月 19 日，在林某 1 的组织安排下，林某 2、林某 3、卢某 1、卢某 2、赖某进入水富市，冒充网购客服人员以被害人购买的商品有质量问题或包裹损坏可以退款为由，实施电信网络诈骗活动。2019 年 3 月 19 日至 23 日，该诈骗团伙骗取被害人胥某人民币 7300 元、被害人黄某 1 人民币 16, 983 元、被害人钟某人民币 3000 元、被害人刘某人民币 1998 元、被害人黄某 2 人民币 6480 元、被害人林某 4 人民币 3000 元、被害人童某人民币 17, 799 元、被害人苏某人民币 43, 880 元，共计人民币 100, 440 元。

裁判观点

被告人林某 2、卢某 1、林某 3 与他人共同以非法占有为目的，以虚构事实、电话诈骗的方法，骗取他人钱款 100, 440 元，数额巨大，其行为已触犯《刑法》第 266 条之规定，构成诈骗罪，依法应处 3 年以上 10 年以下有期徒刑，并处罚金。该案系电信网络诈骗团伙共同犯罪，其作案手段隐蔽、受害人众多、涉案金额巨大，依法应予以严厉打击。三被告人的犯罪同伙窃取被害人身份信息及联系方式，三被告人被安排冒充网购卖家客服人员或者快递公司客服人员欺骗被害人将资金转账至指定账户，在共同犯罪中起次要作用，是从犯，依法从轻或减轻处罚。林某 2、卢某 1 归案后如实供述犯罪事实，并自愿认罪认罚，依法予以从轻处罚。林某 2、卢某 1 请求从轻处罚的意见成立，法院予以采纳。

【裁判结果】

1. 被告人林某 2 犯诈骗罪，判处有期徒刑 3 年 1 个月，并处罚金人民币 40, 000 元(已缴纳)。

2. 被告人卢某1犯诈骗罪，判处有期徒刑3年1个月，并处罚金人民币40,000元（已缴纳）。

3. 被告人林某3犯诈骗罪，判处有期徒刑3年，并处罚金人民币35,000元（已缴纳）。

相关规定

1.《最高人民法院最高人民检察院公安部关于办理电信网络诈骗等刑事案件适用法律若干问题的意见》

第二（一）条：根据《最高人民法院、最高人民检察院关于办理诈骗刑事案件具体应用法律若干问题的解释》第一条的规定，利用电信网络技术手段实施诈骗，诈骗公私财物价值三千元以上、三万元以上、五十万元以上的，应当分别认定为刑法第二百六十六条规定的"数额较大""数额巨大""数额特别巨大"。

2.《中华人民共和国刑法》

第二十五条第一款：共同犯罪是指二人以上共同故意犯罪。

第二十六条第二款：三人以上为共同实施犯罪而组成的较为固定的犯罪组织，是犯罪集团。

第二十七条：在共同犯罪中起次要或者辅助作用的，是从犯。对于从犯，应当从轻、减轻处罚或者免除处罚。

第二百六十六条：诈骗公私财物，数额较大的，处三年以下有期徒刑、拘役或者管制，并处或者单处罚金；数额巨大或者有其他严重情节的，处三年以上十年以下有期徒刑，并处罚金；数额特别巨大或者有其他特别严重情节的，处十年以上有期徒刑或者无期徒刑，并处罚金或者没收财产。本法另有规定的，依照规定。

同类案例

被告人柯某某分别与被告人黄某1、易某某冒充平安普惠贷款公司工作人员以小额贷款的形式对被害人实施诈骗，并联系专业取款团伙进行取款，具体犯罪事实如下：

1.2017年10月29日，被告人黄某1、柯某某冒充平安普惠贷款公司工作人员，通过QQ联系被害人，以客户贷款通过审批，办理贷款需缴纳保险金、银行卡刷流水需手续费为由，骗取闫某8000元。

2.2018年1月15日，被告人易某某、柯某某冒充平安普惠贷款公司工作人员，通过QQ联系被害人，以客户贷款通过审批，办理贷款需缴纳保险金、银行卡刷流水需手续费为由，骗取朱某10,500元。

3.2018年1月17日，被告人易某某、柯某某冒充平安普惠贷款公司工作人员，通过QQ联系被害人，以客户贷款通过审批，办理贷款需缴纳保险金、银行卡刷流水需手续费为由，骗取顾某5000元。

4.2018年1月15日，被告人易某某、柯某某冒充平安普惠贷款公司工作人员，通过QQ联系被害人，以客户贷款通过审批，办理贷款需缴纳保险金、银行卡刷流水需手续费为由，骗取黄某2 5000元。

法院认为，被告人柯某某、黄某1、易某某利用电信网络技术手段，虚构事实，多次骗取他人财物，数额较大，其行为构成诈骗罪，公诉机关指控的犯罪事实及罪名成立。三被告人共同策划、分工协作，诈骗被害人财物，属共同犯罪。三被告人在其参与的犯罪过程中，均起主要作用，应按其各自参与的犯罪进行处罚。三被告人当庭自愿认罪，其家属代其全部退赃，并积极预交财产刑保证金，酌情予以从轻处罚。判决如下：

1.被告人柯某某犯诈骗罪，判处有期徒刑2年4个月，并处罚金人民币15,000元；被告人易某某犯诈骗罪，判处有期徒刑1年9个月，并处罚金人民币10,000元；被告人黄某1犯诈骗罪，判处有期徒刑11个月，并处罚金人民币5000元。

2.三被告人退缴的赃款28,500元，分别退还给被害人闫某8000

元，朱某 10, 500 元，顾某 5000 元，黄某 2 5000 元。

3. 壶关县公安局扣押并保管的涉案物品，其中在被告人柯某某身上查获的苹果手机 3 部、银行卡 1 张，在被告人易某某的房间内查获的手机 4 部、银行卡 5 张、硬盘 2 个、内存卡 5 个、U 盘 2 个、Sandisk 存储卡 3 个、手机卡 9 个、e 路通 1 个、充值卡 6 个、身份证 4 张、笔记本电脑 1 台、手机 2 部、网卡 1 个、网套 1 个、流量卡 1 个、移动充值卡 2 个、电话机 1 个、USB 连接线 1 个，在被告人黄某 1 的房间内查获的笔记本电脑 1 台、手机 2 部、SIM 卡 3 张、银行卡 4 张、身份证 2 个、福利彩票 1 张、伪装口罩 7 个、U 盘 1 个、SSK 硬盘 1 个、租户卡 1 个、读卡器 1 个、房产租赁合同 1 份，由壶关县公安局依法处置。

4. 壶关县公安局扣押三被告人的人民币共计 7927 元，移送壶关县人民法院，用以折抵三被告人的罚金。

58. 被诱骗或胁迫担任“话务员”角色，与受害者通话的人员，其法律责任如何界定？

律师解答

一般情况下，在电信网络诈骗案件中，话务员作为共同犯罪的一部分，需对其参与期间该诈骗团伙实施的全部诈骗行为承担责任。即使话务员仅在某一环节参与诈骗，但由于其行为与整个诈骗团伙的犯罪行为密不可分，往往要对整个团伙的诈骗金额承担责任。但是，对于被诱骗或胁迫参与诈骗的人员，法院会根据其是否在明知是诈骗的情况下仍然参与，以及是否有证据证明其受到胁迫认定其法律责任。若被告人在参与诈骗前已明确知道是进行诈骗活动，且在诈骗过程中没有受到暴力胁迫或威胁，则不认定为胁从犯。反之，则可认定为胁从犯。

典型案例

案号

广东省珠海市中级人民法院(2021)粤04刑终65号之一

案情简介

1. 2017年以来,被告人高某、郭某海、杨某、黄某、小华、李某、刘某、郭某金、小明、马某、刘某菊、张某、黄某婷、廖某、王某、郭某明、郭某生、朱某、陈某、罗某、宋某等人伙同他人,先后加入“发董”“斌董”(真名不详,另案处理)等人在柬埔寨茶胶省三局县德邦克荣乡波达奔村(音译)一个果园内成立的诈骗集团,利用电信网络技术手段对中国居民进行语音呼叫,冒充公安局、检察院工作人员身份,虚构被害人因个人银行账号涉及洗钱等虚假事实,以需要接受审查、资产保全等为名,对中国居民实施电信网络诈骗活动。

该诈骗集团实行集中管理、分工协作,全体成员共同生活、工作在相对封闭的犯罪窝点内。该诈骗团伙由台湾地区“发董”“斌董”为集团出资人,“阿豹”“阿英”等人为集团管理人员,集团下设“电脑手”和一线、二线、三线话务员。其中,“电脑手”为犯罪维护网络、保持线路通畅并进行改号;一线话务员冒充被害人所在地公安民警给被害人打电话,虚构被害人名下银行卡涉嫌犯罪,以帮助被害人报案为由,把电话转给二线话务员;二线话务员继续假冒虚构的犯罪地民警,进一步骗取被害人信任,通过制作电话笔录的形式骗取被害人名下的银行卡账号、余额等信息,并以协助被害人查清银行账户上的资金为由,把电话转接至三线话务员;三线话务员假冒专案组领导或检察官,虚构被害人的资金需要通过清查以证清白,诱骗被害人通过转账或缴纳保证金等形式把钱汇入指定账户等,从而骗取被害人财物。

被告人高某在该诈骗团伙内部担任总“电脑手”和一线管理人员,

其他被告人在该诈骗团伙内部担任一、二、三线话务员工作。从2017年1月12日起至2018年11月26日上述诈骗窝点被查期间，该诈骗团伙先后骗取陈某娟、严某某、赵某某、李某某等全国各地400多名被害人的钱款，共计人民币（以下币种均为人民币）6000多万元。

2. 在上述第1个窝点被查后，被告人高某伙同陈某义、钟某承、古某星、廖某玮、黄某俊、彭某源（均另案处理）等人，于2019年5月起继续加入“阿豹”“斌董”等人在柬埔寨磅士碑省波塞县外咋则乡贯村（音译）一个果园内成立的诈骗集团，并以上述相同的诈骗手段，继续对中国居民实施电信网络诈骗活动。从2019年5月17日起至7月17日上述第2个诈骗窝点被查期间，该诈骗团伙先后骗取付某某等13名被害人的钱款，共计80多万元。同年7月17日，上述诈骗集团被查获，被告人高某被当场抓获。

裁判观点

关于上诉人郭某金所提其是受恐吓、威胁参与电信诈骗，请求对其从轻处罚的上诉意见。经查，胁从犯是被胁迫参加犯罪的人，胁迫是指以剥夺生命、损害健康、揭发隐私、毁损财物等对行为人进行精神上的强制，胁从犯所受到的胁迫必须能够达到抑制其意志自由的程度。多名同案犯的供述证明，参与诈骗的人员要走的话只要退回机票钱，护照可以拿回，随时可以离开；在案也无其他证据证实上诉人郭某金遭受了足以抑制其意志自由的胁迫行为，故上诉人郭某金不构成胁从犯，其该项上诉理由及其辩护人的意见不能成立，法院不予支持。

【裁判结果】

（1）被告人高某犯诈骗罪，判处有期徒刑13年，并处罚金人民币50万元。（2）被告人小华犯诈骗罪，判处有期徒刑6年，并处罚金人民币20万元。（3）被告人杨某犯诈骗罪，判处有期徒刑6年，并处罚金人民币20万元。（4）被告人郭某海犯诈骗罪，判处有期徒刑5年10个月，并处罚金人民币20万元。(5)被告人李某犯诈骗罪,判处有期徒刑5年6个月,并处罚金人民币15万元。(6)被告人小明犯诈骗罪,判处有期徒刑5年2个月,并处罚金人民币15万元……(15)被告人郭某金犯诈骗罪,判处有期徒刑4年2个月,并处罚金人民币10万元……

相关规定

《中华人民共和国刑法》

第二十五条第一款:共同犯罪是指二人以上共同故意犯罪。

第二十六条第二款:三人以上为共同实施犯罪而组成的较为固定的犯罪组织,是犯罪集团。

第二十七条:在共同犯罪中起次要或者辅助作用的,是从犯。对于从犯,应当从轻、减轻处罚或者免除处罚。

第六十四条:犯罪分子违法所得的一切财物,应当予以追缴或者责令退赔;对被害人的合法财产,应当及时返还;违禁品和供犯罪所用的本人财物,应当予以没收。没收的财物和罚金,一律上缴国库,不得挪用和自行处理。

第六十九条:判决宣告以前一人犯数罪的,除判处死刑和无期徒刑的以外,应当在总和刑期以下、数刑中最高刑期以上,酌情决定执行的刑期,但是管制最高不能超过三年,拘役最高不能超过一年,有期徒刑总和刑期不满三十五年的,最高不能超过二十年,总和刑期在三十五年以上的,最高不能超过二十五年。

数罪中有判处有期徒刑和拘役的,执行有期徒刑。数罪中有判处有期徒刑和管制,或者拘役和管制的,有期徒刑、拘役执行完毕后,管制仍须执行。

数罪中有判处附加刑的,附加刑仍须执行,其中附加刑种类相同的，合并执行，种类不同的，分别执行。

第二百六十四条：盗窃公私财物，数额较大的，或者多次盗窃、入户盗窃、携带凶器盗窃、扒窃的，处三年以下有期徒刑、拘役或者管制，并处或者单处罚金；数额巨大或者有其他严重情节的，处三年以上十年以下有期徒刑，并处罚金；数额特别巨大或者有其他特别严重情节的，处十年以上有期徒刑或者无期徒刑，并处罚金或者没收财产。

第二百六十五条：以牟利为目的，盗接他人通信线路、复制他人电信码号或者明知是盗接、复制的电信设备、设施而使用的，依照本法第二百六十四条的规定定罪处罚。

第二百六十六条：诈骗公私财物，数额较大的，处三年以下有期徒刑、拘役或者管制，并处或者单处罚金；数额巨大或者有其他严重情节的，处三年以上十年以下有期徒刑，并处罚金；数额特别巨大或者有其他特别严重情节的，处十年以上有期徒刑或者无期徒刑，并处罚金或者没收财产。本法另有规定的，依照规定。

同类案例

2015年10月至12月，阿某1（另案处理）和阿某2（另案处理）在印度尼西亚雅加达通过租赁VOS话务平台等国际网络搭建电信网络诈骗窝点，先后招募、组织被告人徐某、张某、谢某、彭某、尹某、何某、廖某、王某1、王某2等人出境担任话务员及“电脑手”。其中，谢某、彭某系“电脑手”兼一线话务员，廖某、王某2系一线话务员，何某、王某1系二线话务员，尹某系二线、三线话务员，张某系二线、三线话务员兼窝点账目记录员，徐某系三线话务员兼窝点管理人员。

该窝点实施诈骗的手段是先由“电脑手”通过网络语音信息系统平

台向中国民众的电话发送语音信息，告知被害人有包裹未取，详情可拨打人工电话，当被害人拨打电话后，由“一线话务员”冒充顺丰快递客服人员，告知被害人其个人信息可能被用于犯罪，并主动帮被害人将电话转至“公安局”处理；接着由“二线话务员”冒充公安人员，套取被害人个人信息并告知其个人信息确实被用于贩毒、洗钱等违法犯罪，需交检察人员处理；随后又由“三线话务员”冒充检察人员，继续诱骗被害人，以对被害人进行资金清查为由要求被害人将个人资金转到其提供的“安全账户”进行监管，以达到占有资金的目的，该窝点以上述方式实施诈骗共14起，诈骗金额共计人民币37.49万元。

具体犯罪事实如下：

1.2015年11月2日，骗取河北省沧州市盐山县千童镇黄庄村刘某1人民币70,000元。

（省略13起具体犯罪事实）

法院认为，该案是一起分工明确、结构完整、有一定组织，在境外利用电信网络，冒充快递客服、司法机关工作人员对我国境内不特定的人，包括老年人和未成年人实施的电信网络诈骗案件，具有酌情从重处罚的情节；鉴于该诈骗窝点在境外实施诈骗后自行解散，没有造成更大的社会危害，可酌情从轻处罚。其中，对于被告人谢某、何某、廖某、王某1、王某2及其辩护人提出系受胁迫参与犯罪的辩护意见，经查，胁从犯是指受胁迫参加犯罪的人，但上述各被告人在前往雅加达之前就已明确知道是进行电信诈骗活动而积极参与或是受高额利益诱惑参与，且在诈骗活动期间，各被告人可以通过电脑、电话等通讯手段与家人联系，但并无求助情况反映，也未向当地警方报警，因此，各被告人并非受胁迫参与犯罪。故上述被告人及其辩护人提出的辩护理由，法院不予采纳。判决如下：

1.被告人徐某犯诈骗罪，判处有期徒刑6年，并处罚金人民币50,000元。

2. 被告人张某犯诈骗罪，判处有期徒刑 4 年 2 个月，并处罚金人民币 40,000 元。

3. 被告人谢某犯诈骗罪，判处有期徒刑 3 年 10 个月，并处罚金人民币 35,000 元。

4. 被告人尹某犯诈骗罪，判处有期徒刑 3 年 9 个月，并处罚金人民币 30,000 元。

5. 被告人彭某犯诈骗罪，判处有期徒刑 3 年 2 个月，并处罚金人民币 25,000 元。

6. 被告人何某犯诈骗罪，判处有期徒刑 3 年，并处罚金人民币 20,000 元。

7. 被告人廖某犯诈骗罪，判处有期徒刑 2 年 6 个月，并处罚金人民币 15,000 元。

8. 被告人王某 1 犯诈骗罪，判处有期徒刑 2 年 4 个月，并处罚金人民币 12,000 元。

9. 被告人王某 2 犯诈骗罪，判处有期徒刑 2 年 1 个月，并处罚金人民币 10,000 元。

59. 为诈骗团伙提供资金流转平台的金融工作人员，他们的刑事责任如何判定？

律师解答

为诈骗团伙提供资金流转平台的金融工作人员，其刑事责任主要取决于其在犯罪中的具体行为和作用。若其有提供虚假交易平台或将银行卡用于资金流转的行为，通常构成诈骗罪的共犯，需对诈骗团伙的全部犯罪行为承担刑事责任。若明知他人利用平台进行集资诈骗，仍提供银行卡用于资金流转，则构成集资诈骗罪。若其有提供资金账户、协助资金转移的行为，则可能构成洗钱罪或掩饰、隐瞒犯罪所得罪。具体责任认定还需结合其在共同犯罪中的地位和作用，主犯承担主要责任，从犯则依法从轻或减轻处罚。

典型案例

案号

河南省南阳市中级人民法院(2020)豫13刑终1045号

案情简介

被告人程某1从被告人曹某处购买诈骗平台，与曹某建立技术对接群，通过曹某解决部分技术问题。客户现金直接汇入曹某提供的第三方支付公司账户，被告人曹某从第三方支付公司账户内抽取一定比例的提成。程某1在广州市天河区海景花园小区B栋2楼、9楼等地建立诈骗窝点，招募潘某1、卢某、汪某(另案处理)，其作为组长，潘某2、李某1、罗某、刘某、黄某、李某2、古某作为业务员实施网络诈骗。2018年以来，被告人程某1获得“OM”“SKY”“ANDN”“信盈”“Foxt”App的代理使用权和后台操作权，其中“信盈”平台是从曹某处获得，这些平台不连接真实的货币交易平台，虚构外汇涨跌行情，通过后台修改数据，人为操控涨跌，对投资客户进行“风控”。程某1组织的诈骗团伙为吸引客户在平台入金投资，在网上发布广告，并在网上大量购买手机和微信号及客户资料，利用不同身份发布虚假盈利截图，鼓吹通过带单老师指导可获取巨额收益，从而引诱受害人在平台入金投资，后由3个组长在后台操控，控制涨跌，造成客户资金损失。

已查明以下诈骗犯罪事实：

1. 2019年2月，被害人郭某1经程某2(微信昵称“许真”)(另案处理)介绍,加入“信盈学员实战 51 群”微信群,该诈骗团伙其他成员冒充不同身份加入该群,相互分工、协作配合,在群聊中发布虚假的盈利截图,鼓吹通过老师指导可获巨额收益,被害人郭某 1 投资该平台,被骗 13,015.84 元。

(省略 17 起犯罪事实)

被告人程某 1 组织的诈骗团伙所使用的信盈国际诈骗平台,涉案金额为 266,558.32 元,使用的“ANDN”诈骗平台,涉案金额为 7222 元,诈骗金额共计 273,780.32 元;被告人潘某 1 所在的一组,2019 年 3 月以来,小组成员诈骗金额为 106,052.71 元;被告人潘某 2 诈骗被害人杨某 1 金额为 27,222 元;被告人李某 1 诈骗被害人谢某 8499.9 元、冯某 21,812.89 元,诈骗金额为 30,312.79 元;被告人罗某诈骗被害人杨某 2 118,104 元;被告人卢某所在的二组,2019 年 3 月以来小组成员诈骗金额为 158,839.56 元;被告人刘某诈骗被害人李某 3 金额 63,899.89 元;被告人黄某参与诈骗被害人张某 1 金额 112,500 元;被告人李某 2 参与诈骗被害人李某 3 金额 63,899.89 元、张某 2 金额 15,210 元、张某 3 金额 2500 元,合计诈骗金额 81,609.89 元,配合被告人李某 1 诈骗被害人冯某 21,812.89 元;被告人古某诈骗被害人胡某 4000.94 元。

裁判观点

上诉人(原审被告人)曹某、卢某、李某 2、刘某、李某 1,以及原审被告人程某 1、潘某 1、罗某、潘某 2、黄某、古某,以非法占有为目的,虚构事实,隐瞒真相,利用电信网络技术手段骗取他人财物,其行为均已构成诈骗罪,且系共同犯罪。其中,曹某、程某 1、潘某 1、卢某、李某 2、刘某、李某 1 诈骗数额巨大;罗某、潘某 2、黄某、古某诈骗数额较大。

关于各上诉人的上诉理由,经查,曹某为程某 1 诈骗团伙提供可人为操控的虚假交易平台,被害人的资金汇入曹某提供的第三方支付公司账户,曹某从中抽取一定比例的费用。在诈骗团伙中,若具有提供可人为操控的虚假交易平台或银行卡用于资金流转的行为,则其构成诈骗罪的共犯,提供者应对诈骗团伙的全部犯罪行为承担刑事责任,故曹某应当对诈骗团伙的全部犯罪承担刑事责任。原判认定各被告人参与的诈骗犯罪事实,有被害人陈述、微信及支付宝转账记录、银行卡流水、被告人供述及辩解等证据予以证明,足以认定其诈骗数额。在诈骗活动中,各小组的成员相互分工、协作配合,故均应退赔被害人并承担责任。

【裁判结果】

(1)曹某犯诈骗罪,判处有期徒刑5年,并处罚金人民币40,000元(已缴纳);(2)程某1犯诈骗罪,判处有期徒刑6年,并处罚金人民币50,000元(已缴纳);(3)潘某1犯诈骗罪,判处有期徒刑3年6个月,并处罚金人民币20,000元(已缴纳);(4)卢某犯诈骗罪,判处有期徒刑4年,并处罚金人民币30,000元(已缴纳);(5)李某2犯诈骗罪,判处有期徒刑3年,并处罚金人民币20,000元(未缴纳);(6)刘某犯诈骗罪,判处有期徒刑2年6个月,并处罚金人民币10,000元(已缴纳);(7)罗某犯诈骗罪,判处有期徒刑1年7个月,并处罚金人民币4000元(已缴纳);(8)李某1犯诈骗罪,判处有期徒刑2年,并处罚金人民币5000元(未缴纳);(9)潘某2犯诈骗罪,判处有期徒刑1年7个月,并处罚金人民币3000元(未缴纳);(10)黄某犯诈骗罪,判处有期徒刑1年6个月,并处罚金人民币4000元(已缴纳);(11)古某犯诈骗罪,判处有期徒刑6个月,缓刑1年,并处罚金人民币3000元(已缴纳)。

相关规定

《中华人民共和国刑法》

第二十五条第一款:共同犯罪是指二人以上共同故意犯罪。

第二十六条第二款:三人以上为共同实施犯罪而组成的较为固定的犯罪组织,是犯罪集团。

> 第二十七条：在共同犯罪中起次要或者辅助作用的，是从犯。对于从犯，应当从轻、减轻处罚或者免除处罚。
>
> 第二百六十六条：诈骗公私财物，数额较大的，处三年以下有期徒刑、拘役或者管制，并处或者单处罚金；数额巨大或者有其他严重情节的，处三年以上十年以下有期徒刑，并处罚金；数额特别巨大或者有其他特别严重情节的，处十年以上有期徒刑或者无期徒刑，并处罚金或者没收财产。本法另有规定的，依照规定。

同类案例

在(2020)苏0303刑初143号案件中，有以下几起犯罪事实。

1.2019年7月前后，被告人孙某与单某(另案处理)为了实施诈骗，通过被告人麻某制作了“DK”黄金期货网站和App，被告人苓某受被告人孙某雇佣，发展被告人唐某1为“DK”黄金期货平台代理，共同实施诈骗活动。该平台是私设的黄金期货平台，客户入金该平台后，后台数据以及资金均被诈骗团伙掌控。

被告人唐某1为牟取非法利益，在邵阳市双清区紫薇园小区租赁房屋，设立犯罪窝点，雇佣被告人李某1、刘某1、刘某2、刘某3、刘某4、徐某、刘某5(均另案处理)等人组成诈骗犯罪团伙。该团伙实施诈骗犯罪的具体步骤为：被告人唐某1将被害人拉入自建的微信群中；被告人唐某1、李某1等人冒充投资专家通过微信群传授炒股知识；被告人刘某1担任开户专员，负责开户、入金、出金；被告人刘某2、刘某3、刘某4、徐某、刘某5等人冒充投资者，在微信群中发言烘托群内气氛，使被害人误以为跟着投资就可以赚钱。逐步建立信任关系以后，被告人唐某1在直播时装作不经意间点开“DK”黄金期货平台，谎称可以带领大家在该平台炒黄金期货赚钱，被告人刘某2等人在微信群中发虚假的在该平台赚钱的截图,共同欺骗被害人。尔后,该团伙采用引导入金、控制出金的方式,使被害人产生投资亏损的错觉,进而非法占有被害人的手续费和亏损款。经查明,被害人陈某、张某1在"DK"黄金期货平台共计入金人民币292,208.34元,出金人民币155,031.05元,损失人民币137,177.29元。

2.2019年10月,被告人唐某1、张某2合谋共同实施诈骗,纠集了被告人李某1、刘某1、李某2、唐某2、阳某、刘某6、李某3、李某4(另案处理),并在广东省东莞市凤岗镇设立窝点。被告人唐某1、张某2通过他人联系了"Meta Trader 4"(以下简称"MT4")诈骗平台,并充当该平台的代理。被告人唐某1负责管理诈骗团伙并冒充投资专家,被告人张某2提供部分用于诈骗的手机和电脑,被告人刘某1担任开户专员,被告人李某1冒充讲师,被告人李某2、刘某6、阳某、唐某2等人在微信群中冒充投资者,共同欺骗被害人。经过精心策划,被告人唐某1等人在微信群中举办"金牛杯"股票投资比赛,在比赛中"杨某山老师"因为投资GP1指数获胜,继而亮出私设的"MT4"平台,吸引已经有高信任度的股民开户。尔后,该诈骗团伙采取引导入金、控制出金的方式,造成被害人亏损,进而非法占有被害人的手续费和亏损款。经查明,被害人牛某甲、游某、王某、郭某在"MT4"平台入金人民币853,688元,损失人民币853,688元。

3.被告人刘某2在从事"DK"黄金平台诈骗活动中,通过微信结识蔡某,并逐渐取得其信任。2019年9月30日,被告人刘某2以共同投资"DK"黄金期货平台的名义,骗取被害人蔡某人民币3000元。

法院认为,该犯罪团伙的每个成员在整个诈骗过程中处于不同的环节,扮演不同的角色,成员之间分工不同,相互配合,相互作用,共同完成诈骗犯罪活动。被害人从入金到被骗是一个循序渐进的过程,犯罪团伙的成员在各个环节、各个角色中均起到了一定的作用。其中被告人麻某制作了"DK"黄金期货网站和App,属于提供资金流转平台并参与诈骗活动的行为,构成诈骗罪。判决如下:

1. 被告人唐某 1 犯诈骗罪，判处有期徒刑 10 年 6 个月，并处罚金人民币 150,000 元。

2. 被告人张某 2 犯诈骗罪，判处有期徒刑 10 年，并处罚金人民币 100,000 元。

……

10. 被告人麻某犯诈骗罪，判处有期徒刑 1 年 10 个月，并处罚金人民币 20,000 元。

……

60. 电信网络诈骗团伙内部成员之间的信息传递者（不直接参与诈骗）如何定罪？

律师解答

法院在处理不直接参与电信网络诈骗，但在团伙内部提供信息传递或其他重要支持的成员时，通常会将其认定为共同犯罪的一部分。具体定罪和处罚依据其在犯罪中的作用大小，可能认定为主犯或从犯。

因此，只是提供技术支持，或进行了信息传递等行为，但属明知他人实施电信网络诈骗且对诈骗活动起到重要作用的，也会被认定为诈骗罪的共同犯罪。

典型案例

案号

辽宁省辽阳市太子河区人民法院（2020）辽 1011 刑初 17 号

案情简介

2018年年初，被告人周某1先后组织被告人周某2、戴某、覃某、段某以虚假投资基金项目的名义，开始在网络上实施电信诈骗。被告人周某1为获得更多非法利益，遂指使被告人祖某1拉拢亲属、朋友结伙实施电信诈骗，被告人周某1提供基金诈骗网站，并收取祖某1团伙使用诈骗网站的费用。被告人周某2负责与诈骗网站进行对账、结算，并提取祖某1团伙诈骗所得，被告人周某2每次结算均从祖某1团伙中抽取2800元费用。

2018年9月开始，被告人祖某1在云南省昆明市先后召集被告人陈某1、祖某2、李某、姚某、严某1、陈某2、严某2组成电信网络诈骗团伙。被告人周某1指使被告人戴某、覃某、段某到祖某1犯罪团伙教授电信网络诈骗相关技巧，提供诈骗使用的术语模板、手机及微信号。在此期间被告人戴某、覃某分别获得祖某1团伙诈骗金额10%的提成，被告人戴某、覃某、段某教授一个多月后离开。被告人祖某1指使其妻子被告人陈某1从网络上购买微信号后，将微信号分给被告人祖某2、李某、姚某、严某1、陈某2使用。被告人祖某1还指使陈某1带祖某1母亲秦某办理一张中国建设银行的银行卡，专门用于收取诈骗所得赃款及结算团伙成员提成款。同时被告人陈某1还负责统计团伙成员的诈骗数额及提成工资发放，并且利用其女性身份帮助其他被告人与被害人进行语音聊天，以取得被害人的信任。被告人祖某2、李某、姚某、严某1、陈某2负责通过微信向不特定的人发送虚假投资基金信息，并向被告人祖某1推送受害人，之后被告人祖某1冒充“老师”进一步实施诈骗。祖某1不在时，被告人祖某2偶尔充当“老师”实施诈骗。被告人祖某2、李某、姚某、严某1、陈某2按诈骗成功金额的20%计算提成。被告人严某2平时负责为诈骗团伙做饭及打扫卫生，空闲时帮助李某和其哥哥严某1在微信中以诈骗为目的添加微信好友，推送诈骗信息，用其女性身份与被害人进行语音聊天，被告人严某2共得到工资5000元。

2019年2月22日至4月1日，被告人祖某1组织的诈骗团伙利用戴某、覃某、段某教授的诈骗方法成功诈骗7名被害人，诈骗数额共计人民币443,350元。

裁判观点

法院认为，被告人周某1、祖某1、覃某、段某、戴某、周某2、祖某2、陈某1、陈某2、李某、姚某、严某1、严某2以非法占有为目的，利用电信网络以虚假投资基金项目名义结伙骗取他人财物，其中被告人周某1、祖某1组织、指挥电信网络诈骗犯罪团伙，诈骗数额接近"数额特别巨大"标准，属于"其他特别严重情节"，其余被告人属诈骗数额巨大，各被告人的行为均构成诈骗罪。

被告人戴某的辩护人提出被告人戴某是在周某1的安排和指挥下工作，并非专门负责诈骗培训的人员，应认定为从犯，该案中认定的诈骗数额与戴某没有关联性，对其量刑过重，应从轻处罚的辩护意见。经查，被告人周某1供述戴某在诈骗团伙中负责培训诈骗人员，戴某将诈骗方法传授给覃某，之后又指使覃某、段某向祖某1诈骗团伙传授诈骗方法，祖某1诈骗团伙按照传授的诈骗方法实施网络电信诈骗，戴某的行为在祖某1团伙成员实施诈骗犯罪过程中起主要作用，应认定为主犯。根据《最高人民法院、最高人民检察院、公安部关于办理电信网络诈骗等刑事案件适用法律若干问题的意见》的规定，人民法院要针对电信网络诈骗等犯罪的特点，坚持全链条全方位打击，多人共同实施电信网络诈骗，被告人应对其参与期间该诈骗团伙实施的全部诈骗行为承担责任，参与期间从被告人着手实施犯罪行为开始起算，故其辩护意见法院不予采纳。

【裁判结果】

1. 被告人周某1犯诈骗罪，判处有期徒刑11年，并处罚金人民币300,000元。

2. 被告人祖某1犯诈骗罪，判处有期徒刑11年，并处罚金人民币

300,000元。

3.被告人覃某犯诈骗罪,判处有期徒刑7年10个月,并处罚金人民币150,000元。

4.被告人段某犯诈骗罪,判处有期徒刑7年10个月,并处罚金人民币150,000元。

5.被告人戴某犯诈骗罪,判处有期徒刑7年,并处罚金人民币120,000元。

……

相关规定

1.《最高人民法院、最高人民检察院、公安部关于办理电信网络诈骗等刑事案件适用法律若干问题的意见》

第一条:……针对电信网络诈骗等犯罪的特点,坚持全链条全方位打击……

第四(二)条:多人共同实施电信网络诈骗,犯罪嫌疑人、被告人应对其参与期间该诈骗团伙实施的全部诈骗行为承担责任。在其所参与的犯罪环节中起主要作用的,可以认定为主犯;起次要作用的,可以认定为从犯。

上述规定的"参与期间",从犯罪嫌疑人、被告人着手实施诈骗行为开始起算。

2.《中华人民共和国刑法》

第二十五条第一款:共同犯罪是指二人以上共同故意犯罪。

第二十六条第二款:三人以上为共同实施犯罪而组成的较为固定的犯罪组织,是犯罪集团。

第六十四条:犯罪分子违法所得的一切财物,应当予以追缴

或者责令退赔;对被害人的合法财产,应当及时返还;违禁品和供犯罪所用的本人财物,应当予以没收。没收的财物和罚金,一律上缴国库,不得挪用和自行处理。

第六十九条:判决宣告以前一人犯数罪的,除判处死刑和无期徒刑的以外,应当在总和刑期以下、数刑中最高刑期以上,酌情决定执行的刑期,但是管制最高不能超过三年,拘役最高不能超过一年,有期徒刑总和刑期不满三十五年的,最高不能超过二十年,总和刑期在三十五年以上的,最高不能超过二十五年。

数罪中有判处有期徒刑和拘役的,执行有期徒刑。数罪中有判处有期徒刑和管制,或者拘役和管制的,有期徒刑、拘役执行完毕后,管制仍须执行。

数罪中有判处附加刑的,附加刑仍须执行,其中附加刑种类相同的,合并执行,种类不同的,分别执行。

第二百六十六条:诈骗公私财物,数额较大的,处三年以下有期徒刑、拘役或者管制,并处或者单处罚金;数额巨大或者有其他严重情节的,处三年以上十年以下有期徒刑,并处罚金;数额特别巨大或者有其他特别严重情节的,处十年以上有期徒刑或者无期徒刑,并处罚金或者没收财产。本法另有规定的,依照规定。

同类案例

2023年5月,被告人梁某在长春市宽城区雨润星雨华府二期11栋4单元408室指使被告人张某打电话并提供“话术”及“引流”名单。2023年5月9日、10日、11日、12日、30日,被告人张某在长春市宽城区合隆幸福美郡9栋4单元1202室,冒充58同城客服人员,按照梁某传授的“话术”给被害人打电话,为诈骗团伙非法引流,以便上游犯罪团伙对被害人进一步实施诈骗。被告人张某获利人民币 2938 元,被告人梁某获利人民币 2000 元。其中被害人左某被诈骗人民币 38,805 元,被害人左某的上述被诈骗款已在案件审理过程中由被告人梁某、张某主动上缴并同意退赔给被害人左某。

法院认为,被告人梁某、张某以非法占有为目的,为非法获利,明知他人实施电信网络诈骗活动仍按照电信网络诈骗分子提供的手机号码进行电话诈骗,为诈骗分子对被害人进一步实施诈骗提供帮助,其行为已构成诈骗罪,应以共同犯罪论处。公诉机关指控被告人梁某、张某构成诈骗罪,构成诈骗团伙的帮助犯,且数额巨大,指控诈骗罪事实及罪名成立,应予支持。被告人梁某、张某所帮助诈骗的犯罪团伙,系通过电话、网络编造虚假信息设置骗局,骗取被害人财物,系电信诈骗,对被告人梁某、张某应从重处罚。被告人梁某、张某在与上线共同犯罪过程中,起次要辅助作用,系从犯,应当从轻、减轻处罚,根据被告人梁某、张某在共同犯罪中的地位作用对二被告人区别量刑。法院判决如下:(1)被告人梁某犯诈骗罪,判处有期徒刑 1 年,缓刑 2 年,并处罚金人民币 5000 元。(2)被告人张某犯诈骗罪,判处有期徒刑 10 个月,缓刑 1 年,并处罚金人民币 5000 元。(3)被告人梁某、张某主动上缴的人民币 38,805 元,退赔给被害人左某。

61. 电信网络诈骗犯罪活动中,为诈骗分子提供银行卡或转账帮助,构成诈骗罪吗?如果不构成诈骗罪,应当构成什么罪名?

律师解答

如果明知他人实施电信网络诈骗,仍提供银行卡、转账帮助,数额巨大或特别巨大,那么其行为构成诈骗罪。实践上,法院通常认为该种情况下行为人在主观上属于明知或应当明知,且在客观上提供了帮助,因此属于诈骗犯罪的共犯。如果行为人仅在事后帮助转移、掩饰、隐瞒犯罪所得,且没有事前通谋,则可能构成掩饰、隐瞒犯罪所得罪,而非诈骗罪。实践上,法院认为,行为人如果在事前没有与诈骗分子通谋,仅在事后帮助转移赃款,且没有参与诈骗的具体实施,则应当以掩饰、隐瞒犯罪所得罪论处。

此外,在共同犯罪中,提供银行卡、转账帮助的行为人如果起次要作用,则属于从犯,应当依法从轻、减轻或免除处罚。

典型案例

案号

广西壮族自治区宾阳县人民法院(2021)桂0126刑初301号

案情简介

2020年12月16日,被告人陆某某通过“蝙蝠”软件和自称“金某”的男子联系。“金某”提出由陆某某提供银行卡接收款项、将款项转至指定账户并承诺给予好处费。被告人陆某某便联系其朋友何某,索要了何某名下尾号为2730的建行卡,并于次日提供给了“金某”。同日该建行卡被人用于电信网络诈骗活动,有多笔款项汇入,其中涉及3起网络电信诈骗事实:(1)被害人陈某被骗7002元(该笔款项全部汇入);(2)被害人邵某被骗6800元(该笔款项中有1085元汇入);(3)被害人郭某被骗29,000元(该笔款项中有6000元汇入)。

裁判观点

被告人陆某某明知他人实施电信网络诈骗而提供银行卡予以接收

转移赃款,诈骗数额巨大,其行为已触犯《刑法》第266条的规定,构成诈骗罪。在共同犯罪中,被告人陆某某提供接收诈骗赃款的银行卡,其没有实施具体的诈骗行为,起次要的作用,是从犯,依法予以减轻处罚。

对于被告人陆某某、辩护人朱某提出的被告人应构成帮助信息网络犯罪活动罪,不构成诈骗罪以及被告人构成自首的辩护意见,法院评判如下:(1)十多年来国家对于利用银行卡、电话卡等工具实施电信网络诈骗的犯罪分子依法予以严惩,同时全社会各行各业也积极采取多种形式予以广泛宣传。即使他人没有明确告知被告人陆某某使用其提供的银行卡实施网络电信诈骗,但是其违反实名制银行卡管理规定、违背常理将银行卡提供给他人使用,接收和转移不属于其合法收入的钱款,其主观上属于明知或应当明知。(2)在主观明知的情况下被告人陆某某仍提供银行卡予以帮助,且涉及诈骗数额巨大,其行为已构成诈骗罪。被告人及其辩护人对罪名提出的辩护意见不成立。(3)被告人陆某某系在其南宁的住处被民警抓获,没有主动投案,依法不构成自首。辩护人提出被告人构成自首的辩护意见不成立。

【裁判结果】

1. 被告人陆某某犯诈骗罪,判处有期徒刑1年2个月,并处罚金人民币15,000元。

2. 将被告人陆某某退回的赃款人民币42,802元发还三名被害人(其中,发还被害人郭某人民币29,000元、发还被害人陈某人民币7002元、发还被害人邵某人民币6800元)。

相关规定

《中华人民共和国刑法》

第二十五条第一款:共同犯罪是指二人以上共同故意犯罪。

> 第二十六条第二款：三人以上为共同实施犯罪而组成的较为固定的犯罪组织，是犯罪集团。
>
> 第二十七条：在共同犯罪中起次要或者辅助作用的，是从犯。对于从犯，应当从轻、减轻处罚或者免除处罚。
>
> 第二百六十六条：诈骗公私财物，数额较大的，处三年以下有期徒刑、拘役或者管制，并处或者单处罚金；数额巨大或者有其他严重情节的，处三年以上十年以下有期徒刑，并处罚金；数额特别巨大或者有其他特别严重情节的，处十年以上有期徒刑或者无期徒刑，并处罚金或者没收财产。本法另有规定的，依照规定。

同类案例

在(2020)皖1522刑初24号案件中，有以下几起犯罪事实。

1.2016年至2018年5月11日，被告人黄某1、黄某2、梁某、张某、黄某3、叶某、林某、陆某通过雇用他人办理各大银行银行卡并支付他人租金、自己办理各大银行银行卡的方式，获取银行卡后开通网上银行，并将银行卡寄租至境外××、××等地利用虚假博彩网站实施诈骗的嫌疑人手中，按银行卡的交易量和月租收取手续费，银行卡交易金额共计1亿元以上。

2.2018年5月8日至11日，被告人黄某1、黄某2从澳门某博彩网站经营者SST中接下B业务，被告人梁某、张某、叶某、黄某3、林某、陆某在依云水岸小区窝点内提供银行卡收款，解冻异常银行卡，每日早上检验银行卡账号及余额后，通过梁某ace×××@vip126.com(以下简称126邮箱)将收款银行卡信息通过邮件发送至澳门邮箱，澳门再以收钱账户、中间账户、下发账户3种格式反馈至梁某126邮箱，被告人梁某再将下发账户内的转账需求平均分配给被告人张某、叶某、黄某3、林某、陆某，转账并核对交易明细后，由梁某汇总转账结果并反馈给澳门邮箱。该团伙转账对端共计1244张银行卡，其中涉及被害人1157人，另87张银行卡被注销，每张卡转账1笔至9笔不等，共计非法转账人民币1137.2209万元。

法院认为，被告人林某、陆某明知黄某1等人使用银行卡所转移的资金系犯罪所得，仍向黄某1等人提供银行卡供其收取、转移犯罪所得，其行为均构成掩饰、隐瞒犯罪所得罪，且系情节严重。判决如下：

被告人林某犯掩饰、隐瞒犯罪所得罪，判处有期徒刑3年，并处罚金人民币50,000元；被告人陆某犯掩饰、隐瞒犯罪所得罪，判处有期徒刑3年，并处罚金人民币50,000元。

62. 在某人不知情的情况下，其银行账户被用作电信网络诈骗的转账接收账户，此人的法律责任如何？

律师解答

一般情况下，如果在某人不知情的情况下，其银行账户被他人用作电信网络诈骗的转账接收账户，且没有证据证明其与诈骗行为有直接关联或共谋，则该人不承担刑事责任。

典型案例

案号

重庆市合川区人民法院(2013)合法民初字第06445号

案情简介

2013年3月26日，甘某某认识原告张某后，取得了张某的信任。同月28日，甘某某虚构其在重庆市合川区公安局南津街派出所工作的儿子刘某因在出警中被人殴打住院，急需用钱的事实，向张某借款人民币70,000元，并提供了杨某名下中国农业银行的账户62284604700×××××××。原告向该账户汇入人民币70,000元，但之后甘某某未归还该借款。2013年4月13日甘某某因涉嫌犯诈骗罪被重庆市合川区公安局抓获，次日被该局刑事拘留，同月25日被依法执行逮捕，后由检察机关提起公诉。2014年3月19日重庆市合川区人民法院作出(2014)合法刑初字第00016号刑事判决书，查明甘某某共计骗取张某人民币540,000元，已归还张某人民币50,000元。判决被告人甘某某犯诈骗罪，判处有期徒刑10年10个月，责令被告人甘某某于判决生效后10日内退赔张某人民币490,000元。判决后甘某某又向原告归还了人民币18,631元。2013年10月31日原告向法院起诉，请求判决二被告甘某、杨某返还不当得利人民币70,000元，因甘某某涉嫌诈骗罪，故法院裁定中止审理。

甘某某系二被告的小姑，2010年甘某某告知被告杨某可以为其办理社会保障手续，在其年老以后可以领取相应费用，2010年12月22日被告杨某在中国农业银行办理了银行卡，卡号为62284604700××××××，户名为杨某，并将卡交由甘某某保管，系甘某某所有。原告汇款前后，其与二被告并不相识，也未联系，系甘某某要求原告将钱款打至该卡上。

原告张某诉称，二被告甘某、杨某系夫妻关系，2013年3月，二被告提供银行卡供罪犯甘某某对原告实施诈骗，造成原告损失人民币50余万元，其中原告于2013年3月28日通过中国农业银行账号62284604700×××××××向被告杨某汇款人民币70,000元，后虽甘某某被判诈骗罪，但并不能否认被告的侵权责任，被告提供银行卡的行为存在较大过错,甘某某与该案被告共同通过诈骗行为造成了原告的损失,受害人经过追加退赔仍不能弥补损失,故请求判令被告杨某赔偿原告张某人民币 70,000 元,被告甘某承担连带责任,诉讼费由二被告承担。

裁判观点

公民的合法财产受法律保护,公民、法人由于过错侵害他人财产、人身的,应承担民事责任。该案中,甘某某通过诈骗取得原告的财产,通过刑事诉讼已对其判处刑罚,并责令其退赔。虽然甘某某利用了被告杨某的银行卡进行转账,但未有证据证明杨某系与甘某某共同诈骗,事实上被告杨某、甘某对转账均不知情,该银行卡也系甘某某欺骗被告杨某为其办理社会保障业务而办理。并且原告被要求转款时已明知是杨某账户,原告与杨某并不认识,但仍按甘某某的要求转款,其被诈骗的根本原因是其轻信甘某某的谎言,与甘某某提供什么账号并无直接因果关系,故该案中被告杨某、甘某在原告受骗的过程中并不存在过错,杨某无须承担刑事责任。

【裁判结果】

法院判决:驳回原告张某的诉讼请求。

相关规定

《中华人民共和国刑法》

第二十五条第一款:共同犯罪是指二人以上共同故意犯罪。

第二十六条第二款:三人以上为共同实施犯罪而组成的较为固定的犯罪组织,是犯罪集团。

第二百六十六条:诈骗公私财物,数额较大的,处三年以下有期徒刑、拘役或者管制,并处或者单处罚金;数额巨大或者有其他

严重情节的，处三年以上十年以下有期徒刑，并处罚金；数额特别巨大或者有其他特别严重情节的，处十年以上有期徒刑或者无期徒刑，并处罚金或者没收财产。本法另有规定的，依照规定。

63. 某团伙成员专门负责收取并转移诈骗所得，但不参与其他任何诈骗活动，其法律责任如何？

律师解答

根据相关案例的法院观点，虽然某团伙成员仅负责收取并转移诈骗所得，不参与具体的诈骗活动，但其行为是诈骗犯罪结果最终实现的重要一环，与电信网络诈骗犯罪者构成共同犯罪。因此，仅有提供用于转移诈骗资金账户、帮助提现的行为，仍应以诈骗罪追究其刑事责任。其通常被认定为从犯，依法应从轻、减轻处罚。在某些情况下，其行为也可能被认定为掩饰、隐瞒犯罪所得。法院在量刑时，会综合考虑多种因素，以确保量刑的公正性和合理性。

典型案例

案号

重庆市第二中级人民法院(2017)渝02刑终464号

案情简介

2016年5月，被告人何某1、李某1在海南省儋州市与“阿东”、李某

2(另案处理)等人商量,由何某1、李某1从“滴老”(另案处理)处购买银行卡,将买到的银行卡的卡号、开户行、开户人姓名等信息发送给“阿东”、李某2等人,由“阿东”、李某2等人向不特定被害人发送短信或拨打电话,虚构“中国新歌声”中奖或办理机票退改签等事实,对被害人实施诈骗,诱使被害人通过ATM机、支付宝等转账平台将资金转入何某1、李某1持有的银行卡账户内,再由何某1、李某1将前述诈骗所得赃款直接取出或通过POS机刷入自己的银行卡内取出,按7%或10%的比例提成后,将剩余赃款转给“阿东”、李某2等人。

2016年9月,为将诈骗所得赃款快速转移,李某1与被告人邬某商量,借用其两台POS机刷卡取现,将取出的赃款按3%的比例给其提成。同年11月12日,邬某正式加入何某1、李某1团伙,帮助转移赃款。

2016年10月初,被告人何某2在偶尔帮助何某1、李某1开车后,正式加入何某1、李某1团伙,负责开车并向“阿东”、李某2转款。

2016年11月12日,被告人符某加入何某1、李某1团伙并负责开车,帮助转移赃款,何某1、李某1每天向其支付200元的工资。

2016年11月24日18时许,被告人何某1、李某1、何某2、邬某及符某在海南省三亚市被巫山县公安局民警抓获。

自2016年6月29日至同年11月24日,被告人何某1、李某1团伙通过前述方式参与电信诈骗,涉及全国多地被害人达111人,其中,被告人何某1、李某1涉及诈骗金额为1,490,553.75元,被告人何某2涉及诈骗金额为1,199,692.75元,被告人邬某涉及诈骗金额为390,831.81元,被告人符某涉及诈骗金额为320,320.81元。

裁判观点

何某1、李某1、何某2、邬某、符某以非法占有为目的,明知他人实施电信网络诈骗犯罪,仍为其提供银行卡帮助转移诈骗犯罪所得,参与电信网络诈骗活动并从中获利。何某1、李某1、何某2参与诈骗数额特别巨大,邬某、符某参与诈骗数额巨大,其行为均已构成诈骗罪。何某1、李某1、何某2、邬某、符某共同故意实施诈骗犯罪行为,系共同犯罪,因其是为“阿东”、李某2等人实施诈骗犯罪提供帮助,在共同犯罪中起辅助作用,均系从犯,法院依法对其从轻或者减轻处罚。

【裁判结果】

(1)何某1犯诈骗罪,判处有期徒刑11年,并处罚金人民币200,000元。(2)李某1犯诈骗罪,判处有期徒刑11年,并处罚金人民币200,000元。(3)何某2犯诈骗罪,判处有期徒刑8年,并处罚金人民币100,000元。(4)邬某犯诈骗罪,判处有期徒刑5年,并处罚金人民币80,000元。(5)符某犯诈骗罪,判处有期徒刑2年,缓刑3年,并处罚金人民币50,000元。(6)责令何某1、李某1、何某2、邬某、符某共同退赔各被害人经济损失人民币251,120.81元;由何某1、李某1、何某2、邬某共同退赔各被害人经济损失人民币125,936.00元;由何某1、李某1、何某2共同退赔各被害人经济损失人民币822,635.94元;由何某1、李某1、邬某共同退赔被害人龙某人民币27,975.00元;由何某1、李某1共同退赔各被害人经济损失人民币282,886.00元。

相关规定

《中华人民共和国刑法》

第二十五条第一款:共同犯罪是指二人以上共同故意犯罪。

第二十六条第二款:三人以上为共同实施犯罪而组成的较为固定的犯罪组织,是犯罪集团。

第二十七条:在共同犯罪中起次要或者辅助作用的,是从犯。对于从犯,应当从轻、减轻处罚或者免除处罚。

第六十四条:犯罪分子违法所得的一切财物,应当予以追缴

或者责令退赔;对被害人的合法财产,应当及时返还;违禁品和供犯罪所用的本人财物,应当予以没收。没收的财物和罚金,一律上缴国库,不得挪用和自行处理。

第六十九条:判决宣告以前一人犯数罪的,除判处死刑和无期徒刑的以外,应当在总和刑期以下、数刑中最高刑期以上,酌情决定执行的刑期,但是管制最高不能超过三年,拘役最高不能超过一年,有期徒刑总和刑期不满三十五年的,最高不能超过二十年,总和刑期在三十五年以上的,最高不能超过二十五年。

数罪中有判处有期徒刑和拘役的,执行有期徒刑。数罪中有判处有期徒刑和管制,或者拘役和管制的,有期徒刑、拘役执行完毕后,管制仍须执行。

数罪中有判处附加刑的,附加刑仍须执行,其中附加刑种类相同的,合并执行,种类不同的,分别执行。

第二百六十六条:诈骗公私财物,数额较大的,处三年以下有期徒刑、拘役或者管制,并处或者单处罚金;数额巨大或者有其他严重情节的,处三年以上十年以下有期徒刑,并处罚金;数额特别巨大或者有其他特别严重情节的,处十年以上有期徒刑或者无期徒刑,并处罚金或者没收财产。本法另有规定的,依照规定。

同类案例

被告人尹某与上线经过密谋,使用上线提供的多张来历不明的银行卡(约20张,卡上写有编号、密码)在ATM机上替人提取现金,赚取提成(10%,尹某与上线各得5%)。为此,被告人尹某先后纠集了被告人姜某、李某、梁某,四人组成提现团伙,由被告人尹某担负组织、指挥职责,由被告人姜某、李某、梁某持事先分配的这些来历不明的银行卡,以及在取款期间尹某等人通过非正常途径购买的部分来历可疑的银行卡，在 ATM 机上提取现金。在犯罪期间，四人通过专用的微信群联系，一旦有钱打入上述银行卡，上线立即向被告人尹某发出指示，然后被告人尹某第一时间内在专用微信群中发出取款指令，分散在周边银行网点附近的姜某、李某、梁某，按照分工，迅速在就近的 ATM 机上提取现金。三人每天提取到的现金都要集中到被告人尹某手中，再由尹某交给上线。2017 年 4 月 5 日至 7 日，陕西省宝鸡市居民魏某被假冒深圳市公安局某分局侦查人员的诈骗分子电信诈骗，被害人按照对方要求通过互联网对个人银行卡账户进行操作，在被害人不知情的情况下，其个人卡内资金人民币 501, 791 元分为 12 笔被转出。随即，这些资金迅速在多个不同的银行账户之间被分流、转移，其中 144, 000 元被转入四被告人持有的 10 个来历不明的个人银行卡账户中，在被告人尹某指挥下，被告人姜某、李某、梁某在珠海市多个 ATM 机上持卡分次迅速将钱取走，其中一笔 19, 800 元是在珠海市某商场 POS 机现场消费（购买黄金首饰）。被告人姜某、李某、梁某提取的现金，购买的黄金首饰，事后均交给被告人尹某，由尹某在扣除提成后交给上线。被告人尹某扣取的提成由尹某支配，其未分配，但承担了姜某、李某、梁某取款期间的住宿、生活、交通等费用，预支了部分取款报酬。

法院认为，被告人尹某、姜某、李某、梁某为了获取非法利益，利用上线提供的银行卡提取诈骗犯罪资金，帮助电信网络诈骗犯罪者取款，收取提成。结合各被告人的认知能力、既往经历、行为次数和手段、获利情况、是否故意规避调查、是否逃避司法追究等主客观因素综合分析，足以认定四被告人在主观上应当明知所取款项来源于电信网络诈骗，这种事前通谋，事后帮助套现的行为，应当以电信网络诈骗共同犯罪论处。故对四被告人应当以诈骗罪追究刑事责任。判决如下：

（1）被告人尹某犯诈骗罪，判处有期徒刑 4 年，并处罚金人民币 30, 000 元；（2）被告人姜某犯诈骗罪，判处有期徒刑 3 年 10 个月，并处罚金人民币30,000元;(3)被告人李某犯诈骗罪,判处有期徒刑3年10个月,并处罚金人民币30,000元;(4)被告人梁某犯诈骗罪,判处有期徒刑3年,并处罚金人民币20,000元。

64. 在电信网络诈骗案中,如何处理国际共犯问题?

律师解答

对于国际共犯,中国法律同样适用,可以对其追究责任。根据《刑法》的规定,无论犯罪者身处何地,只要其参与了跨国电信网络诈骗活动,且符合相关的法律规定,就应当受到刑事追究。法院会根据被告人的具体行为及其对犯罪的贡献程度,依法作出相应的量刑判决。

在电信网络诈骗案件中,国际共犯的认定标准主要包括行为人是否明知他人实施电信网络诈骗犯罪并为其提供帮助,如提供通讯工具、银行卡、技术支持等。无论犯罪参与者是哪国国籍,只要其参与了共同犯罪,法院均可依据我国法律进行处理。对于在境外实施电信网络诈骗的行为人,法院通常会酌情从重处罚,并对其在共同犯罪中的行为进行认定和量刑。对于在共同犯罪中起次要作用的从犯,依法应当减轻处罚。对于自愿认罪认罚的被告人,法院可以依法从宽处理。

典型案例

案号

四川省兴文县人民法院(2023)川1528刑初8号

案情简介

经审理查明,2018 年 3 月以来,毛某(已判决)与王某 1(未到案)、王某 2(未到案)、方某(未到案)、刘某 1(未到案)等人共谋,以高额收入为诱饵,先后组织在国内设立的公司招聘的人员及熟人介绍招募的人员前往柬埔寨西哈努克港、缅甸仰光市等地从事跨境电信诈骗活动。该诈骗集团以境外成立的公司为幌子,由王某 1、王某 2 等人负责全面管理该公司日常工作。公司下设业务部、结算部、财务部、后勤部、地产部等部门。其中,业务部下设多个诈骗团队,负责利用各类社交软件以博彩、金融投资等名义对国内网民、股民实施诈骗;结算部负责利用收集、购买而得的银行卡将被诈骗的资金层层转移、沉淀,并进行支付、结算;后勤部负责接待、安排国内出境诈骗人员在该公司内的食宿及配备诈骗工具等;地产部负责将诈骗所得资金用于在境外当地进行房地产开发投资等,意图将犯罪所得合法化。除设定底薪加提成的薪酬模式用于鼓励团伙成员实施诈骗犯罪以外,为逃避打击,该犯罪集团还对团伙成员设定了不能使用私人电子设备连接公司的无线局域网,统一配发专用于诈骗的电子设备和社交软件账号,不得拍摄公司环境,不得打听他人工作内容,不得使用真名、只准使用化名,工作所用微信号、QQ 号离职统一收回等管理制度。该团伙各部门成员之间分工协作、紧密配合、各司其职、环环相扣,针对国内居民实施诈骗犯罪,攫取巨额利益。

该诈骗集团以“期”为单位,预先拟定博彩类或金融投资类的诈骗“由头”与“话术”,将“话术”与获取的国内公民个人信息通过业务部负责人下发至各诈骗团队主管。诈骗团队主管将上述信息下发至其所负责的各诈骗小组后,诈骗小组内的诈骗成员利用微信、QQ 等社交软件添加国内网民、股民至聊天群或直播间内,并分工协作扮演“大师”“讲师”“助理”“股民”等虚假角色,大量发送烘托气氛、吹捧老师的虚假信息,“养号”营造可以赚取不菲收入的假象。在获取被害人信任后,通过推荐被害人在虚假平台买卖“A50 指数”“环亚指数”“比特币”“联彩”

等方式,诱骗被害人进行充值投注。当被害人资金通过虚假平台进入诈骗公司账户后,诈骗公司操控虚假平台"消化"被害人资金,或在被害人提现时以信息错误、账户冻结等虚假理由拒绝提现,最终骗取被害人财物。

该诈骗集团通过团伙成员提供或者购买、租用他人银行卡等方式筹集用于接收被害人被骗资金的银行卡,并将筹集到的银行卡分类发放到结算部。结算部成员将被害人被骗的资金通过所谓的"窗口卡""接收卡""中转卡""沉淀卡"进行多层拆分并转账,最终转入诈骗集团,在发放诈骗团伙成员的工资、提成,扣除租房等日常支出后,用于相关团队领导及集团首要分子的"利润"分成。

该诈骗集团自设立以来,截至起诉时已查明共诈骗他人人民币1020余万元。被告人王某3、刘某2系诈骗集团直播间老师,在集团领导指挥下根据诈骗需要讲解"股票"等理财产品,使被害人陷入跟着老师买理财产品能赚钱的错误认识,诱导被害人登录诈骗集团设立的诈骗平台,再由其他同伙继续实施诈骗。被告人乔某1、乔某2、郭某、程某系申某甲(已判决)诈骗小组成员,被告人路某1、路某2系穆某甲(已判决)诈骗小组成员,被告人胡某、冷某1、冷某2系朱某甲(另案处理)诈骗小组成员,被告人王某4系赵某乙(已判决)诈骗小组成员,被告人张某1、刘某3系张某2(已判决)诈骗小组成员,上述人员在微信群、QQ群和直播间参与烘托气氛、引导投资等工作,对被害人直接实施诈骗。

裁判观点

被告人王某3、刘某2、路某1、乔某1、郭某、路某2、乔某2、张某1、冷某1、胡某、冷某2、程某加入跨国电信网络诈骗集团,利用电信网络技术手段,采用虚构事实、隐瞒真相的方法,骗取他人钱财,数额特别巨大,其行为触犯了《刑法》第266条之规定,犯罪事实清楚,证据确实、充分,应当以诈骗罪依法追究其刑事责任;被告人王某4、刘某3加入跨国电信网络诈骗集团，在境外针对境内居民实施电信网络诈骗犯罪行为，虽然诈骗数额未查证，但一年内出境赴境外诈骗犯罪窝点累计时间 30 日以上，根据《最高人民法院、最高人民检察院、公安部关于办理电信网络诈骗等刑事案件适用法律若干问题的意见（二）》第三条之规定，应当认定为《刑法》第 266 条规定的“其他严重情节”，以诈骗罪依法追究其刑事责任。

【裁判结果】

1. 被告人王某 3 犯诈骗罪，判处有期徒刑 4 年 8 个月，并处罚金人民币 60,000 元；

2. 被告人刘某 2 犯诈骗罪，判处有期徒刑 4 年 6 个月，并处罚金人民币 60,000 元。

相关规定

1.《最高人民法院、最高人民检察院、公安部关于办理电信网络诈骗等刑事案件适用法律若干问题的意见》

第二（一）条：根据《最高人民法院、最高人民检察院关于办理诈骗刑事案件具体应用法律若干问题的解释》第一条的规定，利用电信网络技术手段实施诈骗，诈骗公私财物价值三千元以上、三万元以上、五十万元以上的，应当分别认定为刑法第二百六十六条规定的“数额较大”“数额巨大”“数额特别巨大”。

第二（二）条：实施电信网络诈骗犯罪，达到相应数额标准，具有下列情形之一的，酌情从重处罚：1. 造成被害人或其近亲属自杀、死亡或者精神失常等严重后果的；2. 冒充司法机关等国家机关工作人员实施诈骗的；3. 组织、指挥电信网络诈骗犯罪团伙的；4. 在境外实施电信网络诈骗的；5. 曾因电信网络诈骗犯罪受过刑事处罚或者二年内曾因电信网络诈骗受过行政处罚的……

第四(二)条：多人共同实施电信网络诈骗，犯罪嫌疑人、被告人应对其参与期间该诈骗团伙实施的全部诈骗行为承担责任。在其所参与的犯罪环节中起主要作用的，可以认定为主犯；起次要作用的，可以认定为从犯。

上述规定的"参与期间"，从犯罪嫌疑人、被告人着手实施诈骗行为开始起算。

2.《中华人民共和国刑法》

第二十五条第一款：共同犯罪是指二人以上共同故意犯罪。

第二十六条第二款：三人以上为共同实施犯罪而组成的较为固定的犯罪组织，是犯罪集团。

第二十七条：在共同犯罪中起次要或者辅助作用的，是从犯。对于从犯，应当从轻、减轻处罚或者免除处罚。

第二百六十六条：诈骗公私财物，数额较大的，处三年以下有期徒刑、拘役或者管制，并处或者单处罚金；数额巨大或者有其他严重情节的，处三年以上十年以下有期徒刑，并处罚金；数额特别巨大或者有其他特别严重情节的，处十年以上有期徒刑或者无期徒刑，并处罚金或者没收财产。本法另有规定的，依照规定。

同类案例

许某明（绰号"明哥"）、唐某（绰号"表姐"）在缅甸南邓特区组织、领导针对中国国内居民实施电信网络诈骗的犯罪集团。该诈骗集团组织架构明确、层级分明，团伙成员之间分工协作，内部有技术、财务、安保等人员，并设立业务员、组长、代理、老板职位，分工负责、层级管理，制定了严格的奖惩制度，编制了成熟的"话术剧本"，统一配备电脑、手机、微信号等作案工具，并按照一定比例层层返利，实施诈骗犯罪时间较长。该犯罪集团以许某明、唐某为首要分子（在诈骗集团内部被称为老板）；以李某2（绰号“老某”，已判刑）、郭某军（绰号“阿某5”）、陈某1、“阿财”、“胖哥”、吴某2等人为骨干成员（在集团内部被称为代理）；以李某3（绰号“阿某6”，已判刑）、杨某柳（绰号“阿某1”）、“胖哥”、“耗子”等人为主要成员（在诈骗集团内部被称为组长）；以被告人汪某涛和陈某（绰号“山某”，已判刑）、曾某（绰号“阿某2”，已判刑）、吴某3（绰号“阿某3”，已判刑）、汤某（绰号“文某”，已判刑）、吴某1（绰号“阿某4”，已判刑）、河某义（绰号“小义”，已判刑）、夏某武（绰号“老夏”）、袁某川（绰号“阿星”）等人为成员（在诈骗集团内部被称为业务员）。

该犯罪集团从“引流”犯罪团伙处非法获取被害人微信号及相关个人信息后，通过工作群推送给该诈骗集团的代理（再由代理推送给组长）或组长，组长推送给业务员，由业务员利用诈骗集团提供的手机、微信号等按照诈骗集团的诈骗套路，添加被害人微信，以谈恋爱为借口，伪装成“高富帅”，骗取被害人信任后，引诱被害人向诈骗集团控制的“澳门威尼斯人”赌博网站、银行账户充入资金实施诈骗。诈骗成功后，通过“洗码”犯罪团伙（该犯罪团伙收取15%的洗码费）将诈骗资金转回诈骗集团。业务员提成18%～22%，组长提成5%，技术等其他人提成一定比例，扣除诈骗集团开支后，代理与老板平分。

2020年9月，被告人汪某涛偷渡到缅甸境内。2021年2月，汪某涛进入该诈骗集团并在代理吴某2、组长杨某柳下面做业务员。2021年2月至9月底，汪某涛按诈骗集团的诈骗套路对国内居民实施诈骗活动。

法院认为，被告人汪某涛加入电信网络诈骗团伙，以非法占有为目的，采用电信网络进行远程、非接触式诈骗，骗取中国境内不特定对象财物，有证据证实被告人汪某涛参加了境外诈骗犯罪集团，在境外针对境内居民实施电信网络诈骗犯罪行为，虽然诈骗数额无法查证，但被告人汪某涛一年内出境赴境外诈骗犯罪窝点累计时间30日以上，应当认定为《刑法》第266条规定的“其他严重情节”。被告人汪某涛的行为已构成诈骗罪。许某明、唐某为共同实施犯罪而组成较为固定的犯罪组织，是犯罪集团。被告人汪某涛作为诈骗集团的业务员，积极参与该犯罪集团具体实施犯罪的活动，在共同诈骗犯罪过程中起主要作用，是主犯，应按照其所参与的或者组织、指挥的全部犯罪处罚。判决如下：被告人汪某涛犯诈骗罪，判处有期徒刑3年4个月，并处罚金人民币40,000元。

65. 设计和分发钓鱼网站或恶意软件的技术人员，在电信网络诈骗案中的法律责任如何界定？

律师解答

在电信诈骗案件中，设计和分发钓鱼网站或恶意软件的技术人员的法律责任主要通过以下几个方面进行界定。

1. 共同犯罪的认定：技术人员如果明知他人实施电信网络诈骗犯罪，仍然提供技术支持或恶意程序，将被认定为共同犯罪，并对其参与期间的全部诈骗行为承担责任。

2. 主观明知的认定：法院会综合考虑技术人员的认知能力、既往经历、行为次数和手段、与他人关系、获利情况等因素，判断其是否明知他人利用其提供的技术手段实施诈骗。

3. 从重处罚的情形：利用隐蔽技术手段如钓鱼网站链接、木马程序链接实施诈骗的，法院会酌情从重处罚。

4. 罪名竞合的处理：如果技术人员的行为同时构成帮助信息网络犯罪活动罪和诈骗罪，法院会依照处罚较重的诈骗罪定罪处罚。

5. 从犯的认定与处罚：在共同犯罪中，对起次要或辅助作用的技术人员，法院会依法减轻处罚。

典型案例

案号

湖南省益阳市资阳区人民法院(2018)湘0902刑初178号

案情简介

2017年8月,被告人杨某1获知被告人覃某处有木马病毒,利用该木马病毒可以盗取他人QQ账号实施诈骗,欲向覃某购买,以用于电信网络诈骗。2017年9月,覃某明知杨某1购买木马病毒是为盗取他人QQ账号实施诈骗,仍以600元/月的价格出租给杨某1,将木马病毒的网址、管理员账号和密码交予杨某1,帮助其安装,并告知其具体使用方法、病毒邮件发送内容及诈骗对象等事宜。之后杨某1利用从覃某处购买的木马病毒发送附带病毒链接的“情书”“体检报告”两种类型的邮件至中国留学生QQ账号,通过他人点击链接输入QQ账号及密码的方式,盗取他人QQ账号及密码。2017年10月,覃某为杨某1的木马病毒提供维护,再次收取600元。

杨某1通过上述方式盗取他人QQ账号及密码后,全部交予其弟弟被告人杨某2负责具体实施诈骗,并同时邀请杨某3(已判决,负责在电脑上与被害人打字联系)参与。为便于诈骗资金到账及快速取款,杨某2找到被告人江某1,要求其帮忙提供用于收取诈骗资金的银行卡、手机卡,并负责诈骗成功后的取款,双方约定江某1可获取现金额25%的报酬。2017年10月初,江某1向杨某2提供了一张手机卡和一张王某的工商银行卡(费用1800元)用于实施诈骗。2017年10月9日,杨某2通过杨某1提供的英国留学生陈某含的QQ账号及密码,在查看其父母收入证明、护照、姓名、电话号码等资料后,克隆复制相似QQ号码及图标与杨某人冒充“陈某含”,与“陈某含”母亲即被害人郭某在网上取得联系。在取得郭某的信任后,杨某人根据杨某2的安排,谎称“陈某含”的导师“王教授”父亲病重急于回国，还有1.5万英镑存放在自己处，因银行系统升级、护照等原因无法及时汇回国内，要求郭某与“王教授”（杨某2）联系。10月10日，郭某通过电话与冒充“王教授”的杨某2取得了联系，郭某将1.5万元英镑折算成17.3万元人民币汇到杨某2所指定王某工商银行卡。后杨某2又以“王教授”父亲手术需要10万元保证金为由向郭某借款，郭某同意后将10万元汇入上述银行卡。

在诈骗的同时，杨某2要江某1迅速准备银行卡以便取现。为快速提取诈骗资金，江某1联系江某2一起准备了多张银行卡，负责诈骗资金取现，约定所获报酬由两人均分。后江某1、江某2通过网银转账等方式将27.3万元分散至准备的多张银行卡中，再分别取现，共计取款21万余元。剩余的5.4万元因银行取现金额限制等原因无法取现，江某1、江某2便找到被告人曾某，想通过POS机将剩余资金套现，并约定曾某可以获得套现资金15%的分成。之后曾某通过其控制、持有的上海卡友信息服务有限公司、北京拉卡拉公司、国某星驿公司的POS机，将剩余的5.4万元予以套现。

裁判观点

被告人杨某1、杨某2以非法占有为目的，采用虚构事实的方法，骗取他人财物，数额巨大，其行为已构成诈骗罪；被告人覃某明知杨某1实施电信网络诈骗，仍为其提供木马程序，以共同犯罪论处，其行为构成诈骗罪；被告人江某1明知杨某2实施电信网络诈骗，仍为其提供手机卡、银行卡帮助转移诈骗犯罪所得，以共同犯罪论处，其行为构成诈骗罪。

其中，鉴于被告人覃某在整个诈骗中仅提供了木马程序，未全程、直接参与诈骗事宜，事后参与赃款的分配，在共同犯罪中起次要作用，系从犯，对其依法从轻处罚。

【裁判结果】

1. 被告人杨某2犯诈骗罪，判处有期徒刑5年2个月，并处罚金人民币 30,000 元,上缴国库。

2. 被告人杨某 1 犯诈骗罪,判处有期徒刑 5 年,并处罚金人民币 30,000 元,上缴国库。

3. 被告人覃某犯诈骗罪,判处有期徒刑 3 年 7 个月,并处罚金人民币 20,000 元,上缴国库。

4. 被告人江某 1 犯诈骗罪,判处有期徒刑 3 年 7 个月,并处罚金人民币 20,000 元,上缴国库。

5. 被告人江某 2 犯掩饰、隐瞒犯罪所得罪,判处有期徒刑 3 年,并处罚金人民币 15,000 元,上缴国库。

6. 被告人曾某犯掩饰、隐瞒犯罪所得罪,判处有期徒刑 1 年 6 个月,并处罚金人民币 5000 元,上缴国库。

相关规定

《中华人民共和国刑法》

第二十五条第一款:共同犯罪是指二人以上共同故意犯罪。

第二十六条第二款:三人以上为共同实施犯罪而组成的较为固定的犯罪组织,是犯罪集团。

第二十七条:在共同犯罪中起次要或者辅助作用的,是从犯。对于从犯,应当从轻、减轻处罚或者免除处罚。

第六十四条:犯罪分子违法所得的一切财物,应当予以追缴或者责令退赔;对被害人的合法财产,应当及时返还;违禁品和供犯罪所用的本人财物,应当予以没收。没收的财物和罚金,一律上缴国库,不得挪用和自行处理。

第六十九条:判决宣告以前一人犯数罪的,除判处死刑和无期徒刑的以外,应当在总和刑期以下、数刑中最高刑期以上,酌情决定执行的刑期，但是管制最高不能超过三年，拘役最高不能超过一年，有期徒刑总和刑期不满三十五年的，最高不能超过二十年，总和刑期在三十五年以上的，最高不能超过二十五年。

数罪中有判处有期徒刑和拘役的，执行有期徒刑。数罪中有判处有期徒刑和管制，或者拘役和管制的，有期徒刑、拘役执行完毕后，管制仍须执行。

数罪中有判处附加刑的，附加刑仍须执行，其中附加刑种类相同的，合并执行，种类不同的，分别执行。

第二百六十六条：诈骗公私财物，数额较大的，处三年以下有期徒刑、拘役或者管制，并处或者单处罚金；数额巨大或者有其他严重情节的，处三年以上十年以下有期徒刑，并处罚金；数额特别巨大或者有其他特别严重情节的，处十年以上有期徒刑或者无期徒刑，并处罚金或者没收财产。本法另有规定的，依照规定。

第三百一十二条：明知是犯罪所得及其产生的收益而予以窝藏、转移、收购、代为销售或者以其他方法掩饰、隐瞒的，处三年以下有期徒刑、拘役或者管制，并处或者单处罚金；情节严重的，处三年以上七年以下有期徒刑，并处罚金。

单位犯前款罪的，对单位判处罚金，并对其直接负责的主管人员和其他直接责任人员，依照前款的规定处罚。

同类案例

2018年3月至8月9日，被告人赖某1事先购买了手机、电脑、手机卡、移动电源、无线路由器、淘宝网买家信息和商品交易信息、伪装成商家退款平台的钓鱼网站链接及二维码等实施电信网络诈骗所需要的工具和资料，并在南靖县梅林镇长塔村和龙岩市适中镇交界的山上搭建窝棚,然后纠集被告人赖某2等人到窝点负责拨打诈骗电话,利用网购商品交易信息冒充卖家客服打电话给买家,谎称购买的商品质量不合格要向买家退款,诱骗被害人按赖某1的指示登录自己的支付宝进行操作,或者通过发链接或二维码给被害人让其登录钓鱼网站,从网站后台获取被害人输入的银行卡、支付宝账号及其密码、付款验证码等相关信息,然后利用非法获取的信息直接将被害人银行账户的钱款转走,从中骗取被害人钱财。具体事实如下:

1.2018年7月25日,被告人赖某1伙同他人冒充网购客服打电话给买家被害人黄某,谎称黄某购买的商品质量不合格要向黄某退款等,诱骗黄某登录钓鱼网站,从后台获取被害人黄某的银行卡、支付宝账号及其密码、付款验证码等相关财产信息,然后直接将被害人黄某银行账户的钱款转走,从中骗取被害人黄某人民币12,500元。

(省略5起犯罪事实)

综上所述,被告人赖某1参与实施诈骗6次,诈骗数额合计人民币83,369元。被告人赖某2参与实施诈骗1次,诈骗数额为人民币9980元。

法院认为,公诉机关指控被告人赖某1、赖某2的犯罪事实清楚,证据确实、充分,指控罪名成立。被告人赖某1、赖某2以非法占有为目的,虚构事实、隐瞒真相,利用通讯工具、互联网等技术手段实施电信网络诈骗,其中,被告人赖某1参与诈骗数额合计人民币83,369元,数额巨大;被告人赖某2参与诈骗数额为人民币9980元,数额较大,其行为均已构成诈骗罪,依法应予追究刑事责任。被告人赖某1违反国家有关规定,非法获取公民个人财产信息,共计311条,情节严重,其行为已构成侵犯公民个人信息罪,一人犯数罪,依法应当数罪并罚。在共同诈骗犯罪中,被告人赖某1起主要作用,系主犯,依法应当按照其所参与的或全部犯罪处罚;被告人赖某2起次要辅助作用,是从犯,依法应当从轻处罚。被告人赖某1、赖某2利用钓鱼网站链接等隐蔽技术手段实施电信诈骗,其

中被告人赖某1多次实施诈骗,均应当从重处罚。判决如下:

1. 被告人赖某1犯诈骗罪,判处有期徒刑2年6个月,并处罚金人民币25,000元;犯侵犯公民个人信息罪,判处有期徒刑1年,并处罚金人民币5000元;两罪并罚,决定执行有期徒刑3年,并处罚金人民币30,000元。

2. 被告人赖某2犯诈骗罪,判处有期徒刑6个月,缓刑1年,并处罚金人民币3000元。

66. 电信网络诈骗中间介绍人(引荐受害者或其他团伙成员的人)的法律责任如何界定?

律师解答

在电信网络诈骗案件中,介绍人的法律责任主要依据其在共同犯罪中的具体行为和作用来界定:如果介绍人仅起到帮助作用,属于帮助犯,应当从轻处罚;如果介绍人在共同犯罪中起次要或辅助作用,属于从犯,应当从轻、减轻或者免除处罚;如果介绍人在共同犯罪中行为积极主动,起主要作用,则其属于主犯,应当对其参与期间团伙诈骗行为承担责任,而不仅限于其直接实施的诈骗行为。此外,介绍人如果具有立功表现,可以依法减轻处罚。

典型案例

案号

重庆市云阳县人民法院(2017)渝0235刑初338号

案情简介

2014年4月初至5月初,被告人杨某1与孙某1、杨某2、许某等人在广东省中山市实施电信网络诈骗。其间,被告人杨某1负责取钱,并且提供用于诈骗的银行卡,约定分得诈骗金额的10%。其具体犯罪事实与公诉机关指控其在这一时期的犯罪事实一致,被告人杨某1共分得7700元。2014年6月至8月,孙某1伙同杨某2、许某等人在贵州省安顺市实施电信网络诈骗,被告人杨某1明知上述等人在实施电信网络诈骗犯罪,仍介绍"阿尚"为孙某1诈骗团伙收取赃款,并获得"介绍费"1000元。另查明,杨某2犯罪时冒用其姐杨某3的身份,并以"杨某3"名义在公安机关进行了供述。

裁判观点

法院认为,被告人杨某1以非法占有为目的,与他人共同实施了电信网络诈骗犯罪活动,其行为已构成诈骗罪,依法应受刑罚处罚。被告人杨某1在第二个时间段虽没有直接实施取款行为,但其明知杨某2等人在实施电信网络诈骗犯罪,仍介绍他人为诈骗团伙取赃款,并非法获利1000元。该行为属于典型的帮助行为,是共同犯罪理论中的帮助犯。被告人及其辩护人以只起了介绍作用为由,认为不应对该部分的诈骗数额承担责任,于法无据。

【裁判结果】

(1)被告人杨某1犯诈骗罪,判处有期徒刑4年,并处罚金人民币10,000元,上缴国库。罚金限该判决发生法律效力之次日起10日内向法院缴纳。(2)被害人明某、唐某、李某、杨某4、姜某、彭某、罗某、胡某1、杨某5、王某1、肖某、郑某、向某1、陈某1、王某2、陈某2、高某、舒某、向某2、刘某、王某3、陈某3的损失,在法院(2015)云法刑初字第00311号一案中未获赔偿部分,由被告人杨某1与该案承担退赔责任的罪犯共同退赔。

相关规定

《中华人民共和国刑法》

第二十五条第一款:共同犯罪是指二人以上共同故意犯罪。

第二十六条第二款:三人以上为共同实施犯罪而组成的较为固定的犯罪组织,是犯罪集团。

第二十七条:在共同犯罪中起次要或者辅助作用的,是从犯。对于从犯,应当从轻、减轻处罚或者免除处罚。

第六十四条:犯罪分子违法所得的一切财物,应当予以追缴或者责令退赔;对被害人的合法财产,应当及时返还;违禁品和供犯罪所用的本人财物,应当予以没收。没收的财物和罚金,一律上缴国库,不得挪用和自行处理。

第六十九条:判决宣告以前一人犯数罪的,除判处死刑和无期徒刑的以外,应当在总和刑期以下、数刑中最高刑期以上,酌情决定执行的刑期,但是管制最高不能超过三年,拘役最高不能超过一年,有期徒刑总和刑期不满三十五年的,最高不能超过二十年,总和刑期在三十五年以上的,最高不能超过二十五年。

数罪中有判处有期徒刑和拘役的,执行有期徒刑。数罪中有判处有期徒刑和管制,或者拘役和管制的,有期徒刑、拘役执行完毕后,管制仍须执行。

数罪中有判处附加刑的,附加刑仍须执行,其中附加刑种类相同的,合并执行,种类不同的,分别执行。

第二百六十六条:诈骗公私财物,数额较大的,处三年以下有期徒刑、拘役或者管制,并处或者单处罚金;数额巨大或者有其他

严重情节的，处三年以上十年以下有期徒刑，并处罚金；数额特别巨大或者有其他特别严重情节的，处十年以上有期徒刑或者无期徒刑，并处罚金或者没收财产。本法另有规定的，依照规定。

同类案例

2013年10月4日至2014年1月2日，台湾地区无业人员“阿毛”、徐某（化名：马克），组成以陈某1、“阿通”“阿比”“阿汉”（前述人员均另案处理）等人为骨干，被告人陈某2（化名：兰姐）及经陈某2介绍的黄某（化名：小鱼）和同伙江某（化名：小江）、孔某（化名：阿添）、来某（化名：阿莱）、孙某（化名：阿牛）、谭某（化名：艾米）、熊某（化名：小熊）、陈某3（化名：小丽）等人为参与人员的诈骗团伙。在非洲肯尼亚内罗毕一处二层别墅内，采用一线成员冒充邮政工作人员，二线成员冒充公安干警，三线成员冒充检察官的方式，向国内不特定的人拨打诈骗电话。同时，利用网络伪造和发布虚假通缉令，谎称被害人银行卡的欠款涉嫌洗钱犯罪等，需清查账户资金流向，要求被害人将存款转到被告人指定的账户内，以此骗取了天津市、广东省深圳市、广东省广州市、广东省佛山市、广东省博罗县、云南省昆明市、山东省济南市等多地的民众钱款。已查明的涉案被害人被骗钱款：于××、周一×共计312.25万元，石××320万元，陈一×29.3万元，徐二×19.64万元，李××80.3373万元，林××143.45万元，陈二×55.9万元，梅××53.5554万元，雷××29.914万元，白××13.59万元，胡××13.4万元，冯××12.96万元，黄一×9.58万元，周二×6.56万元，蔡××6.16万元，黄二×6.0145万元，杨××5.6611万元，高××4.99万元，麦××4.97万元，孙××3.5175万元，刘××2.83万元，夏××2.34万元，卢××2.21万元，王××2.01万元，丛××2万元，黄三×1万元，黄四×0.2万元，共计

1144.3398余万元。所获赃款分给各犯罪团伙成员。

法院认为,被告人陈某2以非法占有为目的,虚构事实、隐瞒真相,伙同黄某等人(均已判刑)骗取涉案28名被害人共计1144.3398余万元,属数额特别巨大,其行为已构成诈骗罪,应追究其刑事责任。鉴于被告人陈某2在共同犯罪中起次要或者辅助作用,是从犯,依法应当从轻处罚。鉴于被告人陈某2归案后,能如实供述犯罪事实,当庭自愿认罪,可以依法酌情从轻处罚。鉴于被告人陈某2参与他人组织的诈骗团伙并介绍黄某等人加入团伙,与其他共犯通过拨打电话、利用互联网、发布虚假信息对不特定多数人实施诈骗,造成涉案被害人的经济损失一直无法弥补之情节,应依法酌情从严处罚。因此,判决被告人陈某2犯诈骗罪,判处有期徒刑5年,并处罚金人民币100,000元。

67. 在无实际损失的电信网络诈骗尝试中,共同犯罪如何定罪?

律师解答

在无实际损失的电信网络诈骗尝试中,共同犯罪的认定主要依据被告人是否明知他人实施电信网络诈骗犯罪并提供帮助。即使诈骗失败,未造成实际损失,仍可认定为犯罪未遂。对于电信网络诈骗共同犯罪里的从犯,需对其参与期间的全部诈骗行为承担责任,但可以根据从犯在犯罪中的具体作用进行从轻、减轻处罚或免除处罚。量刑标准方面,会根据各被告人实施诈骗犯罪活动期间的具体情节确定。例如,被告人通过拨打电话来尝试电信诈骗,具体量刑标准就会受拨打电话的人次数量影响。

典型案例

案号

山西省陵川县人民法院(2024)晋0524刑初10号

案情简介

2023年8月以来,被告人李某、孔某某明知他人利用电信网络实施诈骗,仍多次窜至陵川县等地,通过境外聊天软件联系诈骗团伙上线,并事先准备手机、广电手机卡、双向音频线等设备,按诈骗分子指使下载手机互联App等工具,由诈骗团伙控制手机通话功能,帮助其掩饰来电真实归属地,实现语音中转从而帮助其实施电信网络诈骗犯罪。

裁判观点

被告人李某、孔某某明知他人实施电信网络诈骗犯罪,仍使用本人或他人手机卡远端连通通话设备帮助诈骗分子拨打诈骗电话500条以上,情节严重,其行为均构成诈骗罪。被告人李某、孔某某系共同犯罪,均为诈骗团伙拨打诈骗电话提供设备及语音中转等帮助行为,系从犯,应当从轻、减轻处罚或者免除处罚;被告人李某、孔某某帮助拨打诈骗电话,未造成实际损失,均系诈骗未遂,可以从轻或者减轻处罚;被告人李某、孔某某到案后如实供述犯罪事实,依法可从轻处罚,其自愿认罪认罚,依法可从宽处理。

【裁判结果】

1. 被告人李某犯诈骗罪,判处有期徒刑1年,并处罚金人民币1000元;

2. 被告人孔某某犯诈骗罪,判处有期徒刑10个月,并处罚金人民币1000元。

相关规定

《中华人民共和国刑法》

第二十五条第一款：共同犯罪是指二人以上共同故意犯罪。

第二十六条第二款：三人以上为共同实施犯罪而组成的较为固定的犯罪组织，是犯罪集团。

第二十七条：在共同犯罪中起次要或者辅助作用的，是从犯。对于从犯，应当从轻、减轻处罚或者免除处罚。

第六十四条：犯罪分子违法所得的一切财物，应当予以追缴或者责令退赔；对被害人的合法财产，应当及时返还；违禁品和供犯罪所用的本人财物，应当予以没收。没收的财物和罚金，一律上缴国库，不得挪用和自行处理。

第二百六十六条：诈骗公私财物，数额较大的，处三年以下有期徒刑、拘役或者管制，并处或者单处罚金；数额巨大或者有其他严重情节的，处三年以上十年以下有期徒刑，并处罚金；数额特别巨大或者有其他特别严重情节的，处十年以上有期徒刑或者无期徒刑，并处罚金或者没收财产。本法另有规定的，依照规定。

同类案例

2017年以来，以罗某（另案处理）为首的诈骗团伙许诺高额薪酬，多次组织、招募中国境内人员赴印度尼西亚泗水市，以冒充银行、公检法人员的方式实施通讯网络诈骗，大量骗取中国被害人的财物。

应李某2（另案处理）邀约，被告人毛某在2017年6月23日至10月10日，被告人李某1在2017年6月21日至8月22日到印度尼西亚泗水市，参与“罗卡”诈骗团伙。毛某、李某1为一线话务员，工资由每月6000元至10,000元的底薪及4%～5%的诈骗金额提成构成。一线话务员冒充工商银行客服每天向中国境内各地拨打诈骗电话，该团伙一线话务员共计10多人，每天每人至少拨打70余人次电话，每天至少10人以上拨打电话。如联系上被害人即转入二、三线话务员，冒充公安、检察、纪委等人员进行电信网络诈骗。其中，李某1在参与“罗卡”集团的犯罪活动期间，该团伙一线人员拨打诈骗电话远超20,000人次。

法院认为，被告人毛某、李某1受邀参与罗某组织的犯罪集团，伪装国家机关工作人员，利用非法获得的公民电话号码、身份证号码等身份信息，编造被害人有违法行为，让被害人将钱款转入诈骗集团控制的银行账户，骗取他人财物，其行为触犯了《刑法》第266条、《最高人民法院、最高人民检察院、公安部关于办理电信网络诈骗等刑事案件适用法律若干问题的意见》第二（四）条的规定，构成诈骗罪。依照《刑法》第26条第3款“对组织、领导犯罪集团的首要分子，按照集团所犯的全部罪行处罚”和第4款“对于第三款规定以外的主犯，应当按照其所参与的或者组织、指挥的全部犯罪处罚”的规定，对从犯更应按照其实际参与的犯罪定罪量刑。但对电信网络诈骗犯罪而言，各被告人经首要分子分工，其行为成为犯罪活动中不可或缺的一环，与其他类型的集团犯罪相比，具有显著的差别。在该类集团犯罪中，犯罪集团的首要分子为从犯毛某、李某1等人提供食宿、工资、往返机票等，实际上就是“上山打猎，见者有份”的逻辑，当然也应当承担此规则下的责任，因此，无论毛某、李某1等人是否实际骗得财物，实际上都已分享了犯罪赃款，基于以上理由，在此应根据《最高人民法院、最高人民检察院、公安部关于办理电信网络诈骗等刑事案件适用法律若干问题的意见》第四（二）条“四、准确认定共同犯罪与主观故意……（二）多人共同实施电信网络诈骗，犯罪嫌疑人、被告人应对其参与期间该诈骗团伙实施的全部诈骗行为承担责任。在其所参与的犯罪环节中起主要作用的，可以认定为主犯；起次要作用的，可以认定为从犯……”的规定，来计算各被告人拨打诈骗电话人次数，确定各被告人诈骗既遂金额。也就是说，任何一个参与诈骗犯罪的人哪怕只参与了一天的犯罪活动,也应当对该天集团内所有人拨打的电话人次数承担责任,对不是自己参与诈骗成功的犯罪金额承担责任。该意见将拨打诈骗电话五百人次以上确定为《刑法》第 266 条规定的“其他严重情节”,将拨打诈骗电话五千人次以上确定为《刑法》第 266 条规定的“其他特别严重情节”。根据该意见第二(五)条“电信网络诈骗既有既遂,又有未遂,分别达到不同量刑幅度的,依照处罚较重的规定处罚;达到同一量刑幅度的,以诈骗罪既遂处罚”的规定,该案中应当按照拨打电话人次数量刑,同时应当依照《刑法》第 23 条及《最高人民法院、最高人民检察院、公安部关于办理电信网络诈骗等刑事案件适用法律若干问题的意见》第二(四)条的规定,认定上述被告人犯罪未遂,但在量刑时应考虑各被告人实施诈骗犯罪活动期间骗取财物数额等情节。综上所述,判决如下:

1. 被告人毛某犯诈骗罪,判处有期徒刑 5 年,并处罚金人民币 40,000 元。

2. 被告人李某 1 犯诈骗罪,判处有期徒刑 4 年 2 个月,并处罚金人民币 30,000 元。

3. 没收被告人毛某、李某 1 犯罪所得(被告人毛某已经退赃)。

68. 电信网络诈骗共同犯罪中,团队各个成员参与犯罪的具体期间如何认定?

律师解答

1. 参与期间的起算点:在电信网络诈骗共同犯罪的司法实践中,参与期间从犯罪嫌疑人着手实施诈骗行为开始起算。具体时间节点根据各个被告人参与电信网络诈骗的具体时间来综合认定。

2. 电信网络诈骗团队成员的责任认定：多人共同实施电信网络诈骗时，犯罪嫌疑人应对其参与期间该诈骗团伙实施的全部诈骗行为承担责任。

3. 犯罪数额的认定：团队成员在参与期间的诈骗金额应根据其具体参与时间和行为来认定。法院会根据犯罪嫌疑人的供述、记账本、微信记录等证据来确定具体诈骗金额。

典型案例

案号

福建省龙岩市新罗区人民法院(2019)闽0802刑初255号

案情简介

2017年10月以来，周某、吴某1(均另案处理)在海南省海口市、安徽省合肥市等地设立多家公司，招募人员从事诈骗活动，上述公司设置不同职能部门，并实行分组管理。2017年10月17日至2018年1月底，该诈骗团伙在海南省海口市通过电话、微信等方式吸引股民加入该团伙微信群，后冒充股票专家、老师或股民等在微信群内诱骗被害人以向虚假网络投资平台“海南大宗商品交易平台”充值的方式进行投资，上述团伙再通过虚假投资平台的后台账户进行虚假交易操作，篡改电子交易数据诈骗被害人的投资款。2018年2月初至5月底，该团伙将诈骗地点搬至安徽省合肥市，后分别在不同地点设立万达团队、白天鹅团队，再利用“联盛国际”“中苏国际”“点多多”“东东点购”等虚假电子交易平台以上述同样手段实施诈骗活动。2018年6月初，该团伙将地点搬至安徽省黄山市继续实施诈骗活动时被公安人员抓获。

在上述团伙中，被告人王某1任总经理，负责整个诈骗团伙的日常管理；被告人吴某2任财务人员，负责工资核算及发放；被告人王某2任行政人员,负责日常考勤、业绩统计等;王某4(另案处理)任技术人员,负责虚假电子交易平台的技术服务及支持;被告人吴某2、王某2及王某4等行政后勤人员领取固定的基本工资;被告人方某、刘某1、张某1、杜某等人任总监,负责各自部门的日常管理,除领取基本工资外,还按团队诈骗业绩抽成;被告人刘某2、高某、于某、欧阳某某、袁某1、袁某2、刘某3、张某2、杨某,以及焦某、康某、赵某(均另案处理)等人任业务员,负责具体的诈骗活动,除领取基本工资外,还按个人诈骗业绩抽成。其中:

1. 被告人王某1于2017年10月任总经理,至案发时该诈骗团伙诈骗业绩为32,584,246.8元;

2. 被告人方某于2018年1月受雇于该诈骗团伙担任白天鹅团队总监,截至案发时其所在白天鹅团队诈骗业绩为1,363,010.76元。

(略)

裁判观点

被告人王某1、方某等人伙同他人,以非法占有为目的,采用隐瞒真相、虚构事实的方式骗取他人钱款,其中被告人王某1参与诈骗金额人民币32,584,246.8元,被告人方某参与诈骗金额人民币1,363,010.76元……均数额特别巨大。《最高人民法院、最高人民检察院、公安部关于办理电信网络诈骗等刑事案件适用法律若干问题的意见》第四(二)条规定:"多人共同实施电信网络诈骗,犯罪嫌疑人、被告人应对其参与期间该诈骗团伙实施的全部诈骗行为承担责任。在其所参与的犯罪环节中起主要作用的,可以认定为主犯;起次要作用的,可以认定为从犯。上述规定的'参与期间',从犯罪嫌疑人、被告人着手实施诈骗行为开始起算。"该案中各被告人在不同地点设立万达、白天鹅团队,采用同样手段实施电信网络诈骗,根据各被告人参与电信网络诈骗的具体时间,综合认定各被告人的诈骗数额。

【裁判结果】

1. 被告人王某1犯诈骗罪，判处有期徒刑13年，并处罚金人民币200,000元。

2. 被告人方某犯诈骗罪，判处有期徒刑5年，并处罚金人民币60,000元。

（略）

相关规定

《中华人民共和国刑法》

第二十五条第一款：共同犯罪是指二人以上共同故意犯罪。

第二十六条第二款：三人以上为共同实施犯罪而组成的较为固定的犯罪组织，是犯罪集团。

第二十七条：在共同犯罪中起次要或者辅助作用的，是从犯。对于从犯，应当从轻、减轻处罚或者免除处罚。

第二百六十六条：诈骗公私财物，数额较大的，处三年以下有期徒刑、拘役或者管制，并处或者单处罚金；数额巨大或者有其他严重情节的，处三年以上十年以下有期徒刑，并处罚金；数额特别巨大或者有其他特别严重情节的，处十年以上有期徒刑或者无期徒刑，并处罚金或者没收财产。本法另有规定的，依照规定。

同类案例

2014年初，被告人张某、范某1以加入“中国直复营销公司”为名，要求加入者缴纳人民币4800元取得会员资格，入会后分配到各家庭进行培训，之后使用手机通过QQ等网上交友平台与陌生男性成为网友，再通过微信聊天假装发展婚恋关系骗取网友信任，编造生病等理由骗取被害人钱财。该团伙以层级模式进行家庭管理,被告人张某、范某1为中级经理,负责带领、培训团队,收取家庭上交的钱。被告人戴某、梁某1、吴某(另案处理)为初级经理,其中戴某负责具体带领整个团队,抓团队业务、培训新业务员,梁某1负责整个团队的财务,吴某负责管理团队。团队共有被告人周某、梁某1、杨某、范某2(另案处理)、邓某(另案处理)、龙某(另案处理)、吴某(另案处理)7个家长,负责管理各自家庭的业务员,收集业务员诈骗所得并上交。被告人梁某2等人作为业务员根据上级的安排按需在家庭之间交流或提供帮助。

经统计,被告人梁某1家庭诈骗总金额为人民币19,895.19元,被告人周某家庭诈骗总金额为人民币48,230.19元,被告人杨某家庭诈骗总金额为人民币23,620.58元;另案处理的吴某家庭诈骗总金额为人民币33,645.81元,龙某家庭诈骗总金额为人民币71,333.52元,范某2家庭诈骗总金额为人民币18,849.64元,邓某家庭诈骗总金额为人民币9753.18元。被告人张某、范某1的诈骗金额为上述7个家庭诈骗金额之和,人民币225,328.11元,被告人戴某、梁某1及吴某为被告人张某、范某1诈骗提供管理团队的帮助。

法院认为,被告人张某、范某1等人无视国家法律,利用社交网络对不特定人员虚构事实,骗取财物,数额巨大,上述被告人的行为已构成诈骗罪。

鉴于电信网络诈骗犯罪团伙从其组建成立实施诈骗犯罪开始,该组织作为一个整体即完成犯罪着手,在该犯罪团伙运转或实施犯罪的过程中,被告人只要加入该犯罪团伙,就成为该团伙继续运转的一部分,该犯罪团伙在被告人加入后所实施的全部诈骗行为,均应视为被告人所参与的诈骗行为,应认定为共同犯罪。此外,根据《最高人民法院、最高人民检察院、公安部关于办理电信网络诈骗等刑事案件适用法律若干问题的意见》的规定,多人共同实施电信网络诈骗,被告人应对其参与期间该诈骗团伙实施的全部诈骗行为承担责任。因此,张某、范某1团队中各被告人应对其参与期间该团队的诈骗金额承担责任。反映各被告人参与时间的证据有被告人的供述、记账本、微信记录，因部分被告人供述不实，故根据记账本、微信记录结合庭审查明的情况确定参与时间，即被告人供述的参与时间早于记账本的，以被告人供述的为准，反之则以记账本为准，记账本没有记录的，以微信记录为准。法院判决如下：（1）被告人张某犯诈骗罪，判处有期徒刑 7 年 6 个月，并处罚金人民币 200,000 元。（2）被告人范某 1 犯诈骗罪，判处有期徒刑 6 年 6 个月，并处罚金人民币 150,000 元。

（略）

69. 电信网络诈骗共同犯罪中，首要分子、主犯、被纠集者所承担的诈骗数额如何认定？

律师解答

在电信网络诈骗共同犯罪中，首要分子在电信网络诈骗犯罪集团中起组织、指挥、领导作用，应对集团所犯的全部罪行承担责任。即使首要分子未直接参与所有具体诈骗行为，但由于其在犯罪集团中的核心地位，仍需对整个集团的犯罪金额负责。

同理，由于主犯在共同犯罪中起主要作用，也需对其参与期间的全部诈骗金额负责。被纠集者在共同犯罪中起次要或辅助作用，系从犯，可以从轻或减轻处罚，仅需对其参与期间的诈骗行为承担责任。在司法实践中，法院在认定诈骗金额时，会综合考虑银行交易流水、电子数据鉴定等证据，形成证据体系，认定被告的犯罪金额。

典型案例

案号

云南省曲靖市中级人民法院(2020)云03刑终327号

案情简介

1. 2018年10月至2019年4月,以安某为首的犯罪集团,由安某负责提供诈骗话术模板、诈骗流程、P图、电话卡、花呗流水码、微信收款码及收款,刘某负责财务统计,顾某1、李某、曾某负责通过手机下载“秒单之家”App购买贷款人员基本信息,通过打电话、微信聊天等方式获得被害人信任后,以网络贷款为名骗取被害人支付宝花呗金额、保证金及征信处理手续费,在开远市、蒙自市、弥勒市等地冒充平安普惠银行工作人员对全国各地的受害人实施诈骗。其间顾某1又邀约顾某2、张某、王某1、熊某等人陆续加入该团伙实施诈骗。该犯罪集团涉案金额为876,352元,其中部分被骗受害人包括:(1)2018年12月27日,顾某1伙同安某、曾某、徐某骗取周某支付宝花呗9998元,保证金3177元,合计13,175元。

……

2. 2019年3月底至2019年4月,以顾某1、曾某为首的犯罪集团,由曾某负责提供P图、花呗流水码、微信收款码,顾某1负责提供诈骗场所、管理及发放工资,组织赵某、顾某2、王某2等人在云南省会泽县冒充平安普惠银行工作人员对全国各地的受害人实施诈骗,该犯罪集团涉案金额为116,536元,其中部分被骗受害人包括:(1)2019年4月2日至4日,宋某伙同王某1骗取雷某支付宝花呗2299元,保证金5720元,征信处理手续费1000元,合计9019元。

……

裁判观点

被告人安某、李某等人以非法占有为目的,在云南的开远市、蒙自市、弥勒市、会泽县等地结伙参加犯罪集团,利用互联网、电信等技术,冒充银行工作人员,通过拨打电话、微信聊天等方式骗取他人财物,分别达数额较大、数额巨大、数额特别巨大,其行为均构成诈骗罪。公诉机关指控上述两团伙为犯罪集团,其中一伙以安某为首的犯罪集团,由安某负责提供P图、花呗流水码、微信收款码,决定分成比例,分发用于诈骗的电话卡,对犯罪集团成员进行培训。整个诈骗过程是安某在指挥和执行。没有安某,该犯罪集团无法运行,且安某对赃款进行了统一管理,并纠集李某、顾某1等人加入该犯罪集团,分工明确,成员较为固定,相互协作,实施多起犯罪,故应认定该犯罪团伙为犯罪集团。安某为犯罪集团的首要分子,对犯罪集团所犯全部罪行承担责任。李某、顾某1等人在共同犯罪中行为积极、作用相当、互相配合,起主要作用,系主犯,均应对其参与期间犯罪集团的全部罪行承担责任。刘某在共同犯罪中没有直接对被害人实施诈骗行为,起次要作用,系从犯,应当从轻、减轻处罚。

对于14名被告人的犯罪金额,均通过相关被告人的微信和支付宝转收账记录,银行卡交易明细,被告人加入集团犯罪的时间,再排除被告人在辩解和辨认时认为是其合法收入的部分,结合全案证据按有利于被告人的原则合理计算出各自的诈骗金额。故相关被告人及其辩护人提出指控的数额是对其微信转账及支付宝转账的简单相加,未排除合法收入的意见不成立,不予采纳。对于被告人和其辩护人提出犯罪金额应按各自成功诈骗的金额定罪的意见,经查,该案属于分工合作式的集团电信诈骗,各被告人共同组成诈骗集团,诈骗行为并非由一名行为人独自完成,而是由多名行为人互相分工、相互配合共同完成,事后以"工资""提成"等形式共同分赃,各被告人是在一个犯意之下的共同犯罪,形成统一的利益整体,是一个结构完整的犯罪集团,应当遵照共同犯罪的处罚原则。根据《最高人民法院、最高人民检察院、公安部关于办理电信网络诈骗等刑事案件适用法律若干问题的意见》的规定，多人共同实施电信网络诈骗，被告人应对其参与期间该诈骗团伙实施的全部诈骗行为承担责任。

【裁判结果】

一审判决：(1)被告人安某犯诈骗罪，判处有期徒刑12年，并处罚金人民币400,000元。(2)被告人顾某1犯诈骗罪，判处有期徒刑8年，并处罚金人民币200,000元。(3)被告人曾某犯诈骗罪，判处有期徒刑6年6个月，并处罚金人民币200,000元。

二审维持原判。

相关规定

1.《最高人民法院、最高人民检察院、公安部关于办理电信网络诈骗等刑事案件适用法律若干问题的意见》

第四(二)条：多人共同实施电信网络诈骗，犯罪嫌疑人、被告人应对其参与期间该诈骗团伙实施的全部诈骗行为承担责任……

2.《中华人民共和国刑法》

第二十五条第一款：共同犯罪是指二人以上共同故意犯罪。

第二十六条第二款：三人以上为共同实施犯罪而组成的较为固定的犯罪组织，是犯罪集团。

第二十七条：在共同犯罪中起次要或者辅助作用的，是从犯。对于从犯，应当从轻、减轻处罚或者免除处罚。

第二百六十六条：诈骗公私财物，数额较大的，处三年以下有期徒刑、拘役或者管制，并处或者单处罚金；数额巨大或者有其他严重情节的，处三年以上十年以下有期徒刑，并处罚金；数额特别

巨大或者有其他特别严重情节的，处十年以上有期徒刑或者无期徒刑，并处罚金或者没收财产。本法另有规定的，依照规定。

同类案例

被告人任某从网上学习“代付”的诈骗方法，与被告人刘某合作共同出资租赁黑龙江省肇东市清华名苑B区，购买作案电脑并成立“工作室”，先后招募被告人蒿某、晋某、“小军”（身份不详）、“小明”（身份不详）。蒿某等人登录由被告人任某从上家购得已破译密码的QQ账号，冒充QQ主人与在线QQ好友聊天，以购买物品需要帮忙代付货款为由，骗得对方淘宝或支付宝账号，并将所骗的淘宝或支付宝账号通过YY群发给被告人任某，由被告人任某发起代付购买游戏点券等物品，骗取对方钱财，并将购买的游戏点券折价出售获利。获利所得的30%作为提成分给被告人蒿某、晋某，剩余70%刨除成员日常生活及诈骗成本开销外由被告人任某、刘某平分。2016年5月20日至12月6日，被告人任某、刘某、蒿某通过上述方式骗得程某、成某、徐某、邢某1、陈某、郑某等565名被害人共计人民币392,909元。被告人晋某于2016年5月21日至8月27日在团伙中参与骗取被害人钱款合计人民币302,555.9元，于2016年12月2日至案发在团伙中参与骗取被害人钱款合计人民币9090.5元。2016年12月15日，被告人任某、刘某、蒿某、晋某在黑龙江省肇东市清华名苑B区被警察抓获归案。案发后，赃款未追回。

法院认为，被告人任某、刘某、蒿某、晋某以非法占有为目的，采用虚构事实、隐瞒真相的手段骗取他人财物，数额巨大，其行为均已构成诈骗罪，且系共同犯罪。根据司法解释的规定，多人共同实施电信网络诈骗，被告人应对其参与期间该诈骗团伙实施的全部诈骗行为承担责任。作案YY聊天工具记录显示，被告人任某、刘某、蒿某自2016年5月21日起至案发,一直在从事代付诈骗行为,故均应当对涉案的39万余元诈骗所得承担刑事责任。被告人晋某在2016年5月21日至9月10日及2016年12月2日至案发期间在作案YY群中有聊天记录,故其应当对上述期间内团伙的31万余元诈骗所得承担刑事责任。被告人及其辩护人就个人犯罪金额认定提出的意见,法院均不予采纳。判决如下:

1. 被告人任某犯诈骗罪,判处有期徒刑7年8个月,并处罚金人民币40,000元;

2. 被告人刘某犯诈骗罪,判处有期徒刑7年6个月,并处罚金人民币40,000元;

3. 被告人蒿某犯诈骗罪,判处有期徒刑5年,并处罚金人民币20,000元;

4. 被告人晋某犯诈骗罪,判处有期徒刑4年4个月,并处罚金人民币20,000元。

第四部分

电信网络诈骗的关联犯罪

70. 电信网络诈骗在何种情况下构成侵犯公民个人信息罪?

律师解答

在常见的电信网络诈骗犯罪中,犯罪分子都是采取“广撒网”的方式锁定和捕捉少数被害人,因此获取大量的公民个人信息是开展此类电信网络诈骗的先提条件。

犯罪分子获取公民个人信息并用于电信网络诈骗,貌似做了一件事,但实际上实施了两个犯罪行为,同时触犯了《刑法》第253条之一关于侵犯公民个人信息罪的规定和《刑法》第266条关于诈骗罪的规定。由于侵犯公民个人信息犯罪与电信网络诈骗犯罪之间没有必然关联,也就是说,不用侵犯公民个人信息,犯罪分子也可能实施诈骗犯罪,因此这两个犯罪行为需要单独讨论和分别追究刑事责任。法院在作出刑事判决书时,也会根据《刑法》总则的相关规定,作出数罪并罚的判决,依法追究犯罪分子的刑事责任。

典型案例

案号

江苏省扬州市邗江区人民法院(2023)苏1003刑初637号

案情简介

2022年2月至3月,被告人梁某某、王某某共同商议实施HPV(人乳头瘤病毒)疫苗诈骗并展开准备工作。梁某某、王某某共同出资在互联网黑灰产业平台购买木马程序，并由梁某某向HPV疫苗预约正规网站的客服发送木马程序，非法获取商家后台相关账号、登录密码，进而获取网站存储的HPV疫苗预约订单信息290,000余条（包括预约客户的姓名、联系电话、身份证号码等普通信息，也包括疫苗种类、付款金额及订单号等交易信息）以及客服聊本等数据。王某某向山东省某科技有限公司租赁虚拟主机服务器，并将非法获取的某网站源码上传到域名服务空间，制作仿冒某网站的诈骗钓鱼网站。梁某某为方便向HPV预约客户群发包含上述钓鱼网站网址等内容的诈骗短信，使用爆破软件等方式非法获取多个互联网短信平台账号及密码。梁某某还将使用木马程序获取的商家后台账号、密码、HPV预约订单信息及使用爆破方式获取的相关平台账号密码等相关数据共享给王某某。王某某于2022年3月至7月多次使用其微信号×××、×××1联系某软件技术有限公司试用或购买某实时在线聊天软件账号（将账号专属代码嵌入上述钓鱼网站即可实现网站页面的实时对话）。王某某通过聊天软件联系洗钱车队，提供王某2、简某、戴某、张某、陈某等人（均另案处理）的银行卡以收取诈骗款并承诺给付诈骗金额35%的好处费。

2022年3月至7月，被告人梁某某、王某某在做好上述准备工作后，先后纠集邓某、吴某某、曾某、李某等人（均另案处理）在海南省东方市、海口市等地的多家民宿，由梁某某通过短信平台向被害人群发疫苗预约成功等诈骗短信，诱使被害人点开诈骗短信中的钓鱼网站链接，由邓某、曾某等人使用梁某某、王某某提供的聊天软件冒充某网站客服，以“价格调整、优先预约、重新下单享受优惠”等话术骗取被害人进行银行转账，由王某某联系洗钱人员获取诈骗款后分成。梁某某、王某某等人分工协作共同骗取尤某、孙某1、蒋某等51名被害人人民币合计581,174.55元。2022年6月，在梁某某不知情的情况下，王某某单独召集邓某、吴某某、曾某、李某，以上述方式实施诈骗犯罪，骗取孙某2、林某、董某、刘某4名被害人人民币25,700元。

裁判观点

法院认为，被告人梁某某、王某某等人通过群发短信、利用“钓鱼网站”等电信网络技术手段，虚构HPV疫苗接种预约，对不特定人实施电信网络诈骗，数额特别巨大，其行为均已构成诈骗罪，且系共同犯罪。被告人梁某某、王某某违反《个人信息保护法》等国家规定，通过植入木马程序非法获取公民个人信息，情节特别严重，其行为也均构成侵犯公民个人信息罪，且系共同犯罪。被告人梁某某、王某某在判决宣告前一人犯数罪，均应当数罪并罚。被告人梁某某、王某某在共同犯罪中均起主要作用，均系主犯，且二人作用相当，应当按照其所参与的全部犯罪处罚。被告人梁某某曾因电信网络诈骗犯罪被判处有期徒刑以上刑罚，刑罚执行完毕以后，在5年以内再犯应当判处有期徒刑以上刑罚之罪，系累犯，应当从重处罚。二被告人归案后，如实供述自己的主要罪行，系坦白，可以从轻处罚。二被告人退出部分违法所得，酌情从轻处罚。

【裁判结果】

1. 被告人梁某某犯诈骗罪，判处有期徒刑11年，并处罚金人民币100,000元；犯侵犯公民个人信息罪，判处有期徒刑3年6个月，并处罚金人民币50,000元；数罪并罚，决定执行有期徒刑12年，并处罚金人民币150,000元。

2. 被告人王某某犯诈骗罪，判处有期徒刑10年9个月，并处罚金人民币100,000元；犯侵犯公民个人信息罪，判处有期徒刑3年，并处罚金人民币40,000元；数罪并罚，决定执行有期徒刑11年9个月，并处罚金人民币140,000元。

3. 被告人梁某某退出的违法所得人民币150,000元，王某某退出的违法所得人民币50,000元，依法发还各被害人；责令被告人王某某退赔各被害人损失人民币406,874.55元，被告人梁某某对其中381,174.55元承担共同退赔责任。

相关规定

1.《中华人民共和国刑法》

第二百六十六条：诈骗公私财物，数额较大的，处三年以下有期徒刑、拘役或者管制，并处或者单处罚金；数额巨大或者有其他严重情节的，处三年以上十年以下有期徒刑，并处罚金；数额特别巨大或者有其他特别严重情节的，处十年以上有期徒刑或者无期徒刑，并处罚金或者没收财产。本法另有规定的，依照规定。

第二百五十三条之一第一款：违反国家有关规定，向他人出售或者提供公民个人信息，情节严重的，处三年以下有期徒刑或者拘役，并处或者单处罚金；情节特别严重的，处三年以上七年以下有期徒刑，并处罚金。

第六十九条第一款：判决宣告以前一人犯数罪的，除判处死刑和无期徒刑的以外，应当在总和刑期以下、数刑中最高刑期以上，酌情决定执行的刑期，但是管制最高不能超过三年，拘役最高不能超过一年，有期徒刑总和刑期不满三十五年的，最高不能超过二十年，总和刑期在三十五年以上的，最高不能超过二十五年。

2.《中华人民共和国反电信网络诈骗法》

第二条：本法所称电信网络诈骗，是指以非法占有为目的，利用电信网络技术手段，通过远程、非接触等方式，诈骗公私财物的行为。

同类案例

在河北省承德县人民法院（2024）冀0821刑初57号案件中，2023年4月20日至5月8日，王某玉为谋取利益，伙同王某烽、李某阳、高某（三人另案处理）在蝙蝠软件上非法获取公民电话号码等个人信息2608条，并冒充淘宝等平台客服以添加微信好友给好评反馈、找工作进群为由拨打被害人电话，诱骗被害人添加下游犯罪团伙人员微信，下游犯罪人员对被害人实施诈骗。王某玉等四人违法所得共计6100元，其中王某玉获得赃款1000元。

法院认为，被告人王某玉违反国家有关规定，以其他方法非法获取公民个人信息，情节严重，其行为已构成侵犯公民个人信息罪，但其主动投案并如实供述自己的罪行，属自首，依法可以从轻处罚，其也主动上缴全部违法所得，量刑时可酌定从轻处罚，鉴于其自愿认罪认罚并签字具结，可以依法从宽处理。法院最终判决：(1)被告人王某玉犯侵犯公民个人信息罪，判处拘役4个月，缓刑10个月，并处罚金人民币6100元。(2)追缴被告人王某玉违法所得人民币1000元，依法上缴国库。

71. 电信网络诈骗在何种情况下构成扰乱无线电通讯管理秩序罪？

律师解答

犯罪分子通过伪基站发送手机短信（目的是骗取用户信任，使其点击短信中的网络连接），为实施犯罪做前期准备，这是犯罪分子的惯用伎俩，并且在前几年给不少手机用户造成了重大经济损失。近几年相关部门大量宣传反诈知识，很多用户都对手机短信中携带的网络链接的风险有了较高的认识，使得犯罪分子幻想落空。

诈骗犯罪属于结果犯，以发生实际的经济损失为入罪门槛，没有发生现实损害的诈骗犯罪，通常不作为犯罪处理。但是，由于诈骗犯罪通常需要实施其他犯罪行为，为实施诈骗做准备，所以诈骗罪不被追究并不代表犯罪分子不需要为自己的非法行为买单。犯罪分子违反国家规定，擅自设置、使用无线电站，触犯《刑法》第288条第1款关于扰乱无线电通讯管理秩序罪的规定，情节严重的，应当承担刑事法律责任。

典型案例

案号

安徽省萧县人民法院(2021)皖1322刑初407号

案情简介

2016年4月，被告人王某博伙同被告人贺某驾车携带一台无线电发射器(伪基站)，在安徽省萧县境内寻找合适安装地点，后两人谎称是高速公路工作人员，为检测高速车流量，在安徽省萧县白土镇欧盘"T"形路口向南100米处张某家民房三楼西间的配房内，架设发送虚假伪造信息的无线电发射器(伪基站)，经初步勘查后发现该无线电发射器(伪基站)发送了大量虚假诈骗短信：尊敬的工行用户您好，您的账户累计3万积分即将逾期清空，请登录WWW.ICKXJ.COM立即进入兑换898元现金大礼(工商银行)等类似伪造信息。

经安徽省无线电监测站认定，该无线电发射器发射功率为10.3W，工作频段为935.2MHZ～959.8MHZ。设备功能正常，能够正常向既定功率覆盖下的G网手机用户发送信息。通过在国家无线电监测中心和国家无线电频谱管理中心主办的中国无线电管理网站查询，未查询到设备信息，确认该设备未经过工业和信息化部无线电管理局无线电发射设备型号核准。经由安徽省无线电台站数据库查询，未查到该设备的台站信息。经中国移动通信集团安徽有限公司萧县分公司网络部评估，该无线电发射器(伪基站)造成话务非正常损失约1300元，话费损失约15,000元，信令资源损失约13,000元，成本支出约15,000元，造成商誉受损和客户流失，此项资产恢复约15万元。

裁判观点

被告人贺某、王某博违反国家规定，擅自设置、使用无线电站，情节严重，其行为已触犯《刑法》，构成扰乱无线电通讯管理秩序罪。

【裁判结果】

1. 被告人贺某犯扰乱无线电通讯管理秩序罪，判处有期徒刑7个月，并处罚金5000元。

2. 被告人王某博犯扰乱无线电通讯管理秩序罪，判处有期徒刑6个月，并处罚金5000元。

相关规定

1.《中华人民共和国刑法》

第二百八十八条第一款：违反国家规定，擅自设置、使用无线电台（站），或者擅自使用无线电频率，干扰无线电通讯秩序，情节严重的，处三年以下有期徒刑、拘役或者管制，并处或者单处罚金；情节特别严重的，处三年以上七年以下有期徒刑，并处罚金。

2.《最高人民法院、最高人民检察院关于办理扰乱无线电通讯管理秩序等刑事案件适用法律若干问题的解释》

第一条：具有下列情形之一的，应当认定为刑法第二百八十八条第一款规定的“擅自设置、使用无线电台（站），或者擅自使用无线电频率，干扰无线电通讯秩序”：（一）未经批准设置无线电广播电台（以下简称“黑广播”），非法使用广播电视专用频段的频率的；（二）未经批准设置通信基站（以下简称“伪基站”），强行向不特定用户发送信息，非法使用公众移动通信频率的；

（三）未经批准使用卫星无线电频率的；（四）非法设置、使用无线电干扰器的；（五）其他擅自设置、使用无线电台（站），或者擅自使用无线电频率，干扰无线电通讯秩序的情形。

同类案例

在山东省青岛市市北区人民法院（2020）鲁0203刑初139号刑事判决中，张某国、白某接受QQ名为“2019”的上家寄送的伪基站后，按照“2019”的指使，多次在北京、保定、济南、潍坊、青岛发送诈骗信息。其中2019年4月15～16日，白某在青岛市市北区发送诈骗信息5万条以上，致使被害人崔某等4人受骗，共计被骗17,975元。张某国介绍“2019”与白某联系，教授白某使用伪基站发送诈骗信息，并帮助白某接收伪基站，与白某及“2019”构成诈骗罪的共同犯罪。法院认为，被告人张某国、白某利用伪基站对不特定多数人实施诈骗，有其他特别严重情节，其行为构成诈骗罪；被告人张某国、白某违反国家规定，擅自设置、使用无线电台（站），干扰无线电通讯秩序，情节严重，其行为构成扰乱无线电通讯管理秩序罪。二被告人犯数罪，数罪并罚。以诈骗罪判处被告人张某国有期徒刑2年6个月，并处罚金人民币20,000元；以扰乱无线电通讯管理秩序罪判处其有期徒刑1年，并处罚金人民币10,000元；决定执行有期徒刑3年，并处罚金人民币30,000元。以诈骗罪判处被告人白某有期徒刑3年，并处罚金人民币30,000元；以扰乱无线电通讯管理秩序罪判处其有期徒刑1年，并处罚金人民币10,000元；决定执行有期徒刑3年6个月，并处罚金人民币40,000元。

72. 电信网络诈骗在何种情况下构成掩饰、隐瞒犯罪所得、犯罪所得收益罪？

律师解答

我国实行银行卡实名登记制。根据《反洗钱法》第28条第2款的规定，金融机构不得为身份不明的客户提供服务或者与其进行交易，不得为客户开立匿名账户或者假名账户，不得为冒用他人身份的客户开立账户。同时，国务院发布的《个人存款账户实名制规定》第6条、第7条，也规定个人办理银行卡需要实名认证，银行等金融机构应当要求办理人出示其本人身份证件，核对姓名和号码。因此，通常情况下，可以认定为银行卡仅限本人使用。银行卡所有人应当对银行卡尽到保管义务，并且对于银行卡的违法使用承担相应的法律责任。构成刑事犯罪的，应当承担刑事法律责任。

对于向他人外借银行卡的行为，或者根据他人要求违法违规使用银行卡的行为，需要判断行为人对借用银行卡的用途和目的是否明知。如果行为人只是单纯外借银行卡但不知道被作何用途，即便该银行卡客观上为犯罪分子提供了帮助，但因缺乏犯罪故意的评价，无法认定其构成犯罪。如果行为人知道或者应当知道被借银行卡的用途，尤其是知道上游的钱款系犯罪所得，依然外借银行卡或者根据上游犯罪分子的要求操作银行卡转账，可能涉嫌帮助诈骗分子提供账户转移赃款，或者涉嫌帮助犯罪分子通过多次转账的方式掩饰赃款来源，构成掩饰、隐瞒犯罪所得、犯罪所得收益罪，应当承担外借银行卡引发的刑事责任。

典型案例

案号

新疆生产建设兵团和田垦区人民法院(2024)兵1301刑初6号

案情简介

2021年9月,被告人陈某宁为了牟利,明知系电信网络诈骗犯罪所得及其产生的收益,仍为犯罪分子提供本人名下的一张银行卡及取款转账服务,卡内单向资金流水共计8600元,经查证属实的被诈骗资金数额为8600元,涉及1名被害人。被告人陈某宁明知他人利用信息网络实施犯罪,主动联系被告人王某界,一起提供5张银行卡、取款密码及绑定的POS机,5张卡内单向资金流水共计1,012,100元,从中得到好处费11,300元。被告人王某界明知他人利用信息网络实施犯罪,与被告人陈某宁一起提供2张银行卡并绑定POS机,两张卡内单向资金流水共计876,720元,从中得到好处费15,290元。被告人吴某松明知他人利用信息网络实施犯罪,为犯罪分子提供本人名下的2张银行卡及绑定的手机卡、网上银行的支付密码,两张卡内单向资金流水共计347,973元,流水之中查证属实的被诈骗资金数额为137,712元,涉及9名被害人,从中得到好处费2600元。

裁判观点

被告人陈某宁、王某界的行为触犯了《刑法》第287条之二的规定,犯罪事实清楚,证据确实、充分,公诉机关起诉被告人陈某宁、王某界帮助信息网络犯罪活动罪(共同)的罪名成立。

两名被告人相互配合下载App,共同向他人提供账户及密码、取现设备,依照《刑法》第25条第1款系掩饰、隐瞒犯罪所得罪的共同犯罪,不予区分主犯、从犯。

【裁判结果】

1. 被告人陈某宁犯掩饰、隐瞒犯罪所得、犯罪所得收益罪，判处有期徒刑7个月，并处罚金人民币5000元；犯帮助信息网络犯罪活动罪（共同），判处有期徒刑10个月，并处罚金人民币3000元；数罪并罚，决定执行有期徒刑1年2个月，并处罚金人民币8000元，没收违法所得11,300元。

2. 被告人王某界犯帮助信息网络犯罪活动罪（共同），判处有期徒刑7个月，并处罚金人民币3000元，没收违法所得10,450元，追缴违法所得4840元，上缴国库。

3. 被告人吴某松犯帮助信息网络犯罪活动罪，判处有期徒刑6个月，并处罚金人民币3000元，没收违法所得2600元，上缴国库。

相关规定

1.《中华人民共和国刑法》

第二百八十七条之二第一款：明知他人利用信息网络实施犯罪，为其犯罪提供互联网接入、服务器托管、网络存储、通讯传输等技术支持，或者提供广告推广、支付结算等帮助，情节严重的，处三年以下有期徒刑或者拘役，并处或者单处罚金。

第三百一十二条第一款：明知是犯罪所得及其产生的收益而予以窝藏、转移、收购、代为销售或者以其他方法掩饰、隐瞒的，处三年以下有期徒刑、拘役或者管制，并处或者单处罚金；情节严重的，处三年以上七年以下有期徒刑，并处罚金。

2.《最高人民法院、最高人民检察院关于办理非法利用信息网络、帮助信息网络犯罪活动等刑事案件适用法律若干问题的解释》

第十二条：明知他人利用信息网络实施犯罪，为其犯罪提供帮助，具有下列情形之一的，应当认定为刑法第二百八十七条之二第一款规定的“情节严重”:(一)为三个以上对象提供帮助的;(二)支付结算金额二十万元以上的;(三)以投放广告等方式提供资金五万元以上的;(四)违法所得一万元以上的;(五)二年内曾因非法利用信息网络、帮助信息网络犯罪活动、危害计算机信息系统安全受过行政处罚,又帮助信息网络犯罪活动的;(六)被帮助对象实施的犯罪造成严重后果的;(七)其他情节严重的情形。

实施前款规定的行为,确因客观条件限制无法查证被帮助对象是否达到犯罪的程度,但相关数额总计达到前款第二项至第四项规定标准五倍以上,或者造成特别严重后果的,应当以帮助信息网络犯罪活动罪追究行为人的刑事责任。

3.《最高人民法院关于审理掩饰、隐瞒犯罪所得、犯罪所得收益刑事案件适用法律若干问题的解释》

第三条:掩饰、隐瞒犯罪所得及其产生的收益,具有下列情形之一的,应当认定为刑法第三百一十二条第一款规定的“情节严重”:(一)掩饰、隐瞒犯罪所得及其产生的收益价值总额达到十万元以上的……

第十条第一款:通过犯罪直接得到的赃款、赃物,应当认定为刑法第三百一十二条规定的“犯罪所得”。上游犯罪的行为人对犯罪所得进行处理后得到的孳息、租金等,应当认定为刑法第三百一十二条规定的“犯罪所得产生的收益”。

同类案例

在新疆生产建设兵团和田垦区人民法院(2023)兵1301刑初58号刑事判决书中,被告人赵某的QQ收到一条名叫王某(谐音)的人发来的消息,称提供银行卡收钱并帮助取现金,可以获得报酬,其欣然答应。2022 年 7 月 12 日,根据王某要求,被告人赵某的银行卡快进快出的资金共计 135, 348 元,其中,被告人赵某明知上线实施诈骗行为,在西安市鄠邑区通过使用银行卡跑分洗钱,涉案流水共计 114, 700 元,从中赚取好处费共计 3000 元。被告人赵某明知是犯罪所得,为获取非法利益,多次转移资金、套取现金 97, 823 元。最终法院认定被告人赵某犯掩饰、隐瞒犯罪所得、犯罪所得收益罪,判处有期徒刑 1 年 6 个月,并处罚金人民币 3000 元。

73. 电信网络诈骗在何种情况下构成招摇撞骗罪?

律师解答

“招摇撞骗”是古往今来一直流行的骗术之一,犯罪分子骗财、骗色、骗名声、骗机会,因此我国《刑法》专门制定了关于招摇撞骗罪的法条,将招摇撞骗的行为对象限制在“冒充国家机关工作人员”的范畴内。其立法动机十分明确,一方面,招摇撞骗的行为十分常见且频发,有必要单独针对性治理;另一方面,招摇撞骗罪的保护法益主要是我国政府的公信力,专门打击招摇撞骗行为,是维护政府形象的必要举措。《刑法》第 279 条第 2 款同时规定:“冒充人民警察招摇撞骗的,依照前款的规定从重处罚。”

招摇撞骗罪被排列在《刑法》第六章第一节扰乱公共秩序罪中,而诈骗罪被排列在《刑法》第五章侵犯财产罪中,是两个不同的罪名。诈骗分子在假冒国家机关工作人员实施诈骗的过程中,不仅侵害了公民的财产权益,也损害了我国政府的公信力,属于一个行为触犯了两个罪名,法院会根据两个罪名具体的量刑情况,选择较重的一个罪名进行处罚。

典型案例

案号

北京市朝阳区人民法院(2021)京0105刑初2958号

案情简介

被告人刘某伙同郭某某于2019年1月,冒充警察并谎称是上下级关系,以可以帮助王某追回欠款为由,向王某索要好处费。后王某在其居住的北京市朝阳区花家地南里房屋内,向被告人刘某转账人民币70,000元。王某报警前,被告人刘某已退还人民币40,000元。

被告人刘某于2019年4月,以认识部队相关人员,可以帮助贾某某办理北京车牌为由,向贾某某索要好处费人民币50,000元。后贾某某在北京市朝阳区北苑路向被告人刘某转账人民币50,000元。贾某某报警前,被告人刘某已退还其人民币15,000元。

裁判观点

被告人刘某、郭某某为牟取私利,合伙冒充警察招摇撞骗。其中被告人刘某虚构事实,骗取他人钱财,且数额较大,被告人刘某的行为触犯了《刑法》,已构成招摇撞骗罪、诈骗罪,依法应予数罪并罚;被告人郭某某的行为触犯了《刑法》,已构成招摇撞骗罪,依法应予惩处。被告人刘某与郭某某在犯罪中所起作用相当,只是分工不同,不宜区分主犯、从犯。

【裁判结果】

1. 被告人刘某犯招摇撞骗罪,判处有期徒刑10个月;犯诈骗罪,判处有期徒刑8个月,并处罚金人民币10,000元;决定执行有期徒刑1年4个月,并处罚金人民币10,000元。(注:该案件中,被告人实施了两个犯罪,部分诈骗犯罪中行为人并没有假冒国家机关工作人员的行为,合并处罚的判决符合相关司法解释。)

2. 被告人郭某某犯招摇撞骗罪,判处有期徒刑1年。

相关规定

1.《中华人民共和国刑法》

第二百七十九条:冒充国家机关工作人员招摇撞骗的,处三年以下有期徒刑、拘役、管制或者剥夺政治权利;情节严重的,处三年以上十年以下有期徒刑。

冒充人民警察招摇撞骗的,依照前款的规定从重处罚。

2.《最高人民法院、最高人民检察院关于办理诈骗刑事案件具体应用法律若干问题的解释》

第八条:冒充国家机关工作人员进行诈骗,同时构成诈骗罪和招摇撞骗罪的,依照处罚较重的规定定罪处罚。

同类案例

江苏省徐州市贾汪区人民法院(2019)苏0305刑初142号刑事判决书中载明,2010年至2018年,被告人张某华通过张某安等人伪造国家机关公文、证件、印章,先后冒充国家砂石产业化科技协作委员会副主任、中共中央纪律检查委员会(以下简称中纪委)案件监督管理室主任、国家监察委员会副秘书长等身份,与北京、天津等多地政府机关工作人员、文艺界人士等多人长期交往,并冒充中纪委干部身份出席在山东省潍坊市举办的2017年第三届全国微电影春晚等活动,进行招摇撞骗,严重损害国家机关威信。法院判决:被告人张某华犯招摇撞骗罪,判处有期徒刑6年;犯诈骗罪,判处有期徒刑15年,并处没收个人部分财产人民币2,000,000元;犯伪造国家机关印章罪,判处有期徒刑2年;决定执行有期徒刑 20 年,并处没收个人部分财产人民币 2,000,000 元。

74. 冒充军人进行诈骗是什么罪名?

律师解答

与《刑法》第 279 条招摇撞骗罪维护社会管理秩序的立法目的有所不同,第 272 条冒充军人招摇撞骗罪的制定是为了维护国防利益。“双拥政策”之下,我国民众对于人民子弟兵的崇尚空前高涨,“追星就追人民子弟兵”的民众心声经久不衰。维护人民军队的形象,事关国防建设与国家安全保障,冒充军人招摇撞骗的行为比冒充国家机关工作人员的行为更加可恨。冒充军人招摇撞骗,不仅损害公民个人的财产权益,更危害了社会与国家的重大利益。冒充军人招摇撞骗是行为犯,评判其行为的严重程度主要看冒充军人招摇撞骗的行为程度,不看其实际骗取的金额大小。而诈骗罪是结果犯,主要看行为造成的现实的经济损失。因此,冒充军人招摇撞骗与诈骗是两类犯罪行为,需要分别评价,一人同时构成两个罪名的,需要数罪并罚。

典型案例

案号

福建省明溪县人民法院(2016)闽 0421 刑初 132 号

案情简介

2016 年 4 月中旬,王某生在明溪县雪峰镇水车路 47 号退伍军人吴某甲家中,冒充明溪县武装部军人,以办理残疾补贴为由骗取吴某甲的残疾人证及人民币100元;在明溪县雪峰镇水车路46号退伍军人吴某乙家中,冒充明溪县武装部军人,以提高退伍补贴为由骗取吴某乙人民币1500元。

裁判观点

被告人王某生10次诈骗他人财物,合计价值人民币11,100元,数额较大,其行为已构成诈骗罪;27次冒充国家机关工作人员招摇撞骗,骗得人民币22,645元,其行为已构成招摇撞骗罪;2次冒充军人招摇撞骗,骗得人民币1600元,其行为已构成冒充军人招摇撞骗罪。公诉机关指控罪名成立。被告人王某生多次诈骗、冒充军人招摇撞骗,均应酌情从重处罚;多次冒充国家机关工作人员招摇撞骗,属于情节严重,应当从重处罚。

【裁判结果】

被告人王某生犯诈骗罪,判处有期徒刑8个月,并处罚金人民币10,000元;犯招摇撞骗罪,判处有期徒刑4年6个月;犯冒充军人招摇撞骗罪,判处拘役5个月。数罪并罚,合并后决定执行有期徒刑5年6个月,并处罚金人民币20,000元。

相关规定

《中华人民共和国刑法》

第三百七十二条:冒充军人招摇撞骗的,处三年以下有期徒刑、拘役、管制或者剥夺政治权利;情节严重的,处三年以上十年以下有期徒刑。

同类案例

山西省垣曲县人民法院(2020)晋0827刑初47号刑事判决书载明，被告人姚某笛自称其系特种部队现役军人，虚报年龄及工资待遇，在网上发布征婚信息，诱骗单身女性加其微信进行联系，以恋爱、要结婚为由，欺骗多名女性情感并与其同居发生性关系，并编造各种理由向被害女性要钱或用被害人的钱共同消费，使被害女性认为这些不法行为系军人所为，严重损害了军队的声誉和军人形象，情节严重，其行为已构成冒充军人招摇撞骗罪。法院判决：被告人姚某笛犯冒充军人招摇撞骗罪，判处有期徒刑4年6个月；犯诈骗罪，判处有期徒刑2年，并处罚金人民币5000元；犯寻衅滋事罪，判处有期徒刑2年。数罪并罚，决定执行有期徒刑7年6个月，并处罚金人民币5000元。

75. 电信网络诈骗在何种情况下构成妨害信用卡管理罪？

律师解答

每个人都应当对自己的银行卡尽到妥善保管的义务，不得随意借给他人。同时，任何人不得向他人借用银行卡，更不能通过买卖方式转让和受让实名登记认证的银行卡。对银行卡进行严格的管理，目的是维护其正常的金融工具的价值，以及防止不法分子利用他人的银行卡实施犯罪行为，给他人以及社会造成损失。

《刑法》第177条之一第1款规定了妨害信用卡管理罪的法定情形，所列举的4种情形都主要针对信用卡管理过程中，寻找漏洞非法办理、持有、骗取、运输、使用、收集、提供等行为，该罪名是行为犯，不要求造成严重的经济损失，只要行为人实施了第177条之一第1款规定的几种情形并达到该条所规定的要求,即构成犯罪。如果在实施该犯罪的同时实施其他犯罪,例如诈骗罪,则同时触犯了数个罪名,依法应当数罪并罚。

不法分子违法利用银行卡帮助信息网络犯罪活动,在银行卡实名登记之下,非法利用银行卡的行为可以追溯和查明。银行卡持有者没有尽到保管责任的,轻者受到银行金融机构的处罚,重者可能作为同案犯被追究刑事法律责任。

典型案例

案号

山东省青岛市中级人民法院(2024)鲁02刑终54号

案情简介

2019年至2020年,被告人高某宁在明知他人利用信息网络实施违法犯罪的情况下,仍从徐某处收购30张银行卡、从吴某处收购9张银行卡、从被告人肖某晓处收购8张银行卡、从王某处收购8张银行卡、从被告人刘某处收购3张银行卡、从王某国处收购4张银行卡、从王某省处收购3张银行卡、从仇某用处收购1张银行卡,以上共计66张银行卡经被告人许某国介绍出售给他人,高某宁获利人民币10,000元。2023年1月,高某宁将自己名下的4张银行卡提供给他人使用。经查,高某宁收购的66张银行卡内单向流入金额为人民币1.2亿余元,其中电信网络诈骗金额为人民币80,000余元;其自己名下的4张银行卡内单向流入金额为人民币21,000,000余元,其中电信网络诈骗金额为人民币2,600,000余元。

裁判观点

山东省青岛市中级人民法院(2024)鲁02刑终54号刑事裁定书中,法院认为,高某宁实施的行为是大量收购他人的银行卡,有偿提供给第三人使用，其中也包括其自己的银行卡。高某宁非法持有他人信用卡，数量巨大，其行为构成妨害信用卡管理罪。但考虑到高某宁有自首、立功情节，自愿认罪认罚，退缴违法所得，可以从轻处罚。

【裁判结果】

原审法院以妨害信用卡管理罪，判处被告人高某宁有期徒刑2年10个月，并处罚金人民币80,000元。二审法院裁定驳回上诉，维持原判。

相关规定

《中华人民共和国刑法》

第一百七十七条之一第一款：有下列情形之一，妨害信用卡管理的，处三年以下有期徒刑或者拘役，并处或者单处一万元以上十万元以下罚金；数量巨大或者有其他严重情节的，处三年以上十年以下有期徒刑，并处二万元以上二十万元以下罚金：

（一）明知是伪造的信用卡而持有、运输的，或者明知是伪造的空白信用卡而持有、运输，数量较大的；（二）非法持有他人信用卡，数量较大的；（三）使用虚假的身份证明骗领信用卡的；（四）出售、购买、为他人提供伪造的信用卡或者以虚假的身份证明骗领的信用卡的。

同类案例

新疆维吾尔自治区乌鲁木齐市新市区人民法院（2023）新0104刑初416号刑事判决书中载明，2023年5月至8月，被告人李某某在汇轩大厦极速蜂网络信息技术工作室内，与被告人白某某共同在网上发布兼职信息，以“注册拼多多店铺”需要绑定银行卡和手机卡为由，以一个月600元人民币的价格租赁他人银行卡、电话卡，并将两卡、注册店铺登录账号及密码邮寄至广东省汕头市。其中,被告人李某某负责联系上家、发布招聘兼职信息、付款、邮寄,被告人白某某负责接待客户。经核实,二人共计租赁他人银行卡 14 张,流水出账 5,450,754 元,进账 5,926,119 元,进出账合计 11,376,873 元,上述银行卡涉及电信网络诈骗案件 15 起,涉案资金流入 292,275 元。被告人李某某、白某某违反国家信用卡管理制度,共同以租赁方式非法持有他人信用卡共计 14 张,并将信用卡提供给他人用于犯罪活动,数量较大,破坏了金融管理秩序,其行为均构成妨害信用卡管理罪。法院判决:(1)被告人李某某犯妨害信用卡管理罪,判处有期徒刑 10 个月,并处罚金人民币 10,000 元。(2)被告人白某某犯妨害信用卡管理罪,判处有期徒刑 8 个月,并处罚金人民币 10,000 元。

76. 电信网络诈骗在何种情况下构成拒不履行信息网络安全管理义务罪?

律师解答

网络服务提供者违反网络安全保护或信息网络安全管理义务,应当采取安全保护措施却没有采取,或者不应当实施某类行为却实施了该行为,导致违法信息大量传播、公民个人信息严重泄露、刑事案件证据灭失情节严重,经监管部门责令采取改正措施而拒不改正的,则可能构成拒不履行信息网络安全管理义务罪。

网络服务提供者在经营管理过程中需要遵守行业准则,保护用户和社会公共利益。《刑法》第 286 条之一关于拒不履行信息网络安全管理义务罪的设定,给网络服务提供者在网络安全管理事件发生后留足了反应的时间和空间,其构成刑事犯罪需要两个条件,即经监管部门责令采取改正措施而拒不改正，以及违法情节达到了刑法设定的追究刑事责任的门槛。

典型案例

案号

云南省昆明市盘龙区人民法院（2020）云0103刑初1206号

案情简介

被告人李某全于2014年8月到某某（北京）通信技术有限公司工作，是公司的高级运营总监，2019年3月离职。2018年9月，山东亚某飞信息科技股份有限公司董事长任某为盗取回收卡上绑定的用户个人微信账号，向某某（北京）通信技术有限公司董事长王某要求将用户停机三个月后被回收的卡进行重新制卡并发送给亚某飞信息科技股份有限公司，王某对此予以同意，并安排李某全负责与亚某飞信息科技股份有限公司对接相关的具体事项。2018年9月，李某全将三四万张行业卡交给亚某飞信息科技股份有限公司挑卡，亚某飞信息科技股份有限公司从中挑出4000张带有公民个人微信的卡号并要求某某（北京）通信技术有限公司进行制卡。于是，李某全便根据任某挑选的回收卡安排人员进行制卡和发卡工作。亚某飞信息科技股份有限公司在拿到该批回收卡后，将该批回收卡违规实名认证在济南某某新能源科技有限公司、济南某通信息科技有限公司名下，并将回收卡卖给昆明黑兔子工作室的林某彬用于盗取回收卡上绑定的用户微信账号，导致回收卡上绑定的微信号被大量盗取。上述事实发生之前，某某（北京）通信技术有限公司多次收到了监管部门关于网络信息安全的通报和处罚。

被告人李某全负有查验、评估、审核行业卡使用情况的职责，在明知违反实名制管理规定的情况下，仍然将大量带有公民个人信息的回收卡交给亚某飞信息科技股份有限公司，违反用户实名制进行挑卡，造成严重后果，且在两年内经监管部门多次责令改正而拒不改正。2020年7月14日，经工业和信息化部网络安全管理局出具《关于涉及某某(北京)通信技术有限公司相关咨询的复函》证实，某某(北京)通信技术有限公司将绑定个人微信号的移动电话卡回收制作成行业卡销售给其他公司，未落实行业卡短信功能限制要求，未认真履行行业用户安全评估责任，违反了电话用户实名制、行业卡安全管理等相关规定。

裁判观点

被告人李某全无视国家法律，作为网络服务提供、管理者，拒不履行信息网络安全管理义务，经监管部门责令采取改正措施而拒不改正，其行为触犯了《刑法》第286条之一第1款之规定，犯罪事实清楚，证据确实、充分，其行为已构成拒不履行信息网络安全管理义务罪。公诉机关指控的犯罪事实和罪名成立，所提公诉意见及量刑建议符合法律规定和查明事实，法院均予以确认。被告人李某全到案后如实供述自己的罪行，认罪、认罚，具有悔罪表现，可酌情从轻处罚。

【裁判结果】

被告人李某全犯拒不履行信息网络安全管理义务罪，判处有期徒刑1年3个月，并处罚金人民币5000元。

相关规定

1.《中华人民共和国刑法》

第二百八十六条之一：网络服务提供者不履行法律、行政法规规定的信息网络安全管理义务，经监管部门责令采取改正措施而拒不改正，有下列情形之一的，处三年以下有期徒刑、拘役或者管制，并处或者单处罚金：（一）致使违法信息大量传播的；（二）致使用户信息泄露，造成严重后果的；（三）致使刑事案件证据灭失，情节严重的；（四）有其他严重情节的。

单位犯前款罪的，对单位判处罚金，并对其直接负责的主管人员和其他直接责任人员，依照前款的规定处罚。

有前两款行为，同时构成其他犯罪的，依照处罚较重的规定定罪处罚。

2.《最高人民法院、最高人民检察院关于办理非法利用信息网络、帮助信息网络犯罪活动等刑事案件适用法律若干问题的解释》

第一条：提供下列服务的单位和个人，应当认定为刑法第二百八十六条之一第一款规定的"网络服务提供者"：（一）网络接入、域名注册解析等信息网络接入、计算、存储、传输服务；（二）信息发布、搜索引擎、即时通讯、网络支付、网络预约、网络购物、网络游戏、网络直播、网站建设、安全防护、广告推广、应用商店等信息网络应用服务；（三）利用信息网络提供的电子政务、通信、能源、交通、水利、金融、教育、医疗等公共服务。

第二条：刑法第二百八十六条之一第一款规定的"监管部门责令采取改正措施"，是指网信、电信、公安等依照法律、行政法规的规定承担信息网络安全监管职责的部门，以责令整改通知书或者其他文书形式，责令网络服务提供者采取改正措施。

认定"经监管部门责令采取改正措施而拒不改正"，应当综合考虑监管部门责令改正是否具有法律、行政法规依据，改正措施及期限要求是否明确、合理，网络服务提供者是否具有按照要求采取改正措施的能力等因素进行判断。

同类案例

上海市浦东新区人民法院(2018)沪0115刑初2974号刑事判决书中载明,2015年7月至2016年12月30日,被告人胡某为非法牟利,租用国内、国外服务器,自行制作并出租"土行孙""四十二"翻墙软件,为境内2000余名网络用户非法提供境外互联网接入服务。2016年3月、6月上海市公安局浦东分局先后两次约谈被告人胡某,并要求其停止联网服务。2016年10月20日,上海市公安局浦东分局对被告人胡某利用上海某网络科技有限公司擅自进行国际联网的行为,作出责令停止联网、警告、并处罚款人民币15,000元、没收违法所得人民币40,445.06元的行政处罚。被告人胡某拒不改正,于2016年10月至12月30日,继续出租"土行孙"翻墙软件,违法所得共计人民币236,167元。经鉴定,"土行孙"翻墙软件采用了gotunnel程序,可以实现代理功能,使用本地计算机通过境外代理服务器访问境外网站。法院认为,被告人胡某非法提供国际联网代理服务,拒不履行法律、行政法规规定的信息网络安全管理义务,经监管部门责令采取改正措施后拒不改正,情节严重,其行为已构成拒不履行信息网络安全管理义务罪,依法判决被告人胡某犯拒不履行信息网络安全管理义务罪,判处拘役6个月,缓刑6个月,罚金人民币30,000元。

77. 电信网络诈骗在何种情况下构成非法利用信息网络罪?

律师解答

网络不是法外之地,《刑法》第287条之一规定的非法利用信息网络罪,主要从网络行为入手进行溯源治理,打击非法使用互联网的行为,避免网络缺乏规制而成为滋生违法犯罪的“土壤”。

非法利用信息网络罪是行为犯，也就是说，行为人只要实施了《刑法》第287条之一规定的几种情形，以非法目的使用网络以及使用网络传播非法信息，情节严重的，都要受到《刑法》的追究。

构成非法利用信息网络罪，同时构成诈骗罪的，依照处罚较重的规定定罪处罚。

典型案例

案号

吉林省白城市洮北区人民法院(2024)吉0802刑初36号

案情简介

2023年7月至8月，被告人陈某1、栢某、王某1在白城市洮北区明仁南街大华家具城五楼成立工作室，并招收方某（另案处理）等10余人为话务员，通过固定话术冒充淘宝、天猫客服工作人员以赠送小礼物为由，为实施诈骗活动发布信息。其中，被告人陈某1负责和上线对接并为工作室获取需要拨打电话的名单、话术以及跟上线结算所有人的工资；被告人栢某负责管理工作室话务员，为话务员提供拨打电话的名单、统计话务员拨打电话的数量以及为话务员结算工资；被告人王某1负责提供工作室场地，平时也管理话务员以及拨打电话。该工作室组成后共计拨打电话1××××次，被告人陈某1非法获利10,000余元，被告人柏某非法获利12,000余元，被告人王某1非法获利8356元。

裁判观点

被告人陈某1、栢某、王某1为实施诈骗等违法活动发布信息，情节严重，其行为已经构成非法利用信息网络罪，事实清楚，证据确实、充分，公诉机关指控罪名成立。被告人陈某1、栢某、王某1认罪认罚，自愿缴纳违法所得，依法可以从轻处罚。同时，被告人认罪认罚，积极缴纳违法所得，予以从轻处罚。

【裁判结果】

1. 被告人陈某1犯非法利用信息网络罪，判处有期徒刑8个月，缓刑1年，并处罚金人民币3000元。

2. 被告人栢某犯非法利用信息网络罪，判处有期徒刑8个月，缓刑1年，并处罚金人民币3000元。

3. 被告人王某1犯非法利用信息网络罪，判处有期徒刑8个月，缓刑1年，并处罚金人民币3000元。

相关规定

1.《中华人民共和国刑法》

第二百八十七条之一：利用信息网络实施下列行为之一，情节严重的，处三年以下有期徒刑或者拘役，并处或者单处罚金：(一)设立用于实施诈骗、传授犯罪方法、制作或者销售违禁物品、管制物品等违法犯罪活动的网站、通讯群组的；(二)发布有关制作或者销售毒品、枪支、淫秽物品等违禁物品、管制物品或者其他违法犯罪信息的；(三)为实施诈骗等违法犯罪活动发布信息的。

单位犯前款罪的，对单位判处罚金，并对其直接负责的主管人员和其他直接责任人员，依照第一款的规定处罚。

有前两款行为，同时构成其他犯罪的，依照处罚较重的规定定罪处罚。

2.《最高人民法院、最高人民检察院关于办理非法利用信息网络、帮助信息网络犯罪活动等刑事案件适用法律若干问题的解释》

第八条:以实施违法犯罪活动为目的而设立或者设立后主要用于实施违法犯罪活动的网站、通讯群组,应当认定为刑法第二百八十七条之一第一款第一项规定的“用于实施诈骗、传授犯罪方法、制作或者销售违禁物品、管制物品等违法犯罪活动的网站、通讯群组”。

第九条:利用信息网络提供信息的链接、截屏、二维码、访问账号密码及其他指引访问服务的,应当认定为刑法第二百八十七条之一第一款第二项、第三项规定的“发布信息”。

第十条:非法利用信息网络,具有下列情形之一的,应当认定为刑法第二百八十七条之一第一款规定的“情节严重”:(一)假冒国家机关、金融机构名义,设立用于实施违法犯罪活动的网站的;(二)设立用于实施违法犯罪活动的网站,数量达到三个以上或者注册账号数累计达到二千以上的;(三)设立用于实施违法犯罪活动的通讯群组,数量达到五个以上或者群组成员账号数累计达到一千以上的;(四)发布有关违法犯罪的信息或者为实施违法犯罪活动发布信息,具有下列情形之一的:1. 在网站上发布有关信息一百条以上的;2. 向二千个以上用户账号发送有关信息的;3. 向群组成员数累计达到三千以上的通讯群组发送有关信息的;4. 利用关注人员账号数累计达到三万以上的社交网络传播有关信息的;(五)违法所得一万元以上的;(六)二年内曾因非法利用信息网络、帮助信息网络犯罪活动、危害计算机信息系统安全受过行政处罚,又非法利用信息网络的;(七)其他情节严重的情形。

第十二条：明知他人利用信息网络实施犯罪，为其犯罪提供帮助，具有下列情形之一的，应当认定为刑法第二百八十七条之二第一款规定的“情节严重”：（一）为三个以上对象提供帮助的；（二）支付结算金额二十万元以上的；（三）以投放广告等方式提供资金五万元以上的；（四）违法所得一万元以上的；（五）二年内曾因非法利用信息网络、帮助信息网络犯罪活动、危害计算机信息系统安全受过行政处罚，又帮助信息网络犯罪活动的；（六）被帮助对象实施的犯罪造成严重后果的；（七）其他情节严重的情形。

实施前款规定的行为，确因客观条件限制无法查证被帮助对象是否达到犯罪的程度，但相关数额总计达到前款第二项至第四项规定标准五倍以上，或者造成特别严重后果的，应当以帮助信息网络犯罪活动罪追究行为人的刑事责任。

3.《最高人民法院、最高人民检察院、公安部关于办理电信网络诈骗等刑事案件适用法律若干问题的意见》

第三（七）条：实施刑法第二百八十七条之一、第二百八十七条之二规定之行为，构成非法利用信息网络罪、帮助信息网络犯罪活动罪，同时构成诈骗罪的，依照处罚较重的规定定罪处罚。

同类案例

江苏省苏州市姑苏区人民法院（2024）苏0508刑初46号刑事判决书中载明，自2022年2月21日以来，被告人侯某1为牟取非法利益，从上家“金化”处接受任务，通过微信群、微信朋友圈等发布信息招募话务员组建“引流”团队。后被告人侯某1通过其建立的微信群“电销群”对其所招募的话务员进行管理，包括统计上班人员名单、下发话术等，上家

"金化"通过二人聊天群向话务员下发客户手机号码及指定微信号,之后由话务员根据话术内容冒充银行客服人员拨打客户电话,发布虚假贷款信息,引诱有贷款需求的客户添加指定微信号。被告人侯某1每日与上家"金化"核对话务员业绩及工资,从上家处结算钱款,扣除自己所得后将剩余钱款发放给各话务员。经统计,2022年2月21日至3月12日,被告人侯某1先后共招募26名话务员,到案的9名话务员累计拨打电话至少2563次(部分手机号码因冻结无法查询到通话记录),且已造成8名被害人被骗共计人民币272,385.1元。被告人侯某1共向已到案的9名话务员发放工资至少人民币18,653元,其个人以人头费、提成的方式共获得人民币5001元。

法院认为,被告人侯某1伙同他人共同利用信息网络,为他人实施诈骗犯罪活动发布信息,情节严重,其行为已构成非法利用信息网络罪,判决被告人侯某1犯非法利用信息网络罪,判处有期徒刑6个月,并处罚金人民币10,000元。

78. 电信网络诈骗在何种情况下构成帮助信息网络犯罪活动罪?

律师解答

根据《刑法》第287条之二第1款的规定,以帮助信息网络犯罪活动罪追究行为人的刑事法律责任,既看客观行为也看主观心态,二者缺一不可。如果行为人只是有实施帮助行为的犯罪故意但是没有成功实施帮助行为,通常不认为是犯罪;如果行为人客观上实施了犯罪行为,帮助犯罪分子实施诈骗活动,但是由于行为人对于自身的实施行为缺乏主观故意(例如,被诱导后认为是自己开通手机银行过程中的正常人脸识别认证，不是转账认证）或者不具有明知或应当知道的可能，则行为人不具有刑法上的故意心态，其客观实施的犯罪行为也就不具有犯罪故意。因此，实践中，法院先看行为人是否实施了客观行为并且造成了一定的危害，再判断行为人是否具有犯罪故意。

帮助信息网络犯罪活动罪的背后逻辑就是帮助、纵容其他刑事犯罪，因此行为人在触犯该罪名的同时常常触犯到其他罪名，根据《最高人民法院、最高人民检察院、公安部关于办理电信网络诈骗等刑事案件适用法律若干问题的意见（二）》第 10 条的规定，被告人为犯罪分子犯罪提供互联网接入、服务器托管、网络存储、通讯传输等技术支持，或者提供广告推广、支付结算等帮助，同时构成其他犯罪的，依照处罚较重的规定定罪处罚，也就是“择一重”处罚。

典型案例

案号

河北省石家庄高新技术产业开发区人民法院（2024）冀 0191 刑初 26 号

案情简介

2023 年 2 月 20 日，被告人程某明知他人会将其银行卡用于违法犯罪活动，经他人介绍仍将自己名下的中国建设银行银行卡（卡号：6236××××××××）出借给他人使用，并协助刷脸登录帮助转移资金 800,000 余元，涉及被诈骗受害人的资金为 356,902 元，程某获利 3800 元。

裁判观点

被告人程某明知他人利用信息网络实施犯罪，为他人犯罪提供帮助，情节严重，其行为已构成帮助信息网络犯罪活动罪。被告人程某曾因犯罪被判处有期徒刑，在刑罚执行完毕5年内，再犯应当处有期徒刑以上刑罚之罪，系累犯，依法予以从重处罚。被告人程某有自首情节，自愿认罪认罚并退缴违法所得，可从轻处罚。

【裁判结果】

被告人程某犯帮助信息网络犯罪活动罪，判处有期徒刑8个月，并处罚金人民币4000元。

相关规定

1.《中华人民共和国刑法》

第二百八十七条之二第一款：明知他人利用信息网络实施犯罪，为其犯罪提供互联网接入、服务器托管、网络存储、通讯传输等技术支持，或者提供广告推广、支付结算等帮助，情节严重的，处三年以下有期徒刑或者拘役，并处或者单处罚金。

2.《最高人民法院、最高人民检察院、公安部关于办理电信网络诈骗等刑事案件适用法律若干问题的意见(二)》

第十条：电商平台预付卡、虚拟货币、手机充值卡、游戏点卡、游戏装备等经销商，在公安机关调查案件过程中，被明确告知其交易对象涉嫌电信网络诈骗犯罪，仍与其继续交易，符合刑法第二百八十七条之二规定的，以帮助信息网络犯罪活动罪追究刑事责任。同时构成其他犯罪的，依照处罚较重的规定定罪处罚。

同类案例

2019年7月，被告人肖某佳以用于资金盘交易、网络赌博赌资充值的名义，让李某2、陈某、梁某办理了3张银行卡交给其使用，之后再以每张卡 3300 元转租给了“不笑生”(微信昵称,具体身份不详)。2019 年 9 月,被告人肖某佳又找到林某晖,让林某晖办理银行卡,并商量好给予租借费,后林某晖用自己的身份信息办理了 9 张银行卡(含 U 盾及绑定的手机号码)交给肖某佳,肖某佳连同用其本人身份信息开设的 2 张银行卡,一起交给了“不笑生”。以上肖某佳共收取了“不笑生”的租卡费用人民币 46,200 元,其中被告人肖某佳支付林某晖人民币 22,200 元,其本人违法所得人民币 24,000 元。尔后,被告人肖某佳所收购出租的银行账户被他人用于实施网络诈骗,涉案银行账户金额达人民币 1,285,500 元。

法院认为,被告人肖某佳无视国家法律,明知他人利用信息网络实施犯罪,仍为其犯罪提供支付结算帮助,支付结算金额达人民币 1,285,500 元(20 万元以上),且违法所得人民币 24,000 元(1 万元以上),属情节严重,其行为已构成帮助信息网络犯罪活动罪。判处被告人肖某佳犯帮助信息网络犯罪活动罪,判处有期徒刑 11 个月,并处罚金人民币 5000 元。

79. 不法分子实施电信网络诈骗,使用有效的营业执照获得被害人的信任,他们的证件和文件是怎么获得的?

律师解答

《刑法》第 280 条第 1 款关于伪造、变造、买卖国家机关公文、证件、印章罪,规定在《刑法》第六章妨害社会管理秩序罪中,是国家和政府为了实现公共服务职能,维护国家和政府良好的正常管理活动和政府信誉所设立的法条。打击的犯罪行为包括“伪造、变造、买卖”,保护的对象是“国家机关公文、证件、印章”，具体包括政府部门的自有印章和公文、证件，也包括政府部门审核并批准、发放的证书。

因为电信网络诈骗与伪造、变造、买卖国家机关公文、证件、印章之间没有必然关系，所以犯罪嫌疑人实施电信网络诈骗的同时，触犯伪造、变造、买卖国家机关公文、证件、印章罪，属于数罪，应当数罪并罚追究行为人的刑事法律责任。

典型案例

案号

浙江省永嘉县人民法院(2021)浙0324刑初773号

案情简介

2019年夏，被告人董某经朋友介绍认识了杨某，后于2019年6月随杨某驾车至温州市平阳县，以杨某身份信息为法人注册登记了温州熙裕电子商务有限公司、温州康庆电子商务有限公司，并支付给杨某人民币1000余元作为报酬，随后利用注册登记取得的该二公司营业执照开展“业务”。

2020年1月开始，被告人董某通过App搜寻添加微信好友，在微信朋友圈发布温州熙裕电子商务有限公司、温州康庆电子商务有限公司福利返利活动的诈骗信息引诱他人参加“返利活动”，多次骗取他人财物共计人民币15,188元。其中分别骗取被害人付某、曾某、陈某1、谢某、陈某2、陈某3、李某、赵某人民币2800元、1800元、500元、1000元、7000元、800元、788元、500元。

裁判观点

被告人董某以非法占有为目的，通过电信网络诈骗他人财物，数额较大，又买卖国家机关证件，其行为已分别构成诈骗罪、买卖国家机关证件罪。

【裁判结果】

被告人董某犯诈骗罪，判处有期徒刑 1 年 1 个月，并处罚金人民币 10,000 元；犯买卖国家机关证件罪，判处拘役 5 个月，并处罚金人民币 4000 元；决定执行有期徒刑 1 年 1 个月，并处罚金人民币 14,000 元。

相关规定

《中华人民共和国刑法》

第二百八十条第一款：伪造、变造、买卖或者盗窃、抢夺、毁灭国家机关的公文、证件、印章的，处三年以下有期徒刑、拘役、管制或者剥夺政治权利，并处罚金；情节严重的，处三年以上十年以下有期徒刑，并处罚金。

同类案例

新疆维吾尔自治区喀什市人民法院（2020）新 3101 刑初 405 号刑事判决书载明，2018 年 12 月，被告人刘某一结识从事比特币行业的高某，后邀请高某、柴某到喀什并详细询问如何进入该行业获利，高某、柴某告知被告人刘某一，此项目必须有政府的相关批文手续。柴某称如果能够拿到相关批文，其可以找到人进行投资。为欺骗他人投资，被告人刘某一伙同被告人胡某宁于 2019 年 3 次通过淘宝手机软件定制购买新疆维吾尔自治区经济技术开发区管理委员会自治区发展局、喀什地区招商局、新疆维吾尔自治区国土资源厅、喀什地区自然资源局、新疆华电喀什热电有限责任公司的印章，并使用伪造的印章制作自治区立项通知书、喀什地区招商局批文、土地使用协议、用电合同等文件。被告人刘某一多次将伪造的相关文件拍照后通过微信方式发给柴某,柴某信以为真。2019 年 3 月 13 日,刘某一、胡某宁、柴某、高某成立新疆帷帆天诚网络科技有限公司,被告人刘某一担任法人。2019 年 5 月,柴某找到投资人谢某、胡某到喀什考察项目,后商议成功并签订合同。

2019 年 6 月 4 日,投资人谢某、胡某向新疆帷帆天诚网络科技有限公司账户内转账 79 万元施工保证金,次日被告人刘某一以招待宴请项目相关人员打通关系为由将钱全部转入个人银行账户。2019 年 5 月至 9 月,柴某、高某等人被骗 168 万元。被告人刘某一将上述 168 万元通过旅游消费、KTV 消费、购买个人生活物品等方式挥霍一空。法院判决:(1)被告人刘某一犯诈骗罪,判处有期徒刑 10 年 4 个月,并处罚金人民币 100,000 元。(2)被告人胡某宁犯伪造、买卖国家机关公文、印章罪,判处有期徒刑 8 个月,并处罚金人民币 10,000 元;犯伪造公司印章罪,判处有期徒刑 6 个月,并处罚金人民币 5000 元。数罪并罚,决定执行有期徒刑 1 年,并处罚金人民币 15,000 元。

80. 伪造国家机关印章和证件的行为涉嫌犯罪,那伪造公司印章的行为涉嫌犯罪吗?

律师解答

与《刑法》第 280 条第 1 款规定的伪造、变造、买卖国家机关公文、证件、印章罪,盗窃、抢夺、毁灭国家机关公文、证件、印章罪不同,《刑法》第 280 条第 2 款规定的伪造公司、企业、事业单位、人民团体印章罪明显社会危害程度轻一些。前者的刑罚最高是 3 年以上 10 年以下有期徒刑,后者的刑罚最高是 3 年有期徒刑。但是伪造公司印章的行为比伪造国家机关公文、证件的行为更加泛滥,该行为严重损害了民商事法律主体的声誉和信誉，扰乱了社会管理秩序。在诈骗犯罪猖獗的同时，该罪名成了不法分子常用的犯罪手段。不法分子以民商事主体的身份容易获得被害人的信任，进而骗取被害人的财务。伪造公司印章是行为犯，也就是说，只要实施了私刻公司印章的行为，就算没有使用，达到立案标准后也要承担刑事法律责任，至于私自刻印的公司印章是否被投入使用，仅仅是量刑时要考虑的情节。因此，实施诈骗和伪造公司印章，属于两类犯罪行为，需要分别讨论、逐一评判、合并处罚。

典型案例

案号

广东省普宁市人民法院（2020）粤 5281 刑初 440 号

案情简介

2018 年 3 月，被告人何某源、罗某鑫、陈某斌和同案人张某斌合股成立“世信商务咨询服务部”，挂名“世信商务咨询”，主要经营设计贷款方案业务。2019 年 7 月，该公司因经营不善被注销。该公司被注销后，上述被告人和同案人于 2019 年 8 月，继续合股重新注册了“广东世信法律咨询服务有限公司”（以下简称世信公司），何某源负责经营管理公司，其雇用的被告人黄某明负责公司主要业务，为客户制定并实施抵押、贷款方案。

在公司为客户申办银行信用卡业务的过程中，需制造客户的工作证明、任职证明、收入证明、银行流水等虚假证明材料，包装客户的个人信息以从银行申办取得信用卡。2018 年年底，何某源、罗某鑫、陈某斌和张某斌预谋后，针对伪造资料需要用到不同公司、企业、事业单位的印章，何某源召开股东会议、员工会议，开会讨论公司要伪造印章为客户出具虚假证明办理信用卡、银行贷款等事项，动员股东并指派员工黄某明等人提供伪造的印章，罗某鑫、陈某斌、张某斌均一致同意公司伪造印章事宜，随后通过网络及在普宁市××××“邮政储蓄银行”附近小摊定制等方式，非法刻制其他公司、企业、事业单位等印章，至2019年11月21日被查获，公安机关从世信公司提取扣押伪造的“普宁市人民医院”“普宁市鹏发汽车贸易有限公司”等印章共24枚。经查明，黄某明为公司提供“普宁市人民医院”等3个印章。

被告人何某源、黄某明在经营管理过程中，以无财产抵押、零首付购车就能贷到钱款等为由，诱导客户同意其制定“做车”贷款方案并由其操作，具体操作是由公司先垫资购买或先支付首付，后贷款购买二手车辆，再虚增二手车辆的价格报给被害人，并将车辆过户到被害人名下，随后将车辆机动车登记证书及车体分别抵押得到贷款，所得贷款必须先抵消实际购车款和骗取虚增的车价，剩余钱款才是客户的贷款金额。在将车辆抵押贷款过程中，被告人黄某明将客户介绍给从事抵押贷款的介绍人，由介绍人带客户到不同的放贷公司或车行，将车辆进行登记证抵押贷款及车身抵押贷款，介绍人、放贷公司或车行从不同环节收取“介绍费”“服务费”“手续费”“停车费”“查档费”“流量费”“砍头息”“利息”等费用，致使客户不仅无法获得预期的贷款反而背负高利息贷款。被告人何某源、黄某明至被查获共实施3宗“做车”贷款方案，共诈骗虚增的车价人民币3.1万元。

裁判观点

被告人何某源、黄某明以非法占有为目的，采用虚构事实的手段骗取他人数额较大的财物，其行为侵犯了公民的财产权利，已构成诈骗罪；何某源、黄某明、罗某鑫、陈某斌明知其无权利制作公司、企业、事业单位的印章，为扩展公司的业务，合伙伪造印章的行为侵犯了公司、企业、事业单位的声誉和社会公共秩序，已构成伪造公司、企业、事业单位印章罪。均应依法惩处，对何某源、黄某明实行数罪并罚。

【裁判结果】

1. 被告人何某源犯诈骗罪,判处有期徒刑 1 年 7 个月,并处罚金人民币 6000 元;犯伪造公司、企业、事业单位印章罪,判处有期徒刑 10 个月,并处罚金人民币 3000 元。总和刑期有期徒刑 2 年 5 个月,并处罚金人民币 9000 元。决定执行有期徒刑 2 年 2 个月,并处罚金人民币 9000 元。

2. 被告人黄某明犯诈骗罪,判处有期徒刑 1 年 7 个月,并处罚金人民币 6000 元;犯伪造公司、企业、事业单位印章罪,判处有期徒刑 10 个月,并处罚金人民币 3000 元。总和刑期有期徒刑 2 年 5 个月,并处罚金人民币 9000 元。决定执行有期徒刑 2 年 2 个月,并处罚金人民币 9000 元。

3. 被告人罗某鑫犯伪造公司、企业、事业单位印章罪,判处有期徒刑 9 个月,并处罚金人民币 3000 元。

4. 被告人陈某斌犯伪造公司、企业、事业单位印章罪,判处有期徒刑 8 个月,并处罚金人民币 3000 元。

相关规定

《中华人民共和国刑法》

第二百八十条第二款:伪造公司、企业、事业单位、人民团体的印章的,处三年以下有期徒刑、拘役、管制或者剥夺政治权利,并处罚金。

同类案例

重庆市武隆区人民法院(2020)渝 0156 刑初 135 号刑事判决书中载明,2019 年 7 月,被告人汪某和王某甲等人共同出资购买了 1 辆白色奔驰小型轿车，该车登记在王某甲的名下，车牌号为渝 D××，车辆由汪某使用。后二人用该车办理了抵押贷款，汪某获得9万余元贷款并负责按期归还贷款。同年10月29日，汪某使用CAD制图软件伪造中国工商银行股份有限公司成都东大支行个人信贷业务合同专用章后，利用其在武隆区车管所上班的便利条件，将渝 D××车辆解除抵押，并于同年11月，在未经王某甲同意的情况下将该车出售给他人。之后，汪某仍未归还该贷款，至2020年3月12日潜逃。2020年2月1日至3月11日，被告人汪某虚构做二手车和连号车牌生意需要资金周转的事实，或直接以借款为名，骗取被害人罗某甲、莫某某、叶某等26人钱财共计人民币214.7537万元。法院判决被告人汪某犯伪造公司印章罪，判处拘役3个月，并处罚金人民币2000元；犯诈骗罪，判处有期徒刑8年6个月，并处罚金人民币80,000元。数罪并罚，决定执行有期徒刑8年6个月，并处罚金人民币82,000元。

81. 电信网络诈骗在何种情况下构成妨害国(边)境管理犯罪?

律师解答

根据我国《刑法》的规定，涉嫌刑事犯罪的管辖原则包括属地管辖(中国境内)、属人管辖(中国公民)、保护管辖(外国人对中国人)、普遍管辖(国际条约责任)等，在境外针对中国人的犯罪和中国人在境外实施的犯罪，我国《刑法》都有管辖的权利。因此，就算不法分子逃离中国，在境外实施犯罪，也难逃我国《刑法》对其进行的刑事追究，通过国际司法协作，犯罪分子在被抓捕后，可以被扭送回国，在国内受刑事审判。

近年来，境外电信网络诈骗犯罪猖獗，不少犯罪分子怀揣着一夜暴富的美梦，通过偷渡的方式，在境外实施电信网络诈骗，给我国公民的财产安全造成了严重的危害。《刑法》第 322 条是关于偷越国（边）境罪的规定，惩治对象是非法穿越国（边）境的中国公民和外国人，该法条保护的是中国的边境管理制度。偷渡出去并在境外实施电信网络诈骗的行为是两种犯罪行为，法院应分别定罪、合并处罚。

典型案例

案号

浙江省文成县人民法院（2024）浙 0328 刑初 52 号

案情简介

2018 年 10 月至 2019 年 10 月，严某福（绰号胡哥）、章某伟、范某等人在境外缅甸佤邦勐波县勐平等地组织成立针对中国公民的诈骗犯罪集团。该诈骗犯罪集团主要通过虚构人物，在温州相亲会等社交平台及微信、探探等社交软件上添加中国公民微信，以婚恋交友的名义取得被害人信任后，再向被害人推荐该团伙提供的网络博彩平台，虚构自己在平台盈利的事实，诱使被害人注册并充值，再通过修改后台开奖结果让被害人少量赢钱，待被害人加大充值金额后通过修改后台开奖结果、控制资金提现等方式非法占有被害人钱款，以达到诈骗目的。

该诈骗集团成立了 4 个诈骗小组，其中二组由洪某整负责管理，组内业务员有被告人吴某以及林某、陈某澄等人；野狼队由唐某锋负责管理，被告人万某锋系该组业务员。2019 年 4 月初，该诈骗犯罪集团由缅甸勐波搬迁至勐平。2019 年 4 月至 5 月，野狼队先后分成 4 个诈骗小组，其中野狼组由唐某锋继续负责管理，被告人万某锋分配至该组担任业务员。

被告人吴某于2019年2月至5月，以偷渡方式前往该境外诈骗窝点参与诈骗活动累计3个月左右，非法获利人民币8000元左右，并为洪某整管理的二组招揽林某、陈某澄等人作为业务员。2019年3月30日，陈某澄在该诈骗窝点骗取被害人梁某人民币10,000元。

裁判观点

被告人万某锋、吴某以非法占有为目的，虚构事实、隐瞒真相，利用网络骗取他人财物，情节严重，其行为均已构成诈骗罪；被告人万某锋违反国(边)境管理法规，偷越国(边)境线，情节严重，其行为已构成偷越国(边)境罪。

【裁判结果】

1. 被告人万某锋犯诈骗罪，判处有期徒刑10个月，并处罚金人民币8000元；犯偷越国(边)境罪，判处有期徒刑6个月，并处罚金人民币1000元，决定合并执行有期徒刑1年，并处罚金人民币9000元。

2. 被告人吴某犯诈骗罪，判处有期徒刑1年，并处罚金人民币10,000元。

相关规定

1.《中华人民共和国刑法》

第六条：凡在中华人民共和国领域内犯罪的，除法律有特别规定的以外，都适用本法。

凡在中华人民共和国船舶或者航空器内犯罪的，也适用本法。

犯罪的行为或者结果有一项发生在中华人民共和国领域内的，就认为是在中华人民共和国领域内犯罪。

第七条:中华人民共和国公民在中华人民共和国领域外犯本法规定之罪的,适用本法,但是按本法规定的最高刑为三年以下有期徒刑的,可以不予追究。

中华人民共和国国家工作人员和军人在中华人民共和国领域外犯本法规定之罪的,适用本法。

第八条:外国人在中华人民共和国领域外对中华人民共和国国家或者公民犯罪,而按本法规定的最低刑为三年以上有期徒刑的,可以适用本法,但是按照犯罪地的法律不受处罚的除外。

第九条:对于中华人民共和国缔结或者参加的国际条约所规定的罪行,中华人民共和国在所承担条约义务的范围内行使刑事管辖权的,适用本法。

第三百二十二条:违反国(边)境管理法规,偷越国(边)境,情节严重的,处一年以下有期徒刑、拘役或者管制,并处罚金;为参加恐怖活动组织、接受恐怖活动培训或者实施恐怖活动,偷越国(边)境的,处一年以上三年以下有期徒刑,并处罚金。

2.《中华人民共和国出境入境管理法》

第九条:中国公民出境入境,应当依法申请办理护照或者其他旅行证件。

中国公民前往其他国家或者地区,还需要取得前往国签证或者其他入境许可证明。但是,中国政府与其他国家政府签订互免签证协议或者公安部、外交部另有规定的除外。

中国公民以海员身份出境入境和在国外船舶上从事工作的,应当依法申请办理海员证。

第十一条:中国公民出境入境,应当向出入境边防检查机关交验本人的护照或者其他旅行证件等出境入境证件,履行规定的手续，经查验准许，方可出境入境。

具备条件的口岸，出入境边防检查机关应当为中国公民出境入境提供专用通道等便利措施。

第十二条：中国公民有下列情形之一的，不准出境：（一）未持有效出境入境证件或者拒绝、逃避接受边防检查的；（二）被判处刑罚尚未执行完毕或者属于刑事案件被告人、犯罪嫌疑人的；（三）有未了结的民事案件，人民法院决定不准出境的；（四）因妨害国（边）境管理受到刑事处罚或者因非法出境、非法居留、非法就业被其他国家或者地区遣返，未满不准出境规定年限的；（五）可能危害国家安全和利益，国务院有关主管部门决定不准出境的；（六）法律、行政法规规定不准出境的其他情形。

82. 境外电信网络诈骗猖獗，组织和帮助犯罪分子偷渡去境外的犯罪分子，应该如何被追究刑事责任？

律师解答

犯罪分子无视国家边境管理制度，组织他人偷越国（边）境，无论是简单的偷渡，还是基于复杂的违法犯罪准备，都应当为自己的行为负责。边境管理制度在维护国家领土主权的同时，也保护着境内的各种安全，包括公民的人身安全（防范跨境人口拐卖）、公私财产安全（防范偷盗与走私文物）、自然生态安全（防范外来物种入侵）、社会稳定（防范大量非法入境人口）等。电信网络诈骗犯罪分子，可能是偷渡者，也可能是组织偷渡者，也可能同时具备两种身份，此种情况下，一种行为构成一个罪名，两种行为就构成了两个罪名，应当数罪并罚。

典型案例

案号

上海市长宁区人民法院(2023)沪0105刑初666号

案情简介

2019年,陈某某、贺某某等人在缅甸勐波等地组建电信网络诈骗犯罪团伙,下设数个诈骗小组,针对境内被害人相互配合,通过网络聊天软件聊天培养感情,获取信任后将包装为股票、外汇交易平台的诈骗网址(www. * * * * . cn、www. ####. cn 等)发送给被害人,诱使被害人投资并设置出金障碍。经查,上述诈骗网址被用于骗取被害人朱某、黄某1、黄某2、刘某、曹某、周某等人钱款,诈骗数额特别巨大。

2019年5月中旬至2021年3月,被告人马某在该犯罪团伙中先后担任业务员、主管等职位,负责管理下属诈骗小组实施电信网络诈骗并为团伙招募人员。2020年5月,被告人马某先后安排策划石某、蒋某、王某、韩某、于某、罗某、田某等人从我国云南边境以徒步翻山等方式偷渡出境至缅甸,加入前述诈骗犯罪团伙,偷渡过程中被告人马某为偷渡人员安排偷渡路线、交通方式,并支付部分费用。2019年5月至2020年7月,被告人马某在未办理有效出入境手续的情况下,经"蛇头"安排,通过徒步翻山、乘坐皮划艇等方式,先后6次偷越我国和缅甸国境。

2022年10月7日,被告人马某经某某机关劝返回国。2022年10月24日及2023年3月24日,被告人马某经某某局出入境管理科及某某局电话通知后主动投案,并如实供述了上述主要犯罪事实。

裁判观点

被告人马某伙同他人加入境外诈骗犯罪团伙,在境外针对境内居民实施电信网络诈骗,一年内出境赴境外诈骗犯罪窝点累计时间30日以上,其行为已构成诈骗罪,且具有其他严重情节;被告人马某违反国(边)境管理法规,组织他人偷越国(边)境,其行为已构成组织他人偷越国(边)境罪;被告人马某违反国(边)境管理法规,偷越国(边)境,情节严重,其行为已构成偷越国(边)境罪;依法应予数罪并罚。被告人马某系自首,且在诈骗犯罪中起次要作用,依法予以从轻、减轻处罚。被告人马某认罪认罚,依法予以从宽处理。

【裁判结果】

被告人马某犯诈骗罪,判处有期徒刑2年10个月,并处罚金人民币20,000元;犯组织他人偷越国(边)境罪,判处有期徒刑4年3个月,并处罚金人民币20,000元;犯偷越国(边)境罪,判处有期徒刑8个月,并处罚金人民币5000元;决定执行有期徒刑5年10个月,并处罚金人民币45,000元。

相关规定

1.《中华人民共和国刑法》

第三百一十八条:组织他人偷越国(边)境的,处二年以上七年以下有期徒刑,并处罚金;有下列情形之一的,处七年以上有期徒刑或者无期徒刑,并处罚金或者没收财产:(一)组织他人偷越国(边)境集团的首要分子;(二)多次组织他人偷越国(边)境或者组织他人偷越国(边)境人数众多的;(三)造成被组织人重伤、死亡的;(四)剥夺或者限制被组织人人身自由的;(五)以暴力、威胁方法抗拒检查的;(六)违法所得数额巨大的;(七)有其他特别严重情节的。

犯前款罪,对被组织人有杀害、伤害、强奸、拐卖等犯罪行为,或者对检查人员有杀害、伤害等犯罪行为的,依照数罪并罚的规定处罚。

2.《最高人民法院、最高人民检察院关于办理妨害国(边)境管理刑事案件应用法律若干问题的解释》

第一条:领导、策划、指挥他人偷越国(边)境或者在首要分子指挥下,实施拉拢、引诱、介绍他人偷越国(边)境等行为的,应当认定为刑法第三百一十八条规定的"组织他人偷越国(边)境"。

组织他人偷越国(边)境人数在十人以上的,应当认定为刑法第三百一十八条第一款第(二)项规定的"人数众多";违法所得数额在二十万元以上的,应当认定为刑法第三百一十八条第一款第(六)项规定的"违法所得数额巨大"。

以组织他人偷越国(边)境为目的,招募、拉拢、引诱、介绍、培训偷越国(边)境人员,策划、安排偷越国(边)境行为,在他人偷越国(边)境之前或者偷越国(边)境过程中被查获的,应当以组织他人偷越国(边)境罪(未遂)论处;具有刑法第三百一十八条第一款规定的情形之一的,应当在相应的法定刑幅度基础上,结合未遂犯的处罚原则量刑。

第二条:为组织他人偷越国(边)境,编造出境事由、身份信息或者相关的境外关系证明的,应当认定为刑法第三百一十九条第一款规定的"弄虚作假"。

刑法第三百一十九条第一款规定的"出境证件",包括护照或者代替护照使用的国际旅行证件,中华人民共和国海员证,中华人民共和国出入境通行证,中华人民共和国旅行证,中国公民往来香港、澳门、台湾地区证件,边境地区出入境通行证,签证、签注,出国(境)证明、名单,以及其他出境时需要查验的资料。

具有下列情形之一的，应当认定为刑法第三百一十九条第一款规定的“情节严重”：(一)骗取出境证件五份以上的；(二)非法收取费用三十万元以上的；(三)明知是国家规定的不准出境的人员而为其骗取出境证件的；(四)其他情节严重的情形。

同类案例

湖南省新化县人民法院(2021)湘1322刑初589号刑事判决书中载明，2020年8月，陈某邀被告人陈××招募人员偷渡到缅甸勐波金牛湖从事电信网络诈骗，招募一人给5000元，参与诈骗的人有提成，招募人可从诈骗金额中获取相应提成，陈××表示同意，并将这一信息告知被告人黄某、王某扬、黎某强和杨某，黄某、王某扬、黎某强等人均表示同意。2020年9月，陈××等四人从丽江三义机场坐飞机到云南沧源佤山机场后，偷渡至缅甸勐波金牛湖。陈××、黄某、王某扬、杨某、黎某强等人在缅甸勐波金牛湖的电诈团伙先后接受了电诈培训，在诈骗团伙的统一安排下，黄某等四人被编入“亮剑组”，陈××等人被编入“龙吟组”。陈××等人通过社交软件添加女性为好友，谎称成功人士，利用“中国航天”“中航控股”等虚假的理财平台实施诈骗。2020年12月1日左右，陈××等人从缅甸返回国内。2021年3月20日前后，黄某、王某扬、黎某强三人从缅甸返回国内，杨某仍在缅甸从事诈骗活动。其间，黎某强骗得被害人刘某某人民币235,000元；黄某骗得被害人王某某人民币151,802元、宋某某人民币75,000元。陈××非法获利人民币145,000元，黎某强非法获利人民币34,500元，黄某非法获利人民币11万余元，王某扬非法获利人民币17,300元。

法院判决：

1. 被告人陈××犯诈骗罪，判处有期徒刑10年，并处罚金人民币

200,000 元；犯组织他人偷越国（边）境罪，判处有期徒刑 2 年，并处罚金人民币 10,000 元；犯偷越国（边）境罪，判处有期徒刑 6 个月，并处罚金人民币 3000 元。决定执行有期徒刑 10 年 6 个月，并处罚金人民币 213,000 元。

2. 被告人黎某强犯诈骗罪，判处有期徒刑 8 年 6 个月，并处罚金人民币 150,000 元；犯偷越国（边）境罪，判处有期徒刑 6 个月，并处罚金人民币 3000 元。决定执行有期徒刑 8 年 6 个月，并处罚金人民币 153,000 元。

3. 被告人黄某犯诈骗罪，判处有期徒刑 8 年 6 个月，并处罚金人民币 150,000 元；犯偷越国（边）境罪，判处有期徒刑 6 个月，并处罚金人民币 3000 元。决定执行有期徒刑 8 年 6 个月，并处罚金人民币 153,000 元。

4. 被告人王某扬犯诈骗罪，判处有期徒刑 7 年，并处罚金人民币 50,000 元；犯偷越国（边）境罪，判处有期徒刑 6 个月，并处罚金人民币 3000 元。决定执行有期徒刑 7 年 1 个月，并处罚金人民币 53,000 元。

83. 如何惩罚电信网络诈骗犯罪中的犯罪分子“一个传染俩”？

律师解答

《刑法》第 295 条传授犯罪方法罪规定在第六章第一节扰乱公共秩序罪中，该法条保护的法益是社会公共秩序。犯罪分子之间相互传授犯罪方法的行为增加了社会犯罪的风险，其行为具有“诱导”“鼓励”“帮助”“宣传”等性质，是对良好社会秩序的冲击，需要使用刑罚手段进行规制。

传授犯罪方法的具体内容包括了《刑法》分则四百多个罪名，凡是涉嫌故意传授刑事犯罪方法的行为，都可以根据该条规定进行追究，包括传授实施电信诈骗的犯罪方法和手段。传播犯罪方法和诈骗犯罪是两种行为，行为人可以在传授他人诈骗犯罪方法的同时，自己实施诈骗犯罪，也可以分别或者单独实施。因此，在具体的刑事判决中应数罪并罚追究行为人的刑事责任。

典型案例

案号

山东省宁阳县人民法院（2021）鲁 0921 刑初 292 号

案情简介

被告人张某（常用 QQ 昵称：夺目花总）、钱某龙（常用 QQ 昵称：将军，另案处理）通过网络 QQ 工具以充值返利形式（行业内称“杀鱼”）实施诈骗行为。2020 年 7 月 31 日，被害人刘某通过 QQ 群（群名不详）加上了 QQ 昵称为“王牌对王牌主持人”的张某的号码，张某便以“返利诈骗”的形式吸引刘某充值，刘某先后 3 次向张某提供的收款码分别支付了 781.13 元、1999.99 元、2699.64 元，计 5480.76 元，张某诈骗完 3 次之后完成了首单。后张某将刘某介绍给 QQ 群“将军情谊群”中的好友钱某龙，钱某龙在明知刘某是诈骗被害人的情况下，仍将其介绍给实施诈骗的下线（具体身份不详），帮助下线实施诈骗。钱某龙所介绍的下线以“退款专线备用”的名义继续对刘某实施诈骗，刘某先后 5 次向下线提供的收款码支付了 9998 元、9998 元、9999 元、9998 元、9998 元。刘某共计被骗 55,471.76 元。

鲍某（常用 QQ 昵称：×××，另案处理）、唐某（常用 QQ 昵称：小五，另案处理）在 QQ 社交平台认识张某之后，为学习张某的“杀鱼”诈骗方法，拜张某为师傅，并向张某支付拜师费用。被告人张某向鲍某、唐某二人传授"杀鱼"诈骗方法，二人通过学习的诈骗方法实施犯罪。

裁判观点

被告人张某以非法占有为目的，借助网络平台诈骗他人财物，数额较大，同时向他人传授犯罪方法。其行为分别构成诈骗罪和传授犯罪方法罪，依法应予惩处。被告人张某一人犯数罪，依法应数罪并罚。被告人到案后如实供述自己的罪行，系坦白，可以依法从宽处理。对于传授犯罪方法罪，被告人主动供述侦查机关未掌握的犯罪事实，系自首，可以从轻或减轻处罚。被告人认罪认罚，可以从宽处理。被告人积极退赔违法所得，可酌情从轻处罚。

【裁判结果】

被告人张某犯诈骗罪，判处有期徒刑 1 年，并处罚金人民币 3000 元；犯传授犯罪方法罪，判处有期徒刑 6 个月；决定执行有期徒刑 1 年，缓刑 1 年，并处罚金人民币 3000 元。

相关规定

《中华人民共和国刑法》

第二百九十五条：传授犯罪方法的，处五年以下有期徒刑、拘役或者管制；情节严重的，处五年以上十年以下有期徒刑；情节特别严重的，处十年以上有期徒刑或者无期徒刑。

同类案例

(2022)湘 0111 刑初 574 号刑事判决书中载明，2021 年 8 月至 11

月，被告人李某权从微信好友（微信昵称“B”，微信号×××14）处得知犯罪方法，利用“Applestore”支付系统漏洞，在“闲鱼”平台谎称低价充值百度网盘会员年卡，虚构充值成功的事实，骗取被害人信任，先后通过董某旋、陶某、刘某妹（均另案处理）等人的支付宝、“闲鱼”账号骗得被害人张某1（位于长沙市雨花区井湾子街道）等人共计人民币55,358.2元。

2021年9月，被告人李某权在湖南省邵阳市绥宁县××巷××号××房将上述犯罪方法传授给被告人李某锋。2021年9月至11月，被告人李某锋使用上述犯罪方法先后通过袁某月、罗某（均另案处理）等人的支付宝、“闲鱼”账号，骗得被害人周某等人共计人民币15,422元。法院经过审理，对被告人李某权、李某锋作出判决：

1. 被告人李某权犯诈骗罪，判处有期徒刑3年3个月，并处罚金人民币15,000元；犯传授犯罪方法罪，判处有期徒刑6个月；合并执行有期徒刑3年3个月，并处罚金人民币15,000元。

2. 被告人李某锋犯诈骗罪，判处有期徒刑10个月，并处罚金人民币5000元。

84. 电信网络诈骗在何种情况下构成集资诈骗罪？

律师解答

电信网络诈骗的损害大小根据不法分子的“故事版本”不同而不同，集资诈骗罪是电信网络诈骗犯罪的常见罪名，严重损害群众财产安全，不少被害人会在“高额返息”的诱惑下将毕生存储投资进去，常常血本无归。为了保护群众的财产安全，以及维护市场经济的基本秩序，《刑法》第192条对集资诈骗的犯罪行为作出规定，并将刑罚提高到无期徒刑，也就是所骗取的数额巨大或者有其他严重情节的，可以判处无期徒刑。

在同一诈骗犯罪行为之下，集资诈骗罪是诈骗罪的特殊情形，是针对集资行为开展的诈骗，由于危害程度较高，《刑法》专门针对这一行为进行惩治。行为人在触犯集资诈骗罪的同时，必然触犯诈骗罪，但是由于《刑法》已经作出了特殊规定，所以依据集资诈骗罪的规定进行处罚即可，不会同时讨论集资诈骗罪和诈骗罪。

但是，如果诈骗犯罪分子在实施了集资诈骗犯罪之后，又单独实施了一起传统的诈骗犯罪，没有涉嫌集资诈骗、信用卡诈骗等特殊情形，则诈骗犯罪分子可能同时被判处集资诈骗罪和诈骗罪。

典型案例

案号

上海市静安区人民法院(2023)沪0106刑初1350号

案情简介

某某公司1、某某公司2先后成立于2017年9月、2019年3月，实际控制人均系余某健(另案处理)，二家公司主营影视作品制作与投资等业务。2017年起，余某健先后以某某公司1、某某公司2为平台，以投资电影收益份额为名非法募集资金。其间，某某公司1、某某公司2招募业务人员，通过大量电影代理商以微信平台、网络直播间等方式公开宣传，以高额收益吸引公众签订投资协议。经审计，2017年9月至2021年4月，某某公司1、某某公司2非法集资金额共计3亿余元，向电影代理商返佣金额共计2亿余元，返佣比例高达56%，资金使用成本过高，致使3亿余元资金无法返还。

2019年起，被告人吴某先后入职某某公司1、某某公司2担任客户经理，通过电影代理商对外招揽投资，后于2020年11月离职。经审计，被告人吴某任职期间参与非法集资，致使390万元资金无法返还。

裁判观点

被告人吴某作为某某公司1、某某公司2的其他直接责任人员，以非法占有为目的，使用诈骗方法非法集资，数额巨大，其行为已构成集资诈骗罪。该案是共同犯罪，被告人吴某在共同犯罪中起次要作用，是从犯，依法应当减轻处罚。被告人吴某在庭审中能够如实供述自己的罪行，可以酌情从轻处罚。

【裁判结果】

被告人吴某犯集资诈骗罪，判处有期徒刑1年7个月，并处罚金人民币50,000元。

相关规定

《中华人民共和国刑法》

第一百九十二条：以非法占有为目的，使用诈骗方法非法集资，数额较大的，处三年以上七年以下有期徒刑，并处罚金；数额巨大或者有其他严重情节的，处七年以上有期徒刑或者无期徒刑，并处罚金或者没收财产。

单位犯前款罪的，对单位判处罚金，并对其直接负责的主管人员和其他直接责任人员，依照前款的规定处罚。

第二百条：单位犯本节第一百九十四条、第一百九十五条规定之罪的，对单位判处罚金，并对其直接负责的主管人员和其他直接责任人员，处五年以下有期徒刑或者拘役，可以并处罚金；数额巨大或者有其他严重情节的，处五年以上十年以下有期徒刑，并处罚金；数额特别巨大或者有其他特别严重情节的，处十年以上有期徒刑或者无期徒刑，并处罚金。

同类案例

北京市怀柔区人民法院(2022)京0116刑初65号刑事判决书中载明:(1)2015年8月至2021年5月,被告人司某慧虚构投资项目,以高息返利为诱饵,诱骗被害人通过银行贷款、网络借贷、信用卡套现等方式,将套取的信贷资金和自有资金交由被告人司某慧使用,其先后骗取被害人鲍某等15人投资款共计人民币1200余万元,至案发无归还。(2)2021年3月26日至2021年4月,被告人司某慧以向其公司刷流水返钱为由,从被害人林某处骗取人民币48,500元。

法院判决:被告人司某慧犯集资诈骗罪,判处有期徒刑12年6个月,剥夺政治权利2年,并处罚金人民币500,000元;犯诈骗罪,判处有期徒刑1年3个月,并处罚金人民币10,000元;决定执行有期徒刑13年,剥夺政治权利2年,并处罚金人民币510,000元。

第五部分

电信网络诈骗的报案和立案

85. 遭遇电信网络诈骗后,如何第一时间采取应急措施?

律师解答

根据遭遇电信网络诈骗的类型分为两种案件。

第一种是电话、通信类诈骗案件,需要注意以下几点。

(一)第一时间自救

一是通过银行网银、电话银行等汇款的,对嫌疑人银行卡采取输错多次密码、电话挂失等方式阻断嫌疑人取款。

二是如果是通过 ATM 机转账并且未到 24 小时,可以通过去银行柜台、电话银行等方式提出申请取消转账。

三是及时将诈骗分子的账户姓名及账号提供给公安人员,依托公安部电信诈骗案件侦办平台进行紧急止付。

(二)收集并保存证据

将相关证据资料整理并保存好,包括:一是汇款、转账凭证,主要有 ATM 机转账凭条、网银转账截图等;二是与诈骗分子沟通的记录,主要有微信聊天记录截图、短信内容截图、电话通话记录等;三是其他与案件相关的证据资料。

(三)及时报警并配合公安工作

及时将相关网络诈骗线索交给公安人员,包括相关诈骗人员的信息,既可以电话拨打 110 报警,也可以前往自己所在地的公安机关进行报案。

当接到国家反诈中心预警劝阻电话时,应立即积极配合公安机关开展工作,不要挂断电话或者删除,立即停止转账,以预防电信诈骗案件的发生。

第二种是木马、病毒链接类诈骗案件,需要注意以下几点。

如果嫌疑人不是通过电话或者聊天软件等方式诱导被害人转账，而是通过发送木马链接，诱使被害人点击而获得被害人相关账户信息后，再盗取被害人银行卡或者第三方支付平台内账户资金，那么遇到这类诈骗，还可以采取以下措施：

（一）查询交易对手信息

在向公安机关报案前，应当前往银行调取银行流水，并查询交易对手的账户信息。如果骗取的是微信、支付宝第三方机构内的资金，可以联系支付平台进行查询。

（二）对中毒的电子设备进行刷机

遇到木马、病毒链接类诈骗，需要及时保存木马、病毒类链接，同时对相关的电子设备进行刷机、重置，防止二次盗刷。

相关规定

1.《中华人民共和国刑法》

第二百六十六条：诈骗公私财物，数额较大的，处三年以下有期徒刑、拘役或者管制，并处或者单处罚金；数额巨大或者有其他严重情节的，处三年以上十年以下有期徒刑，并处罚金；数额特别巨大或者有其他特别严重情节的，处十年以上有期徒刑或者无期徒刑，并处罚金或者没收财产。本法另有规定的，依照规定。

2.《中国人民银行关于加强支付结算管理防范电信网络新型违法犯罪有关事项的通知》

第二（八）条：增加转账方式，调整转账时间。自2016年12月1日起，银行和支付机构提供转账服务时应当执行下列规定：

1.向存款人提供实时到账、普通到账、次日到账等多种转账方式选择，存款人在选择后才能办理业务。

> 2. 除向本人同行账户转账外，个人通过自助柜员机（含其他具有存取款功能的自助设备，下同）转账的，发卡行在受理24小时后办理资金转账。在发卡行受理后24小时内，个人可以向发卡行申请撤销转账。受理行应当在受理结果界面对转账业务办理时间和可撤销规定作出明确提示。
>
> ……

86. 对于电信网络诈骗案件，公安机关管辖权如何确定？

律师解答

第一，一般来说，针对刑事案件的管辖权，根据《公安机关办理刑事案件程序规定》第15条的规定，刑事案件由犯罪地的公安机关管辖。如果由犯罪嫌疑人居住地的公安机关管辖更为适宜的，可以由犯罪嫌疑人居住地的公安机关管辖。法律、司法解释或者其他规范性文件对有关犯罪案件的管辖作出特别规定的，从其规定。

根据该法第16条的规定，犯罪地包括犯罪行为发生地和犯罪结果发生地。犯罪行为发生地，包括犯罪行为的实施地以及预备地、开始地、途经地、结束地等与犯罪行为有关的地点；犯罪行为有连续、持续或者继续状态的，犯罪行为连续、持续或者继续实施的地方都属于犯罪行为发生地。犯罪结果发生地，包括犯罪对象被侵害地、犯罪所得的实际取得地、藏匿地、转移地、使用地、销售地。居住地包括户籍所在地、经常居住地。经常居住地是指公民离开户籍所在地最后连续居住一年以上的地方，但住院就医的除外。单位登记的住所地为其居住地。主要营业地或者主要办事机构所在地与登记的住所地不一致的，主要营业地或者主要办事机构所在地为其居住地。

第二，根据法律规定，针对一般的诈骗案件的刑事侦查，由公安机关刑事侦查部门管辖。公安机关有刑事侦查和经济侦查两个主要侦查部门，因案件涉嫌诈骗，所以分属于刑事侦查部门管辖。

第三，随着电信网络技术的发展，电信诈骗的数量较之以往陡增，最高人民法院、最高人民检察院、公安部就办理电信网络诈骗刑事案件的管辖问题作了详尽的规定。

根据《最高人民法院、最高人民检察院、公安部关于办理电信网络诈骗等刑事案件适用法律若干问题的意见》的规定，电信网络诈骗犯罪案件一般由犯罪地公安机关立案侦查，如果由犯罪嫌疑人居住地公安机关立案侦查更为适宜的，可以由犯罪嫌疑人居住地公安机关立案侦查。犯罪地包括犯罪行为发生地和犯罪结果发生地。“犯罪行为发生地”包括用于电信网络诈骗犯罪的网站服务器所在地，网站建立者、管理者所在地，被侵害的计算机信息系统或其管理者所在地，犯罪嫌疑人、被害人使用的计算机信息系统所在地，诈骗电话、短信息、电子邮件等的拨打地、发送地、到达地、接受地，以及诈骗行为持续发生的实施地、预备地、开始地、途经地、结束地。“犯罪结果发生地”包括被害人被骗时所在地，以及诈骗所得财物的实际取得地、藏匿地、转移地、使用地、销售地等。电信网络诈骗最初发现地公安机关侦办的案件，诈骗数额当时未达到“数额较大”标准，但后续累计达到“数额较大”标准，可由最初发现地公安机关立案侦查。

根据《最高人民法院、最高人民检察院、公安部关于办理电信网络诈骗等刑事案件适用法律若干问题的意见（二）》第 1 条的规定，电信网络诈骗犯罪地，除《最高人民法院、最高人民检察院、公安部关于办理电信网络诈骗等刑事案件适用法律若干问题的意见》规定的犯罪行为发生地和结果发生地外，还包括：(1) 用于犯罪活动的手机卡、流量卡、物联网卡的开立地、销售地、转移地、藏匿地；(2) 用于犯罪活动的信用卡的开立地、销售地、转移地、藏匿地、使用地以及资金交易对手资金交付和汇出地;(3)用于犯罪活动的银行账户、非银行支付账户的开立地、销售地、使用地以及资金交易对手资金交付和汇出地;(4)用于犯罪活动的即时通讯信息、广告推广信息的发送地、接受地、到达地;(5)用于犯罪活动的“猫池”(Modem Pool)、GOIP设备、多卡宝等硬件设备的销售地、入网地、藏匿地;(6)用于犯罪活动的互联网账号的销售地、登录地。

根据《最高人民法院、最高人民检察院、公安部关于办理信息网络犯罪案件适用刑事诉讼程序若干问题的意见》第2条的规定,信息网络犯罪案件由犯罪地公安机关立案侦查。必要时,可以由犯罪嫌疑人居住地公安机关立案侦查。信息网络犯罪案件的犯罪地包括用于实施犯罪行为的网络服务使用的服务器所在地,网络服务提供者所在地,被侵害的信息网络系统及其管理者所在地,犯罪过程中犯罪嫌疑人、被害人或者其他涉案人员使用的信息网络系统所在地,被害人被侵害时所在地以及被害人财产遭受损失地等。涉及多个环节的信息网络犯罪案件,犯罪嫌疑人为信息网络犯罪提供帮助的,其犯罪地、居住地或者被帮助对象的犯罪地公安机关可以立案侦查。

第四,对于被害人居住地是否可以作为诈骗案件的管辖地,《公安部关于受害人居住地公安机关可否对诈骗犯罪案件立案侦查问题的批复》明确否定了被害人居住地的公安机关有管辖权——“犯罪行为地、犯罪结果地以及犯罪嫌疑人居住地的公安机关可以依法对属于公安机关管辖的刑事案件立案侦查。诈骗犯罪案件的犯罪结果地是指犯罪嫌疑人实际取得财产地。因此,除诈骗行为地、犯罪嫌疑人实际取得财产的结果发生地和犯罪嫌疑人居住地外,其他地方公安机关不能对诈骗犯罪案件立案侦查,但对于公民扭送、报案、控告、举报或者犯罪嫌疑人自首的,都应当立即受理,经审查认为有犯罪事实的,移送有管辖权的公安机关处理”。但被害人仍然有权前往自己居住地的公安机关进行报案,该居住地公安机关如因没有管辖权不能立案侦查,应该将相关的报案材料一并移送给有管辖权的公安机关。

第五，涉及境外实施犯罪的管辖问题，依据《公安机关办理刑事案件程序规定》第20条的规定，中国公民在中国驻外使、领馆内的犯罪，由其主管单位所在地或者原户籍地的公安机关管辖。中国公民在中华人民共和国领域外的犯罪，由其入境地、离境前居住地或者现居住地的公安机关管辖；被害人是中国公民的，也可由被害人离境前居住地或者现居住地的公安机关管辖。

相关规定

1.《中华人民共和国刑事诉讼法》

第二十五条：刑事案件由犯罪地的人民法院管辖。如果由被告人居住地的人民法院审判更为适宜的，可以由被告人居住地的人民法院管辖。

2.《中华人民共和国刑法》

第六条：凡在中华人民共和国领域内犯罪的，除法律有特别规定的以外，都适用本法。

凡在中华人民共和国船舶或者航空器内犯罪的，也适用本法。

犯罪的行为或者结果有一项发生在中华人民共和国领域内的，就认为是在中华人民共和国领域内犯罪。

第七条：中华人民共和国公民在中华人民共和国领域外犯本法规定之罪的，适用本法，但是按本法规定的最高刑为三年以下有期徒刑的，可以不予追究。

中华人民共和国国家工作人员和军人在中华人民共和国领域外犯本法规定之罪的，适用本法。

第八条：外国人在中华人民共和国领域外对中华人民共和国国家或者公民犯罪，而按本法规定的最低刑为三年以上有期徒刑的，可以适用本法，但是按照犯罪地的法律不受处罚的除外。

3.《最高人民法院、最高人民检察院、公安部关于办理信息网络犯罪案件适用刑事诉讼程序若干问题的意见》

一、关于信息网络犯罪案件的范围

1. 本意见所称信息网络犯罪案件包括：

(1)危害计算机信息系统安全犯罪案件；

(2)拒不履行信息网络安全管理义务、非法利用信息网络、帮助信息网络犯罪活动的犯罪案件；

(3)主要行为通过信息网络实施的诈骗、赌博、侵犯公民个人信息等其他犯罪案件。

二、关于信息网络犯罪案件的管辖

2. 信息网络犯罪案件由犯罪地公安机关立案侦查。必要时，可以由犯罪嫌疑人居住地公安机关立案侦查。

信息网络犯罪案件的犯罪地包括用于实施犯罪行为的网络服务使用的服务器所在地，网络服务提供者所在地，被侵害的信息网络系统及其管理者所在地，犯罪过程中犯罪嫌疑人、被害人或者其他涉案人员使用的信息网络系统所在地，被害人被侵害时所在地以及被害人财产遭受损失地等。

涉及多个环节的信息网络犯罪案件，犯罪嫌疑人为信息网络犯罪提供帮助的，其犯罪地、居住地或者被帮助对象的犯罪地公安机关可以立案侦查。

3. 有多个犯罪地的信息网络犯罪案件，由最初受理的公安机关或者主要犯罪地公安机关立案侦查。有争议的，按照有利于查清犯罪事实、有利于诉讼的原则，协商解决；经协商无法达成一致的，由共同上级公安机关指定有关公安机关立案侦查。需要提请批准逮捕、移送审查起诉、提起公诉的，由立案侦查的公安机关所在地的人民检察院、人民法院受理。

4. 具有下列情形之一的，公安机关、人民检察院、人民法院可以在其职责范围内并案处理：

(1)一人犯数罪的；

(2)共同犯罪的；

(3)共同犯罪的犯罪嫌疑人、被告人还实施其他犯罪的；

(4)多个犯罪嫌疑人、被告人实施的犯罪行为存在关联，并案处理有利于查明全部案件事实的。

对为信息网络犯罪提供程序开发、互联网接入、服务器托管、网络存储、通讯传输等技术支持，或者广告推广、支付结算等帮助，涉嫌犯罪的，可以依照第一款的规定并案侦查。

有关公安机关依照前两款规定并案侦查的案件，需要提请批准逮捕、移送审查起诉、提起公诉的，由该公安机关所在地的人民检察院、人民法院受理。

5. 并案侦查的共同犯罪或者关联犯罪案件，犯罪嫌疑人人数众多、案情复杂的，公安机关可以分案移送审查起诉。分案移送审查起诉的，应当对并案侦查的依据、分案移送审查起诉的理由作出说明。

对于前款规定的案件，人民检察院可以分案提起公诉，人民法院可以分案审理。

分案处理应当以有利于保障诉讼质量和效率为前提，并不得影响当事人质证权等诉讼权利的行使。

6. 依照前条规定分案处理，公安机关、人民检察院、人民法院在分案前有管辖权的，分案后对相关案件的管辖权不受影响。根据具体情况，分案处理的相关案件可以由不同审级的人民法院分别审理。

7. 对于共同犯罪或者已并案侦查的关联犯罪案件，部分犯罪嫌疑人未到案，但不影响对已到案共同犯罪或者关联犯罪的犯罪嫌疑人、被告人的犯罪事实认定的，可以先行追究已到案犯罪嫌疑人、被告人的刑事责任。之前未到案的犯罪嫌疑人、被告人归案后，可以由原办案机关所在地公安机关、人民检察院、人民法院管辖其所涉及的案件。

8. 对于具有特殊情况，跨省（自治区、直辖市）指定异地公安机关侦查更有利于查清犯罪事实、保证案件公正处理的重大信息网络犯罪案件，以及在境外实施的信息网络犯罪案件，公安部可以商最高人民检察院和最高人民法院指定侦查管辖。

9. 人民检察院对于审查起诉的案件，按照刑事诉讼法的管辖规定，认为应当由上级人民检察院或者同级其他人民检察院起诉的，应当将案件移送有管辖权的人民检察院，并通知移送起诉的公安机关。人民检察院认为需要依照刑事诉讼法的规定指定审判管辖的，应当协商同级人民法院办理指定管辖有关事宜。

10. 犯罪嫌疑人被多个公安机关立案侦查的，有关公安机关一般应当协商并案处理，并依法移送案件。协商不成的，可以报请共同上级公安机关指定管辖。

人民检察院对于审查起诉的案件，发现犯罪嫌疑人还有犯罪被异地公安机关立案侦查的，应当通知移送审查起诉的公安机关。

人民法院对于提起公诉的案件，发现被告人还有其他犯罪被审查起诉、立案侦查的，可以协商人民检察院、公安机关并案处理，但可能造成审判过分迟延的除外。决定对有关犯罪并案处理，符合《中华人民共和国刑事诉讼法》第二百零四条规定的，人民检察院可以建议人民法院延期审理。

4.《最高人民法院、最高人民检察院、公安部关于办理电信网络诈骗等刑事案件适用法律若干问题的意见(二)》

一、电信网络诈骗犯罪地，除《最高人民法院、最高人民检察院、公安部关于办理电信网络诈骗等刑事案件适用法律若干问题的意见》规定的犯罪行为发生地和结果发生地外，还包括：

(一)用于犯罪活动的手机卡、流量卡、物联网卡的开立地、销售地、转移地、藏匿地；

(二)用于犯罪活动的信用卡的开立地、销售地、转移地、藏匿地、使用地以及资金交易对手资金交付和汇出地；

(三)用于犯罪活动的银行账户、非银行支付账户的开立地、销售地、使用地以及资金交易对手资金交付和汇出地；

(四)用于犯罪活动的即时通讯信息、广告推广信息的发送地、接受地、到达地；

(五)用于犯罪活动的“猫池”(Modem Pool)、GOIP设备、多卡宝等硬件设备的销售地、入网地、藏匿地；

(六)用于犯罪活动的互联网账号的销售地、登录地。

5.《最高人民法院、最高人民检察院、公安部关于办理电信网络诈骗等刑事案件适用法律若干问题的意见》

五、依法确定案件管辖

(一)电信网络诈骗犯罪案件一般由犯罪地公安机关立案侦

查,如果由犯罪嫌疑人居住地公安机关立案侦查更为适宜的,可以由犯罪嫌疑人居住地公安机关立案侦查。犯罪地包括犯罪行为发生地和犯罪结果发生地。

“犯罪行为发生地”包括用于电信网络诈骗犯罪的网站服务器所在地,网站建立者、管理者所在地,被侵害的计算机信息系统或其管理者所在地,犯罪嫌疑人、被害人使用的计算机信息系统所在地,诈骗电话、短信息、电子邮件等的拨打地、发送地、到达地、接受地,以及诈骗行为持续发生的实施地、预备地、开始地、途经地、结束地。

“犯罪结果发生地”包括被害人被骗时所在地,以及诈骗所得财物的实际取得地、藏匿地、转移地、使用地、销售地等。

(二)电信网络诈骗最初发现地公安机关侦办的案件,诈骗数额当时未达到“数额较大”标准,但后续累计达到“数额较大”标准,可由最初发现地公安机关立案侦查。

(三)具有下列情形之一的,有关公安机关可以在其职责范围内并案侦查:

1. 一人犯数罪的;

2. 共同犯罪的;

3. 共同犯罪的犯罪嫌疑人还实施其他犯罪的;

4. 多个犯罪嫌疑人实施的犯罪存在直接关联,并案处理有利于查明案件事实的。

(四)对因网络交易、技术支持、资金支付结算等关系形成多层级链条、跨区域的电信网络诈骗等犯罪案件,可由共同上级公安机关按照有利于查清犯罪事实、有利于诉讼的原则,指定有关公安机关立案侦查。

(五)多个公安机关都有权立案侦查的电信网络诈骗等犯罪案件,由最初受理的公安机关或者主要犯罪地公安机关立案侦查。有争议的,按照有利于查清犯罪事实、有利于诉讼的原则,协商解决。经协商无法达成一致的,由共同上级公安机关指定有关公安机关立案侦查。

(六)在境外实施的电信网络诈骗等犯罪案件,可由公安部按照有利于查清犯罪事实、有利于诉讼的原则,指定有关公安机关立案侦查。

(七)公安机关立案、并案侦查,或因有争议,由共同上级公安机关指定立案侦查的案件,需要提请批准逮捕、移送审查起诉、提起公诉的,由该公安机关所在地的人民检察院、人民法院受理。

对重大疑难复杂案件和境外案件,公安机关应在指定立案侦查前,向同级人民检察院、人民法院通报。

(八)已确定管辖的电信诈骗共同犯罪案件,在逃的犯罪嫌疑人归案后,一般由原管辖的公安机关、人民检察院、人民法院管辖。

6.《公安机关办理刑事案件程序规定》

第二十条　中国公民在中国驻外使、领馆内的犯罪,由其主管单位所在地或者原户籍地的公安机关管辖。

中国公民在中华人民共和国领域外的犯罪,由其入境地、离境前居住地或者现居住地的公安机关管辖;被害人是中国公民的,也可由被害人离境前居住地或者现居住地的公安机关管辖。

7.《公安部刑事案件管辖分工规定》

五、刑事侦查局管辖案件范围(共119种)

……

(四)《刑法》分则第五章侵犯财产罪中的下列案件:

……

66. 诈骗案(第266条)

……

8.《公安部关于受害人居住地公安机关可否对诈骗犯罪案件立案侦查问题的批复》

《公安机关办理刑事案件程序规定》第十五条①规定:"刑事案件由犯罪地的公安机关管辖。如果由犯罪嫌疑人居住地的公安机关管辖更为适宜的,可以由犯罪嫌疑人居住地的公安机关管辖。"根据《中华人民共和国刑法》第六条第三款的规定,犯罪地包括犯罪行为地和犯罪结果地。根据上述规定,犯罪行为地、犯罪结果地以及犯罪嫌疑人居住地的公安机关可以依法对属于公安机关管辖的刑事案件立案侦查。诈骗犯罪案件的犯罪结果地是指犯罪嫌疑人实际取得财产地。因此,除诈骗行为地、犯罪嫌疑人实际取得财产的结果发生地和犯罪嫌疑人居住地外,其他地方公安机关不能对诈骗犯罪案件立案侦查,但对于公民扭送、报案、控告、举报或者犯罪嫌疑人自首的,都应当立即受理,经审查认为有犯罪事实的,移送有管辖权的公安机关处理。

87. 电信网络诈骗案件中的赃款赃物如何处置?

律师解答

第一,诈骗犯罪属于侵犯财产类犯罪,系被告人非法占有、处置财产

① 此为1998年修正版,已失效,2020年修正后为第15条第1款。

的情形，应当予以追缴或责令退赔。《刑法》第 64 条规定："犯罪分子违法所得的一切财物，应当予以追缴或者责令退赔；对被害人的合法财产，应当及时返还……"因此，在被害人财产被诈骗，即被不法分子非法占有、处置的情况下，司法机关依法负有追缴被告人的违法所得或者责令其退赔的职责、义务，司法机关应当予以追缴或者责令退赔。在司法实务中，刑事判决书会明确作出追缴、返还财产以及退赔的相关判项。被害人可以跟随司法机关脚步被动参与退赔、追缴程序。

第二，在具体操作上，诈骗财物在案发后应当被查封、扣押和冻结。判决后，对于权属明晰的财物，发还被害人。对于权属不明确的财物，应当将在案的财物及其孳息总额按照比例返还被害人。

第三，诈骗财物被用于清偿债务或者转让他人的，应当依法追缴，具体情形包括：(1)对方明知是诈骗财物而收取的；(2)对方无偿取得诈骗财物的；(3)对方以明显低于市场的价格取得诈骗财物的；(4)对方取得诈骗财物系源于非法债务或者违法犯罪活动的。

第四，对于善意取得诈骗财物的处理，符合善意取得的情形的，不能被追缴。根据《民法典》第 311 条的规定，善意取得需要具备下列条件：(1)受让人受让该不动产或者动产时是善意；(2)以合理的价格转让；(3)转让的不动产或者动产依照法律规定应当登记的已经登记，不需要登记的已经交付给受让人。

第五，对于诈骗财物被用于投资的处理，根据《最高人民法院关于刑事裁判涉财产部分执行的若干规定》第 10 条第 2、3 款的规定，被执行人将赃款赃物投资或者置业，对因此形成的财产及其收益，人民法院应予追缴；被执行人将赃款赃物与其他合法财产共同投资或者置业，对因此形成的财产中与赃款赃物对应的份额及其收益，人民法院应予追缴。

此外，在司法实践中，诈骗财物的认定并非泾渭分明，财产混同的情形大量存在，此时的处理方法是确因客观原因无法查实全部被害人，但有证据证明该账户系用于电信网络诈骗犯罪，且被告人无法说明款项合法来源的，应认定为违法所得，予以追缴。

相关规定

1.《中华人民共和国反电信网络诈骗法》

第三十四条：公安机关应当会同金融、电信、网信部门组织银行业金融机构、非银行支付机构、电信业务经营者、互联网服务提供者等建立预警劝阻系统，对预警发现的潜在被害人，根据情况及时采取相应劝阻措施。对电信网络诈骗案件应当加强追赃挽损，完善涉案资金处置制度，及时返还被害人的合法财产。对遭受重大生活困难的被害人，符合国家有关救助条件的，有关方面依照规定给予救助。

2.《中华人民共和国刑法》

第六十四条：犯罪分子违法所得的一切财物，应当予以追缴或者责令退赔；对被害人的合法财产，应当及时返还；违禁品和供犯罪所用的本人财物，应当予以没收。没收的财物和罚金，一律上缴国库，不得挪用和自行处理。

3.《最高人民法院关于适用刑法第六十四条有关问题的批复》

根据刑法第六十四条和《最高人民法院关于适用〈中华人民共和国刑事诉讼法〉的解释》第一百三十八条、第一百三十九条①的规定，被告人非法占有、处置被害人财产的，应当依法予以追缴或者责令退赔。据此，追缴或者责令退赔的具体内容，应当在判决主文中写明；其中，判决前已经发还被害人的财产，应当注明。被害人提起附带民事诉讼，或者另行提起民事诉讼请求返还被非

① 现为第175条、第176条，下同。

法占有、处置的财产的，人民法院不予受理。

4.《最高人民法院、最高人民检察院、公安部关于办理信息网络犯罪案件适用刑事诉讼程序若干问题的意见》

第22条：办理信息网络犯罪案件，应当依法及时查封、扣押、冻结涉案财物，督促涉案人员退赃退赔，及时追赃挽损。

公安机关应当全面收集证明涉案财物性质、权属情况、依法应予追缴、没收或者责令退赔的证据材料，在移送审查起诉时随案移送并作出说明。其中，涉案财物需要返还被害人的，应当尽可能查明被害人损失情况。人民检察院应当对涉案财物的证据材料进行审查，在提起公诉时提出处理意见。人民法院应当依法作出判决，对涉案财物作出处理。

对应当返还被害人的合法财产，权属明确的，应当依法及时返还；权属不明的，应当在人民法院判决、裁定生效后，按比例返还被害人，但已获退赔的部分应予扣除。

5.《最高人民法院、最高人民检察院、公安部关于办理电信网络诈骗等刑事案件适用法律若干问题的意见》

七、涉案财物的处理

（一）公安机关侦办电信网络诈骗案件，应当随案移送涉案赃款赃物，并附清单。人民检察院提起公诉时，应一并移交受理案件的人民法院，同时就涉案赃款赃物的处理提出意见。

（二）涉案银行账户或者涉案第三方支付账户内的款项，对权属明确的被害人的合法财产，应当及时返还。确因客观原因无法查实全部被害人，但有证据证明该账户系用于电信网络诈骗犯罪，且被告人无法说明款项合法来源的，根据刑法第六十四条的规定，应认定为违法所得，予以追缴。

（三）被告人已将诈骗财物用于清偿债务或者转让给他人，具有下列情形之一的，应当依法追缴：

1. 对方明知是诈骗财物而收取的；

2. 对方无偿取得诈骗财物的；

3. 对方以明显低于市场的价格取得诈骗财物的；

4. 对方取得诈骗财物系源于非法债务或者违法犯罪活动的。

他人善意取得诈骗财物的，不予追缴。

6.《中华人民共和国民法典》

第三百一十一条：无处分权人将不动产或者动产转让给受让人的，所有权人有权追回；除法律另有规定外，符合下列情形的，受让人取得该不动产或者动产的所有权：

（一）受让人受让该不动产或者动产时是善意；

（二）以合理的价格转让；

（三）转让的不动产或者动产依照法律规定应当登记的已经登记，不需要登记的已经交付给受让人。

受让人依据前款规定取得不动产或者动产的所有权的，原所有权人有权向无处分权人请求损害赔偿。

当事人善意取得其他物权的，参照适用前两款规定。

7.《最高人民法院关于刑事裁判涉财产部分执行的若干规定》

第十条：对赃款赃物及其收益，人民法院应当一并追缴。

被执行人将赃款赃物投资或者置业，对因此形成的财产及其收益，人民法院应予追缴。

被执行人将赃款赃物与其他合法财产共同投资或者置业，对因此形成的财产中与赃款赃物对应的份额及其收益，人民法院应予追缴。

对于被害人的损失，应当按照刑事裁判认定的实际损失予以发还或者赔偿。

88. 遭遇电信网络诈骗后，被害人如何收集、留存证据？

律师解答

一方面，被害人证明犯罪嫌疑人构成诈骗犯罪需要有以下几项证据。

1. 证明电信网络诈骗犯罪案件发生的证据，比如报案登记、受案登记、受案笔录、立案决定书、破案经过、证人证言、被害人陈述、犯罪嫌疑人供述和辩解、被害人银行开户申请、开户明细单、银行转账凭证、银行账户交易记录、银行汇款单、网银转账记录、第三方支付结算交易记录、手机转账信息等证据。跨国电信网络诈骗还可能需要有国外有关部门出具的与案件有关的书面材料。

2. 证明电信网络诈骗危害结果的证据，包括：证明犯罪数额达到入罪标准的证据，比如证人证言、被害人陈述、犯罪嫌疑人供述和辩解、银行转账凭证、汇款凭证、转账信息、银行卡、银行账户交易记录、第三方支付结算交易记录以及其他与电信网络诈骗关联的账户交易记录、犯罪嫌疑人提成记录、诈骗账目记录等证据以及其他有关证据；证明发送信息、拨打电话以及网页浏览的数量达到入罪标准的证据，比如QQ和微信等即时通讯工具聊天记录、CDR电话清单、短信记录、电话录音、电子邮件、远程勘验笔录、电子数据鉴定意见、网页浏览次数统计、网页浏览次数鉴定意见、改号软件、语音软件的登录情况及数据、拨打电话记录内部资料以及其他有关证据。

3. 证明诈骗行为是犯罪嫌疑人实施的证据，包括：言词证据（证人证言、被害人陈述、犯罪嫌疑人供述和辩解等，重点审查犯罪嫌疑人供述的行为方式与被害人陈述的被骗方式、交付财物过程或者其他证据是否一致）、审查资金流证据链（银行转账凭证、交易流水、第三方支付交易记录以及其他关联账户交易记录、现场查扣的书证、与犯罪关联的银行卡及申请资料等），从中审查相关银行卡信息与被害人存款、转移赃款等账号有无关联，资金交付支配占有过程。从犯罪嫌疑人的短信以及QQ、微信、skype等即时通讯工具聊天记录中审查与犯罪有关的信息，比如是否出现过与该案资金流转有关的银行卡账号、资金流水等信息。

4. 证明犯罪嫌疑人主观上存在犯罪故意的证据，包括犯罪嫌疑人的供述和辩解、证人证言、同案犯指证，诈骗脚本、诈骗信息内容、工作日记、分工手册、犯罪嫌疑人的具体职责和地位、参与实施诈骗行为的时间等，赃款的账册、分赃的记录、诈骗账目记录、提成记录、工作环境、工作形式等，短信、QQ、微信等即时通讯工具聊天记录等，审查其中是否出现有关诈骗的内容以及诈骗专门用的黑话、暗语等。

另一方面，为了指控被告人和追回损失，建议被害人从以下几个方面开展收集、留存证据工作：

1. 关于接到的诈骗电话和短信的证据的保存和收集，对电话号码、通话时间、通话记录进行截图是必需的，然后详细描述通话内容。但是最关键的，还是保存骗子诱导其进行的具体操作，一般来说，电话诈骗都是以骗取被害人的个人信息和验证码为主要目的，少数也会诱导被害人注册App，登录网页，或者转入聊天软件进行后续诈骗行为。接到任何诈骗短信或者电话都不要急着清空，先把号码截图留存，有时一张截图内容不全，也可以分别截图，能充分证明来源即可。

2. 关于登录的诈骗网站的证据的保存和收集，诈骗分子通过发送不明链接、二维码、安装包，诱导被害人登录诈骗网站，或下载安装App，截图时需要截下网站的域名信息，同时使用浏览器的时候，在“地址栏”位置也可以进行截图，尽量保证截图中显示完整的网址信息。

3. 关于聊天记录的证据的保存和收集，要将聊天记录及信息，一张一张进行截图，按照时间顺序和类别分开保存，同时可以利用微信、QQ等聊天工具自带的备份功能进行保存，并将保存好的备份文件提供给公安机关。

4. 关于安装到手机等设备上的App及不明链接、二维码、安装包的保存和收集，对其均可以截图，最好能保留包含操作过程的录像（录屏或者翻拍）。

5. 关于被骗资金证据的保存和收集，若通过微信、支付宝支付，可以导出支付账单，若通过银行转账支付，可以去银行调取支付流水记录。

相关规定

1.《公安机关办理刑事案件程序规定》

第一百七十八条：公安机关接受案件后，经审查，认为有犯罪事实需要追究刑事责任，且属于自己管辖的，经县级以上公安机关负责人批准，予以立案；认为没有犯罪事实，或者犯罪事实显著轻微不需要追究刑事责任，或者具有其他依法不追究刑事责任情形的，经县级以上公安机关负责人批准，不予立案。

对有控告人的案件，决定不予立案的，公安机关应当制作不予立案通知书，并在三日以内送达控告人。

决定不予立案后又发现新的事实或者证据，或者发现原认定事实错误，需要追究刑事责任的，应当及时立案处理。

2.《检察机关办理电信网络诈骗案件指引》

一、审查证据的基本要求

(一)审查逮捕

1. 有证据证明发生了电信网络诈骗犯罪事实

(1)证明电信网络诈骗案件发生

证据主要包括:报案登记、受案登记、受案笔录、立案决定书、破案经过、证人证言、被害人陈述、犯罪嫌疑人供述和辩解、被害人银行开户申请、开户明细单、银行转账凭证、银行账户交易记录、银行汇款单、网银转账记录、第三方支付结算交易记录、手机转账信息等证据。跨国电信网络诈骗还可能需要有国外有关部门出具的与案件有关的书面材料。

(2)证明电信网络诈骗行为的危害结果

①证明诈骗数额达到追诉标准的证据:证人证言、被害人陈述、犯罪嫌疑人供述和辩解、银行转账凭证、汇款凭证、转账信息、银行卡、银行账户交易记录、第三方支付结算交易记录以及其他与电信网络诈骗关联的账户交易记录、犯罪嫌疑人提成记录、诈骗账目记录等证据以及其它有关证据。

②证明发送信息条数、拨打电话次数以及页面浏览量达到追诉标准的证据:QQ、微信、skype等即时通讯工具聊天记录、CDR电话清单、短信记录、电话录音、电子邮件、远程勘验笔录、电子数据鉴定意见、网页浏览次数统计、网页浏览次数鉴定意见、改号软件、语音软件的登录情况及数据、拨打电话记录内部资料以及其他有关证据。

2. 有证据证明诈骗行为是犯罪嫌疑人实施的

(1)言词证据:证人证言、被害人陈述、犯罪嫌疑人供述和辩解等，注意审查犯罪嫌疑人供述的行为方式与被害人陈述的被骗方式、交付财物过程或者其他证据是否一致。对于团伙作案的，要重视对同案犯罪嫌疑人供述和辩解的审查，梳理各个同案犯罪嫌疑人的指证是否相互印证。

(2)有关资金链条的证据：银行转账凭证、交易流水、第三方支付交易记录以及其他关联账户交易记录、现场查扣的书证、与犯罪关联的银行卡及申请资料等，从中审查相关银行卡信息与被害人存款、转移赃款等账号有无关联，资金交付支配占有过程；犯罪嫌疑人的短信以及QQ、微信、skype等即时通讯工具聊天记录，审查与犯罪有关的信息，是否出现过与本案资金流转有关的银行卡账号、资金流水等信息。要注意审查被害人转账、汇款账号、资金流向等是否有相应证据印证赃款由犯罪嫌疑人取得。对诈骗集团租用或交叉使用账户的，要结合相关言词证据及书证、物证、勘验笔录等分析认定。

(3)有关信息链条的证据：侦查机关远程勘验笔录，远程提取证据笔录，CDR电话清单、查获的手机IMEI串号、语音网关设备、路由设备、交换设备、手持终端等。要注意审查诈骗窝点物理IP地址是否与所使用电话CDR数据清单中记录的主叫IP地址或IP地址所使用的线路(包括此线路的账号、用户名称、对接服务器、语音网关、手持终端等设备的IP配置)一致，电话CDR数据清单中是否存在被害人的相关信息资料，改号电话显示号码、呼叫时间、电话、IP地址是否与被害人陈述及其它在案证据印证。在电信网络诈骗窝点查获的手机IMEI串号以及其他电子作案工具，是否与被害人所接到的诈骗电话显示的信息来源一致。

(4)其他证据：跨境电信网络诈骗犯罪案件犯罪嫌疑人出入

境记录、户籍证明材料、在境外使用的网络设备及虚拟网络身份的网络信息,证明犯罪嫌疑人出入境情况及身份情况。诈骗窝点的纸质和电子账目报表,审查时间、金额等细节是否与被害人陈述相互印证。犯罪过程中记载被害人身份、诈骗数额、时间等信息的流转单,审查相关信息是否与被害人陈述、银行转账记录等相互印证。犯罪嫌疑人之间的聊天记录、诈骗脚本、内部分工、培训资料、监控视频等证据,审查犯罪的具体手法、过程。购买作案工具和资源(手机卡、银行卡、POS 机、服务器、木马病毒、改号软件、公民个人信息等)的资金流水、电子数据等证据。

3. 有证据证明犯罪嫌疑人具有诈骗的主观故意

(1)证明犯罪嫌疑人主观故意的证据:犯罪嫌疑人的供述和辩解、证人证言、同案犯指证;诈骗脚本、诈骗信息内容、工作日记、分工手册、犯罪嫌疑人的具体职责、地位、参与实施诈骗行为的时间等;赃款的账册、分赃的记录、诈骗账目记录、提成记录、工作环境、工作形式等;短信、QQ、微信、skype 等即时通讯工具聊天记录等,审查其中是否出现有关诈骗的内容以及诈骗专门用的黑话、暗语等。

(2)证明提供帮助者的主观故意的证据:提供帮助犯罪嫌疑人供述和辩解、电信网络诈骗犯罪嫌疑人的指证、证人证言;双方短信以及 QQ、微信、skype 等即时通讯工具聊天记录等信息材料;犯罪嫌疑人的履历、前科记录、行政处罚记录、双方资金往来的凭证、犯罪嫌疑人提供帮助、协助的收益数额、取款时的监控视频、收入记录、处罚判决情况等。

(二)审查起诉

除审查逮捕阶段证据审查基本要求之外,对电信网络诈骗案件的审查起诉工作还应坚持“犯罪事实清楚，证据确实、充分”的标准，保证定罪量刑的事实都有证据证明；据以定案的证据均经法定程序查证属实；综合全案证据，对所认定的事实均已排除合理怀疑。

1. 有确实充分的证据证明发生了电信网络诈骗犯罪事实

(1) 证明电信网络诈骗事实发生。除审查逮捕要求的证据类型之外，跨国电信网络诈骗还需要有出入境记录、飞机铁路等交通工具出行记录，必要时需国外有关部门出具的与案件有关的书面证据材料，包括原件、翻译件、使领馆认证文件等。

(2) 证明电信网络诈骗行为的危害结果

①证明诈骗数额达到追诉标准的证据：能查清诈骗事实的相关证人证言、被害人陈述、犯罪嫌疑人供述和辩解、银行账户交易明细、交易凭证、第三方支付结算交易记录以及其他与电信网络诈骗关联的账户交易记录、犯罪嫌疑人的诈骗账目记录以及其它有关证据。

需要特别注意“犯罪数额接近提档”的情形。当诈骗数额接近“数额巨大”“数额特别巨大”的标准（一般掌握在80%以上，即达到2.4万元、40万元），根据《解释》和《意见》的规定，具有《意见》第二条第二款“酌情从重处罚”十种情形之一的，应当分别认定为刑法第二百六十六条规定的“其他严重情节”“其他特别严重情节”，提高一档量刑。

②证明发送信息条数、拨打电话次数以及页面浏览量达到追诉标准的证据类型与审查逮捕的证据类型相同。

2. 有确实充分的证据证明诈骗行为是犯罪嫌疑人实施的

(1) 有关资金链条的证据。重点审查被害人的银行交易记录和犯罪嫌疑人持有的银行卡及账号的交易记录，用于查明被害人遭受的财产损失及犯罪嫌疑人诈骗的犯罪数额；重点审查犯罪嫌疑人的短信，以及QQ、微信、skype等即时通讯工具聊天记录，用于查明是否出现涉案银行卡账号、资金流转等犯罪信息，赃款是否由犯罪嫌疑人取得。此外，对诈骗团伙或犯罪集团租用或交叉使用多层级账户洗钱的，要结合资金存取流转的书证、监控录像、辨认笔录、证人证言、被害人陈述、犯罪嫌疑人供述和辩解等证据分析认定。

(2)有关人员链条的证据。电信网络诈骗多为共同犯罪，在审查刑事责任年龄、刑事责任能力方面的证据基础上，应重点审查犯罪嫌疑人供述和辩解、手机通信记录等，通过自供和互证，以及与其他证据之间的相互印证，查明各自的分工和作用，以区分主、从犯。对于分工明确、有明显首要分子、较为固定的组织结构的三人以上固定的犯罪组织，应当认定为犯罪集团。

言词证据及有关信息链条的证据与审查逮捕的证据类型相同。

3. 有确实充分的证据证明犯罪嫌疑人具有诈骗的主观故意

证明犯罪嫌疑人及提供帮助者主观故意的证据类型同审查逮捕证据类型相同。需要注意的是，由于犯罪嫌疑人各自分工不同，其供述和辩解也呈现不同的证明力。一般而言，专门行骗人对于单起事实的细节记忆相对粗略，只能供述诈骗的手段和方式；专业取款人对于取款的具体细目记忆也粗略，只能供述大概经过和情况，重点审查犯罪手段的同类性、共同犯罪人之间的关系及各自分工和作用。

89. 遭遇电信网络诈骗后，被害人如何追回自己的损失？

律师解答

一起电信网络诈骗案件的背后往往涉及众多被害人，被害人的损失能否追回，直接关系到群众的切身利益，追赃挽损是打击电信网络诈骗犯罪的重中之重，也是维护受害群众合法权益的重中之重。被害人在遭遇电信网络诈骗后，可以从以下几个方面追回自己的损失：

1. 及时报警，迅速止损。首先，要确定自己的损失，列好损失清单，如果损失的是虚拟财产如游戏币等，可以联系相关的网络平台确定具体损失。

2. 配合调查，跟进刑事案件进展。注意留存证据，并及时提交给办案机关。此外，也要及时了解自己被诈骗涉及的刑事犯罪的案件进展，一旦进入刑事执行阶段，及时跟进后续刑事追缴和责令退赔事项。

3. 对接刑事案件被告人家属，要求赔偿。一旦被告人被抓，警方通知被害人的，如果被告人家属联系被害人愿意赔偿，可以和被告人家属沟通和解事宜，因为刑事谅解、和解是刑事案件被告人从轻量刑的考虑因素。

4. 公安机关决定不予立案的，可以通过申请复议复核、立案监督、刑事自诉、民事诉讼等多种救济方式追偿损失。报案后，如果公安机关不认为构成刑事诈骗犯罪而不予立案，可以申请公安机关复议、复核，可以申请检察院立案监督督促公安机关立案，可以向人民法院启动刑事自诉，也可以通过民事起诉的方式来追回损失。

典型案例

案号

福建省福州市鼓楼区人民法院(2023)闽0102刑初549号

案情简介

2022年10月至2023年3月，黄某(另案处理)开设福州某某贸易有限公司(注册地福州市鼓楼区，法定代表人黄某恒)，招收吴某锋、龚某学、程某康等人(另案处理)在福州市台江区××大厦××室等地通过虚构成功人设、使用预设话术取得被害人信任后，在微信群内互相烘托，谎称代理名额有限、公司有扶持政策等，诱骗被害人缴纳代理费。

其中，被告人汤某瞻作为业务员，以包装后的成功人设黄某乙身份与被害人联系、诱骗被害人缴纳代理费。经统计吴某锋电脑中提取到的财务数据，被告人汤某瞻在职期间，“××”品牌产品的涉案金额共计人民币5,147,146元；其中，被告人汤某瞻发展的被害人涉案金额达人民币145,000元。

2022年3月至9月初，被告人汤某瞻伙同魏某东等人(均另案处理)在福州市马尾区××号楼××单元，以虚构成功人设的形式和客户谈感情，采取谎称协助投放广告、保证收益等方法，诱骗被害人高价投资福州某某商贸有限公司的“××”品牌产品并成为代理商。被告人汤某瞻于2022年7月入职上述公司，入职以后公司的涉案金额共计人民币434,888元。其中，被告人汤某瞻骗取被害人黄某甲钱款共计人民币29,888元，非法获利人民币5000元。

裁判观点

法院认为，被告人汤某瞻伙同他人以非法占有为目的，采取虚构事实、隐瞒真相的手段，利用电信网络实施诈骗，涉案金额人民币

5,582,034元,数额特别巨大,其行为已构成诈骗罪。

【裁判结果】

被告人汤某瞻犯诈骗罪,判处有期徒刑3年,并处罚金人民币2万元。

相关规定

1.《中华人民共和国刑法》

第六十四条:犯罪分子违法所得的一切财物,应当予以追缴或者责令退赔;对被害人的合法财产,应当及时返还;违禁品和供犯罪所用的本人财物,应当予以没收。没收的财物和罚金,一律上缴国库,不得挪用和自行处理。

2.《中华人民共和国刑事诉讼法》

第一百一十二条:人民法院、人民检察院或者公安机关对于报案、控告、举报和自首的材料,应当按照管辖范围,迅速进行审查,认为有犯罪事实需要追究刑事责任的时候,应当立案;认为没有犯罪事实,或者犯罪事实显著轻微,不需要追究刑事责任的时候,不予立案,并且将不立案的原因通知控告人。控告人如果不服,可以申请复议。

第一百一十三条:人民检察院认为公安机关对应当立案侦查的案件而不立案侦查的,或者被害人认为公安机关对应当立案侦查的案件而不立案侦查,向人民检察院提出的,人民检察院应当要求公安机关说明不立案的理由。人民检察院认为公安机关不立案理由不能成立的,应当通知公安机关立案,公安机关接到通知后应当立案。

第一百一十四条:对于自诉案件,被害人有权向人民法院直接起诉。被害人死亡或者丧失行为能力的,被害人的法定代理人、近亲属有权向人民法院起诉。人民法院应当依法受理。

第二百一十条:自诉案件包括下列案件:

(一)告诉才处理的案件;

(二)被害人有证据证明的轻微刑事案件;

(三)被害人有证据证明对被告人侵犯自己人身、财产权利的行为应当依法追究刑事责任,而公安机关或者人民检察院不予追究被告人刑事责任的案件。

第二百一十一条:人民法院对于自诉案件进行审查后,按照下列情形分别处理:

(一)犯罪事实清楚,有足够证据的案件,应当开庭审判;

(二)缺乏罪证的自诉案件,如果自诉人提不出补充证据,应当说服自诉人撤回自诉,或者裁定驳回。

自诉人经两次依法传唤,无正当理由拒不到庭的,或者未经法庭许可中途退庭的,按撤诉处理。

法庭审理过程中,审判人员对证据有疑问,需要调查核实的,适用本法第一百九十六条的规定。

3.《最高人民法院关于适用刑法第六十四条有关问题的批复》

根据刑法第六十四条和《最高人民法院关于适用〈中华人民共和国刑事诉讼法〉的解释》第一百三十八条、第一百三十九条的规定,被告人非法占有、处置被害人财产的,应当依法予以追缴或者责令退赔。据此,追缴或者责令退赔的具体内容,应当在判决主文中写明;其中,判决前已经发还被害人的财产,应当注明。被害人提起附带民事诉讼,或者另行提起民事诉讼请求返还被非法占有、处置的财产的,人民法院不予受理。

同类案例

在荆某、王某等人被控诈骗案中，出现了被告人退缴了违法所得但联系不上被害人的情况。2020 年 8 月，郑州市高新技术产业开发区人民法院经过开庭审理，依法以诈骗罪、非法拘禁罪分别判处被告人荆某、王某、舒某等人 3 年至 7 年不等有期徒刑及罚金，追缴犯罪所得。判决生效后，被告人荆某等人未履行刑事判决书的退赔义务，该院刑事审判庭将财产刑移送执行局。由于被告人均在服刑，为追回赃款，执行法官先后奔赴多地，查找被告人财产线索并尝试联系其家人，经过不懈努力，最终两位被告人家属代为履行了部分执行款。但执行法官发现难以将退赔案款执行到位，因为刑事裁判文书中 34 名被害人的联系方式大多已联系不上，要么更换号码，要么处于停机状态，也没有具体地址可邮寄领款通知书，他们也未主动联系过法院，案款发放一度陷入僵局。为了能让被害人尽早领到退赔款，执行法官从卷宗、审判信息中查询到部分联系方式，但是打电话通知其领款时却被当成了诈骗电话，不等法官说完就立马挂断，法官只能不厌其烦地多次打电话给被害人并耐心解释。剩余未联系到的被害人，因为不是申请人，所以在执行送达系统中也查询不到其联系方式。但是方法总比困难多，执行法官灵机一动，安排书记员通过银行协助查询其他被害人的账户信息，然后向其账户转账一分钱并留言联系执行局办理领款。这个办法果然奏效，经过一个多月的细致工作，2022 年春节前，最后一名被害人也领到了应得案款，该案终于执结完毕。

90. 未成年人能否自己去公安机关报案?

律师解答

本篇文章引用案例来自 2022 年 9 月 6 日最高人民法院发布的 10 起

人民法院依法惩治电信网络诈骗犯罪及其关联犯罪典型案例之一。被告人利用未成年人涉世未深、社会经验欠缺、容易轻信对方、易受威胁等特点实施诈骗,严重侵害未成年人合法权益,犯罪情节恶劣。《最高人民法院、最高人民检察院、公安部关于办理电信网络诈骗等刑事案件适用法律若干问题的意见》第二(二)6 条规定,诈骗残疾人、老年人、未成年人、在校学生、丧失劳动能力人员的财物,或者诈骗重病患者及其亲属财物的,酌情从重处罚。人民法院对被告人依法从重处罚,充分体现了人民法院坚决保护未成年人合法权益,严厉惩处针对未成年人犯罪的鲜明立场。

而未满 18 周岁的未成年人,是否有权利针对诈骗案件独自进行报警、报案呢?对此,律师认为,未成年人可以直接去公安机关、人民检察院或者人民法院报案,也可以拨打 110 报警电话进行报案,由公安机关制作报案及询问笔录。公安机关有保护公民的合法个人财产的职责。公安机关对于报案、控告、举报都应当接受。对于不属于自己管辖的,应当移送主管机关处理,并且通知报案人,认为有犯罪事实需要追究刑事责任的,应当立案。此外,相关规定明确,询问未成年被害人、证人,应当通知其法定代理人到场;无法通知、法定代理人不能到场或者法定代理人是共犯的,可以通知合适成年人到场,并将有关情况记录在案。

但作为律师,我们依旧建议未成年人报案时由法定代理人陪同前往,因为被害人在报案时还有配合出具询问笔录的环节,而未成年人的年龄和认知以及其法定代理人是否到场等因素,会影响未成年人笔录作为被害人陈述时的证据能力和证明效力,比如,根据《最高人民法院关于适用〈中华人民共和国刑事诉讼法〉的解释》第 90 条第 1 项的规定——被害人的询问笔录没有填写法定代理人姓名的,如果不能补正或者作出合理解释,不得作为定案根据。

案情简介

2020年10月，被告人吴某1为非法牟利，伙同吴某2在抖音上私信被害人，在得知被害人系未成年人后，假称被害人中奖并要求添加QQ好友领奖，之后向被害人发送虚假的中奖转账截图，让被害人误认为已转账。当被害人反馈未收到转账时，吴某1等人便要求被害人使用家长的手机，按其要求输入代码才能收到转账，诱骗被害人向其提供的银行卡或支付宝、微信账户转账、发红包，骗取被害人钱财。被告人邱某某、李某某、吕某某按照吴某1的安排，为吴某1提供银行卡、支付宝、微信账户，帮助收款、转款，并按照诈骗金额分成。2020年10月至2021年1月，吴某1等人共计骗取5名被害人(10周岁至11周岁)的钱财6万余元。

裁判观点

该案由重庆市武隆区人民法院一审，重庆市第三中级人民法院二审，现已发生法律效力。

法院认为，被告人吴某1、吴某2以非法占有为目的，利用电信网络技术手段，虚构事实，骗取他人财物，被告人邱某某、李某某、吕某某明知他人实施电信网络犯罪，帮助接收、转移诈骗犯罪所得，五被告人的行为均已构成诈骗罪。被告人吴某1在共同犯罪中系主犯。吴某1等人对未成年人实施诈骗，酌情从重处罚。

【裁判结果】

1. 以诈骗罪判处被告人吴某1有期徒刑3年6个月，并处罚金人民币35,000元；

2. 以诈骗罪判处被告人吴某2等人3个月拘役至2年4个月有期徒刑，并处罚金。

相关规定

1.《中华人民共和国刑法》

第二十五条第一款：共同犯罪是指二人以上共同故意犯罪。

第二百六十六条：诈骗公私财物，数额较大的，处三年以下有期徒刑、拘役或者管制，并处或者单处罚金；数额巨大或者有其他严重情节的，处三年以上十年以下有期徒刑，并处罚金；数额特别巨大或者有其他特别严重情节的，处十年以上有期徒刑或者无期徒刑，并处罚金或者没收财产。本法另有规定的，依照规定。

2.《中华人民共和国刑事诉讼法》

第一百一十条：任何单位和个人发现有犯罪事实或者犯罪嫌疑人，有权利也有义务向公安机关、人民检察院或者人民法院报案或者举报。

被害人对侵犯其人身、财产权利的犯罪事实或者犯罪嫌疑人，有权向公安机关、人民检察院或者人民法院报案或者控告。

公安机关、人民检察院或者人民法院对于报案、控告、举报，都应当接受。对于不属于自己管辖的，应当移送主管机关处理，并且通知报案人、控告人、举报人；对于不属于自己管辖而又必须采取紧急措施的，应当先采取紧急措施，然后移送主管机关。

犯罪人向公安机关、人民检察院或者人民法院自首的，适用第三款规定。

3.《最高人民法院关于适用〈中华人民共和国刑事诉讼法〉的解释》

第八十七条：对证人证言应当着重审查以下内容：

（一）证言的内容是否为证人直接感知；

（二）证人作证时的年龄，认知、记忆和表达能力，生理和精神状态是否影响作证；

（三）证人与案件当事人、案件处理结果有无利害关系；

（四）询问证人是否个别进行；

（五）询问笔录的制作、修改是否符合法律、有关规定，是否注明询问的起止时间和地点，首次询问时是否告知证人有关权利义务和法律责任，证人对询问笔录是否核对确认；

（六）询问未成年证人时，是否通知其法定代理人或者刑事诉讼法第二百八十一条第一款规定的合适成年人到场，有关人员是否到场；

（七）有无以暴力、威胁等非法方法收集证人证言的情形；

（八）证言之间以及与其他证据之间能否相互印证，有无矛盾；存在矛盾的，能否得到合理解释。

第九十二条：对被害人陈述的审查与认定，参照适用本节的有关规定。

91. 诈骗案件立案后一直无进展，被害人如何进一步维权？

律师解答

很多人在遭遇电信网络诈骗后会立刻报警寻求警方帮助，但一个刑事案件从受理到立案再到后续的审查起诉环节，是一个漫长的过程，如果案件立案一段时间后没有进展，被害人该如何进一步维权？

首先，被害人需要保持耐心和信心。电信网络诈骗案件的调查和处理往往耗费警力较大，且涉及多个部门，也可能会跨省侦查，因此，被害人需要调整心态,耐心等待警方的调查和处理结果。

其次,被害人可以通过多种途径了解案件进展情况。一方面,可以向当地公安机关咨询案件进展情况(了解警方是否已经找到了犯罪嫌疑人或者涉案资金),以及下一步的处理计划。另一方面,也可以通过电话、短信或者网上查询等方式了解案件进展情况。警方在调查和处理电信网络诈骗案件的过程中,会发布一些通报和公告,向公众介绍案件进展情况和处理结果。被害人可以关注这些通报和公告,了解案件处理情况和警方的工作进展。同时,被害人也可以通过这些通报和公告了解警方在打击电信网络诈骗方面的政策和措施,增强自身的防范意识。

再次,建议聘请专业刑事律师介入案件,全面了解案件情况。聘请刑事律师代理案件,主要有两点优势:一是刑事律师作为法律专业人员,熟练掌握法律知识,有利于和案件的承办人员就法律专业问题进行沟通;二是在刑事案件中,只有律师才能查阅全案卷宗,只有查阅案卷才能充分了解案件情况,保障其案件的知情权,才能更好追回自己的损失。

复次,被害人还可以积极提供相关证据和信息,协助警方进行调查。在报警时,被害人应该尽可能提供详细的诈骗案件信息和相关证据。在案件办理中,如果发现新的证据或者线索,也应该及时向警方提供。

最后,被害人需要保持警惕,谨防遭受二次诈骗。电信网络诈骗类型层出不穷,被害人需要时刻保持警惕,增强自我保护意识,不轻易泄露个人信息和账号密码,不随意点击来源不明的链接和下载不明软件,以免再次遭受诈骗。

92. 诈骗案件刑事立案后，被害人还能去法院起诉犯罪嫌疑人吗？

律师解答

诈骗案件在公安机关刑事立案后，被害人如果基于诈骗案件的“同一事实”再向法院对犯罪嫌疑人提起民事诉讼请求损害赔偿，法院一般不予受理或裁定驳回起诉。“同一事实”要从行为主体、相对人以及行为本身三个方面认定。由于诈骗案件的处理结果直接影响民事诉讼的审理结果，在公安机关已就“同一事实”诈骗立案侦查后，法院对民事起诉不予受理或裁定驳回民事起诉并不影响被害人在诈骗刑事案件中追回损失。另外，刑民交叉案件的一个基本规则是：刑事案件与民事案件涉及“同一事实”的，原则上应通过刑事诉讼方式解决。因此，诈骗案件刑事立案后，被害人原则上就不能再去法院起诉犯罪嫌疑人了。

典型案例

案号

福建省高级人民法院(2023)闽民终1596号

案情简介

上诉人厦门某某产业发展有限公司(以下简称某甲公司)因与被上诉人某某(台州)贸易有限公司(以下简称某乙公司)、佛山市某某仓储管理有限公司(以下简称某丙公司)、宁波港九龙仓某某储有限公司(以下简称九龙某某公司)合同纠纷一案，不服福建省厦门市中级人民法院

(2022)闽02民初1201号之二民事裁定,向法院提起上诉。

一审法院认为,《最高人民法院关于在审理经济纠纷案件中涉及经济犯罪嫌疑若干问题的规定》第11条规定:“人民法院作为经济纠纷受理的案件,经审理认为不属经济纠纷案件而有经济犯罪嫌疑的,应当裁定驳回起诉,将有关材料移送公安机关或检察机关。”该案中,公安机关已经对某丙公司职员杨某合同诈骗案立案侦查,某丙公司职员的行为涉嫌合同诈骗,具有经济犯罪嫌疑,对该案应裁定驳回起诉,移送公安机关或检察机关。据此,依照《最高人民法院关于在审理经济纠纷案件中涉及经济犯罪嫌疑若干问题的规定》第11条,《民事诉讼法》第122条第4项、第157条第1款第3项,《最高人民法院关于适用〈中华人民共和国民事诉讼法〉的解释》第208条第3款的规定,一审裁定:驳回某甲公司的起诉。该案不收取案件受理费,某甲公司已预交的案件受理费588,335.5元,在该裁定生效后由一审法院予以退还。

裁判观点

法院认为,从该案查明事实看,公安机关已经对某丙公司职员杨某等人合同诈骗案立案侦查,某丙公司职员涉嫌合同诈骗犯罪的行为与案涉《购销合同》的签订及履行存在密切关联,也涉嫌经济犯罪。据此,一审法院根据《最高人民法院关于在审理经济纠纷案件中涉及经济犯罪嫌疑若干问题的规定》第11条“人民法院作为经济纠纷受理的案件,经审理认为不属经济纠纷案件而有经济犯罪嫌疑的,应当裁定驳回起诉,将有关材料移送公安机关或检察机关”的规定,裁定驳回某甲公司的起诉,有事实和法律依据,并无不当。某甲公司主张一审法院认定事实不清、适用法律错误,依据不足,法院不予采信。某甲公司向法院申请调取在浙江省宁波市人民检察院的相关材料,从其拟查证事实看,并不影响该案前述事实认定,故法院不予准许。

综上所述,某甲公司的上诉请求不能成立,依法应予驳回。一审法院裁定认定事实清楚、适用法律正确,应予维持。

【裁判结果】

驳回上诉,维持原裁定。

相关规定

1.《最高人民法院关于在审理经济纠纷案件中涉及经济犯罪嫌疑若干问题的规定》

第十一条:人民法院作为经济纠纷受理的案件,经审理认为不属经济纠纷案件而有经济犯罪嫌疑的,应当裁定驳回起诉,将有关材料移送公安机关或检察机关。

2.《最高人民法院关于适用〈中华人民共和国刑事诉讼法〉的解释》

第一百七十六条:被告人非法占有、处置被害人财产的,应当依法予以追缴或者责令退赔。被害人提起附带民事诉讼的,人民法院不予受理。追缴、退赔的情况,可以作为量刑情节考虑。

3.《最高人民法院关于适用刑法第六十四条有关问题的批复》

根据刑法第六十四条和《最高人民法院关于适用〈中华人民共和国刑事诉讼法〉的解释》第一百三十八条、第一百三十九条的规定,被告人非法占有、处置被害人财产的,应当依法予以追缴或者责令退赔。据此,追缴或者责令退赔的具体内容,应当在判决主文中写明;其中,判决前已经发还被害人的财产,应当注明。被害人提起附带民事诉讼,或者另行提起民事诉讼请求返还被非法占有、处置的财产的,人民法院不予受理。

同类案例

在福建省高级人民法院(2023)闽民终1471号民事裁定书中,上诉人福建某甲科技有限公司(以下简称某甲科技公司)因与被上诉人厦门某某科技有限公司、刘某、原审第三人辽宁省辽阳市人民检察院(以下简称辽阳检察院)技术委托开发合同纠纷一案,不服福建省厦门市中级人民法院(2023)闽02民初419号民事裁定,向福建省高级人民法院提起上诉。福建省高级人民法院审理后认为,该案二审争议焦点为该案所涉纠纷是否属于人民法院民事案件受理范围。法院认为,该案合同纠纷所涉事实与公安机关立案侦查的辽阳检察院原干警张某阳涉嫌合同诈骗案属同一事实,该案显然不属于人民法院民事案件受理范围,一审法院据此驳回某甲科技公司的起诉并无不当,最终法院裁定驳回上诉。

93. 诈骗案件立案后,被害人可不可以提起附带民事诉讼?

律师解答

《刑事诉讼法》第101条规定:“被害人由于被告人的犯罪行为而遭受物质损失的,在刑事诉讼过程中,有权提起附带民事诉讼……”这里强调的是“由于被告人的犯罪行为而遭受物质损失”,物质损失可以理解为人身权利受到犯罪侵害而遭受的物质损失,如被告人实施故意杀人罪、故意伤害罪、抢劫罪的实行行为等侵害自然人人身权益所造成的物质损失,也可以理解为财物被犯罪行为毁坏而遭受的物质损失。而诈骗类犯罪是被告人非法占有、处置被害人财产,不属于物质损失范围无权提起附带民事诉讼。

根据《最高人民法院关于适用〈中华人民共和国刑事诉讼法〉的解

释》第176条的规定,被告人非法占有、处置被害人财产的,应当依法予以追缴或者责令退赔。被害人提起附带民事诉讼的,人民法院不予受理。追缴、退赔的情况,可以作为量刑情节考虑。因此,被害人提起附带民事诉讼的,人民法院不予受理。

典型案例

案号

广东省广州市中级人民法院(2021)粤01刑终281号

案情简介

上诉人王某因被上诉人梁某帮助信息网络犯罪活动罪一案,不服广东省广州市白云区人民法院作出的对其提起的刑事附带民事诉讼不予受理的(2020)粤0111刑初2512号刑事裁定,向广东省广州市中级人民法院提起上诉。上诉人上诉称:原审法院在刑事案件开庭后才作出对其起诉不予受理的裁定已超出法定期限,属程序违法;被上诉人为他人的诈骗犯罪行为起到实质的帮助作用,应该对其731,998元的被骗损失承担连带赔偿责任。因此,其请求法院撤销原裁定,指令原审法院受理该案。

裁判观点

《最高人民法院关于适用〈中华人民共和国刑事诉讼法〉的解释》第176条规定:"被告人非法占有、处置被害人财产的,应当依法予以追缴或者责令退赔。被害人提起附带民事诉讼的,人民法院不予受理。追缴、退赔的情况,可以作为量刑情节考虑。"上诉人损失的731,998元属于因犯罪行为而被他人非法占有的财产,其提起的刑事附带民事诉讼不符合上述规定,法院应依法不予受理。原审法院对被上诉人梁某帮助信息网络犯罪活动罪一案开庭审理，有利于查清梁某是否应该对上诉人承担连带赔偿责任，原审裁定程序并无不当。原审裁定正确，应予维持。

【裁判结果】

驳回上诉，维持原裁定。

相关规定

《最高人民法院关于适用〈中华人民共和国刑事诉讼法〉的解释》

第一百七十六条：被告人非法占有、处置被害人财产的，应当依法予以追缴或者责令退赔。被害人提起附带民事诉讼的，人民法院不予受理。追缴、退赔的情况，可以作为量刑情节考虑。

94. 被害人在中国境外，可以向国内公安机关报案吗？

律师解答

该问题涉及刑事案件管辖权问题，而管辖权是刑事诉讼的根本性问题。《刑法》对于管辖的规定包括属地管辖、属人管辖、保护管辖和普遍管辖。属地管辖：凡在中国领域内犯罪的，除法律有特别规定以外，都适用该法；属人管辖：中国公民在中国领域外犯该法规定之罪的，适用该法，但是根据该法规定的最高刑为3年以下有期徒刑的，可以不予追究。

从犯罪嫌疑人出发，如果犯罪嫌疑人为中国公民，无论犯罪行为发生地和犯罪结果发生地在国内还是国外，根据属人管辖，我国《刑法》都具有管辖权；犯罪嫌疑人为外国公民，犯罪行为地、结果地如果是在我国境内，根据属地管辖，我国《刑法》也具有管辖权；如果犯罪嫌疑人为外国公民，且犯罪行为地、结果地在我国境外，则要参考保护管辖的规定，即“外国人在中华人民共和国领域外对中华人民共和国国家或者公民犯罪，而按本法规定的最低刑为三年以上有期徒刑的，可以适用本法，但是按照犯罪地的法律不受处罚的除外”，具体判断我国《刑法》是否具有管辖权。

一般情况下，被害人为中国公民时，由于“犯罪结果发生地”包括诈骗所得财物的实际取得地、藏匿地、转移地、使用地、销售地等，很大概率可以将犯罪结果发生地联系到国内从而根据属地管辖原则适用我国《刑法》。

相关规定

1.《中华人民共和国刑法》

第六条：凡在中华人民共和国领域内犯罪的，除法律有特别规定的以外，都适用本法。

凡在中华人民共和国船舶或者航空器内犯罪的，也适用本法。

犯罪的行为或者结果有一项发生在中华人民共和国领域内的，就认为是在中华人民共和国领域内犯罪。

第七条：中华人民共和国公民在中华人民共和国领域外犯本法规定之罪的，适用本法，但是按本法规定的最高刑为三年以下有期徒刑的，可以不予追究。

中华人民共和国国家工作人员和军人在中华人民共和国领域外犯本法规定之罪的，适用本法。

第八条：外国人在中华人民共和国领域外对中华人民共和国

国家或者公民犯罪，而按本法规定的最低刑为三年以上有期徒刑的，可以适用本法，但是按照犯罪地的法律不受处罚的除外。

2.《最高人民法院、最高人民检察院、公安部关于办理电信网络诈骗等刑事案件适用法律若干问题的意见》

五、依法确定案件管辖

（一）电信网络诈骗犯罪案件一般由犯罪地公安机关立案侦查，如果由犯罪嫌疑人居住地公安机关立案侦查更为适宜的，可以由犯罪嫌疑人居住地公安机关立案侦查。犯罪地包括犯罪行为发生地和犯罪结果发生地。

"犯罪行为发生地"包括用于电信网络诈骗犯罪的网站服务器所在地，网站建立者、管理者所在地，被侵害的计算机信息系统或其管理者所在地，犯罪嫌疑人、被害人使用的计算机信息系统所在地，诈骗电话、短信息、电子邮件等的拨打地、发送地、到达地、接受地，以及诈骗行为持续发生的实施地、预备地、开始地、途经地、结束地。

"犯罪结果发生地"包括被害人被骗时所在地，以及诈骗所得财物的实际取得地、藏匿地、转移地、使用地、销售地等。

3.《最高人民法院、最高人民检察院、公安部关于办理电信网络诈骗等刑事案件适用法律若干问题的意见（二）》

一、电信网络诈骗犯罪地，除《最高人民法院、最高人民检察院、公安部关于办理电信网络诈骗等刑事案件适用法律若干问题的意见》规定的犯罪行为发生地和结果发生地外，还包括：

（一）用于犯罪活动的手机卡、流量卡、物联网卡的开立地、销售地、转移地、藏匿地；

（二）用于犯罪活动的信用卡的开立地、销售地、转移地、藏匿地、使用地以及资金交易对手资金交付和汇出地；

（三）用于犯罪活动的银行账户、非银行支付账户的开立地、销售地、使用地以及资金交易对手资金交付和汇出地；

（四）用于犯罪活动的即时通讯信息、广告推广信息的发送地、接受地、到达地；

（五）用于犯罪活动的“猫池”（Modem Pool）、GOIP 设备、多卡宝等硬件设备的销售地、入网地、藏匿地；

（六）用于犯罪活动的互联网账号的销售地、登录地。

95. 被告人在中国境外，在国内的被害人可以在国内报案吗？

律师解答

被告人在中国境外，在国内的被害人当然可以在国内报案。电信网络诈骗犯罪案件一般由犯罪地公安机关立案侦查，犯罪地包括犯罪行为发生地和犯罪结果发生地，犯罪结果发生地包括被害人被骗时所在地，以及诈骗所得财物的实际取得地、藏匿地、转移地、使用地、销售地等。在国内的被害人表明犯罪结果发生地为国内时，可以向被害人被骗时所在地，以及诈骗所得财物的实际取得地、藏匿地、转移地、使用地、销售地等国内的公安机关报案。

相关规定

1.《中华人民共和国刑法》

第六条：凡在中华人民共和国领域内犯罪的，除法律有特别规定的以外，都适用本法。

凡在中华人民共和国船舶或者航空器内犯罪的，也适用本法。

犯罪的行为或者结果有一项发生在中华人民共和国领域内的，就认为是在中华人民共和国领域内犯罪。

第七条：中华人民共和国公民在中华人民共和国领域外犯本法规定之罪的，适用本法，但是按本法规定的最高刑为三年以下有期徒刑的，可以不予追究。

中华人民共和国国家工作人员和军人在中华人民共和国领域外犯本法规定之罪的，适用本法。

第八条：外国人在中华人民共和国领域外对中华人民共和国国家或者公民犯罪，而按本法规定的最低刑为三年以上有期徒刑的，可以适用本法，但是按照犯罪地的法律不受处罚的除外。

2.《最高人民法院、最高人民检察院、公安部关于办理电信网络诈骗等刑事案件适用法律若干问题的意见》

五、依法确定案件管辖

（一）电信网络诈骗犯罪案件一般由犯罪地公安机关立案侦查，如果由犯罪嫌疑人居住地公安机关立案侦查更为适宜的，可以由犯罪嫌疑人居住地公安机关立案侦查。犯罪地包括犯罪行为发生地和犯罪结果发生地。

“犯罪行为发生地”包括用于电信网络诈骗犯罪的网站服务器所在地，网站建立者、管理者所在地，被侵害的计算机信息系统或其管理者所在地，犯罪嫌疑人、被害人使用的计算机信息系统所在地，诈骗电话、短信息、电子邮件等的拨打地、发送地、到达地、接受地，以及诈骗行为持续发生的实施地、预备地、开始地、途经地、结束地。

"犯罪结果发生地"包括被害人被骗时所在地，以及诈骗所得财物的实际取得地、藏匿地、转移地、使用地、销售地等。

3.《最高人民法院、最高人民检察院、公安部关于办理电信网络诈骗等刑事案件适用法律若干问题的意见(二)》

一、电信网络诈骗犯罪地，除《最高人民法院、最高人民检察院、公安部关于办理电信网络诈骗等刑事案件适用法律若干问题的意见》规定的犯罪行为发生地和结果发生地外，还包括：

(一)用于犯罪活动的手机卡、流量卡、物联网卡的开立地、销售地、转移地、藏匿地；

(二)用于犯罪活动的信用卡的开立地、销售地、转移地、藏匿地、使用地以及资金交易对手资金交付和汇出地；

(三)用于犯罪活动的银行账户、非银行支付账户的开立地、销售地、使用地以及资金交易对手资金交付和汇出地；

(四)用于犯罪活动的即时通讯信息、广告推广信息的发送地、接受地、到达地；

(五)用于犯罪活动的"猫池"(Modem Pool)、GOIP设备、多卡宝等硬件设备的销售地、入网地、藏匿地；

(六)用于犯罪活动的互联网账号的销售地、登录地。

96. 电信网络诈骗的被害人，可否起诉提供银行卡、电话卡的“卡农”追回损失？

律师解答

电信网络诈骗利益链条中，专门为犯罪分子提供用于流转涉案资金的银行卡，进而非法牟利的犯罪嫌疑人，被称为“卡农”。根据《反电信网络诈骗法》第 46 条第 1 款的规定，组织、策划、实施、参与电信网络诈骗活动或者为电信网络诈骗活动提供相关帮助的违法犯罪人员，除依法承担刑事责任、行政责任以外，造成他人损害的，依照《民法典》等法律的规定承担民事责任。“卡农”为电信网络诈骗活动提供了帮助，除依法承担刑事责任、行政责任以外，造成他人损害的，还应该依法承担民事责任。因此，电信网络诈骗的被害人，可以起诉提供银行卡、电话卡的“卡农”追回损失。被害人可以依据《民法典》第 122 条、第 1165 条、第 1169 条的相关规定，要求电信网络诈骗中的卡主承担民事责任。

但也有司法案例认为，被害人起诉“卡农”索赔的，其主张转入“卡农”名下银行卡的款项系其报案被电信网络诈骗的款项，已被列入刑事案件被害人损失范围，因此法院也可能以案件涉嫌刑事犯罪，不属于人民法院民事诉讼受案范围为由，裁定驳回起诉，详见陕西省高级人民法院(2023)陕民申 5244 号杨某、吴某涛不当得利纠纷民事申请再审审查民事裁定书。

典型案例

案号

陕西省周至县人民法院(2024)陕0124民初1559号

案情简介

原告提起诉讼的事实与理由是:2023年10月6日,原告在网络平台投资,在客服的指导下,原告将充值钱款7000元转入被告西安银行账户(账户号:62316502××××××××)。由于原告当时银行卡余额不足,在请求原告朋友蔡某帮忙后,蔡某通过其名下湖北孝感农村商业银行股份有限公司银行账户向被告转账7000元。原告申请提现时发现充值未到账,经与平台沟通得知,被告与平台为代收代付关系,平台方未收到被告转来的款项,不久后平台倒闭,该笔款项后续原告无从得知。据此,原告认为,原告与被告不认识,也无债权债务关系,其取得款项无法律依据,应归还占有钱款。

法院审理后认定事实为,2023年10月6日,案外人蔡某通过其名下湖北孝感农村商业银行股份有限公司银行账户(账号为:6224××××××××)向被告张某西安银行账户(账号为:62316502××××××××)转账7000元。原告诉称,其与该案案外人蔡某系朋友关系,被告与网络平台为代收代付关系。2023年10月6日,原告因在网络平台投资过程中,银行卡资金余额不足,遂通过案外人蔡某将充值钱款7000元转入被告西安银行账户,后与平台沟通得知,平台方未收到被告转来的款项,不久后平台倒闭,该笔款项后续无从得知。

该案的争议焦点是被告收取案涉款项是否构成不当得利。

裁判观点

法院认为,得利人没有法律根据取得不当利益,受损失的人有权请求其返还取得的利益。该案中,原告夏某某通过案外人蔡某向被告张某银行账户转账7000元,被告辩称其对上述转账不知情,也未实际使用该笔转账款,而是在被诈骗分子监视居住情况下,诈骗分子将案涉款项直接通过POS机消费出去,其没有取得不当得利,但被告经法院多次释明提醒仍未就该辩称提供证据予以佐证,故法院对被告该辩称不予采信。被告张某取得的7000元款项没有法律根据,构成不当得利,其应当予以返还。

【裁判结果】

1. 限被告张某于该判决生效后15日内向原告夏某某返还7000元;
2. 驳回原告夏某某其他诉讼请求。

相关规定

1.《中华人民共和国民法典》

第一百二十二条:因他人没有法律根据,取得不当利益,受损失的人有权请求其返还不当利益。

第一千一百六十五条:行为人因过错侵害他人民事权益造成损害的,应当承担侵权责任。

依照法律规定推定行为人有过错,其不能证明自己没有过错的,应当承担侵权责任。

第一千一百六十九条:教唆、帮助他人实施侵权行为的,应当与行为人承担连带责任。

教唆、帮助无民事行为能力人、限制民事行为能力人实施侵权行为的,应当承担侵权责任;该无民事行为能力人、限制民事行为能力人的监护人未尽到监护职责的,应当承担相应的责任。

2.《中华人民共和国反电信网络诈骗法》

第四十六条　组织、策划、实施、参与电信网络诈骗活动或者为电信网络诈骗活动提供相关帮助的违法犯罪人员，除依法承担刑事责任、行政责任以外，造成他人损害的，依照《中华人民共和国民法典》等法律的规定承担民事责任。

电信业务经营者、银行业金融机构、非银行支付机构、互联网服务提供者等违反本法规定，造成他人损害的，依照《中华人民共和国民法典》等法律的规定承担民事责任。

同类案例

山东省昌乐县人民法院(2024)鲁0725民初1820号民事判决书中载明，2022年6月30日，原告曹某向公安机关报案称其遭遇电信网络诈骗，其中有33,000元诈骗金额流入被告吴某亮账户。经马鞍山市花山区人民法院(2023)皖0503刑初323号刑事判决书认定："2022年6月25日，被告吴某亮明知他人利用电信网络实施犯罪，仍至福建省厦门市，将自己中国农业银行尾号为4579的银行卡及身份证提供给上游团伙，并在一偏僻果园进行跑分，转移非法资金。经统计，涉案卡支付结算资金流水共计2,333,223元，已查实接受电信网络诈骗犯罪资金100,000元，非法获利5000元……被告人吴某亮犯帮助信息网络犯罪活动罪，判处有期徒刑七个月，宣告缓刑一年，并处罚金人民币5000元。"

法院认为，关于该案的案由，原告以不当得利纠纷向法院提起诉讼，但根据查明的事实，原告向被告账户转账33,000元系其遭受电信网络诈骗，原告财产遭受损失系被告的侵权行为导致的，该案应为侵权之诉，法院已向原、被告双方释明，双方对此均无异议，故该案的案由更正为财产损害赔偿纠纷。被告吴某亮明知他人利用电信网络实施犯罪活动，仍为犯罪活动提供支付结算等帮助，构成帮助信息网络犯罪活动罪，应被判处刑罚。虽然被告吴某亮认为其受到了法律制裁，但被告为电信网络诈骗活动提供帮助，给原告造成了财产损失，除依法应承担刑事责任外，仍应依据《民法典》等法律的规定承担民事责任。另外，从整个案件来看，被告吴某亮是共同侵权人之一，应不区分责任比例对原告财产损失承担连带赔偿责任。原告曹某提供的证据能够证实其所受诈骗资金中有 33,000 元流入被告吴某亮名下的银行账户，故被告吴某亮应就其银行账户所接受的款项对原告曹某承担侵权赔偿责任。最终法院判处被告吴某亮赔偿原告曹某财产损失人民币 33,000 元。

97. 企业财务部门工作人员遭遇电信网络诈骗，用人单位可否向员工索赔？如果可以索赔，员工承担赔偿责任的范围如何具体界定？

律师解答

劳动者与用人单位之间基于劳动合同，应全面履行各自的义务。如果员工未尽到基本谨慎义务，轻信电信网络诈骗信息，未能核实对方身份而进行转账，属于故意或重大过失，用人单位有权要求员工承担赔偿责任；如果员工的过失较小，或者能够证明员工已经采取了合理的防范措施，而用人单位未有完备的财务制度和流程，则应减轻员工承担的赔偿责任。

实践中，用人单位不能要求员工承担全部损失，将企业的经营风险转移到处于弱势地位的劳动者身上。在赔偿范围界定上，法院通常会结合员工的过错大小、赔偿能力、工作时间等因素综合判断，酌定员工承担一定比例的赔偿责任。

典型案例

案号

安徽省马鞍山市花山区人民法院(2021)皖0503民初544号

案情简介

耿某原系某公司职工,岗位为出纳,月均工资3100元。公司财务主管杨某在休息期间收到QQ昵称为汪某发送的信息,要求查询公司账户余额,杨某告知昨天已发资金日报,但对方回复要重新统计。杨某将与汪某的QQ聊天截图转发给耿某,耿某对统计情况拍照发给了杨某,杨某随后将照片发至汪某微信,并在QQ上告知汪某,但汪某并未在微信中回应。

随后,汪某在QQ上要求杨某转账76万元至潜山市远起商贸有限公司农业银行账户,并要求反馈回单信息。杨某将该信息截图发给耿某,后又将杨某发送的回单截图发送至汪某QQ。当日11时左右,杨某因其他工作与公司财务总监汪某接洽,才发现和杨某QQ聊天并要求转账的并非公司财务总监汪某。杨某知晓后,发现系他人盗用汪某头像、资料等进行诈骗,当即报警,公安机关进行了立案侦查,但公司被骗款项76万元一直未追回。

公司向劳动人事争议仲裁委员会申请仲裁,要求耿某赔偿其经济损失76万元。该仲裁委员会于2020年10月30日作出仲裁裁决:耿某支付公司1万元赔偿金。耿某不服,向法院提起诉讼。

裁判观点

耿某作为公司专职财务人员,在履行职务过程中应当对大额转账项目尽到高于普通人的注意义务。耿某认为,该事件系财务主管杨某在未核实汪某身份信息的情况下,转达了假付款指令造成的。但当今通过

QQ 进行诈骗的模式已经被社会广泛曝光,汪某通过之前未用过的 QQ 信息形式,向杨某发送指示,让其转账给不相识的第三人,这些不合情理之处应当引起耿某的怀疑。耿某仅凭杨某微信信息,未仔细核验即根据杨某要求对外转账,最终造成公司重大经济损失,可以说耿某在此过程中未能尽到财务人员的基本谨慎义务及工作职责,在履行职务的过程中存在的过错已经达到应当承担一定赔偿责任的程度。虽然事后杨某报警,公安机关立案侦查,但所汇出的 76 万元一直未能追回,属于公司实际损失,耿某应对公司案涉财产损失承担赔偿责任。但又鉴于公司在日常管理和工作习惯上也存在一定的漏洞,综合考虑耿某的过错程度、收入水平及损害后果,从平衡用人单位与劳动者权益的角度,酌定耿某赔偿公司财产损失 1 万元。

【裁判结果】

1. 驳回耿某的诉讼请求;

2. 耿某于该判决生效后 10 日内赔偿某公司财产损失人民币 1 万元。

相关规定

1.《中华人民共和国民法典》

第五百七十七条:当事人一方不履行合同义务或者履行合同义务不符合约定的,应当承担继续履行、采取补救措施或者赔偿损失等违约责任。

第一千一百九十二条:个人之间形成劳务关系,提供劳务一方因劳务造成他人损害的,由接受劳务一方承担侵权责任。接受劳务一方承担侵权责任后,可以向有故意或者重大过失的提供劳务一方追偿。提供劳务一方因劳务受到损害的,根据双方各自的过错承担相应的责任。

提供劳务期间,因第三人的行为造成提供劳务一方损害的,提供劳务一方有权请求第三人承担侵权责任,也有权请求接受劳务一方给予补偿。接受劳务一方补偿后,可以向第三人追偿。

2.《中华人民共和国劳动合同法》

第二十九条:用人单位与劳动者应当按照劳动合同的约定,全面履行各自的义务。

3.《中华人民共和国劳动法》

第二十五条:劳动者有下列情形之一的,用人单位可以解除劳动合同:

(一)在试用期间被证明不符合录用条件的;

(二)严重违反劳动纪律或者用人单位规章制度的;

(三)严重失职,营私舞弊,对用人单位利益造成重大损害的;

(四)被依法追究刑事责任的。

第七十八条　解决劳动争议,应当根据合法、公正、及时处理的原则,依法维护劳动争议当事人的合法权益。

第七十九条　劳动争议发生后,当事人可以向本单位劳动争议调解委员会申请调解;调解不成,当事人一方要求仲裁的,可以向劳动争议仲裁委员会申请仲裁。当事人一方也可以直接向劳动争议仲裁委员会申请仲裁。对仲裁裁决不服的,可以向人民法院提起诉讼。

4.《工资支付暂行规定》

第十六条　因劳动者本人原因给用人单位造成经济损失的,用人单位可按照劳动合同的约定要求其赔偿经济损失。经济损失的赔偿,可从劳动者本人的工资中扣除。但每月扣除的部分不得超过劳动者当月工资的20%。若扣除后的剩余工资部分低于当地月最低工资标准,则按最低工资标准支付。

同类案例

在北京市海淀区人民法院(2019)京0108民初61887号民事判决书中,田某任公司出纳,月工资标准为人民币6000元/月。名为“刘某”的QQ用户通过QQ聊天要求公司会计杨某给“李某”“庄某”两个账户转账,杨某就该QQ聊天人的身份向公司人事进行确认无误后,通知出纳田某通过U盾向上述两个账户分8笔转账人民币1,928,000元。后公司发现该转账系诈骗行为并报警。公司主张田某应知晓会计从业规范,先签字后付款。公司被诈骗,除会计杨某存在过失以外,出纳田某在没有总经理刘某签字的情况下使用U盾付款的行为存在一定过失。故公司以要求田某支付经济损失为由,向仲裁委员会提出申诉,仲裁委员会裁决田某于该裁决生效之日起10日内支付公司经济损失人民币10,000元。公司不服仲裁结果,提起诉讼。

法院认为,劳动者在从事劳动过程中因故意或过失给用人单位造成经济损失,用人单位有权要求其承担赔偿责任。依据相关法律规定,上述责任的承担需具备以下要件:第一,劳动者对损害的发生具有故意或过失,如劳动者故意给用人单位造成损害时,应承担赔偿责任。但考虑到提供劳动活动的过程本身即存在相应风险,作为对劳动者负有管理职责以及基于劳动者所付出的劳动获取经济利益的用人单位,应作为上述风险的主要承担者,故如损害是劳动者过失行为所导致,则应衡量过失的轻重、损害的程度和劳动者的实际收入水平,减轻或免除赔偿责任。第二,劳动者行为的违法性。第三,用人单位存在损害后果。第四,劳动者的违法行为与用人单位的损害后果之间存在因果关系。

田某作为公司出纳，属于具备财务方面专业知识的工作人员，理应熟悉财务支出及审批流程。公司被诈骗，系因杨某通过QQ接受他人指示对外付款，然而田某作为出纳在并无刘某签字审批的情况下按照杨某的指示进行付款，也存在一定过失。法院根据田某的过错程度、工作时间、赔偿能力等情形综合考虑，酌定田某向公司支付经济损失人民币36,000元。

第六部分

防范电信网络诈骗陷阱的建议

一、警惕陌生信息

增强防范意识，收到陌生来电、不明短信、不明链接、陌生人的好友验证请求，一律不予理睬。不连接来历不明的无线网络，不扫描非正规渠道获取的二维码，不随意下载陌生软件、注册陌生平台或添加陌生好友。

(1)不点击不明链接

对陌生短信、邮件、即时通讯工具中的链接，务必保持高度警惕。许多电信网络诈骗正是通过诱导用户点击链接，从而在用户设备上植入木马病毒，进而窃取个人信息、银行账号密码等敏感数据。

(2)谨慎扫描二维码

在日常生活中，二维码随处可见，但绝不能随意扫描来历不明的二维码。诈骗分子可能会将恶意二维码张贴在公共场所，或者通过社交软件发送给目标对象。一旦扫描，可能会导致手机被恶意程序控制，造成个人信息泄露、资金被盗刷等后果。若遇到需要扫描二维码参与活动、领取奖品等情况，要先确认活动举办方的真实性和可靠性，避免因贪图小便宜而遭受损失。

(3)甄别陌生邮件

不要轻易打开陌生邮箱发来的邮件，尤其是那些带有附件或包含不明链接的邮件。有些邮件可能伪装成来自知名机构、公司，以重要通知、业务合作等为由，诱使收件人点击附件或链接。这些附件可能是恶意软件，一旦打开，电脑就会被感染，进而威胁个人隐私和财产安全。

(4)不随意透露信息

无论在何种情况下，都不要轻易向陌生信息的发送者透露个人敏感信息，如身份证号码、银行卡号、验证码、密码等。诈骗分子常常会通过电话、短信或网络聊天等方式，编造各种借口，诱骗用户主动提供这些信息。一旦遇到此类情况,务必保持冷静,及时向相关部门核实。

(5)核实信息来源

当收到涉及重要事项的陌生信息时,务必通过可靠的渠道核实信息来源的真实性。比如,对于涉及政府部门、公用事业单位等的通知信息,可拨打官方公布的服务热线进行核实,切勿轻信信息中提供的联系电话,以防落入诈骗陷阱。

二、保护个人信息

(1)妥善处理个人信息

中国银联公布的相关数据显示,超过90%的电信网络诈骗是个人信息泄露导致的。应增强个人信息保护意识,妥善保管身份证号、银行卡号、账户密码、验证码、个人生物识别等信息。对个人社交账户的安全状况保持警惕,避免无关人员操纵本人手机、电脑等电子设备,避免因个人信息泄露造成经济损失。同时,应加强对个人信息的保护措施,定期检查账户安全设置,及时发现并处理异常情况。

此外,应为银行卡、网上银行、手机银行设置复杂程度较高的密码;不在其他任何网站上设置与网上银行、手机银行等相同的用户名和密码;不向任何人透露或转发短信验证码及其他形式的动态密码;不使用真实姓名作为手机账户名,关闭不常用的共享功能等。

(2)高度警惕网络环境

网络环境复杂多变,注册各类网站或应用程序账号时,要留意平台的正规性和安全性。优先选择知名度高、口碑良好的平台,对于那些要求提供过多不必要个人信息的小众或不知名平台,需谨慎注册。另外,要养成定期修改账号密码的习惯,并采用强密码策略,组合字母、数字、特殊字符,避免使用生日、电话号码等容易被猜到的信息作为密码。同时,连接公共无线网络时,尽量避免进行涉及个人信息或资金交易的操作,因为公共网络安全性较差,不法分子可能会利用网络漏洞窃取用户数据。

（3）谨防信息收集陷阱

不法分子常常会设置各种信息收集陷阱，诱导人们主动提供个人信息。比如，打着“市场调研”旗号的活动，以赠送小礼品为诱饵，要求参与者填写详细的个人信息问卷，其中可能包含身份证号、收入情况等内容。对于此类活动，要保持警惕，仔细询问活动目的和信息用途，若发现可疑之处，果断拒绝参与。另外，一些来路不明的抽奖活动，要求参与者输入个人信息以获取抽奖资格，这很可能是诈骗分子收集信息的手段，切勿因贪图小利而陷入陷阱。总之，面对各种主动要求提供个人信息的情况，要多思考、多核实，切勿轻易上当。

三、切勿转账汇款

涉及转账、汇款操作时要提高警惕，防范资金被骗。在接到涉及转账汇款的电话、短信或网络信息时，及时通过官方机构核实信息的真实性，不轻信陌生人的转账要求或诱导信息，不贸然向陌生人提供的账号转账汇款，不随意向无关账户转账打款。在转账汇款前，务必认真核对对方身份和信息，确保资金是转给真正可信任的人员或机构。

（1）坚决不向陌生对象转账

很多诈骗分子通过社交软件、网络广告等途径，伪装成各种身份与受害者建立联系，逐步获取信任后诱导转账。一旦涉及陌生个人或机构要求转账汇款，必须保持高度警惕，坚决拒绝。

（2）核实身份再做决定

即便对方声称是熟人，如领导、亲友等，通过电话、短信、社交软件等要求转账汇款时，也绝不能贸然行动。诈骗分子常利用技术手段伪装号码或盗用社交账号，模仿熟人语气指令转账。此时，务必通过电话回拨、视频通话或当面确认等多种方式核实身份。

（3）异常理由提高警惕

若转账理由不合常理，如要求将资金转至“安全账户”配合调查，或称缴纳“中奖手续费”“解冻资金”等，几乎可以判定是诈骗。遇到此类情况,不仅不能转账,还要及时向公安机关咨询举报。

(4)多渠道确认交易真实性

在涉及商业交易、投资等需要转账汇款时,除了与交易方沟通外,还应通过其他渠道核实信息。比如,向合作方的官方客服、相关监管部门核实业务真实性,查看企业官网、工商登记信息确认收款账户是否正确。

(5)设置转账限制

为降低转账风险,可在手机银行或第三方支付平台设置转账金额限制,根据自身日常资金使用情况,合理设定单笔及单日转账限额,避免因一时疏忽造成大额资金损失。

四、在手机上安装反诈 App

反诈 App 主要是用来帮助用户识别和防范电信网络诈骗的工具。其中,由公安部刑事侦查局组织开发的“国家反诈中心”App 功能非常全面,具备以下主要功能。①诈骗预警:通过分析通话、短信和手机内 App,与公安机关的涉诈数据库进行比对,之后根据智能预警模型推算,对用户进行诈骗提示;②快速举报:用户可以快速举报疑似电信诈骗的信息;③身份核实:可以对聊天对象的身份进行辅助验证;④报案助手:被骗后可以在 App 内第一时间报案;⑤风险查询:在涉及陌生账号转账时,可以验证对方的账号是否涉诈;⑥防诈骗知识学习:App 内有丰富的防诈骗知识,通过学习可以有效避免各种网络诈骗。

(1)主动下载官方正版

主流应用市场是获取反诈 App 的安全可靠渠道,切勿从不明网站或非官方渠道下载,以防下载伪装的恶意软件,不仅无法起到反诈作用,还可能导致个人信息泄露。

(2)完成注册与信息完善

安装完成后,打开反诈 App,按提示完成注册流程。注册过程需提供真实手机号码并完成身份验证,这是为了精准推送预警信息,确保在面临诈骗风险时能及时通知到您。同时,完善常住地址、职业等个人信息，App 可据此分析您可能面临的诈骗风险类型，提供更具针对性的防范建议。

（3）全面开启预警功能

开启“来电预警”“短信预警”“App 预警”等功能。开启来电预警后，当有疑似诈骗电话呼入，App 会及时发出预警提示，显示号码风险等级及相关信息。短信预警则对含有诈骗关键词或链接的短信进行识别拦截。App 预警能检测手机已安装或新下载 App 是否存在诈骗风险，若发现风险，会阻止打开并提示卸载。

（4）学习反诈知识提升意识

反诈 App 内设有丰富反诈知识板块，如案例分析、诈骗手段揭秘、防范技巧讲解等。通过阅读各类诈骗案例，了解诈骗分子常用话术、手段及新趋势。学习防范技巧，比如，如何识别钓鱼网站、保护个人信息等，使自己在面对诈骗时能迅速识破骗局。

（5）积极参与互动举报

若收到可疑信息、电话或遭遇疑似诈骗行为，可通过 App 举报功能向相关部门反馈。不仅能帮助自身避免损失，还能为公安机关打击诈骗提供线索，保护更多人。

98. 以低价代购吸引受害人支付费用，但未按约定发货或仅发部分商品，是诈骗吗？

律师解答

提供低于市场行情的价格，又以各种理由延迟发货、少量发货、小额退款是不法分子持续诈骗钱款的常见犯罪手段，不能据此推定对方没有非法占有钱款的主观目的。

典型案例

案号

广西壮族自治区柳州市柳北区人民法院(2023)桂0205刑初315号

案情简介

2022年2月至2023年3月,被告人廖某在柳州市柳北区利用手机微信朋友圈发布能够以低于市场价格售卖袋装螺蛳粉和月饼的虚假广告吸引被害人转账购买,收到货款之后,廖某以各种理由少量发货或者不发货骗取李某等10名被害人货款共计133,566元,其将该款项用于归还个人债务、赌博和高消费。具体事实如下:

1.2022年2月19日至3月17日,被害人李某通过微信转账向被告人廖某支付共3115元用于购买螺蛳粉。廖某收款后未发货,并于2023年3月14日退还货款150元,尚有货款2965元,未发货也未退还。

2.取保候审期间,被告人廖某以同样手段继续实施诈骗。2022年8月9日至30日,被害人高某通过微信转账、支付宝转账向被告人廖某支付共91,853.7元用于购买月饼。廖某收款后部分发货,并退还货款共10,700元,尚有货款69,659元,既未发货也未退还。

3.2022年11月30日至12月30日,被害人黄某通过微信转账向被告人廖某支付共15,065元用于购买螺蛳粉。廖某收款后部分发货,并于2023年1月10日至2月5日退还货款3140元,尚有货款8340元,既未发货也未退还。

4.2023年2月23日、3月13日,被害人卢某通过微信转账、支付宝收款码向被告人廖某支付共2900元用于购买螺蛳粉。廖某收款后部分发货,尚有货款2088元,既未发货也未退还。

5.2023年3月3日至6日,被害人廖某1通过微信转账向被告人廖某支付共1290元用于购买螺蛳粉。廖某收款后未发货也未退还。

6.2023 年 3 月 3 日至 7 日，被害人彭某通过微信转账向被告人廖某支付共 10,348 元用于购买螺蛳粉。廖某收款后部分发货，并于 2023 年 3 月 5 日至 14 日退还货款 565 元，尚有货款 9783 元，既未发货也未退还。

7.2023 年 3 月 3 日至 8 日，被害人孔某通过微信转账向被告人廖某支付共 8957 元用于购买螺蛳粉。廖某收款后部分发货，尚有货款 5932 元，既未发货也未退还。

8.2023 年 3 月 9 日至 15 日，被害人韦某通过微信转账、微信二维码向被告人廖某支付共 18,711 元用于购买螺蛳粉。廖某收款后，既未发货也未退还。

9.2023 年 3 月 9 日至 18 日，被害人谢某 1 通过微信转账、微信二维码、微信红包向被告人廖某支付共 14,610 元用于购买螺蛳粉。廖某收款后部分发货，并于 2023 年 3 月 14 日至 20 日退还货款 2450 元，尚有货款 11160 元，既未发货也未退还。

10.2023 年 3 月 16 日至 19 日，被害人王某通过微信转账、微信二维码向被告人廖某支付共 3070 元用于购买螺蛳粉。廖某收款后未发货，并于 2023 年 3 月 20 日退还货款 305 元，尚有货款 2765 元，既未发货也未退还。

裁判观点

廖某利用微信朋友圈、微信群发布虚假信息，对不特定多数人实施诈骗，依法可酌情对其从严惩处；廖某对被害人李某实施诈骗后，主动投案，并如实供述自己的犯罪事实，是自首，依法可以从轻或者减轻处罚；廖某对被害人高某实施诈骗后，主动投案，并如实供述自己的主要犯罪事实，是自首，依法可以从轻或者减轻处罚；廖某归案后，如实供述自己的罪行，依法可以从轻处罚；廖某自愿认罪认罚，可以依法从宽处理；廖某在案发后向李某退赔全部经济损失 2965 元、向高某退赔部分经济损失20,610元,有一定悔罪表现,可酌情对其从轻处罚。

【裁判结果】

被告人廖某犯诈骗罪,判处有期徒刑3年6个月,并处罚金人民币15,000元。

相关规定

《最高人民法院、最高人民检察院关于办理诈骗刑事案件具体应用法律若干问题的解释》

第二条　诈骗公私财物达到本解释第一条规定的数额标准,具有下列情形之一的,可以依照刑法第二百六十六条的规定酌情从严惩处:

(一)通过发送短信、拨打电话或者利用互联网、广播电视、报刊杂志等发布虚假信息,对不特定多数人实施诈骗的;

(二)诈骗救灾、抢险、防汛、优抚、扶贫、移民、救济、医疗款物的;

(三)以赈灾募捐名义实施诈骗的;

(四)诈骗残疾人、老年人或者丧失劳动能力人的财物的;

(五)造成被害人自杀、精神失常或者其他严重后果的。

诈骗数额接近本解释第一条规定的"数额巨大"、"数额特别巨大"的标准,并具有前款规定的情形之一或者属于诈骗集团首要分子的,应当分别认定为刑法第二百六十六条规定的"其他严重情节"、"其他特别严重情节"。

同类案例

在北京市朝阳区人民法院(2023)京0105刑初2439号案件中,被告人梁某于 2019 年至 2022 年，在北京市某苹果专卖店等地，编造购买低价苹果电子产品、男朋友做生意赔钱、家人生病、家中买房等多种理由，骗取被害人冯某、田某某等人钱款人民币 100 余万元，后将钱款用于偿还高利贷、个人赌债、信用卡欠款等用途。法院认为梁某以有能力低价购买苹果产品为由大肆接单，大部分手机未交付，梁某也未退款，能够体现出梁某非法占有的目的。梁某以非法占有为目的，虚构事实，隐瞒真相，骗取他人钱款，数额特别巨大，其行为已经构成诈骗罪。被告人梁某以诈骗罪，被判处有期徒刑 11 年，剥夺政治权利 2 年，并处罚金人民币 120,000 元。

99. 抽奖必中，支付手续费即可将奖品提现，是真的吗？

律师解答

诈骗分子声称每次购物可参与抽奖，并承诺“必中”，抽奖后告知被害人需要支付 10% ~20% 的手续费才能提现奖品。事实上，奖品并不存在，所谓的“提现”只是诈骗分子通过收取手续费继续骗取受害人资金的方式。其行为缺乏合法授权，也没有提供明确的交易规则和消费者权益保障，极有可能属于诈骗。

典型案例

案号

福建省福州市马尾区人民法院(2023)闽 0105 刑初 232 号

案情简介

2022年1月至6月,被告人王某通过“飞机”聊天软件向他人购买微信号,后将自己包装成微商的角色,并在“飞机”聊天软件上找他人进行“引流”,“引流”人员以占卜、抽奖等多种方式,让被害人添加王某提供的微信号。王某利用购买的微信号在朋友圈发布售卖物品虚假信息,并以购物1件可抽奖1次、每人最多可购买3件商品获得3次抽奖机会且抽奖必中的方式引诱被害人通过扫码支付的方式购买商品。在被害人下单付款后,王某就发送抽奖链接让被害人点开抽奖,待被害人抽奖后,再以可收取抽奖产品金额的10%~20%的手续费来将奖品变现诱骗被害人转账。王某还通过“飞机”软件以支付钱款总额20%~30%的好处费找洗钱人员提供微信、支付宝收款码、银行卡;以支付钱款总额10%的好处费让林某某、吴某1、吴某2、吴某3等人提供银行卡等账户来收取被害人钱款,最后通过微信、支付宝转到王某的账户。林某某、吴某1、吴某2、吴某3等人账户共收到进账资金人民币148,115.65元,被告人王某共计骗得被害人钱款人民币76,597.1元。

裁判观点

被告人王某以非法占有为目的,虚构事实、隐瞒真相,通过电信网络骗取他人钱款76,597.1元,数额巨大,其行为已构成诈骗罪。公诉机关指控的罪名成立。量刑上,被告人王某到案后自愿认罪认罚,可以从宽处罚。被告人王某主动退赔被害人经济损失,并取得谅解,酌情从轻处罚。被告人王某自愿交出剩余赃款,酌情从轻处罚。被告人王某诈骗在校学生财物,酌情从重处罚。被告人王某多次诈骗,酌情从重处罚。

【裁判结果】

被告人王某犯诈骗罪,判处有期徒刑4年2个月,并处罚金人民币30,000元。

相关规定

《最高人民法院、最高人民检察院、公安部关于办理电信网络诈骗等刑事案件适用法律若干问题的意见(二)》

十六、办理电信网络诈骗犯罪案件,应当充分贯彻宽严相济刑事政策。在侦查、审查起诉、审判过程中,应当全面收集证据、准确甄别犯罪嫌疑人、被告人在共同犯罪中的层级地位及作用大小,结合其认罪态度和悔罪表现,区别对待,宽严并用,科学量刑,确保罚当其罪。

对于电信网络诈骗犯罪集团、犯罪团伙的组织者、策划者、指挥者和骨干分子,以及利用未成年人、在校学生、老年人、残疾人实施电信网络诈骗的,依法从严惩处。

同类案例

2023 年 4 月以来,被告人岑某某、赵某某、冯某某等人在重庆市大渡口区、渝北区、巴南区、南岸区、江北区等多地实施诈骗。诈骗方式为岑某某或邓某某摆摊设点以抽奖赠送金手表等物品为饵吸引过路围观群众,另外几名被告人作为“媒子”(托儿)利用事先准备好的含有中奖号码的奖票假装抽奖并中奖,以此吸引过路围观群众抽取上述被告人事先备好的不含中奖号码的奖票,并按照 100 元、200 元、300 元等金额欺骗被害人支付费用,进而实施诈骗,诈骗所得金额由几人平分。法院判决被告人岑某某犯诈骗罪,判处有期徒刑 8 个月,并处罚金 2000 元。判决被告人赵某某犯诈骗罪,判处有期徒刑 8 个月,并处罚金 2000 元。判决被告人冯某某犯诈骗罪,判处有期徒刑 8 个月,缓刑 1 年 3 个月,并处罚金 2000 元。

100.“大师”云算命,收取“香火钱”是否构成诈骗?

律师解答

一些诈骗分子声称免费算命,或者收取金额较低的算命咨询费用。当获取受害人初步信任后,诈骗分子会进一步“对症下药”,夸大宣传,连哄带恐吓,趁机兜售“转运”“消灾”等护身产品和做法事、立功德碑等付费项目,从而骗取大额钱财。很多人在得到不好的预测结果时,会抱着“宁可信其有也不信其无”的想法,多花一些钱,求一个安心,而诈骗分子也正是拿捏了受害者的这种心理。所谓“开过光”,能“改命”“改运”的护身符、护身珠等物件,价格动辄数千元、上万元。实际上,这些改运物件都是批发来的,进价低至几十元。测八字、做法事、超度等行为,只是按照话术的内容与客户聊天,给客户发一些“做法事”的视频,最后告知客户一切都给他们做完了,客户就信以为真了。还有一些诈骗分子,把“占卜算命”当作幌子,利用话术获得受害人信任,在信任的基础上利用电信网络诈骗手段行骗。

典型案例

案号

湖北省沙洋县人民法院(2024)鄂0822刑初114号

案情简介

2020年,不懂算命、风水的被告人王某明通过网络“算命吧”了解到在网上给别人算命、驱魔消灾等可以赚钱,遂在网上寻找并发现了发帖询问算命的李某婕。王某明同李某婕私信聊天,表示可帮其算命并加了微信,后王某明要了李某婕的生辰八字,通过网络查询相关资料后跟李某婕讲解算命,李某婕信以为真,在同年5月通过微信向王某明转账1000元。之后,王某明继续与李某婕聊算命、鬼神、风水之类的事情,并在聊天过程中了解到李某婕个人及家庭情况。同年6月,王某明以李某婕家庭命运不好、有前世鬼魂来讨债,需要做法事化解为由让李某婕通过微信向自己转账3次共计4600元。同年7月,王某明又以仙家上身,需要到寺庙招魂、祈福为由找李某婕要5000元,李某婕认为费用较高,王某明称不给钱会有因果报应,李某婕信以为真,通过微信向王某明转账5000元。同年9月,王某明又以超度李某婕姐姐亡灵需要做法事化解等为由,又让李某婕通过微信向自己转账4次共计8500元。同年9月15日,王某明又以李某婕魂魄没有完全返回,需要继续做法事化解为由,让李某婕通过微信向自己转账2000元,李某婕家属知道后找王某明退钱,王某明将2000元退回。2020年9月17日,李某婕向沙洋县某局毛李水陆派出所报案。2023年5月30日下午,内蒙古自治区通辽市某局科尔沁分局余粮堡派出所民警电话通知王某明后,王某明到该所投案,之后王某明退赔了19,100元,被害人家属出具了谅解书。

裁判观点

被告人王某明以非法占有为目的,利用封建迷信,采取虚构事实、隐瞒真相的方法,多次骗取他人钱财,涉案金额19,100元,数额较大,其行为已触犯《刑法》第266条的规定,应当以诈骗罪追究其刑事责任。鉴于被告人王某明到案后能如实供述自己的罪行,愿意接受处罚,对其可以从轻处罚。王某明犯罪以后自动投案,如实供述自己的罪行,是自首,可以从轻处罚。王某明积极退赔并取得谅解,可以酌定从宽处罚。

【裁判结果】

被告人王某明犯诈骗罪,判处有期徒刑8个月,缓刑1年,并处罚金人民币2000元。

相关规定

1.《中华人民共和国刑法》

第二百六十六条　诈骗公私财物，数额较大的，处三年以下有期徒刑、拘役或者管制，并处或者单处罚金；数额巨大或者有其他严重情节的，处三年以上十年以下有期徒刑，并处罚金；数额特别巨大或者有其他特别严重情节的，处十年以上有期徒刑或者无期徒刑，并处罚金或者没收财产。本法另有规定的，依照规定。

2.《中央网信办秘书局关于开展“清朗·2022年春节网络环境整治”专项行动的通知》

3.加大炫富拜金、封建迷信等问题治理力度，遏制不良网络文化传播扩散。一是严格管控炫富拜金、卖惨审丑等问题，集中清理宣扬拜金主义、攀比享乐信息，打击编造悲惨经历、渲染悲观情绪、故作丑态表演等行为。二是严肃处置猎奇恶搞问题，排查清理涉及暴饮暴食、猎奇伦理剧情信息，关停含有不良PK内容的直播间。三是从严查处宣扬封建迷信等问题，排查清理打着高科技名义宣扬迷信思想的不良信息，严厉打击以自动算命、网络占卜等方式，违规获取个人信息或实施诈骗等行为。

3.计算机信息网络国际联网安全保护管理办法(2011修订)

第五条　任何单位和个人不得利用国际联网制作、复制、查阅和传播下列信息：

(一)煽动抗拒、破坏宪法和法律、行政法规实施的；

(二)煽动颠覆国家政权，推翻社会主义制度的；

(三)煽动分裂国家、破坏国家统一的；

（四）煽动民族仇恨、民族歧视，破坏民族团结的；

（五）捏造或者歪曲事实，散布谣言，扰乱社会秩序的；

（六）宣扬封建迷信、淫秽、色情、赌博、暴力、凶杀、恐怖，教唆犯罪的；

（七）公然侮辱他人或者捏造事实诽谤他人的；

（八）损害国家机关信誉的；

（九）其他违反宪法和法律、行政法规的。

同类案例

在广东省河源市源城区人民法院（2023）粤1602刑初264号案件中，被告人陈某平时从事网络主播工作，主要在抖音直播平台帮人看相算命、消灾解难等。被害人叶某通过抖音直播认识了被告人后互相添加了微信，双方在微信上互动来往有一年多。2022年1月12日晚上，被告人陈某在与被害人叶某微信视频通话过程中了解到被害人的一些情况，之后其利用被害人迷信的心理，以被害人身体可能有不干净的东西（鬼魂之类的）及符咒，需要做法事驱除以及帮被害人姐姐“催桃花”为由，骗取被害人叶某财物。被害人叶某通过微信先后转账7999元、999元给陈某后，被告人陈某先后共转账了5660元给马某用于购买做法事用的香烛、元宝、纸钱等物品，还让马某将部分物品在当地烧毁处理，另一部分邮寄给陈某。事后，被害人叶某又通过微信发了一个200元的红包给陈某表示感谢。2022年1月14日，被害人叶某发现上当受骗，随即报案。2022年5月12日，被告人陈某通过微信退还被害人叶某9000元，并取得被害人书面谅解。法院认为，被告人陈某以非法占有为目的，诈骗他人财物，数额较大，其行为已构成诈骗罪。